東都事略箋證

下

[宋]王稱 撰
吳洪澤 箋證

東都事略卷第八十六

列傳六十九

熊本字伯通，饒州番陽人也。擢進士，調撫州軍事判官，稍遷秘書丞、知建德縣。縣占漁池爲圭田，本悉棄予貧民。神宗即位，遷屯田員外郎。熙寧初，置提舉官，本領淮南路。擢檢正中書禮房公事，改户房。六年，瀘州①羅晏夷叛，以本察訪梓、夔兩路。本曰：「彼能擾邊者，以十二村之衆。」乃誘其酋領誅之，其徒股栗，願效死自贖，於是諸夷皆從風而靡，願世爲漢官奴。遷刑部員外郎、集賢殿修撰、同判司農寺。神宗曰：「熊本不傷財，不病民，一旦去百年之患，檄奏詳明，可嘉也。」河湟初復，以本爲秦鳳路都轉運使。熙河法禁闊略，蓄積不支歲月，本奏省官百四十員，歲減浮費數十萬。

八年夏，渝州南川獠人木斗叛。詔本安撫夔路，營銅佛壩，破賊黨與，焚蕩聚落，諭②以威德。木斗氣索，以溱州地歸，得五百里爲四砦九堡，建南平軍。朝廷議除本天章閣待制，神宗曰：「熊本有文，當遂典誥命。」除知制誥，判司農寺。

都水監丞范子淵創鐵龍爪疏河，謂可以濬河殺其勢，計所濬退灘地爲功。文彦博守北都，言小臣興利欺罔，

①瀘州：原作「瀘川」，據《長編》卷二四五、《名賢氏族言行類稿》卷一及彭汝礪《熊公墓誌銘》改。
②諭：覆宋本、四庫本删此字。

詔本行視。坐附會彥博，報不以實，分司西京。元豐中，知滁州，復集賢殿修撰、知廣州，召拜工部侍郎。會宜州蠻擾邊，道除龍圖閣待制、知桂州。至則溪洞酋長請選將練土兵以代戍守，益市馬以足騎兵，宜州遂無事。

初，郭逵宣撫安南，劉几以廣源郡建爲順州〔一〕。朝廷以爲不足守，詔給賜李乾德，疆畫未明，而交人狃①窺宜州之隙，欲並取儂智會勿陽地，搗虛指歸化，逐智會，智會竄右江②乞師。本道遣使問狀，交人爲斂兵，乾德謝罪。本請賜以宿桑八洞不毛之地，嶺表遂安。

召爲吏部侍郎，以疾乞補外，除龍圖閣待制、知洪州。言者謂本棄八洞爲失謀，奪一官，徙知杭州，又徙江寧府，再知洪州③。未幾而卒〔二〕。有文集、奏議共八十卷〔三〕。

沈起字興宗，明州鄞縣人也。少力學，舉進士，爲滁州軍事推官〔四〕，監真州轉般倉。起因父疾委官歸侍，爲有司所劾，法官論以私罪。仁宗謂輔臣曰：「觀過知仁，今④以赴父疾而致罪，何以厚風教而勸爲人子者邪？」釋之。後爲天平軍節度推官，遷大理寺丞、知海門縣。

地卑潟，海波至則冒⑤民田舍。爲築隄百里，引江水灌田，田益闢，民相率以歸，户口增益。除監察御史。吏部格，選吏以贓私絓法，無輕重終身不遷。起論其情可矜者，可限年敍用，遂著爲令。立縣令考課法，設河渠

---

①狃：覆宋本、四庫本作「狂」，繆校作「狃」，《熊公墓誌銘》作「交人狃屢勝」。

②右江：原作「古江」，據《長編》卷三四六及《熊公墓誌銘》改。

③洪州：覆宋本、四庫本作「杭州」。《熊公墓誌銘》作「遷中大夫，復除杭州，未行，召還。公再乞洪州，疾病，遂告老」。

④「今」下，繆校有「起」字。

⑤冒：繆校作「潰」。

司領諸道水政，乞采漢故事，擇卿大夫子弟入宿衛，選賢良文學高第給事宫省，不①宜專任宦官。以論不合出通判越州，歲餘知蘄州，徙楚州。提點京東刑獄，改開封府判官，出爲湖南路轉運使。凡毛羽、筋革、舟楫、竹箭之材，多出所部，取於民，率以晦計，吏爲姦費或倍蓰。起計實取之，所省什六七。官自與商賈交易，而民不擾，簿入有餘。召爲三司鹽鐵副使兼直舍人院。未幾，遷集賢殿修撰、陝西都轉運使。

慶州軍變，將寇長安，起率兵討平之。會韓絳城綏州不利，起亦罷知江寧府，爲三司度支副使。奉使契丹，至其庭，其著位與西夏使人班。起曰：「西夏陪臣，不當與王人齒。」辭不就列，力争，遂升本朝使者班。熙寧五年，以天章閣待制知桂州〔五〕。

自王安石用事，始求邊功，王韶以熙河進，章惇、熊本亦因此求奮。是時，交趾亦旅拒，廣西經略失於懷輯，數致疑，起妄意朝廷有攻取之議，因遣官入溪洞，點集土丁爲保伍，授以陳圖，使歲時隸習。繼命指使因督運鹽之海濱，集舟師寓教水戰。故時交人與州縣貿易，一切禁止。於是交趾益貳，大集兵丁謀入寇。蘇緘知邕州，以書抵起，請止保甲，罷水運，通互市。起不聽，劾緘沮議。起坐邊議罷，以劉彝代之。徙知潭州，再閱月，徙杭州。交人大舉陷欽、廉、邕三郡，死者數十萬人。起坐守桂日失備，謫爲郢州團練副使〔六〕。會赦，移温州〔七〕。卒，年七十二〔八〕。

劉彝字執中，福州人也。幼沉重介特，讀書必求其義。舉進士，爲邵武尉，再調高郵簿，移朐山②令。治簿

①不：覆宋本、四庫本删此字。繆校有「不」字，是。
②朐山：繆校作「朐彝」。

書，恤孤寡，作陂池，教種藝，平賦斂，抑豪猾，扼遊墮，凡所以惠民，無不至也。類其事以爲一書，名曰《法範》〔九〕。

熙寧初，擢京①湖北路轉運判官，留爲條例司屬官，乃言更法非便，旋罷。權都水監丞，出爲兩浙轉運判官，奏課稱最。遷直史館、知桂州。交趾陷欽、廉、邕三州，責爲均州團練副使，隨州安置。又改涪州，徙襄州。元祐初，以都水監丞召。卒於道，年七十。著《七經中義》百七十卷、《明善集》三十卷、《居陽集》三十卷。

沈括字存中，吴興人也。博覽古今，於書無所不通。舉進士，爲揚州司理參軍，編校昭文館書籍。熙寧間，除太子中允，爲檢正中書刑房公事，遷集賢校理。察訪兩浙農田水利，遷太常丞、同修起居注。

邊吏報北虜將入寇，亟遣中貴人取兩河民車以爲戰備，民大驚擾。自宰執以下言不便者牆進，俱不省。一日，括持筆立御坐側，神宗顧曰：「卿知籍車之事乎？」括曰：「未知車將何用？」神宗曰：「北虜以多馬取勝，唯車可以當之。」括曰：「胡之來，民父子墳墓、田廬皆當棄去，復暇恤車乎？朝廷姑籍其數而未取，何傷？」神宗曰：「卿言有理，何論者之紛紛也？」括曰：「車戰之利，見於歷世。巫臣教吴子以車戰，遂伯中國；李靖用偏箱鹿角車，以擒頡利。臣但未知一事，古人所謂輕車者，兵車也，五御折旋，利於輕速。今之民間輜車，重大椎樸，以牛挽之，日不能行三十里，少蒙雨雪，則跬步不進，故俗謂之太平車，或可施於無事之日，恐兵間不可用耳。」神宗益喜曰：「無人如此語朕者，當更思之。」明日，遂罷籍民車。執政問括曰：「君以何術而立談罷此事？」上甚多太平車之説也。」括曰：「聖主可以理奪，不可以言爭。若車可用，其敢以爲非？」

①京：覆宋本、四庫本作「荆」。

未幾，以右正言知制誥，察訪河北西路，出使遼國。使還，以淮、浙災傷爲體量安撫使，權三司使，遷翰林學士。括詣宰相吴充陳説免役事，謂可變法令，輕役依舊輪差。御史蔡確論括非其職而遽請變法，括亦待罪求去。確復言：「括詭求罷免，有詔令令①供職，臣切②惑焉。且括謂役法可變，何不言之於檢正察訪之日，而言之於翰林學士之時；不言之於陛下，而言之於執政。原括之意，但欲依附大臣，巧爲身謀而已。」遂罷，以集賢院學士知宣州，復龍圖閣待制。召還，知審官院，復以言者罷知青州，尋知延州。

王師大舉伐西夏，种諤帥師入銀、夏州，而不能有。明年，括請城永樂。命徐禧、李舜舉計議邊事，李稷主糧餉，遂城永樂，距銀州五十里、米脂五十里。城成，賜名銀州砦。既而賊二十萬重圍永樂城，攻益急，城陷。於是漢蕃官二百三十人、兵萬二千三百人皆没焉，禧、舜舉、稷死之。神宗以括始議，責爲均州團練副使、隨州安置。徙秀州，復光禄卿，分司南京以卒〔一〇〕。

括嘗上《熙寧奉元曆》，編修《天下郡國圖》。著述頗多，有《春秋機括》《筆談》行③於世。

徐禧字德占，洪州分寧人也。熙寧初，王安石行新法，禧作《治策》二十四篇以獻〔一一〕。時吕惠卿領修撰經義，禧以進士充檢討〔一二〕。又上《治兵策》，除鎮南軍節度推官〔一三〕。召對，除太子中允、館閣校勘、監察御史裏行。

沂州劾李進謀反，連宗室世居，詔中丞鄧綰、知諫院范百禄與禧即御史臺雜治。有李士寧者，挾術出入貴人

①令令：繆校作「令其」。
②切：四庫本作「竊」。
③「行」字上，繆校有「等」字。

間，常見世居母康，以仁宗御製詩贈之。又許世居以寶刀，且曰：「非公不可當此。」世居與其黨皆神之，曰：「士寧，二三百歲人也。」解釋其詩，以爲至貴之祥。及鞫世居，捜得之，逮捕士寧。而宰相王安石故與士寧善，百禄劾士寧以妖妄熒惑世居，致不軌。禧奏：「士寧遺康詩，實仁宗御製，今獄官以爲反因，臣不敢同。」百禄言：「士寧有可死之狀，禧故出之，以媚大臣。」朝廷以御史雜知、樞密承①旨參治，而百禄坐報上不實貶。禧進集賢校理、檢正中書禮房公事。

安石與惠卿交惡，鄧綰言惠卿昔居父喪，嘗貸華亭富人錢五百萬買田，不法。神宗遣禧雜治，獄方具，而禧除荆湖北路轉運副使。綰劾禧黨惠卿，乞改付吏，乃遣蹇周輔治之。會綰貶官，安石罷相，惠卿獄亦解。召知諫院，尋差環慶路計議措置邊防事。

初，陝西緣邊兵馬，蕃弓箭手與漢兵各自爲軍，每陳多以蕃部爲前鋒，而漢兵守城，伺便利然後出。不分戰守，每一路以數將通領之。吕惠卿帥鄜延，以爲調發不能速集，始變舊法，雜漢蕃兵團結，分守戰，每五千人隨屯駐。將具條約以上，邊人及議者多言其不便。神宗欲推其法於諸路，遣禧往。禧先具環慶法上之，遣官措置涇原，而渭帥蔡延慶以爲不可，朝廷亦是之，並難禧環慶法。禧歷疏涇原法疏略，且言環慶法不可改。神宗以禧爲右正言、直龍圖閣、帥涇原，以母憂去官。服除，召試知制誥兼御史中丞。官制行，罷知制誥，專爲中丞，改給事中。

王師大舉伐西夏，鄜延帥沈括因請城永樂，詔禧與李舜舉往相其事。括總兵以從，李稷主糧餉。城成，禧與舜舉、括俱還米脂砦。明日，賊數千騎趨新城，禧亟往視之。或說禧曰：「本被詔相城，禦寇非職也。」禧不聽，

①承：原作「丞」，據四庫本改。

與舜舉、稷俱行，括獨守米脂。比及永樂，賊傾國而至，前將高永能請及賊未陳擊之。禧曰：「爾何知？王師不鼓不成列。」禧執刀自率士卒拒戰，賊衆不啻十倍，分兵迭攻。重圍既合，官軍不利，禧汗流如雨。賊逼門，門閉。城中乏水，士卒渴死者大半。括退保綏德城，永樂孤絶，賊攻益急。城陷，禧與舜舉、稷闔城俱没。

初，括奏賊兵來逼城，見官兵整，故還。神宗曰：「括料敵疏矣。彼來未出戰，豈肯遽退邪？必有大軍在後。」已而果然。神宗哀禧等死，贈禧吏部尚書，舜舉昭化軍節度使，並賜謚曰忠愍。稷贈工部侍郎，仍厚恤其家。

舜舉，内臣也，累擢文思使、文州刺史。參議涇原軍事，五路出師①無功，朝廷再議興師②，舜舉入奏，具言③師老民困，其言誠盡，神宗爲之罷兵。遷嘉州團練使。鄜延計議邊事，稷始以父任爲將作監主④簿，後爲成都府路茶事。

初，蜀茶額歲三十萬，至稷加及五十萬，及陸師閔代稷，又加爲百萬。稷以勞擢陝西轉運使，以乏興降爲判官。永樂之陷，俱死。舜舉且死，望闕再拜曰：「願陛下勿輕此賊⑤。」至稷死，乃云：「臣則千苦萬屈。」語聞，神宗又爲之一慟。

禧爲人狂疏而有膽氣，好言兵⑥。吕惠卿以此力引之，故不次驟用。先是，惠卿在延州，首以邊事迎合朝廷，

①「出師」下，繆校有「屯守有日，耗費無算，竟」九字。
②師：原作「使」，據覆宋本、四庫本改。
③言：原作「京」，據覆宋本、四庫本改。
④主：原作「三」，據覆宋本、四庫本改。
⑤願陛下勿輕此賊：繆校作「國帑耗靡，諸臣無策。願陛下大奮天威，殲滅無遺，方可安枕。萬弗聽譾劣之言，輕縱此賊，自貽噬臍」。
⑥「言兵」下，繆校有「頗有得於孫吴之萬一」九字。

已而去官，沈括繼之，遂請討伐。种諤以鄜延之師深入無功，高遵裕以環慶之師至靈武城下，狼狽而還。陝西、河東騷然困敝，天下共望朝廷息兵，而沈括、种諤陳進取之策，復請城永樂，神宗遣禧經畫之。既入賊境，略不爲備，寡謀輕敵，以至於敗。自是神宗始知邊臣不可信，亦厭兵事，無意西伐矣。

【箋證】

〔一〕劉几：《長編》卷三四六作「劉九」，《通鑑長編紀事本末》卷八七作「劉凡」，几、九、凡蓋以形致誤。《太平治迹統類》卷一七及彭汝礪《熊公墓誌銘》（《全宋文》卷二二〇一）作「劉紀」，是。黄庭堅《東上閤門使康州團練使知順州陶君墓誌銘》（《豫章黄先生文集》卷二二）有「廣源酋長劉紀數請和市」之語，《長編》卷三四九亦言「劉紀納土」，可爲證。

〔二〕未幾而卒：《熊公墓誌銘》：「（元祐）六年九月辛亥，行次真州卒，年六十六。」

〔三〕有文集奏議共八十卷：《熊公墓誌銘》作「文集三十卷、奏議五十卷」。

〔四〕爲滁州軍事推官：「滁」，原作「除」，據繆校及《宋史》卷八八《地理志四》改。《宋史》卷三三四《沈起傳》作「調滁州判官」，沈括《故天章閣待制沈興宗墓誌銘》（《長興集》卷三〇）作「復以高第調滁州軍事推官」。

〔五〕熙寧五年以天章閣待制知桂州：《宋史》本傳作「六年，拜天章閣待制、知桂州」，《故天章閣待制沈興宗墓誌銘》作「五年，除刑部郎中、天章閣待制、廣南西路經略使兼知桂（原作「貴」）州」。《長編》卷二四二熙寧六年二月辛丑載「權度支副使、刑部郎中、集賢殿修撰沈起爲天章閣待制知桂州，代蕭注也」。據此，則《事略》「五年」當作「六年」。

〔六〕謫爲郢州團練副使：《宋史》本傳作「貶起團練使，安置郢州」，《故天章閣待制沈興宗墓誌銘》作「公亦坐謫爲郢州團練副使」，《長編》卷二七三熙寧九年二月庚寅「詔刑部郎中、天章閣待制、集賢殿修撰沈起責授檢校水部員外郎、郢州團練副使、本州安置，不得簽書公事」，《宋史》本傳「團練使」當作「團練副使」。

〔七〕會赦移温州：《宋史》本傳作「又徙秀而卒」，《故天章閣待制沈興宗墓誌銘》作「會赦移秀州，又移温州」，《宋史》本傳失載「移温州」事。

〔八〕卒年七十二：《故天章閣待制沈興宗墓誌銘》：「元祐初，彝復用爲都水丞。人謂公且復起，不幸以疾終於蘇州，年若干，蓋元祐三年七月二十六日也。」

〔九〕類其事以爲一書名曰法範：《宋史》卷三三四《劉彝傳》作「邑人紀其事，目曰《治範》」。法、治當有一誤。

〔一〇〕分司南京以卒：《宋史》卷三三一《沈括傳》作「元祐初，徙秀州，繼以光禄少卿分司，居潤八年卒，年六十五」。《長編》卷四四九元祐五年十月戊戌載「秀州團練副使沈括爲左朝散郎、守光禄少卿、分司南京，任便居住」。

〔一一〕禧作治策二十四篇以獻：《續通志》卷三五三《徐禧傳》校記：「按《涑水記聞》云：『布衣徐禧得洪州進士黄雍所著書，竊其語上書，褒美新法，介甫賞其言，奏除官，令於中書習學檢正。』據此，則禧所上《治策》，蓋竊他人之語爲之。」

〔一二〕禧以進士充檢討：《宋史》卷三三四《徐禧傳》作「禧以布衣充檢討」。鮮于侁《徐忠愍墓誌銘》（《全宋文》卷一一一六）作「賜進士，充檢討」。《長編》卷二四八載「修撰經義所檢討、洪州進士徐禧爲鎮南軍節度推官、中書户房習學公事。禧與吴著、陶臨皆以白衣爲修撰經義所檢討」，據此則《宋史》言「禧以布衣充檢討」爲是。

〔一三〕除鎮南軍節度推官：《宋史》本傳作「即授鎮安軍節度推官」，《徐忠愍墓誌銘》作「授鎮安節度推官」，《長編》卷二四八作「鎮南軍節度推官」。

東都事略卷第八十七上

列傳七十上

司馬光字君實，陝州夏縣人也。父池，有傳〔一〕。光爲兒童時，凛然如成人。七歲聞講《左氏春秋》，大愛之，退爲家人講，即了其大義。自是手不釋卷，至不知飢渴寒暑。

初以父任爲將作監主簿，舉進士甲科，僉書武成軍判官，改大理評事，爲國子直講。龐籍爲樞密副使，薦召試，除館閣校理，同知太常禮院。

中官麥允言死，特給鹵簿，光言：「孔子不以名器假人，繁纓以朝，猶且不可。允言近習之臣，非有元勳大勞，不可假以名器。今給以鹵簿，其爲繁纓不亦大乎？」夏竦卒，賜謚文正，光言：「謚之美者，極於文正。竦何人，可以當此？」書再上，改謚文莊。除史館檢討，改集賢校理。

龐籍爲鄆州，徙并州，皆辟光通判州事。時趙元昊始臣，河東貧甚，官苦貴糴，而民疲於遠輸。麟州屈野河西多良田，天聖中，始禁田河西，而虜得稍蠶食其地。籍使光按視，光爲畫五策，築二堡河西，益兵守之，募民有能耕者長復之，漸以紓河東之民。而兵官郭恩勇且狂，夜開城門，引千餘人度河載酒食，不爲戰備，遇敵死之。議者歸罪於籍，罷節度使、知青州。光守闕三上書，乞獨坐其事，不報。籍初不以此望光，而光深以自咎，時人兩賢之。

除直秘閣，爲開封府推官，修起居注。有司奏六月朔日當食，光言：「故事，食不滿分，或京師不見，皆賀。

臣以爲日食四方見，京師不見，天意人君爲陰邪所蔽，天下皆知，而朝廷獨不知，其災當益甚，皆不當賀。」詔從之，後遂以爲常。遷同知諫院。

初，至和三年，仁宗始不豫，國嗣未立，天下寒心而不敢言，惟諫官范鎮首發其議。光時爲并州通判，聞而繼之，上疏言：「《禮》『大宗無子，則小宗爲之後』，爲之後者，爲之子也。願陛下擇宗室賢者，使攝儲貳，以待皇嗣之生，退居藩服。不然，則典宿衛，尹京邑，亦足以係天下之望。」疏三上，又與鎮書：「此大事，不言則已，言一出，豈可復反？願以死争之。」於是鎮言之益力。及光爲諫官，復上疏且面言：「臣昔爲并州通判，所上三章，願陛下果斷而力行之。」時仁宗簡默不言，雖執政奏事，首肯而已。聞光言，沈思久之，曰：「得非欲選宗室爲繼嗣者乎？此忠臣之言，但人不敢及耳。」因令光以所言付中書，光曰：「不可。願陛下自以意諭宰相。」

是日，光復言江淮鹽事，詣中書白之。宰相韓琦問光：「今日復何所言？」即曰：「所言宗廟社稷大計也。」琦諭意不復言。琦知御史裏行陳洙與光善，欲因洙諷光，使之終前議。俄有旨令光與洙同詳定行户利害，洙因此達琦意，時嘉祐六年也。光復上疏面言：「臣向者進説，陛下欣然無難，意謂即行矣，今寂無所聞，此必有小人言陛下春秋鼎盛，子孫當千億，何遽爲此不祥之事？小人無遠慮，特欲倉卒之際，援立其所厚善者耳。唐自文宗以後，立嗣皆出於左右之意，至有稱『定策國老』『門生天子』者，此禍豈可勝言哉？」仁宗大感悟，曰：「送中書。」光至中書，見琦等曰：「諸公不及今定議，異日夜半禁中出片紙以某人爲嗣，則天下莫敢違。」琦等皆唯唯，曰：「敢不盡力。」後月餘，以英宗判宗正寺，固辭不就職。明年，遂立爲皇子，稱疾不入。光復上疏言：「凡人争絲毫之利，至相争奪。今皇子辭不貲之富，至三百餘日不受命，其賢於人遠矣。有識聞之，足以知陛下之聖，能爲天下得人。然臣聞父召無諾，君命召不俟駕，而《禮》『使者受命不受詞』，皇子不當辭避，使者不當徒反。凡召皇子，内臣皆乞責降，且以臣子大義責皇子，宜必入。」英宗遂受命。

除知制誥，光力辭①，改天章閣待制兼侍講，仍知諫院。上疏言：「經略安撫使以便宜從事，出於兵興權制，非永世法。及將相大臣典州者，多以貴倨自恃，陵忽轉運使，不得舉職②。朝廷務省事，專行姑息之政。至於胥史讙譁而逐御史中丞，輦官悖慢而退宰相，衛士凶逆而獄不窮姦，澤加於舊，軍人詈三司使而法官以爲非犯階級，於用法疑〔二〕。其餘有一夫③流言於道路，而爲之變法推恩者多矣，皆陵遲之漸，不可以不正。」時有司新定後宮封贈法，皇后與妃皆贈三代。光言：「別嫌明微，妃不當與后同。天聖親郊，太妃止贈二代，況妃乎？」

仁宗崩，英宗以哀毀致疾，慈聖光獻皇后同聽政。光首上疏言：「章獻明肅皇后保佑先帝，進賢退姦，有大功於趙氏，特以親用外戚小人，故負謗天下。今太后初攝大政，大臣忠厚如王曾、清純如張知白、剛正如魯宗道、質直如薛奎者，當信用之；鄙猥如馬季良④、讒諂如羅崇勳者，當疏遠之，則天下服。」

英宗疾未平，光慮姦人欲有關説涉於離間者，乃上疏言：「今日之事，皇帝非皇太后無以君天下，皇太后非皇帝無以安天下，兩宮相恃，猶頭目之與⑤心腹也。皇帝聖體平寧之時，奉事皇太后承順顏色，宜無不如禮。若藥石未效，而定省温清⑥有不能周備者，亦皇太后所宜容也。孔子曰：『孝哉閔子騫，人不間於其父母昆弟之言。』孟子曰：『父子責善，賊恩之大者也。』臣伏望皇帝常思孔子之言，皇太后無忘孟子之戒。」又上疏曰：「陛下既爲仁宗皇帝之後，皇太后即陛下之母也。皇太后母儀天下已三十年，陛下新自藩邸入承大統，若萬一兩宮

---

①辭：原作「詞」，據覆宋本、四庫本及蘇軾《司馬温公行狀》改。
②「不得舉職」上，蘇軾《司馬温公行狀》有「使」字，是。
③夫：覆宋本作「大」，四庫本作「人」，繆校作「夫」。
④馬季良：原作「馬委良」，據司馬光《上皇太后疏》（《温國文正司馬公文集》卷二五）、蘇軾《司馬温公行狀》及《宋史》卷三三六《司馬光傳》改。
⑤與：覆宋本、四庫本作「安」。
⑥清：原作「清」，據四庫本改。

有隙，陛下以爲誰逆誰順、誰得誰失？若陛下上失皇太后之愛，下失百姓之望，則雖大寶之位，將何以自安？凡人主所以保國家者，以有威福之柄也。今陛下即位將近期年，而朝廷政事一切委之大臣，未常詢訪事之本末，察其是非，有所與奪。臣恐上下之人習以爲常，威福之柄寖有所移，則雖四海之業，將何以自固？位則不安，業則不固，於陛下果何所利乎？」慈聖既還政，光上疏言：「治身莫先於孝，治國莫先於公。」其言切至，皆母子間人所難言者。

時有司立法，皇太后有所取用，有司復奏得御寶乃供。光極論以爲不可，當立供如上所取，已乃具疏奏太后，以防矯僞。曹佾除使相，兩府皆遷。光言：「佾無功而得使相，陛下以慰母心耳。今兩府皆遷，無名，若以還政爲功，則宿衛將帥、内侍小臣必有覬望。」已而都知任守忠皆遷。光復争之，因論：「守忠大姦，陛下爲皇子，非守忠意，沮壞大策，離間百端，賴先帝不聽。及陛下嗣位，反覆革面，交亂兩宫，國之大賊，人之巨蠹，乞斬於都市，以謝天下。」守忠貶蘄州，天下快之。

時刺陝西民兵號義勇，光上疏極論其害云：「康定、慶曆間，籍陝西民爲鄉弓手，已而刺爲保捷指揮，民被其害，兵終不可用，遇敵先北，正兵隨之，每致崩潰。縣官知其坐食無用，汰遣歸農，而惰遊之久，不能復反南畝，强者爲盗，弱者轉死，父老至今流涕也。今義勇何以異此？」章六上，不從[三]。乞罷諫職，不許。

執政建言濮安懿王德盛位隆，宜有尊禮，下太常禮院與兩制議。翰林學士王珪等相顧不敢先，光獨奮筆立議曰：「爲其後者爲之子，不敢復顧其私親。今日所以崇奉濮安懿王典禮，宜一準先朝封贈期親尊屬故事，高官大爵，極其尊榮。」議成，珪即敕吏以光手藁爲案。時中外訩訩，御史吕誨、傅堯俞、范純仁、吕大防、趙鼎、趙瞻等皆争之，相繼降黜。光上疏留之，不可，則乞與之皆貶。京師大水，光上疏論三事，皆盡言無所隱諱。除龍圖閣直學士，改右諫議大夫。

神宗即位，擢翰林學士。光以不能四六辭，神宗曰：「如兩漢制詔可也。」光趨出，神宗遣内臣趣光入謝，遂爲御史中丞。王陶論宰相不押常朝班爲不臣，宰相不從，陶争之力，遂罷。光既繼之，言：「宰相不押班，細故也，陶言之過。然愛禮存羊，則不可已。自頃宰相權重，今陶復以言宰相罷，則中丞不可復爲。臣願俟宰相押班，然後就職。」神宗曰：「可。」陶既黜知陳州，謝章詆宰相不已。執政議再貶陶，光言：「陶誠可罪，然陛下欲廣言路，屈己受陶，而宰相獨不能容乎？」乃已。

光上疏論修心之要三，曰仁、曰明、曰武；治國之要三，曰官人、曰信賞、曰必罰。其説甚備，且曰：「臣昔爲諫官，即以此六言獻仁宗，其後以獻英宗，今以獻陛下。平生力學所得，盡在是矣。」光在英宗時，與吕誨同論：「祖宗之制，御藥院當用供奉官以下，至内殿崇班則出。近歲居此位者，皆暗理官資，食其廩給，非祖宗意。」神宗爲盡罷寄資内臣。

邊吏上言：「西戎部將嵬名山，欲以横山之衆取諒祚以降。」詔邊臣招納其衆，光上疏極論，以爲：「名山之衆，未必能制諒祚。幸而勝之，滅一諒祚，生一諒祚，何利之有？若其不勝，必引衆歸我，不知何以待之？臣恐朝廷不獨失信於諒祚，又將失信於名山矣。若名山餘衆尚多，還北不可，入南不受，窮無所歸，必將突據邊城以救其命。陛下獨不見侯景之事乎？」神宗不聽，遣將种諤發兵迎之，取綏州，費六十萬萬①。西方用兵，蓋自是始矣。

兼翰林侍讀學士。登州有不成婚婦謀殺其夫傷而不死者，吏疑其獄，詔光與王安石議。安石以謀與殺爲二事，光言：「謀殺猶故殺也，皆一事，不可分。若謀爲所因，與殺爲二，則故與殺亦可爲二邪？」自文彦博以下皆

---

①萬萬：繆校作「萬餘」，《宋史》本傳作「萬」。

附光議，然卒用安石言，至今天下非之。

百官上尊號，光當答詔，上疏言：「先帝親郊，不受尊號，天下莫不稱頌。末年有建言者，國家與契丹往來書信，彼有尊號而我獨無，以爲深恥，於是羣臣復以非時上尊號。昔漢文帝時，單于自稱『天地所生日月所置匈奴大單于』，不聞文帝復爲大名以加之也。願陛下追用先帝本意，不受此號。」神宗大悦，手詔答光：「非卿，朕不聞此言。善爲答辭，使中外曉然知朕至誠，非欺衆邀名者。」遂終身不復受尊號。

執政以河朔災傷，國用不足，乞今歲親郊兩府不賜金帛。送學士院取旨，光言：「救災節用，宜自貴近始，可聽兩府辭賜。」王安石曰：「常衮辭賜饌，時議以爲衮自知不能，當辭位不當辭禄①。且國用不足，非當今之急務也。」光曰：「衮辭禄，猶賢於持禄固位者。國用不足，真急務，安石言非是。」安石曰：「不足者，以未得善理財者故也。」光曰：「善理財者，不過頭會箕斂以盡民財，民窮爲盗，非國之福。」安石曰：「不然。善理財者，不加賦而上用足。」光曰：「天下安有此理？天地所生財貨百物，止有此數，不在民則在官。譬如雨澤，夏澇則秋旱。不加賦而上用足，不過設法陰奪民利，其害甚於加賦。此乃桑羊欺漢武帝之言，太史公書之，以見武帝不明耳。至於末年，盗賊蠭起，幾至於亂。若武帝不悔過，昭帝不變法，則漢幾亡。」争議不已。王珪進曰：「救災節用，宜自貴近始，司馬光言是也。然所費無幾，恐傷國體，王安石之言亦是。惟明主裁擇。」神宗曰：「朕意與光同，然姑以不允答之。」會安石當制，遂引常衮事責兩府，兩府亦不復辭。

兼史館修撰。神宗問光可爲諫官者，光薦吕誨，誨即以天章閣待制知諫院。詔光與張茂則同視二股河及生隄利害，光乞約水東流，以紓恩、冀、深、瀛以西之患，時議者多不同，詔從光言。

①禄：原作「曰」，據覆宋本、四庫本及《宋史》本傳、《司馬温公行狀》改。

王安石始爲政，創立制置三司條例司，建爲青苗、助役、水利、均輸之政，置提舉官四十餘員，行其法於天下，謂之新法。光上疏逆陳其利害，以爲：「法如是，是使百姓無有豐凶，長無休息之期。貧者既盡，富者亦貧，臣恐十年之後，富者無幾矣。」其後，卒如光言。

初，富弼以疾罷相，神宗相陳升之，因問光：「朕相升之，如何？」光曰：「閩人狡險，楚人輕易，今執政皆閩、楚人，必當援引鄉黨之士，充塞朝廷，風俗何以得更淳厚？」神宗曰：「升之有材智，曉民政邊事，他人莫及。」光曰：「升之誠有才智，但恐不能臨大節而不可奪耳。昔漢高祖論相以爲王陵少戇，陳平可以輔之。平智有餘，然難獨任。真宗用丁謂、王欽若，亦以馬知節參之。凡才智之人，必得忠直之士從旁制之，此明主用人之法也。」神宗曰：「然。」光曰：「富弼老成，有人望，其去可惜。」神宗曰：「朕留之至矣。」光曰：「弼所以去者，蓋以所言不用，與同列不合也。」神宗又曰：「王安石何如？」光曰：「人言安石姦邪，則太過。但不曉事，又執拗耳。」神宗問呂惠卿，光曰：「惠卿憸巧，使王安石負謗於中外者，惠卿也。」神宗曰：「惠卿應對明辨，亦似美才。」光曰：「惠卿誠有才，然用心不端，陛下更徐察之。江充、李訓若無才，何以能動人主？」光因論：「臺諫，天子耳目，陛下當自擇。」神宗曰：「諫官難得，卿爲朕擇其人。」光退而舉陳薦、蘇軾、王元規、趙彥若。

邇英①進讀，至蕭何、曹參事，光曰：「參不變何法，得守成之道，故孝惠、高后時，天下晏然，衣食滋殖。」神宗曰：「漢常守蕭何之法，不變可乎？」光曰：「何獨漢也，使三代之君，常守禹、湯、文、武之法，雖至今存可也。武王克商，曰：『乃反商政，政由舊。』然則周亦用商政也。《書》曰：『無作聰明，亂舊章。』漢武帝用張湯言，取高帝法紛更之，盜賊半天下。元帝改宣帝之政，而漢始衰。由此言之，祖宗之法，不可變也。」

①「邇英」上原空一格，覆宋本、四庫本補作「至」，《宋史》本傳及《司馬温公行狀》無之。

後數日，吕惠卿進講，因言：「先王之法，有一年一變者，『正月始和，布法象魏』是也；有五年一變者，『巡狩考制度』是也；有三十年一變者，『刑罰世輕世重』是也；有百年不變者，『父慈子孝，兄友弟恭』是也。前日光言非是，其意以諷朝廷，且譏臣爲條例司官耳。」神宗問光：「惠卿言何如？」光曰：「『布法象魏』，布舊法也，何名爲變？若四孟月朔，屬民讀法，爲時變月變邪？諸侯有變禮易樂者，王巡狩則誅之，王不自變也。刑新國用輕典，亂國用重典，平國用中典，是爲①世輕世重，非變也。且治天下，譬如居室，弊則修之，非大壞不更造也。大壞而更造，非得良匠美材不成。今二者皆無有，臣恐風雨之不庇也。公卿侍從皆在此，願陛下問之。三司使掌天下財，不才而黜可也，不可使兩府侵其事。今爲制置三司條例，何也？宰相以道佐人主，安用例？苟用例而已，則胥吏足矣。今爲看詳中書條例司，何也？」惠卿不能對，則詆光曰：「光爲侍從，何不言？言而不從，何不去？」光作而答曰：「是臣之罪也。」神宗曰：「相與論是非耳，何至是。」

神宗問：「朝廷每更一事，舉朝洶洶，何也？」光曰：「青苗出息，平民爲之，尚能使蠶食下户，至饑寒流離，況縣官法度之威乎？」惠卿曰：「青苗法，願取則與之，不願不强也。」光曰：「愚民知取債之利，不知還債之害，非獨縣官不强，富民亦不强也。臣聞作法於凉，其弊猶貪；作法於貪，弊將若之何？昔太宗平河東，立和糴法，時米賤，民樂與官爲市。其後物貴而和糴不解，遂爲河東世世患。臣恐異日之青苗，亦猶河東之和糴也。」神宗曰：「陝西行之久矣，民不以爲病。」光曰：「臣陝西人也，見其病不見其利。朝廷初不許也，而有司尚能以病民，況立法許之乎？」神宗曰：「坐倉糴米何如？」坐者皆起曰：「不便。」獨惠卿曰：「坐倉得米百萬斛，則省東南百萬之漕，以其錢供京師便。」光曰：「東南錢荒而米狼戾，今棄其有餘，取其所無，農末皆病矣。」侍講吴申起

①爲：四庫本作「謂」。

曰：「光言至論也。」光曰：「此皆細事，不足煩人主，但當擇人而任之。」神宗曰：「然。」光趨出，神宗曰：「卿得無以惠卿之言不樂乎？」光曰：「不敢。」

神宗一日問光青苗法，曰：「此《周禮》泉府之職，周公之法也。」光曰：「陛下容臣不識忌諱，臣乃敢冒死言之。昔劉歆用此法以佐王莽，至使農商失業，涕泣於市道，卒亡天下，安足爲聖朝法也？且王莽以錢貸民，使爲本業，計其所得之利，什取其一，比於今日歲取四分之息，猶爲輕之①。」韓琦上疏論青苗之害，神宗感悟，欲罷其法。安石稱疾求去。

會拜光樞密副使，上章力辭至六七，曰：「陛下誠能罷制置條例司，追還提舉官，不行青苗、助役等法，雖不用臣，臣受賜多矣。不然，終不敢受命。」神宗遣人謂光：「樞密，兵事也。官各有職，不當以他事爲辭。」光言：「臣未受命，則猶侍從也，於事無不可言者。」安石起視事，青苗卒不罷，光亦卒不受命。則以書喻安石，三往反，開諭苦至，猶幸安石之至②而改也。且曰：「巧言令色鮮矣仁，彼忠信之士，於公當路時，雖齟齬可憎，後必徐得其力；諂諛之人，於今誠有順適之快，一旦失勢，必有賣公以自售者。」意謂吕惠卿。對賓客，輒指言之曰：「覆王氏者，必惠卿也。小人本以利合，勢傾利移，何所不至。」其後六③年，而惠卿叛安石，上書告其罪，苟可以覆王氏者，靡不爲也。神宗猶欲用光，光不可。以端明殿學士出知永興軍。

①之：覆宋本、四庫本及《名賢氏族言行類稿》卷五四並作「也」。
②至：覆宋本、四庫本作「自悟」。《司馬温公行狀》作「聽」，是。
③六：原作「二」，據覆宋本、四庫本及《司馬温公行狀》改。按：司馬光與王安石論吕惠卿書，在熙寧三年，而吕惠卿叛王安石在七年，作「其後二年」顯誤。《行狀》作「六年」，或以王安石於熙寧九年罷相論也。

【箋證】

〔一〕父池有傳：《司馬池傳》，見本書卷六〇。

〔二〕於用法疑：司馬光《謹習疏》（《温國文正司馬公文集》卷二三）作「疑於用法」，《皇朝文鑑》卷一三七《司馬温公行狀》作「於用法疑有餘」。

〔三〕刺陝西民兵號義勇事，《宋史》卷三三六《司馬光傳》載「詔刺陝西義勇二十萬，民情驚擾，而紀律疏略不可用」，下載光抗疏及與韓琦議論，《事略》從蘇軾《司馬温公行狀》（《蘇文忠公全集》卷一六）不及韓琦，蓋有所諱言。《續通志》卷三五四《司馬光傳》校記：「伏讀《通鑑輯覽》御批：招集義勇，本期適用，惟貴簡練精熟，豈在伍籍之多？無端而按户索丁，遍刺手背，士勇未厲，而民先驚擾，豈安邊固圉之道？且紀律疏略，不堪行陣，雖多亦奚以爲？即云兵貴先聲，而無制勝之實，徒爾號稱十萬，恐敵人聞之不能生懼，而轉爲所輕。琦素號知兵，此舉實爲失當。司馬光所論，殊中事理。琦尚争辨不從，實不免護短矣。」

東都事略卷第八十七下

列傳七十下

朝辭進對，猶乞免本路青苗、助役，宣撫使下令調發，光拒不受。上疏極言：「方凶歲，公私困弊，不可舉事。若乏軍興，臣坐之。」於是一路獨得免。頃之，上疏曰：「臣之不才，最出羣臣之下。先見不如吕誨，公直不如范純仁、程顥，敢言不如蘇軾、孔文仲，勇決不如范鎮。此數人者，睹安石所爲，抗章對策，極言其害，而鎮因乞致仕。臣聞居其位者必憂其事，食其禄者必任其患，苟或不然，是爲盜竊。臣雖不似，嘗受教於君子，不忍以身爲盜竊之行。今①陛下唯安石之言是信，安石以爲賢則賢，以爲愚則愚，以爲是則是，以爲非則非。諂附安石者，謂之忠良；攻難安石者，謂之讒慝。臣之才識，固安石之所愚；臣之議論，固安石之所非。今日所言於陛下，亦安石之所謂讒慝者也。若臣罪與范鎮同，則乞依鎮例致仕；若罪重於鎮，或竄或誅，惟陛下裁處。」移知許州，不赴，遂乞判西京留司御史臺以歸。自是絶口不論事。

至熙寧七年，神宗以天下旱、蝗，詔求直言。光讀詔泣下，欲默不忍，乃復陳六事：一青苗，二免役，三市易，四邊事，五保甲，六水利，此尤病民者，宜先罷。又以書責宰相吴充：「天子仁聖如此，而公不言，何也？」凡居洛十五年〔二〕，再任留司御史臺，四任提舉崇福宫，拜資政殿學士。

①今：朱校本、四庫本同，覆宋本作「令」。

神宗崩，光赴闕臨，衛士見光入，皆以手加額曰：「此司馬相公也。」民遮道呼曰：「公毋歸洛，留相天子，活百姓。」所在數千人聚觀之。光懼，會放辭謝，遂徑歸洛。宣仁后聞之，遣使勞光，問所當先者。光言：「近歲士大夫以言爲諱，閭閻①愁苦於下而上不知，明主憂勤於上而下無所訴，此罪在羣臣，而愚民無知，歸怨先帝，宜下詔首開言路。」從之。下詔榜朝堂，而當時有不欲者，於詔語中設六事以禁切言者，曰：「若陰有所懷，犯非其分，或扇摇機事之重，或迎合已行之令，上以顧望朝廷之意以僥幸希進，下以眩惑流俗之情以干取虚譽，若此者必罰無赦。」宣仁后封詔草以問光，光曰：「此非求諫，乃拒諫也。人臣惟不言，言則入六事矣。請改賜詔書，攽之天下。」於是四方吏民言新法不便者數千人。

除知陳州，且過闕入見，使者勞問，相望於道。至則拜門下侍郎，光力辭。詔曰：「先帝新棄天下，天子幼冲，此何時，而君辭位邪？」光乃不敢辭。是時，民日夜引領以觀新政，而進説者以爲「三年無改於父之道」，光慨然争之曰：「先帝之法，其善者，雖百世不可變也。若安石、惠卿等所建，爲天下害，非先帝本意者，改之，當如救焚振溺，猶恐不及。昔漢文帝除肉刑，斬右趾者棄市，笞五百者多死，景帝元年即改之。武帝作鹽鐵、榷酤、均輸等法，昭帝罷之。唐代宗縱宦官公求賂遺，置客省拘滯四方之人，德宗立未三月，罷之。德宗晚年爲宫市，五坊小兒暴横，鹽鐵月進羨餘，順宗即位，罷之。當時悦服，後世稱頌，未有或非之者也。况太皇太后以母改子，非子改父。」衆議乃定。遂罷保甲團教，依義勇法，歲一閲。保馬不復買，見在者還監牧給諸軍。廢市易法，所儲物皆鬻之，不取息，而民所欠錢皆除其息〔三〕。户部左右曹錢穀，皆領之尚書。凡昔之三司使事，皆歸户部，使尚書周知其數，量入以爲出。時獨免役、青苗、將官之法猶在，而西戎之議未决也。

①閭：原作「門」，據覆宋本、四庫本及蘇軾《司馬温公行狀》改。

山陵畢，遷正議大夫。光自以不與顧命，不敢當，不許。元祐元年，光始得疾，嘆曰：「四患未除，吾死不瞑目矣。」乃力疾上疏論免役五害，乞直降敕罷之，率用熙寧以前法。又論西戎，大略以和戎爲便，用兵爲非。時異議者甚衆，其後文彦博議與光合，衆不能奪。又論將官之害，詔諸將兵皆隸州縣。又乞廢提舉常平司，以其事歸之轉運使及提點刑獄。光謂監司多新進少年，務爲尅①急，天下病之，乞自大中大夫、待制以上，於郡守中舉轉運使、提點刑獄，於通判中舉轉運判官。又以文學、德行、吏事、武略等爲十科，以求天下遺才。命文武升朝以上歲舉經明行修一人，以爲進士高選。皆從之。

拜左僕射。疾稍間，將起視事，詔免朝覲，許以肩輿，三日一入都堂或門下尚書省。光不敢當，曰：「不見君，不可以視事。」詔肩輿至内東門，子康扶入對小殿，且曰：「毋拜。」光皇恐入對延和殿，再拜。遂罷青苗錢，專行常平糴糶法。數月復病，薨於位[三]，年六十八。宣仁后聞之慟，哲宗亦感涕不已。時方躬祀明堂，禮成不賀，贈太師、温國公，謚曰文正，御篆其碑曰「忠清粹德」。

光忠信孝友，恭儉正直，出於天性。自少及老，語未嘗妄。其好學，如饑之者食；於財利紛華，如惡惡臭。誠心自然，天下信之。於學無所不通，音樂、律曆、天文、書數，皆極其妙。晚節爲冠昏喪祭法，適古今之宜。自始立朝至於爲相，自以遭遇聖明，言聽計從，欲以身徇天下。躬親庶②務，不捨晝夜。賓客見其體羸，曰：「諸葛孔明二十罰以上皆親之，以此致疾，公不可以不戒。」光曰：「死生有命也。」爲之益力。病革，諄諄不復自覺，如夢中語，然皆朝廷天下事也。既没，其家得遺奏八紙，上之，皆手札論當世要務。百姓聞其喪，罷市而往弔，粥衣

①尅：四庫本及蘇軾《司馬温公行狀》作「刻」。
②庶：朱校本同，覆宋本、四庫本作「應」，誤。

而致奠，巷哭而過，車蓋以萬千數。而京師民畫其像，刻印鬻之，家置一本，飲食必祝焉。四方皆遣人求之京師，時畫工有致富者。

紹聖初，章惇擅政，用周秩爲監察御史。秩小人也，方光薨時，秩爲博士，議光謚爲文正。及是，乃謂光改更弊法爲盡廢先帝政事，於是追贈謚，及仆所賜神道碑，再貶清海軍節度副使〔四〕，又追貶朱崖軍司户參軍。元符三年，復太子太保。蔡京爲相，復追降左光禄大夫〔五〕，尋除名，入黨籍。大觀中，復太子太保。靖康元年，贈太師，復賜謚，配享哲宗廟廷。

光有文集八十卷、《資治通鑑》二百九十四卷、《目録》三十卷、《考異》三十卷，其所著述又數百卷〔六〕。初，光患歷代史繁重，學者不能綜，況於人主，遂約戰國至秦二世，如左氏體，爲《通志》以進。英宗命光續其書，置局秘閣①，以其所素賢者劉攽、劉恕、范祖禹爲屬，凡十九年而成。神宗尤重其書，以爲賢於荀悦，親爲製敍，賜名《資治通鑑》，詔邇英讀其書云。子康、劉恕附傳。

康字公休，幼端謹，不妄言笑，事父母至孝，凛然有光之風。以明經擢第，爲富平簿。光修《資治通鑑》，奏爲檢閲文字，除秘書省正字，遷校書郎，以父喪免。服除，召爲著作佐郎兼侍講。康上疏曰：

王者以民爲天，民以食爲天。自古禍亂之興，皆由饑饉。爲國必有九年之蓄，乃可備水旱。昔魏李悝爲平糴之法，國以富强。東漢永初以後，水旱十年，和熹臨朝，用征和故事，徙②置饑民於豐熟諸郡，躬自減

①閣：原作「國」，據覆宋本、四庫本改。
②徙：原作「徒」，據覆宋本、四庫本及《長編》卷四三〇改。

撤，以救災厄，故天下復平。唐太宗貞①觀初，天下連歲災害，太宗勤而撫之，民雖東西就食，未嘗嗟怨。至四年，天下大稔，流散者咸歸鄉里，米斗不過三四錢。

自古聖賢之君，非無水旱之災，惟有以待之，則不爲甚害。如漢、唐之策，已非處處皆有蓄積，故令民東西就食，此策之下者也。魏文侯舉國四境悉令平糴，所在有儲，此策之中者也。三代而上，國有九年之蓄，此策之上者也。今臣願陛下先爲漢、唐之下策，以濟目前之艱；俟及豐穰，乃爲魏文侯之中策；積以歲月，漸及三代之上策。乘今秋熟，令州縣廣糴，民食所餘，悉歸於官。今冬來春，令饑民就食，俟鄉土豐穰，乃還本土。

夫國家積財，惟以安國，民安則國安，故凡爲國者，一絲一毫皆當愛惜，惟於濟民則不當吝。陛下誠能捐數十萬金帛以爲天下大本，則四海幸甚。夫實倉廩，使百姓足食，非獨可以消患，太平之化由是而興，措刑之本無先於此矣。

除右正言，以親嫌不就。上疏歷陳前世治少而亂多，祖宗創業之艱難，積累之勤勞，以勸上及時嚮學，守天下大器，曰德、曰才、曰識，三者皆由於學。又勸太皇太后每於禁中訓導，其言切至。爲②言《孟子》爲書最醇正，陳王道尤明白，所宜觀覽。尋講《孟子》，遷左司諫，以疾除直集賢院、提點崇福宮。

方病，召醫李積於兖州。積時年七十餘，老於家，於是鄉民聞之，告積曰：「百姓受司馬相公恩深，今其子病，願速往。」來告者日夕不絕。積未至而康卒[七]，年四十一。特贈右諫議大夫。紹聖四年，追奪贈官。

①貞：原作「正」，係避諱改字，今據四庫本及范祖禹《司馬君墓誌銘》回改。
②爲：覆宋本、四庫本及范祖禹《司馬君墓誌銘》作「又」，是。

劉恕字道原，筠州人也。父渙，字凝之，舉進士，爲潁上令。以剛直不屈於上位，即棄官而歸，家於廬山之陽，時年且五十。歐陽修與渙，同年進士也，高其節，作《廬①山高》詩以美之。渙居廬山三十餘年，環堵蕭然，饘粥以爲食，而遊心塵垢之外，超然無戚戚之意，以壽終。

恕少穎悟俊拔，讀書過目即成誦。年四歲〔八〕，坐客有言孔子無兄弟者，恕應聲曰：「以其兄之子妻之。」一坐驚異。年十八，試經義、説書皆第一。釋褐爲鉅鹿簿，遷和川令。恕爲人强記博聞，於書無所不覽，有史學。司馬光修《資治通鑑》，奏請同編修。恕於魏、晉以後事，尤能精詳，考證前史差謬，光悉委而取决焉。

王安石與恕有舊，欲引恕修三司條例，恕以不習金穀爲辭。因言：「天子方屬公以政事，宜恢張堯舜之道，以佐明主，不應以財利爲先。」安石不能用，而亦未之怒也。及吕誨得罪知鄧州，恕往見安石曰：「公所以致人言，蓋亦有所未思。」因爲條陳所更法令不合衆心者，宜復其舊，則議論自息。安石怒，遂與之絶。方安石用事，呼吸成禍福，高論之士，始異而終附之，面譽而背毁之，口順而心非之者皆是也。恕奮厲不顧，直指其事，或面刺安石至變色，公議其得失，無所隱。

光出知永興軍，恕亦以親老告歸南康，乞監酒税以就養。有詔即官下編修。光判西京留臺，奏還書局於洛陽。恕奏請乞身詣光議修書事，朝廷許之。恕居母喪，又詔就第②續成前書。喪未除而卒〔九〕，年四十七。著《十國紀年》四十二卷、《資治通鑑外紀》十卷、包犧至周厲王《疑年譜③》、共和至熙寧《年略譜》各一卷。

---

①廬：原作「蘆」，據覆宋本、四庫本及《宋史》卷四四四《劉恕傳》改。下「廬」字同改。
②第：原作「弟」，據覆宋本、四庫本及范祖禹《秘書丞劉君墓碣》改。
③譜：原作「普」，據四庫本及《秘書丞劉君墓碣》改。下同改。

臣稱曰：君子之用世也，惟人心豈可以强得哉？湛然無欲而推之以至誠，斯天下歸仁矣。光以忠事仁宗，而大計以定；以義事英宗，而大倫以正；以道事神宗，而大名以立；以德事哲宗，而大器以安。方其退居於洛也，若與世相忘矣。及其一起，則澤被天下。此無他，誠而已。誠之至也，可使動天地，感鬼神，而況於人乎？故其生也，中國四夷望其用；及其死也，罷市巷哭思其德。其能感人心也如此，是豈人力所致哉？自古未之有也。

【箋證】

〔一〕居洛十五年：汪琬《東都事略跋》卷中：「《渭南集》：熙寧初，朝士集於相藍之燒院。俄王元澤後至，時荆公方有召命，衆人問：『舍人不堅辭否？』元澤言：『大人亦不敢不來，然未有一居處。』衆言居處固不難得，元澤曰：『不然，大人意乃欲與司馬十二丈卜鄰。』又《靖康小録》：司馬朴使金營，賊問其姓，朴云：『司馬氏。』賊云：『得非司馬相公之後乎？』且曰：『使相公在朝，我亦不敢至城下。』因欲立朴云云。嗟嗟，執拗如王介甫，兇焰如金人，乃能感服其心如此，此子瞻所謂誠也。《元誠語録》言金陵事，因言當時臺諫皆金陵之黨，醞造一件大事，點污老先生，如霍光事。神宗謂金陵曰：『前日言章大無謂，司馬某豈有此事？』金陵請事目，神宗曰：『置之，讒言不足道也。』故老先生以端明爲崇福，退居於洛十五六年。按：此何等大事，神宗不惑於讒，其君德可謂盛矣。而《傳》中不載，東坡於碑誌中亦絶無一語及之，爲金陵諱邪？抑竊畏其黨邪？」

〔二〕民所欠錢皆除其息：《續通志》卷三五四《司馬光傳》校記：「據《宋史》本傳云『除民所欠錢』，似是蠲免，不獨除其息也。」

〔三〕薨於位：蘇軾《司馬温公行狀》（《蘇文忠公全集》卷一六）：「數月復病，以（元祐元年）九月丙辰朔，薨於西府，享年六十八。」

〔四〕再貶清海軍節度副使：《宋史》卷三三六《司馬光傳》作「追貶清遠軍節度副使」，「清遠」當爲「清海」之誤。詳見舒仁輝《〈東都事略〉與〈宋史〉比較研究》第二三一頁考證。

〔五〕復追降左光禄大夫：《宋史》本傳作「復降正議大夫」，是。詳見舒仁輝《〈東都事略〉與〈宋史〉比較研究》第二三一頁考證。

〔六〕其所著述又數百卷：《司馬温公行狀》載其他著述有「《歷年圖》七卷、《通曆》八十卷、《稽古録》二十卷、《本朝百官公卿表》六卷、《翰林詞草》三卷、《注古文孝經》一卷、《易説》三卷、《注繫辭》二卷、《注老子道德論》二卷、《集注太元經》八卷、《大學中庸義》一卷、《集注揚子》十三卷、《文中子傳》一卷、《河外諮目》三卷、《書儀》八卷、《家範》四卷、《續詩話》一卷、《遊山行記》十二卷、《醫問》七篇」，合一百八十餘卷。考《宋史・藝文志》載光著另有《切韻指掌圖》一卷，又《類編》四十四卷、《日録》三卷、《涑水記聞》三十二卷、又《全集》一百十六卷等，著述之富，可見《事略》稱「又數百卷」爲不誤。

〔七〕積未至而康卒：范祖禹《司馬君墓誌銘》（《范太史集》卷四一）：「元祐五年……九月丙寅，以不起聞。」

〔八〕年四歲：《宋史》卷四四四《劉恕傳》作「八歲時」，范祖禹《秘書丞劉君墓碣》（《范太史集》卷三八）亦作「年四歲」，《名賢氏族言行類稿》卷三〇作「年八歲」。

〔九〕喪未除而卒：《秘書丞劉君墓碣》：「未除喪，元豐元年九月癸丑卒，年四十七。」

東都事略卷第八十八

列傳七十一

呂公著字晦叔，宰相夷簡子也。識慮深遠，有度量，夷簡嘗曰：「此子公輔器也。」任爲奉禮郎〔一〕。舉進士，累遷殿中丞、通判潁州。歐陽修爲守，甚重之。召試館職，辭不就〔二〕，判吏部南曹。仁宗喻曰：「朕知卿有恬退之節。」

嘉祐中，同判太常寺。數言濮王在殯，請燕北使毋用樂，輟上元遊幸，廢温成廟爲祠，多見聽用。擢天章閣待制，召試知制誥，三辭不就，兼侍講〔三〕。時壽星觀建真宗神御殿，公著言：「都城中真宗有三神御殿，而營建不已，非祀無豐昵之義。」不報〔四〕。爲諫議大夫。時英宗修慶寧宫，建本命殿，公著言：「畿内、京東西、淮南饑，此豈修宫之時乎？」王疇爲樞密副使、知制誥，錢公輔坐封還詞頭貶，公著極論公輔舉職不宜出。

除龍圖閣直學士。英宗問：「今之郊與古之郊何如？」對曰：「古之郊也，貴誠而尚質；今之郊也，盛儀衛，事物采而已。」時詔近臣議追崇濮安懿王，或欲稱皇伯考，公著曰：「真宗以太祖爲皇伯考，非可加於濮王也。」及詔下稱親，公著言於仁宗有兩考之嫌。又班濮王諱，公著曰：「此羣臣於上前不當稱耳，不宜與祖宗七廟同諱。」御史呂誨、傅堯俞、范純仁、呂大防、趙瞻坐論濮王事貶，公著曰：「陛下臨御以來，納諫之風未形於天下，而誨等以言事去，非所以風四方。」力争之，願與誨等俱貶。英宗曰：「學士朕所重，豈得輕去朝廷哉？」求去不已，出知蔡州。

神宗即位，召爲翰林學士兼侍讀。頃之，兼寶文閣學士、知通進銀臺司。時御史中丞司馬光以言張方平不可爲參知政事罷爲學士，公著封還制書，言：「光以言舉職而賜罷，則有言責者不得盡其言矣。陛下雖有欲治之心，而安危利害何從而知？」於是内出光誥付閤門，又言：「誥不由封駁而出，則是職因臣而廢，乞正臣之罪，以正紀綱。」神宗手批其奏：「俟邇英當喻朕意。」後數日，講退獨留之，語曰：「朕欲光勸講左右，非爲其言事也。」公著請不已，聽解封駁事。修《英宗實録》，轉禮部侍郎、知開封府。

自夏秋淫雨地震，公著言：

自昔人君遇災異者，或恐懼以致福，或簡誣以致禍。上以至誠待下，則下思至誠以應之。上下相與以誠，而變異不消者，未之有也。夫衆人之言不一，而至當之論難見。君人者去偏聽獨任之弊，而不私先入之言，則不爲邪説所亂。顏淵問爲邦，孔子以遠佞人爲戒。蓋佞人惟恐不合於君，則其勢易親；正人惟恐不合於義，則其勢易疏。惟先格王正厥事，蓋未有正事而世不治者，惟陛下勉行之而勉終之。

數月，復還翰林。禮官議欲用唐故事，以五月朔請御大慶殿受朝，因上尊號。公著言：「五月會朝，始於唐德宗取術數厭勝之説，憲宗以不經罷之。況尊號非古典，不繫人主重輕。」於是罷議尊號不受。近臣有請吏非領郡者毋任監司，公著曰：「人才類伏下僚，而資格愈峻，則簡拔愈難。審其才可用，宜不次用之，試而無效，則已之。」及請增館閣之選以長育人才，文武官非素有罪戾者，宜給奉以示始終，多用其言。拜御史中丞。

王安石秉政，始置三司條例司，行青苗斂散法。公著極論其不可曰：「自昔有爲之君，未有失人心而能圖治者，亦未有脅之以威，勝之以辨，而能得人心者。今在位之賢者，率以此舉爲非，而主議者一切以流俗浮論詆黜之，豈有昔者賢而今皆不肖乎？」會韓琦論青苗之害，神宗語執政：「吕公著嘗面奏：若韓琦因人心不忍，如趙鞅舉晉陽之甲，除君側之惡，陛下何以待之？」安石用此爲公著罪，罷爲翰林侍讀學士、知潁州。宋敏求草公著詞云：「敷陳失實，援據非宜。」安石不快，欲明著其語，陳升之以爲不可。安石乃自易之曰：「厚誣藩鎮，興除惡之名；深駭予聞，乖事理之實。」[五]公著素謹密，實無此言，蓋孫覺嘗爲神宗言：「今藩鎮大臣如此論列，而遭挫折，若當唐末五代之際，必有興晉陽之甲以除君側之惡者矣。」神宗因誤①以爲公著也。

久之，復寶文閣學士、提舉崇福宫。公著上疏曰：

陛下臨朝願治，爲日已久，左右前後，莫敢正言。使陛下有欲治之心，而無致治之實者，何哉？此任事之臣負陛下也。夫士之邪正、賢不肖，蓋素定也。今則不然，前日舉之，以爲天下之至賢；後日逐之，以爲天下之至不肖。其於人才既反復而不一，則於政事亦乖戾而不審矣。古之爲政，初不信於民者有之矣，鄭之子産是也。一年而鄭人怨之，三年而歌之。陛下垂拱仰成，七年於兹矣，輿人之誦，亦未異於七年之前也。陛下獨不察乎？

起知河陽，召還，提舉中太一宫，遷端明殿學士、知審官院。神宗與之極論治道，遂及釋老虚寂之旨，公著曰：「堯、舜知此道乎？」神宗曰：「堯、舜豈不知？」公著曰：「堯、舜雖知此，然嘗以知人安民爲難，此所以爲堯、舜也。」神宗又言：「唐太宗能以權智御臣下。」公著曰：「太宗所以成帝業者，以能屈己從諫爾。」頃之，拜同知樞密院事。公著謝，因奏曰：「臣老於閒②外，蒙陛下收之桑榆，唯知拳拳納忠，以報恩遇。自熙寧以來，朝廷論議不同，端人良士例爲小人排格，指爲沮壞法度之人，不可復用。此非國家之利也，願陛下加意省察。」神宗曰：「然。當以次收用之。」

①誤：原作「悟」，據四庫本及繆校作「誤」。
②閒：覆宋本、四庫本作「中」。《長編》卷二九二作「閑」。

時有請復肉刑者，公著曰：「後世禮教衰而刑獄繁，肉①辟不可復，將有踊貴屨賤之譏。」或欲取天府死囚試劓刖之，公著曰：「不可。刖而不死，則此法遂行矣。」議遂寢②。元豐三年，官制行，改正議大夫、樞密副使，復同知樞密院事。神宗賜手札曰：「顧在廷之人，可托中外腹心之寄，均皇家休戚之重，無逾卿者。可亟起視事。」

初，夏人幽其主秉常，神宗將大舉兵討之。公著曰：「問罪之師，當得人爲帥。苟帥未得人，不如勿舉。」及兵興，河東、陝西民力大屈，大臣不敢言，公著數爲神宗言之。五年，以資政殿學士、光禄大夫知定州。是歲，永樂城陷，奏至，神宗對輔臣曰：「邊民疾弊如此，獨吕公著爲朕言之，它人未嘗及也。」徙揚州，除資政殿大學士。神宗將建儲，諭執政曰：「來年皇子出就學，當以司馬光、吕公著爲師保。」

哲宗即位，加銀青光禄大夫，召兼侍讀、提舉中太一宫。宣仁后遣使迎，問其所欲言，公著奏曰：「先帝即位之初，臣爲學士，命草詔，以寬民力爲先。既而秉政者建議變舊法，以侵民爲意，言不便者，一切以沮壞新法斥去之，故日久而弊愈深，法行而人愈困。陛下既深燭其弊，誠得中正之士，使講求天下利害，上下協力而爲之，宜不難矣。」至則建言曰：「人君即位之初，當正始以示天下，修德以安百姓。修德之要，莫先於學。學有緝熙於光明，日日新，又日新，以至大治者，學之力也。臣昧死謹條上十事：曰畏天，曰愛民，曰修身，曰講學，曰任賢，曰納諫，曰薄斂，曰省刑，曰去奢，曰無逸。」公著所言十事，皆據經直言。其論薄斂云：「昔鹿臺之財，鉅橋之粟，商紂聚之以喪國，周武散之以得民。由是觀之，人主當務仁義而已，何必曰利。」當時謂爲君之道，無出此十事

①肉：原作「内」，據覆宋本、四庫本及《長編》卷二九二改。
②寢：覆宋本、四庫本作「寑」。

者。公著又言：「先帝定官制，設諫員之目甚備，宜選忠鯁敢言士，遍置諸左右，使職諫諍。」拜尚書左丞。

自官制行，三省並建，而中書獨爲取旨之地，門下、尚書奉行而已。公著言：「三省官均輔臣也，正如同舟共興，以濟江陸，當一心並力，以修政事。諸事干三省者，自今執政同進呈，取旨而各行之。」遷門下侍郎，拜右僕射兼中書侍郎。司馬光薨，公著獨總揆務，除吏皆一時之選。時科舉專用王安石經義，士無自得之學，而朝廷文詞之官漸艱其選。議者嘗欲以詩賦代經義，公著請於經義科中益以詩賦，而先經義，以盡多士之能。又戒有司，毋以老、莊書出題，而學士不得以申、韓、釋、老書爲説。經義參用古今諸儒之學，毋專用王氏。又復①賢良方正科，以致異能之士。邊穀，舊法儲三年而不足，公著請增爲五年。大出糴本錢以助之，邊用益給。

吐蕃大酋鬼章青宜結者，董氊之别將也，性凶悍，爲洮、河之患者二十年。朝廷罷兵，減隴右戍。又知夏人之怨失蘭州也，遂合從寇邊。議遣軍器監丞游師雄諭旨，諸將以便宜出師，不逾月，熙河將种誼生擒鬼章以獻，夏人因遣使修朝貢之職。元祐三年，懇辭位，拜司空、同平章軍國事。自宋興，大臣以三公平章軍國者四人，而二人則公著父子也。四年，以疾薨於位，年七十二。贈太師、申國公，謚曰正獻。

紹聖元年，章惇爲相，以翟思、張商英、周秩當言路，用其言削公著贈謚，毀所賜神道碑，再貶建武軍節度副使，又貶昌化軍司户參軍。徽宗皇子生，復太子太保。蔡京擅朝，復降左光禄大夫，指公著爲姦黨首惡，始置元祐黨籍，刻石文德殿及尚書省，又頒其書天下。徽宗因災異感悟，毀石刻，除黨禁，復公著銀青光禄大夫。後復太師、申國公，謚正獻。子希哲、希績、希純。

①復：原作「得」，據四庫本及《實録·吕正獻公公著傳》改。

希哲字原明，少好學，王安石謂之曰：「士未①官而專科舉者，爲貧也。有官矣而復事科舉，是僥幸富貴利達而已，學者不由也。」希哲遂棄科舉，一意古學。父公著與安石以國事不合，久在外，希哲前後爲管庫者幾十年。

元祐初，公著登庸，廣收天下之士，而希哲以公著故不得用。及公著薨，既免喪，除兵部員外郎、崇政殿説書。希哲每勸導人主以修身爲本，修身以正心誠意爲主。心正意誠，天下自化。若身不能修，雖左右之人且不能諭，况天下乎？

紹聖初，出知懷州。坐元祐黨，分司南京、和州居住。徽宗即位，起知單州，召爲秘書少監。爲曾布所不樂，改光禄少卿，以直秘閣知曹州。尋奪職知相州，徙邢州，罷爲宫祠。卒，年七十八。

希哲爲人靖②重，有至行，晚年名益高云。子好問。

希績字紀常，有賢操。元祐中，爲兵部員外郎，除淮南路轉運副使、知壽州。尋坐黨分司南京、光州居住，除知濮州。後以壽終。

希純字子進。方父公著爲相，未嘗進用。公著既薨，朝廷以希純爲太常丞。舊制，太廟薦享，逐室設常食一牙盤，元豐四年，有司奏罷之。希純奏請復如舊制，仍易其名曰薦羞。改秘書丞，遷著作郎，爲國史院編修官，除

①未：朱校本同，覆宋本、四庫本作「奉」。
②靖：覆宋本、四庫本作「端」。

起居舍人，拜中書舍人、同修國史。

紹聖初，以寶文閣待制知亳州。已而諫官張商英言希純附會呂大防、蘇轍，而中書舍人林希亦言希純變禮奉祀禮文薦牙盤事，坐落職，而牙盤復罷，如元豐故事。始，公著在相位時，商英爲開封府推官，欲居言路，嘗云：「老僧欲住烏寺，呵佛罵祖。」希純以商英語白公著，公著不悦，出商英爲河東提點刑獄。商英憾之。至是，攻希純兄弟爲甚力，俱坐降黜。希純得知沂州，尋分司南京、金州居住。又責信州團練副使、道州安置〔六〕，移居唐州，提舉鴻慶宫以卒〔七〕。

臣稱曰：以夷簡爲父，而公著爲子，其謀謨事業有大過人者，蓋夷簡善任智，而公著則持正以成天下之務，賢於父遠矣。昔伊尹相湯，咸有一德，子陟相太戊；巫咸乂王家，子賢以相祖乙。漢之韋、平，唐之蘇、李〔八〕，吾宋之韓、呂氏，皆以相業世其家，烏虖盛歟！

【箋證】

〔一〕任爲奉禮郎：《實録·呂正獻公公著傳》（《名臣碑傳琬琰集》下卷一〇）、《名賢氏族言行類稿》卷三六並作「仕爲奉禮郎」，疑《事略》「任」爲「仕」之形誤。

〔二〕召試館職辭不就：《宋史》卷三三六《呂公著傳》「召試館職」在「通判潁州」前。《實録·呂正獻公公著傳》載「慶曆二年進士第，累遷殿中丞，詔試館職，不就。皇祐初，就判吏部南曹」。據胡柯《歐陽公年譜》，歐陽修知潁州在皇祐元年春至皇祐二年六月，《長編》卷一六八載「屯田員外郎呂公著同判吏部南曹」在皇祐二年六月辛巳，並謂「嘗召試館職，不就」。則《事略》載「殿中丞、通判潁州」後「召試館職」，疑是。

〔三〕擢天章閣待制召試知制誥三辭不就兼侍講：《宋史》本傳作「改天章閣待制兼侍讀」。《實録・吕正獻公公著傳》所載同《事略》，末云「除天章閣待制兼侍講」。《長編》卷一九六嘉祐七年三月庚申載「刑部郎中、天章閣侍講、崇文院檢討吕公著爲天章閣待制兼侍講。公著初召試中書，將除知制誥，三辭不就，故有是命」，則《宋史》本傳「侍讀」當爲「侍講」之誤。《續通志》卷三五四《吕公著傳》校記：「按《宋史》本傳載公著擢待制在諫營真宗神御殿之後，『侍講』作『侍讀』。其判太常寺時所論表及請留錢公輔事，俱不載。今據《宋實録・吕公著傳》及《東都事略》增纂。」

〔四〕壽星觀建真宗神御殿事，《宋史》本傳在三辭知制誥前，與《事略》異。考《長編》卷一九五載「以壽星觀新作真宗神御殿爲永崇殿」於嘉祐六年十一月癸亥，又言先是「天章閣侍講吕公著」請罷營創，不許。則《宋史》繫事有據，《事略》從《實録・吕正獻公公著傳》補敍其事於「兼侍講」後，或失先後順序。

〔五〕王安石改草公著知潁州制詞事，《續通志》本傳作「命知制誥宋敏求草制，明著罪狀，敏求不從，但言敷陳失實。安石怒，使陳升之改其語行之」，校記云：「按《宋史》本傳衹稱『誣以惡語，出知潁州』，所載未爲明晰。謹遵《通鑑輯覽》，詳載其事。伏讀御批：『韓琦、趙鞅時地不同，何至有發甲以清君側之事？公著雖至愚，亦必不爲此言。安石誣奏，不問而知其妄。蓋安石既不悦琦，復怒公著，欲假此兩傷之。神宗不察，公著遂爾坐貶，無怪小人之志益逞也。』」

〔六〕又責信州團練副使：《宋史》卷三三六《吕公著傳》附《希純傳》作「又責舒州團練副使」，《宋會要輯稿》職官六七之二八、《長編》卷五一七同作「舒州」，《事略》誤作「信州」。

〔七〕提舉鴻慶宫以卒：《宋史》本傳作「俄改潁州，入崇寧籍。卒，年六十」。《建炎以來繫年要録》卷四二載紹興二年二月「故朝奉大夫吕希純追復寶文閣待制」。

〔八〕漢之韋平唐之蘇李……皆以相業世其家：《宋史》卷三三六《吕公著傳論》作「漢之韋、平，唐之蘇、李，榮盛孰加焉」。舒仁輝先生認爲《事略》「此處所述西漢及唐朝繼世任相之人有誤」，「平當雖爲宰相，而其子官至大司徒，未至宰相」，「唐之蘇，蓋指蘇世長及其子良嗣、從孫弁；李，蓋指李石、李福兄弟。亦非繼世宰相」（參《〈東都事略〉與〈宋史〉比較研究》第二三三頁）。然漢之韋賢子玄成、平當子晏，《漢書·平當傳》已稱「惟韋、平父子至宰相」； 唐之蘇瓌子頲、李吉甫子德裕，更是父子繼相典範。王稱史論，蓋舉前人成説以明事，而無意細究其實。

東都事略卷第八十九

列傳七十二

呂大防字微仲，京兆藍田人也。舉進士，爲馮翊簿，遷著作佐郎、知青城縣。英宗即位，改太常博士。未幾，除監察御史裏行。

首言：「綱紀賞罰之際，未厭四方之望者有五：進用大臣，而權不歸上；大臣疲老，而不知退；夷狄驕蹇，邊患以萌，而不擇將帥，不知虜情；議論之大裨益朝廷闕失〔一〕，而大臣沮之；疆埸左右之臣，有敗事而被褒，舉職而獲罪者。」又論：「富弼病足，請解機政，章十餘上而不納；張昪年八十，乞骸①骨而不從；吳奎有三年之喪，召其子而呼之者再，遣使而召之者又再；程戡辭老，不堪邊事，恐死塞上，免以尸柩還家爲請，而不許。竊以爲過矣。陛下優待大臣，進退以禮，亦何必過爲虛飾，曲事形迹，使四方之誠不得自達邪？」

是歲，京師大水，大防曰：「雨水之患，至入宮城廬舍，殺人害物，此陰陽之沴也。」即請八事，曰主威不立，臣權太盛，邪議干正，私恩害公，夷狄連謀，盜賊恣行，羣情失職，刑罰失平。會執政建議追崇濮安懿王宜稱考，大防曰：「爲人後者爲之子，既可改子之名，則改親之名正合典禮。今大臣首欲加濮王非正之號，以惑天下，使陛下顧私恩而違公議，非所以結天下之心也。」出知休寧縣。久之，爲河北轉運副使，召入直舍人院。

①骸：原作「體」，據《長編》卷二〇五、《實録・呂汲公大防傳》改。

韓絳宣撫陝西，以大防爲判官。夏人數犯邊，大防以謂兵不精，將不勇，莫若選募兵將，盡其智力。又兼河東宣撫判官，除知制誥。熙寧四年，知延州。未赴間，大防欲城河外荒堆砦，衆謂不可守。大防留戍兵修堡障，有不從者斬以徇。而環慶將兵亂，絳坐黜，大防亦落知制誥，以太常博士知臨江軍。數月，徙知華州。元豐中，知永興軍，遷龍圖閣直學士、知成都府。

哲宗即位，召爲翰林學士，遷吏部尚書。元祐初，除尚書右丞，俄拜中書侍郎。三年，拜左僕射兼門下侍郎，提舉修《神宗實録》。哲宗納后，爲奉迎使。大防爲相，用人各盡其能，不事邊功，而天下臻於富庶。

哲宗御邇英閣，召宰執講讀官讀《寶訓》，至「漢武帝籍南山提封爲上林苑，仁宗曰：『山澤之利，當與衆共之，何用此也？』丁度曰：『臣事陛下二十年，每奉德音，未始不及於憂勤，此蓋祖宗家法爾。』」大防因推廣祖宗家法以進，曰：

祖宗家法甚多，自三代以後，唯本朝百二十年中外無事〔二〕，蓋由祖宗所立家法最善，臣請舉其略。自古人主事母后，朝見有時，如漢武帝五日一朝長樂宫。祖宗以來，事母后皆朝夕見，此事親之法也。前代大長公主用臣妾之禮，本朝必先致恭，仁宗以姪事姑之禮見獻穆大長公主，此事長之法也。前代宫闈多不肅，宫人或與廷臣相見，唐《入閤圖》有昭容位。本朝宫禁嚴密，内外整肅，此治内之法也。前代外戚多與政事，常致敗亂，本朝母后之族皆不與，此待外戚之法也。前代宫室多尚華侈，本朝宫殿止用赤白，此尚儉之法也。前代人君雖在宫禁，出輿入輦，祖宗皆步自内庭出御後殿，豈乏人之力哉？亦欲涉歷廣廷，稍冒寒暑爾，此勤身之法也。前代人主在禁中，冠服苟簡，祖宗以來，燕居必以禮。竊聞陛下昨郊禮畢，具禮服謝太皇太后，此尚禮之法也。前代多深於用刑，大者誅戮，小者遠竄，惟本朝用法最輕，臣下有罪，止於罷黜，此寬仁之法也。至於虚己納諫，不好畋①獵，不尚翫好，不用玉器，不貴異味，此皆祖宗家法，所以致太平者。陛下不須遠法前代，但盡行家法，足以爲天下。

哲宗甚然之。

宣仁后崩，爲山陵使。還朝，以觀文殿大學士、左光禄大夫知潁昌府，改知永興軍。紹聖初，以言者落職，知隨州，貶秘書監、分司南京、郢州居住。史臣修《神宗實録》，直書其事，而言者以爲誣詆，責居安州。再責舒州團練副使、循州安置。未逾嶺，卒，年七十一〔三〕。後復故官職，贈太師、宣國公，謚曰正愍。大防兄大忠、弟大臨〔四〕。大忠别有傳〔五〕。

大臨字與叔。通六經，尤深於《禮》。富弼致政於家，爲佛氏之學，大臨奏記於弼曰："大臨聞之，古者三公無職事，惟有德者居之。内則論道於朝，外則主教於鄉。古之大人當是任者，必將以斯道覺斯民，成己以成物，豈以爵位進退、體力盛衰爲之變哉？今大道未明，人趨異學，不入於莊，則入於釋，疑聖人爲未盡善②，輕禮義爲不足學。人倫不明，萬物憔悴，此老成大人惻隱存心之時。以道自任，振起壞俗，在公之力，宜無難矣。若夫移精變氣，務求長年，此山谷避世之士獨善其身者之所好，豈世之所以望於公者哉？"弼謝之。

大臨元祐中爲太學博士，遷秘書省正字。卒，士君子惜之。

①畋：覆宋本、四庫本作「田」。

②善：原脱，據四庫本及《宋史》卷三四〇《吕大防傳》附《大臨傳》補。

劉摯字莘老，渤海人也〔六〕。少舉進士，禮部奏名第一，遂中甲科，調知南宮縣，徙江陵府觀察推官。用韓琦薦，除館閣校勘，爲監察御史裏行。

是時，神宗厲精求治，摯感恩遇，因上疏曰：「君子小人之分，在義利而已。小人材非不足，特心之所向不在乎義。故欲爲之志，每居事先；首公之心，每在私後。陛下有勸農之意，今變而爲煩擾；有均役之意，今倚以爲聚斂。其有愛君憂國之心者，皆無以容其間。今天下有喜於當爲之論，有樂於無事之論，彼以此爲流俗，此以彼爲亂常，畏義者以進取爲可耻，耆利者以守道爲無能。此風浸長，東漢黨錮、有唐朋黨之禍必起矣。願陛下虚心平聽，審察好惡，收合過與不及之俗，使會歸於大中之道。」

摯上疏論常平、免役法，陳十害。會御史中丞楊繪亦論新政不便，並下其章司農。司農難詰，且劾摯、繪欺誕懷向背，有詔問狀。摯言：「臣待罪言責，采士民之説告於陛下，職也。今乃以有司言下臣問狀，是令與之争口舌，無乃辱陛下耳目之任哉？」明日，復上疏曰：「今天下之勢未至於安且治者，誰致之邪？陛下注意以望太平，而自以太平爲己任，得君專政者是也。二三年間，開闔動摇，舉天下無一得安其所者。蓋自青苗之議起，而天下始有聚斂之疑；青苗之議未允，而均輸之法行；均輸之法方擾，而邊鄙之謀動；邊鄙之禍未艾，而助役之事興。其間又求水利於田，省并州縣，難遍以疏舉。其議財，則市井屠販之人皆召而登政事堂；其征利，則下至歷日官自鬻之。至於輕用名器，淆混賢否。忠厚老成者，擯之爲無能；俠少儇下①者，取之爲可用；守道憂國者，謂之流俗；敗常害民者，謂之通變。凡政府謀議，獨與一掾屬决之，然後落筆。同列與聞，反在其後，故奔走乞丐之人，其門如市。今羌夷之款未入，反側之兵未安，三邊創痍，流潰未定。河北大旱，諸路大水，

①下：朱校本同，覆宋本、四庫本作「辯」。

民勞財乏，縣官減耗。聖上憂勤念治之時，而政事如此，皆大臣誤陛下，而大臣所用者誤大臣也。」

居數日，罷御史，責監衡州鹽倉，爲僉書應天府判官。元豐初，爲集賢校理、知大宗正丞、開封府推官，遷禮部郎中，又遷右司郎中，以事免。明年，知滑州。哲宗即位，宣仁后臨朝聽政，召爲吏部郎中，改秘書少監，擢侍御史。奏論蔡確之罪，及言陛朝官薦進士、明經冒濫；舉法苛細，愈於治獄；條目猥多，過於防隸；不以禮遇士人，非先皇帝意。又言：「經義之弊，蹈襲剽切①，有司莫能辨。請雜用詩賦取士，復賢良方正科，罷常平、免役法。」引朱光庭、王巖叟爲言官。

拜御史中丞，摯上疏曰：「上之所好，下必有甚。朝廷意在總覈，下必有刻薄之行；朝廷務行寬大，下必有苟簡之事。習俗懷利，迎意趨和，所爲近似，而非上之意本然也。今因革之政本殊，而觀望之俗故在。昨差役初行，監司已有迎合爭先，不校利害，一槩定差，一路爲之騷動者。朝廷察其如此，固已黜之矣。以此觀之，大約類此。向來黜責數人者，皆以非法掊克，市進害民，然非欲使之漫不省事。昧者不達，矯枉過正，顧可不爲之禁哉？請立監司考績之制。」擢尚書右丞，改左丞，爲中書侍郎，遷門下侍郎。

摯與同列奏事，論及人才，摯曰：「人才難得，能否不一。性忠實而才識有餘，上也；才識不逮而忠實有餘，次也；有才而難保，可藉以集事，又其次也。懷邪觀望，隨勢改變，此小人，終不可用。」二聖深然之，且曰：「卿嘗能如此用人，國家何憂！」元祐六年，拜右僕射兼中書侍郎。

初，邢恕謫官永州，以書抵摯。摯故與恕善，答其書，有「永州佳處，第往以俟休復」之語。排岸官茹東濟，傾險人也，有求於摯而不得，見其書，陰録以示御史中丞鄭雍、侍御史楊畏。二人方論摯，得此乃釋其語上之，

①切：覆宋本、四庫本及《實録·劉右丞摯傳》作「賊」。切，同「竊」。

曰：「『休復』語出《周易》，『以俟休復』者，俟他日太皇太后復辟也。」又章惇諸子故與摯之子遊，摯亦間與之接，言者謂摯預交惇子爲囊槖，以冀後福。遂罷政事，以觀文殿學士知鄆州，移知青州。紹聖初，落職降知黄州，再貶光禄卿、分司南京、鄆州居住〔七〕。四年，責鼎州團練副使、新州安置。卒於貶所〔八〕，年六十八。

是時，章惇、蔡卞誣造元祐諸人事不已，以邢恕爲御史中丞，用其言，欲誅殺摯及梁燾、王巖叟等，以爲摯有廢立之意，遂起同文館獄。用蔡京等雜治，卒無佐驗，會摯卒，乃已。元符三年，復中大夫。蔡京爲相，降朝請大夫。其後復①觀文殿大學士、大中大夫，特贈少師，謚曰忠肅。

蘇頌字子容，紳之子也。紳有傳〔九〕。舉進士，爲南京留守推官。杜衍老居睢陽，一見深器之。除館閣校勘，改集賢校理，知潁州。英宗即位，召爲提點開封府界諸縣鎮，頌言：「周制，六軍出於六鄉②，在王畿四郊之地。唐設十二衛，亦散布畿内郡縣，又以關内諸府分隸之，皆所以臨制四方，爲國藩衛。國朝禁兵多屯京師及畿内東南諸縣，雖於饋運爲便，而西戎武備殊闕。今中牟、長垣，都門要衝，二鄙驛置皆由此，而舊不屯兵，闃無防守。請置營益兵，以備非常。」頌又請以獲盜多寡爲縣令殿最法，以謂：「巡檢、縣尉但能捕盜，而不能使民不能③盜。能使民不爲盜者，縣令也。」稍遷修起居注，召試知制誥，知審刑院。

時知金州張仲宣坐枉法臧罪至死，法官援李希輔例貸死，杖而流之。頌奏曰：「希輔、仲宣均爲枉法，而情有輕重。」神宗曰：「枉法有情輕者邪？」頌曰：「希輔知台州，受賕數百千。仲宣所部金坑，發檄巡檢體究，無

①復：原脱，據《宋史》卷三四〇《劉摯傳》及《實録·呂汲公大防傳》補。
②鄉：原作「卿」，據四庫本及《宋史》卷三四〇《蘇頌傳》改。蘇頌《奏乞京畿諸縣分屯禁軍》原文云：「六軍蓋出六鄉之衆，在王畿四郊之地。」
③能：四庫本及《宋史》本傳作「爲」。

甚利，士人憚興作，以金八兩屬仲宣不差官比校，視希輔有間矣。」神宗曰：「免杖而黥之，可乎？」頌曰：「不可也。古者刑不上大夫，仲宣官五品，今貸其①死而黥之，使與徒隸爲伍。雖其人無足矜，所重者，污辱衣冠耳。」神宗從之。自是命官犯臟抵死者，例不加刑。

前秀州判官李定改太子中允，除監察御史裏行。宋敏求知制誥，封還詞頭。翌日，敏求罷，詞頭復下。頌當制，奏：「定不由銓考，擢授朝列；不緣御史，薦寘憲臺。雖朝廷急於用才，度越常格，然隳紊法制，所益者小，所損者大，未敢具草。」次至李大臨，大臨亦封還。神宗曰：「去年詔，臺官有闕，委御史臺奏舉，不拘官職高下，令兼權。」頌、大臨又言：「從前臺官，於太常博士以上、中行員外郎以下舉充。後來爲難得資敍相當，故朝廷特開此制。只是不限博士、員郎，非謂選人亦許奏舉。若不拘官職高下，並選人在其間，則是秀州判官亦可爲裏行，不必更改中允也。今定改京官，已是優恩，更處之憲臺，先朝以來，未有此比。倖門一啓，則士塗奔競之人，希望不次之擢，朝廷名器有限，焉得人人滿其意哉？」執奏不已，於是並落知制誥，天下謂之「三舍人」。

大臨字才元，成都人。後十年，大臨始復天章閣待制。頌亦久之復集賢院學士、知杭州，召修兩朝正史，擢知開封府。祥符令孫純有罪〔一〇〕，頌坐失出，貶秘書監、知濠州。未幾，除知河陽，改滄州。召還，判吏部。唐制，吏部主文選，兵部主武選，神宗謂：「三代、兩漢本無文武之別，議者不知所處。」頌言：「唐制，吏部有三銓之法，分品秩而掌選事。今欲文武一歸吏部，則宜分左右曹掌選事。每選更以品秩分治。」神宗從之，於是吏部有四選之法。

元祐初，爲刑部尚書，進吏部尚書兼侍讀，遷翰林學士承旨，遂爲尚書左丞。哲宗納皇后，講修六禮，爲册禮

①其：原作「具」，據覆宋本、四庫本改。

使。拜右僕射兼中書侍郎〔一〕。頌爲相，務在奉行故事，使有司奉法遵職，執事量能授任，杜絶僥幸之原，深戒疆埸之臣邀功生事。會除賈易知蘇州，頌以易昔爲御史，法應牽復，既爲監司，乃徙蘇州，則是經恩反下遷，與同列議不合。命未下，諫官楊畏、來之邵謂頌沮格詔令。頌上章辭位，乃以觀文殿大學士充集禧觀使出知揚州。紹聖中，除中太一宫使，居京口，以太子少師致仕，進太子太保。薨，年八十二〔二〕。贈司空。

頌天性仁厚，宇量恢廓，喜怒不形於色。雖燕居，必正衣冠危坐，無墮容。平生耆學，自書契以來經史、九流百家之説，至於圖緯、陰陽、五行、律吕、星官、筭①法、山經、本草，無所不通。嘗議學校，欲博士分經課試諸生，以行藝爲陞俊之路；議貢舉，欲先行實而後文藝，去封彌、謄録之法，使有司參考其素行之，自州縣始，庶幾復鄉貢里選之遺範。論者韙之。

臣稱曰：大防惇重，摯鯁直，頌德量，相母后於垂簾之日，不加斂而天下富，不言兵而天下服，使元祐之政有嘉祐忠厚之風，可謂賢矣。方紹聖之際，公卿名大夫悉遭其詆毁，而獨頌巋然不爲讒邪所污，蓋所謂「既明且哲，以保其身」者，其賢尤可尚也。

【箋證】

〔一〕議論之大裨益朝廷闕失：「大」，《長編》卷二〇五、《實録·吕汲公大防傳》（《名臣碑傳琬琰集》下卷一六）作「臣」，是。

〔二〕唯本朝百二十年中外無事：「二」，《太平治迹統類》卷一九、《實録·蔡忠懷公確傳》（《名臣碑傳琬琰集》下卷一八）、《清波雜

①筭：覆宋本、四庫本作「貴」，誤。

志》卷一《祖宗家法》並作「三」，《長編》卷四八〇亦作「三」，並繫呂大防等進奏於元祐八年正月丁亥。元祐八年（一〇九三）距宋開國已一百三十餘年，作「三」是。參舒仁輝《〈東都事略〉與〈宋史〉比較研究》第二三三頁考證。

〔三〕卒年七十一：《實録・呂汲公大防傳》：「紹聖四年四月己亥，舒州團練使呂大防卒。」

〔四〕大防兄大忠弟大臨：《宋史》卷三四〇《呂大防傳》附其兄大忠、弟大鈞、大臨傳，《大鈞傳》云：「父蕡，六子，其五登科，大鈞第三子也。」

〔五〕大忠别有傳：《呂大忠傳》，見本書卷九一。

〔六〕渤海人：《宋史》卷三四〇《劉摯傳》及劉安世《劉忠肅集序》（《永樂大典》卷二二五三七）並作「永静軍東光人」，是。《事略》蓋從《實録・劉右丞摯傳》（《名臣碑傳琬琰集》下卷一三）作「渤海人」。

〔七〕再貶光禄卿分司南京鄆州居住：《宋史》本傳作「蘄州居住」，《劉忠肅集序》作「又分司徙蘄州」，《實録・劉右丞摯傳》亦作「蘄州」，《事略》誤作「鄆州」。

〔八〕卒於貶所：《實録・劉右丞摯傳》：「紹聖四年十二月壬子，鼎州團練副使、新州安置劉摯卒。」

〔九〕紳有傳：《蘇紳傳》，見本書卷六四。

〔一〇〕祥符令孫純有罪：《宋史》卷三四〇《蘇頌傳》作「有僧犯法，事連祥符令李純」。曾肇《贈司空蘇公墓誌銘》（《曲阜集》卷四）詳載其事：「有人告僧犯法，事連祥符舊令孫純，而所告法不當治，公杖告者遣之。或謂公縱純罪，有詔推鞫。獄成，公坐失出杖罪而已。御史舒亶奏公與純連姻，不可以失論。降秘書監、知濠州。是時，公女新嫁李徽之子，純蓋李出，於徽之屬疏，李族大，公實不知也。」《長編》卷二九三、卷二九四並作「孫純」。

〔一一〕拜右僕射兼中書侍郎：《宋史》本傳作「拜右僕射兼中書門下侍郎」，校點本疑衍「門下」二字，是。《長編》卷四八一、卷四八二及蘇頌《辭免右僕射表》並作「右僕射兼中書侍郎」。

〔一二〕薨年八十二：《贈司空蘇公墓誌銘》：「建中靖國元年五月庚辰，觀文殿大學士、太子太保致仕蘇公，薨於潤州。」

東都事略卷第九十

列傳七十三

王存字正仲，潤州丹陽人也。舉進士，調嘉興簿。爲國子監直講，遷館閣校勘。久之，以母喪去。服除，判登聞鼓院，累遷修起居注。乞復唐貞①觀左右史執筆隨宰相入殿，神宗韙其言。故事，左右史雖日侍立，而欲奏事，必稟中書俟旨。存因對及之，即詔左右史許直前奏事，自存始也。

明年，以右正言知制誥、同修國史。論圜丘合祭天地爲非古，當親祠北郊如《周禮》。除龍圖閣直學士、知開封府，拜兵部尚書，遷户部，復爲兵部。元祐初，加樞密直學士。明年，拜尚書右丞。又明年，遷左丞。自存在兵部時，太僕寺請内外馬政得專達，毋隸駕部。存言：「如此，官制壞矣。先帝正省、臺、寺、監之職，使相統制，不可徇有司自便，而隳已成之法。」執政有議罷畿内教保甲者，存曰：「今京師兵籍②益削，又廢保甲不教，非國家根本長久之計。」時四方奏讞③大辟，刑部援比④請貸，而都省屢以無可矜恕却之。存言：「此祖宗制也。且

①貞：原作「正」，係避諱改字，今據四庫本回改。
②籍：原作「藉」，據四庫本及《宋史》卷三四一《王存傳》、曾肇《王學士存墓誌銘》改。
③讞：原作「言」，據覆宋本、四庫本及《宋史》本傳、《王學士存墓誌銘》改。
④比：原作「此」，據《宋史》本傳及《王學士存墓誌銘》改。

有司援此①欲生之，朝廷破例欲殺之，可乎？」又言：「比廢進士專經一科，參以詩賦，失先帝黜詞律、崇經術之意。」河決而北幾十年，水官議還故道，存争之曰：「故道已高，水性趨下，徒費財力，恐無成功。」卒輟其役。

蔡確以詩怨訕，存與范純仁欲薄其罪，確再貶新州，存亦罷，以端明殿學士知蔡州。歲餘，遷資政殿學士，改知揚州，復召爲吏部尚書。時在庭朋黨之論寖熾，存入對，首言：「人臣朋黨，誠不可長，然不察則濫及善人矣。」除知大名府，改杭州。紹聖初，請老，提舉崇禧觀，遷右正議大夫致仕。執政致仕不爲東宮官，自存始。既而又降通議大夫。

存嘗悼近世學士貴爲公卿，而祭祀其先，但循庶人之制，及歸老築居，首營家廟。遷右正議大夫，卒，年七十九〔一〕。

存性寬厚，儀狀偉然。平居恂恂，不爲詭激之行，其所守確不可奪。司馬光謂存「並馳萬馬中能駐足者」，時人以爲知言。

趙瞻字大觀，鳳翔盩厔人也。父剛，太子賓客。瞻舉進士，調孟州司户參軍，移萬泉令，又知永昌縣。築六堰均灌溉，以絶水訟，民以比召、杜。

英宗即位，爲侍御史。上疏請攬威柄、明功罪、廣聰明、更積弊，英宗嘉納。議追崇濮安懿王，瞻論稱親非是，願與建議之臣廷辨，以决邪正。又與吕誨等合疏論列。既而對延和殿，英宗問濮園議，瞻曰：「陛下爲仁宗子，而濮王稱皇考，非典禮。」英宗曰：「卿嘗見朕豈欲以皇考事濮王乎？」瞻曰：「此大臣之議也。」誨等既罷，

①此：《王學士存墓誌銘》及《三朝名臣言行録》卷一一、《自警編》卷六、《京口耆舊傳》卷三均作「比」，疑是。

瞻亦出通判汾州。

神宗時，爲開封府推官〔二〕。神宗問青苗法，瞻曰：「青苗法，唐行之於季世擾攘中，掊民財誠便。今陛下欲爲長久計，愛百姓，誠不便。」出爲陝西轉運副使。

哲宗即位，自知滄州召爲太常少卿，遷户部侍郎。元祐三年，以樞密直學士僉書樞密院事。明年，拜同知樞密院事。都水王令圖請復黄河故道，朝廷數遣使按行，論者不一。瞻曰：「還河之策，未有定論。今役徒三十萬，用稍木二千①萬投於水，以僥倖萬一，豈計哉？」屢争於上前，因得罷。瞻在西府，乞廢渠陽軍，紓荆湖之力。又乞棄西鄙城砦，以易永樂遺民。卒於位〔三〕，贈右銀青光禄大夫，謚曰懿簡。

瞻爲人寬仁愛人，色温而氣和，人以爲長者。紹聖中，言者以傅會元祐，追奪所贈官，著黨籍云。

傅堯俞字欽之，鄆州須城②人也。十歲能爲文，未冠舉進士，爲新息簿〔四〕。累遷太常博士，擢監察御史裏行〔五〕。

兖國公主下嫁李瑋，爲内臣梁懷吉、張承照所間。仁宗斥二人者於外，居無何，復還主家，而出瑋知衛州。堯俞言：「主恃愛薄其夫家，而朝廷又爲之逐瑋而還隸臣，甚悖禮，爲四方笑。且陛下何以誨諸女？」

仁宗春秋高，皇嗣未立，堯俞請建宗室之賢，以慰天下望。英宗即位，進殿中侍御史，遷起居舍人、同知諫院。

①千：朱校本同，覆宋本、四庫本作「十」，誤。

②須城：原作「項城」，據《宋史》卷八五《地理志一》並參舒仁輝《〈東都事略〉與〈宋史〉比較研究》第二四頁考證改。《宋史》卷三四一《傅堯俞傳》：「本鄆州須城人，徙孟州濟源。」

初，英宗疾，慈聖后同聽政。至是疾平，堯俞上書慈聖請還政。久之，頗聞内侍任守忠有讒間語，堯俞上書慈聖曰：「今物議紛然，疑有讒間，故兩宫之情似未通。臣謂天下之可信者，無大於以天下與人，亦無大於受天下以公。況皇帝以明睿之資，貫通古今，而受人之天下乎？殿下今日誅竄讒人，則慈孝之聲並隆於天下矣。」於是慈聖還政，逐守忠等。大臣建言，以濮安懿王宜稱皇考。堯俞與吕誨等極論其事，謂：「濮王於先帝爲兄，稱皇伯爲是。」出知和州。

神宗即位，移知廬州，徙陜西轉運使。除直史館，遷鹽鐵副使，出知江寧府。陛辭，以仁廟一室與藝祖、太宗並爲百代不遷之主。哲宗即位，知明州，召爲秘書少監兼侍講，擢給事中、吏部侍郎、御史中丞。御史張舜民以言事罷，詔堯俞更舉御史。堯俞封還詔書，請留舜民。即以堯俞爲吏部侍郎，堯俞不可，遂以龍圖閣待制知陳州。入爲吏部侍郎，復除中丞。前宰相蔡確坐詩誹謗貶，自宰相、執政、侍從、御史，以論不合罷去。堯俞曰：「確之黨，其尤者固宜逐，其餘可以一切置之。」

水官李偉言，大河可從孫村導之還故道。堯俞言：「河事雖不可揄度，然比遣使按之，皆言非便。而偉又繆悠不肯任①責，豈可以遂興大役？」朝廷遂置偉議。遷吏部尚書兼侍讀。元祐四年，拜中書侍郎。在位二年卒[六]，年六十八。贈右銀青光禄大夫[七]，謚曰獻簡。紹聖中，以元祐黨人奪贈謚，著名黨籍。後黨錮解，下詔褒贈，録其後云。

王巖叟字彦霖，大名清平人也。舉明經，調欒城簿。韓琦留守北京，辟巖叟爲屬。韓絳代琦，復欲留巖叟，

①任：原作「往」，據四庫本及《宋史》卷三四一《傅堯俞傳》改。

巖叟謝曰：「巖叟，魏公之客，不願①出他門也。」士君子稱之。後知安喜縣。

元豐末，召爲監察御史。上疏兩宮，極陳時事之弊，以謂：「不絶害源，百姓無由樂生；不屏羣邪，太平終是難致。」是時方下詔求疾苦，巖叟謂：「役錢斂法太重，民力不勝，願復差法如嘉祐。」元祐初，遷左司諫。李定不持所生母仇氏服，巖叟論其不孝，定遂分司。裕陵復土，蔡確爲山陵使，還朝，以定策自居。巖叟言：「陛下之立，以子繼父，百王不易之道也。太皇太后先定策於中，而確敢貪天之功乎？」確遂罷。又論：「章惇凶焰日熾，惡德不悛，近簾前爭役法，詞氣不遜，無事上之體，虧喪臣道，凌弱主威。」惇由是亦黜。又言：「張誠一嘗盜發其父墓，取其繫犀帶，又剥其母之首飾。」而誠一坐貶。遷侍御史。

時左右正言久闕，巖叟上疏曰：「國朝仿近古之制，諫官纔至六人，方之先王已爲少，今復缺而不補，臣所未諭。豈以謂治道已清，而無事於言邪？人材難稱，不若虚其位邪？二者皆非臣所望於今日也。願詔補諫臣，無令久虚其職。」

張舜民言不當遣起居舍人劉奉世封册西夏主乾順，以爲大臣優假奉世，爲是過舉。朝廷以其言失實，罷監察御史。巖叟合臺諫傅堯俞、韓川、上官均、梁燾、朱光庭、王覿等論列，乞還舜民職任。以直集賢院知齊州。入爲起居舍人，權吏部侍郎、中書舍人，遷龍圖閣待制、樞密都承旨、知開封府。巖叟常謂：「天下積欠多，若催免不一，公私費擾，乞隨等第立多寡爲催法。」朝廷是之，乃立定五年十科之令。

六年，拜樞密直學士、僉書樞密院事。宣仁后諭曰：「知卿材，故不次進用。」巖叟遜謝而進曰：「陛下聽政以來，納諫從善，務合人心，所以朝廷清明，天下安靜。願信之勿疑，守之勿失，則宗社千萬世之福也。用人之

①願：覆宋本、四庫本作「敢」。

際，望更加審察邪正。正人在朝，則朝廷安，人君無過舉，天下平治；邪人一進，則朝廷便有不安之象。非謂一人便能如此，乃其①類應之者衆，上下蒙蔽，人主無由得知，不覺養成禍患爾。臣又聞，有以君子小人參用之説告陛下者，果有之乎？此誤陛下也，自古君子小人無參用之理。聖人唯説，君子在内，小人在外，則成泰；小人在内，君子在外，則成否。小人既進，則君子必引類而去。若君子與小人競進，則危亂之基也，陛下不可以不察。」

初，夏人來争蘭州地界，巖叟謂：「質孤、勝如兩堡，自元祐講和畫界，當在我地，蓋形勢膏腴之利，豈可輕議棄與哉？」持不可〔八〕。宰相劉摯、右丞蘇轍以人言求避位〔九〕，巖叟曰：「元祐之初，排斥姦邪，緝熙聖治，摯與轍之功居多。願深察讒毁之意，重惜腹心之人，無輕其去就。」兩宫深然之。

詔立皇后，宣仁后曰：「皇帝選得賢后，有内助之功。」巖叟曰：「内助雖是后事，其如正家須在皇帝，聖人所謂正家而天下定矣。」既退，乃取歷代后事迹可以爲法者，成書一編，曰《中宫懿範》，上之。七年，罷爲端明殿學士、知鄭州，移河陽。卒，年五十一〔一〇〕。贈正議大夫〔一一〕。紹聖中，坐元祐黨，追貶雷州别駕。

梁燾字况之，鄆州人也〔一二〕。父蒨，兵部員外郎。燾以父任爲太廟齋郎。舉進士中第，編校秘閣書籍，遷集賢校理、樞密院檢詳文字，提舉京西刑獄。

召爲工部郎中〔一三〕。元祐初，爲太常少卿，遷右諫議大夫。有請宣仁后御文德殿服冠冕②受册者，燾率同列

①其：原作「共」，據覆宋本、四庫本改。

②「冠冕」下原有「者」字，據《宋史》卷三五七《梁燾傳》删。

諫，引薛奎諫章獻明肅皇后不當以王服見太廟事，宣仁后欣納。又論市易已廢，乞蠲中下户逋負。又乞欠青苗下户，不得令保人備償。

御史張舜民以言事坐左遷，臺諫官皆論以爲非是。燾以謂：「御史持紀綱之官，得以犯顏正論，況臣下過失，安得畏忌不言哉？今御史敢言大臣者，天下之公議；大臣不快御史者，一夫之私心。屈天下之公議，快一夫之私心，非治朝之盛事也。」燾又面責給事中張問不能駁還舜民制命，以爲失職。坐訴同列，出爲集賢殿修撰、知潞州，復爲左諫議大夫。

前宰相蔡確作詩怨謗，燾與劉安世等交攻之。燾又言：「方今忠於確者，多於忠朝廷之士；敢爲姦言者，多於敢正論之人。以此見確之氣焰凶赫，根株牽連，賊化害政，爲患滋大。」確卒竄新州。遷御史中丞。鄧溫伯除吏部尚書，燾論溫伯柔佞不立，巧爲進取。不聽。改權户部尚書，不拜，以龍圖閣待制知鄭州。明年，召爲禮部尚書、翰林學士。元祐七年，拜尚書左丞。八年，以疾罷爲資政殿學士、同醴泉觀使，不拜。出知潁昌府，徙鄆州。紹聖三年，責少府監，分司。明年，遂貶雷州別駕、化州安置。卒於貶所[一四]，年六十四。

鄭雍字公肅，襄邑人也。舉進士甲科，召試，爲秘閣校理、知太常禮院。坐議宗室昏姻不當，出通判陝州[一五]。

元豐中，爲嘉王、岐王宮記室參軍。元祐初，擢起居郎，召試中書舍人。使契丹還，爲左諫議大夫，遷御史中丞。奏劾宰相劉摯威福日恣，及王巖叟等以爲摯黨。摯、巖叟罷，遂爲尚書右丞，改左丞。紹聖二年，以資政殿學士知陳州，徙北京留守。

初，章惇以白帖子貶謫元祐臣僚，安燾等争論不已，哲宗疑之。雍欲爲自安計，謂惇曰：「熙寧初，王安石作相，嘗用白帖子行事。」惇大喜，取其案牘懷之，以白哲宗，惇遂安。雍雖以此結惇，然卒罷政，坐元祐黨奪職，知成都府，提舉崇福宮。卒，年六十八〔一六〕。後列名黨籍云。

臣稱曰：人臣之罪，莫大於欺君。章惇以白帖子貶謫元祐之臣，是欺君者也。雍爲執政，不惟不力爭，而乃匿情順非，爲固位計，是亦爲欺君者也。《語》云：「鄙夫可與事君也與哉？其未得之也，患得之；既得之，患失之。苟患失之，無所不至矣。」聖人之言，可不信夫！

【箋證】

〔一〕卒年七十九：曾肇《王學士存墓誌銘》（《名臣碑傳琬琰集》中卷三〇）：「建中靖國元年七月辛未，薨於正寢，有星隕於其第，享年七十有九。」

〔二〕爲開封府推官：《宋史》卷三四一《趙瞻傳》及范祖禹《同知樞密院趙公神道碑銘》（《范太史集》卷四一）均作「爲開封府判官」。

〔三〕卒於位：《宋史》本傳：「（元祐）五年卒，年七十二。」《同知樞密院趙公神道碑銘》：「五年三月丙寅，薨於位，年七十有二。」

〔四〕爲新息簿：《宋史》卷三四一《傅堯俞傳》作「知新息縣」。

〔五〕擢監察御史裏行：《宋史》本傳作「嘉祐末，爲監察御史」。《長編》卷一九六三月嘉祐七年乙卯則作「監察御史裏行」，同《事略》。

〔六〕在位二年卒：《宋史》本傳作「（元祐）六年卒」。《長編》卷四六八載「中大夫、守中書侍郎傅堯俞卒」於元祐六年十一月辛丑。

〔七〕贈右銀青光禄大夫：《宋史》本傳作「贈銀青光禄大夫」，《宋會要輯稿》職官六七之三五、《長編》卷四六八並作「贈右銀青光禄大夫」，《宋史》本傳脱「右」字。

〔八〕反對蘇轍棄二堡之議，《宋史》卷三四二《王巖叟傳》在拜中書舍人、復爲樞密都承旨、權知開封府之前述之，與《事略》異。蘇轍議棄質孤、勝如兩堡，而巖叟「持不可」事，《長編》卷四五八繫於元祐六年五月己未朔下，而蘇轍初議在元祐五年七月（《長編》卷四四五），《事略》補敘夏人争地界事於此，故言「初」，次序井然。而《宋史》本傳述之於元祐四年十一月「樞密都承旨王巖叟除中書舍人」（《長編》卷四三五）之前，誤。

〔九〕宰相劉摯右丞蘇轍以人言求避位：《宋史》本傳述之於上《中宫懿範》之後、巖叟出知鄭州之前。考《長編》繫巖叟奏論劉摯、蘇轍避位事於元祐六年十月（卷四六七），劉摯罷相在十一月（卷四六八），巖叟上《中宫懿範》在元祐七年四月（卷四七二），巖叟以端明殿學士知鄭州在七年五月（卷四七三），以楊畏、黄慶基論其「父子預政，貨賂公行」故也。而《宋史》本傳乃謂「摯去位，御史遂指爲黨，罷爲端明殿學士知鄭州」，而據《長編》卷四六七載，御史中丞鄭雍論劉摯朋黨三十人（王巖叟爲首）在元祐六年十月癸酉。《宋史》本傳蓋謂王巖叟因劉摯事去位，故顛倒次序，撮述於此，不及《事略》敍事客觀、審慎。

〔一〇〕卒年五十一：《宋史》本傳：「明年，徙河陽，數月卒，年五十一。」《長編》卷四八二載「知鄭州王巖叟知河陽府」在元祐八年三月癸巳。《宋宰輔編年録》卷一〇載：「八年七月癸酉，端明殿學士、左朝奉郎、知河陽王巖叟卒，贈左正議大夫。」

〔一一〕贈正議大夫：《宋史》本傳及《宋宰輔編年録》卷一〇並作「贈左正議大夫」，《事略》當脱「左」字。

〔一二〕鄆州人：《宋史》卷三四二《梁燾傳》作「鄆州須城人」，是。

〔一三〕召爲工部郎中：《續通志》卷三五七《梁燾傳》校記：「按《東都事略》載燾在神宗時已爲工部郎中，哲宗即位，遷太常少卿，與《宋史》本傳異。」按《事略》但云「召爲工部郎中。元祐初，爲太常少卿」，所謂「神宗時」「哲宗即位」乃校者臆測。今考《長編》卷三五四載「朝奉郎、集賢校理梁燾爲工部郎中」在元豐八年四月丁丑，而哲宗即位在三月，而《宋史》本傳云「哲宗立，召爲工部郎中」，與《事略》所載均不誤。

〔一四〕卒於貶所：《宋史》本傳：「三年卒，年六十四。」卷一八《哲宗紀二》載「梁燾卒於化州」在元符元年四月丙戌（八日）。本傳「三年」蓋承上文「（紹聖）三年，再貶少府監，分司南京。明年，三貶雷州别駕，化州安置」而言，亦指元符元年卒。

〔一五〕出通判陝州：《宋史》卷三四二《鄭雍傳》及綦崇禮《贈宣奉大夫鄭公行狀》（《北海集》卷三四）均作「通判峽州」，《事略》「陝」當爲「峽」之形誤。

〔一六〕卒年六十八：《宋史》本傳：「元符元年，提舉崇福宫，歸，未至而卒，年六十八。」《贈宣奉大夫鄭公行狀》：「元符元年七月二十日，以疾終於府城峻極院之寓舍。」

東都事略卷第九十一

列傳七十四

滕元發初名甫，字元發。以避高魯王諱，改字爲名，而字達道。東陽人也。范仲淹見而奇之，中進士第三人，授大理評事、通判湖州。時孫沔守杭州，見之曰：「後當爲賢將。」授以治劇守邊之要。召試，爲集賢校理，稍遷起居注、知制誥、知諫院。御史中丞王陶論宰相不押班爲跋扈，神宗以問元發，元發曰：「宰相固有罪，然以爲跋扈，則臣以爲欺天陷人矣。」除知開封府，遷御史中丞〔一〕。

种諤擅築綏州，且與薛向發諸路兵，環、慶、保安皆出剽掠，西人復誘殺將官楊定。元發上疏極言諒祚已納款，不當失信，邊隙一開，兵連民疲，必爲内憂。京師郡國地震，元發上疏指陳致災之由者，大臣不悦。出知秦州，神宗曰：「秦州非朕意也。」留不遣。

河朔地大震，命元發爲安撫使。知開封府，除翰林學士。夏國主秉常被篡，元發言：「繼遷死時，李氏幾不立矣。當時大臣不能分遣諸豪，乃以全地王之，至今爲患。今秉常失位，諸將争權，天以此遺陛下。若再失此時，悔將無及。請擇立一賢將，假以重權，使經營分裂之，可不勞而定，百年之計也。」神宗奇其策，然不果用。

元發性疏達，自信不疑，在上前論事，如家人父子，言無文飾，洞見肝鬲。神宗知其誠盡①，事無巨細，人無

①盡：覆宋本、四庫本及《宋史》卷三三二《滕元發傳》作「藎」。

親疏，輒問元發。元發隨事解答，不自嫌外也。

王安石方立新法，天下洶洶，恐元發有言而上信之也，因以事出之於外。以翰林侍讀學士知定州〔二〕。入覲〔三〕，力言新法之害，曰：「臣始以意度其不可耳，今爲郡守，親見其害者。」具道所以然之狀。天下大旱，詔求直言，元發上疏曰：「新法害民者，陛下既知之矣，但下一手詔，應熙寧二年以來所行新法〔四〕，有不便者悉罷，則民氣和而天意解矣。」留守南都，徙齊、鄧二州。

會妻黨犯法，元發坐落職，知池州，未行，改安州。復以言者改筠州。或以爲且有後命，元發談笑自若曰：「天知吾直，上知吾忠，吾何憂哉？」且上章自訟，有曰：「樂羊無功，謗書滿篋；即墨何罪，毁言日聞。」神宗覽之釋然，即以爲湖州。

哲宗即位，徙蘇、揚二州，除龍圖閣直學士，復知鄆州。學生食不給，民有爭公田二十年不決者，元發曰：「學無食，而以良田飽頑民乎？」乃請以爲學田，遂絶其訟。徙真定，又徙太原。元發治邊，凜然威行，西北號稱名帥①。淮南、京東饑，召城中富民與約曰：「流民且至，無以處之，則疾疫起並禍汝矣。吾得城外廢營地，欲爲席屋以待之。」民曰：「諾。」爲屋二千五百間，一夕而成。流民至，以次授地，井竈器用皆具，蓋活五萬人云〔五〕。以老力求淮南，乃以爲龍圖閣學士知揚州，未至而卒〔六〕，年七十一。謚曰章敏。

李師中字誠之，應天府楚丘人也。其父緯，爲涇原路都監，屯鎮戎軍。夏人十餘萬犯鎮戎，緯帥兵出戰，而帥司所遣別將郭志高逗留不進，諸將以衆寡不敵，不敢復出，緯坐責降。師中上書辨父無罪，乞以軍法治主帥及

①帥：原作「師」，據覆宋本、四庫本及《宋史》卷三三二《滕元發傳》改。

志高。時吕夷簡爲相，詰問不屈。夷簡怒，以爲非布衣所宜言，對曰：「師中所言，父事也。」士大夫稱之。

師中舉進士，知洛川縣。民有罪妨其農時者，必遣歸，令農隙自詣吏。今當下者榜於門，或召父老諭之，租税皆先期而集。嘗出鄉亭，見戎人代華人耕作，詰之，皆用兵時潛入中國，人藉其力，往往與爲昏姻。師中以華夷不可雜處，遍索境内，得數百。言之於帥，帥用其言，大索旁郡，得戎人内居者甚衆，皆徙之極邊。

龐籍爲樞密副使，薦其才，召對，轉太子中允、知敷政縣，權經略司屬官。宥州移牒保安軍，以歲賜每至次年方畢，欲歲終皆得之，延州以聞。朝廷降式許之，師中改云：「依久例。」因論奏曰：「戎人所欲無厭，今許之不足以示恩，徒啓其貪心而示弱。」樞密院劾其擅改制書，師中曰：「所改者，保安軍回宥州牒爾，非制書也。」

提點廣南西路刑獄。交趾入寇，巡檢宋士堯領兵拒之，遂陷没。師中劾奏：「蕭注治邕八年，兵十餘萬，不能撫而用之，乃以溪洞貿易掊斂，以失衆心，卒致將卒敗覆，按法當斬。」於是注責泰州安置，師中遷轉運使〔七〕。交趾每瘴癘甚，必聲言入寇。師中先得其情，既而攝帥事，邕州果遣軍校乘驛來求救，師中不省，但詰其擅乘驛之罪而已，既而卒無事。

遷直史館、知鳳翔府。种諤取綏州，師中言：「西夏方入貢，叛狀未明，恐彼得以藉口，徒啓其釁端也。」鄜延路覘知西夏駐軍綏、銀州，檄諸路當牽制，師中上疏論牽制之害。時諸將皆請行，師中曰：「不出兵，罪獨在帥，非諸將憂也。」後朝廷知其害，罷之。拜天章閣待制、河東都轉運使。

西人入寇，以師中知秦州。時王韶乞築渭源上下兩城〔八〕，屯兵以脅武勝軍，撫納洮、河諸部。下師中議，師中言：「今修築必廣發兵，大張聲勢，及令蕃部納土，招弓箭手，恐西蕃及洮、河、武勝軍部族生疑，無由招撫。今不若先招撫青唐、武勝及洮、河諸族，則西蕃諸族必乞修城砦，因其所欲，量發兵築一城或三兩堡，以示斷絶夏賊鈔略之意，部族必歸心。唐於西域，每得地則建爲州，其後皆陷失，以清水爲界。大抵根本之計未實，腹心之患未除，而勤遠略、貪土地者，未有不如此者。」詔師中罷帥事。

詔又請置市易，募人耕緣邊曠土，師中奏：「韶指占極邊，見招置弓箭手地，置市易於古渭砦，臣恐自此秦州益多事，所得不補所失。秦州漢蕃户賣買，一旦盡奪歸官，實恐細民失業，商旅不行。」又言：「韶所奏渭源城至成紀田頃不實，乃欲以招弓箭手地塞其數。」詔遣使案視，謂師中稽留朝旨，落天章閣待制、知瀛州。

師中言時政闕失，大自稱薦，又乞召司馬光、蘇軾等復置左右，遂貶和州團練副使安置〔九〕，徙單州，復分司南京，提舉太極觀。卒，年六十六〔一〇〕。

師中爲人落落有氣節，所至必設條教，勸民務農，官吏不煩而事舉。然好爲大言，以故不容於時云。

劉庠字希道，彭城人也。父顔，字子望，舉進士，知龍興縣。坐殺已就執之盜免官，遂居鄉里，以著書自適。學者常數十百人，名聞東州。乃采摭兩漢至五代名臣奏對有補於時者，爲《輔弼召對》四十卷。馮元、錢易、蔡齊爲上之，且言顔經行淳備，乃以爲任城簿。李迪知兖、青二州，皆辟爲從事。顔所著有《儒術通要》《經濟樞言》。石介見其文，嘆曰：「恨不得在弟子之列。」年五十二卒。

庠幼能詩，蔡齊妻以子，用齊遺奏，補將作監主簿。舉進士，遷太常博士。英宗以災異求直言，庠上書論時事，遂除監察御史裏行。因日食，乞罷後苑宴遊，以祇畏天戒。會聖宫修仁宗神御殿，宏麗過常，庠言非所以昭先帝儉德，乞損其制。奉宸庫失盜，庠劾奏：「近侍領皇城司職事者，以嚴宫城之禁，願陛下不以近習撓天下法。」初禁銷金，李珣犯令，庠言法行當自貴近始。英宗曰：「朕豈私一李珣邪？珣乃仁宗外家，若行之，天下謂朕何？」又言：「兩省封駁之任，名存實亡。御史員闕不補，非盛世事。」

神宗即位，遷殿中侍御史，爲右司諫。庠陳：「中國禦戎之體，守信爲上。昔元昊之叛，五來五得志，天下爲之困弊。今莫若示大信，捨近功，爲國家長利。」除集賢殿修撰、河東轉運使。庠計一路之産，唯鐵利爲饒，請復舊冶①鼓鑄，通隰州鹽礬，博易以濟用。又請募民入粟塞下，豫爲足食。擢天章閣待制，改河北都轉運使。契丹侵霸州土場爲己地，又徙帳雲朔，或以爲河北不可不備，詔庠對狀。上五策，料虜必不敢動。大河東流，議者欲徙北，庠謂當以歲月徐觀其勢而順導之，則役不勞而功可成。居歲餘，移知真定府。又爲河東都轉運使，召知開封府。

是時，王安石用事，變更新法。庠謂不可行，奏願罷之。神宗諭之曰：「卿奈何不與大臣協心濟治乎？」庠曰：「臣子於君父，各伸其志。臣知事陛下，不知附安石。」數月，以龍圖閣直學士知太原府。

明年，遼人遣蕭禧議河東疆事。先是，虜主植牙雲中，遣騎涉吾地，邊吏執之，虜檄取紛然。或以爲起釁造兵，當大爲備。庠奏：「虜之重兵，皆不在行，雲朔歲儉，軍無見糧，張形示强，意在畫疆事爾。以我方事河湟，恐中國有輕彼心，故造端首難②。然疆事分畫久矣，今始造議，曲在彼不在我，願勿聽。」神宗以虜書示庠，訖以黄嵬山分水嶺爲界云。

知成都府，請禁西山六州與漢人爲昏姻者，以防後患。徙知秦州，坐失舉，降知虢州。移江寧府，又坐失舉，知滁州。未幾，移永興軍。哲宗即位，加樞密直學士、知渭州。卒，年六十四〔二〕。宣仁后曰：「帥臣極難得，劉庠可惜也。」

①冶：原作「治」，據覆宋本、四庫本及《宋史》卷三二二《劉庠傳》、吕誨《樞密劉公墓誌銘》改。
②難：繆校作「鄭」。

趙卨字公才，邛州依政人也。舉進士，爲汾州司法參軍。夏人不廷，郭逵宣撫陝西，帥延安，卨皆在幕①府。种諤擅納綏州降羌數萬，朝廷病其生事，議誅諤，復故地，歸降虜，以解仇釋兵。卨上疏曰：「諤無名興舉，死有餘責。若將改而還之，彼能聽順而亡絶約之心乎？不若諭諒祚以虜衆餓莩，投死中國，邊臣雖擅納，實無所利，特以質往年景詢輩爾。可遣詢等來，與降羌交歸，各遵紀律，而疆場寧矣。如其蔽匿，則我留横山之民，未爲失也。」又移書執政，請存綏州以張兵勢，先規度大理河川，建堡砦，畫稼穡之地三十②里，以處降羌。若棄綏不守，則無以安新附之衆。援种世衡招蕃兵破賊屯青澗城故事，朝廷從之，活降羌數萬，爲東路捍蔽。

熙寧初，夏人誘殺知保安軍楊定等，既以賊李崇貴、韓道喜來獻，且請和。朝廷欲官其任事之酋，鎸歲賜以爲奉給，因使納塞門、安遠二砦而還綏州。卨言：「綏州實勢勝之地，宜增廣邊障，乃無窮之利。若存綏州以觀其變，計之得也。」神宗知其才，召見問邊事，對曰：「綏之存亡，皆不免用兵。」神宗然之。除集賢校理。

夏人犯環慶，後復入賀正。卨請邊吏離其心腹，因以招横山之衆，此不戰而屈人兵也。遷提點陝西刑獄。韓絳宣撫陝西，河東兵西討，卨言：「大兵過山界，皆砂磧，乏善水草，又亡險隘可以控扼，臣切危之。若乘兵威招誘山界人户，處之生地，當先經畫山界控扼之地，然後招降。不爾，勞師遠攻，未見其利。」絳欲取横山，而种諤獻城囉兀之策，以卨權宣撫判官。卨説絳以大舉非計，師出果無功。除直龍圖閣、知延州。

夏人屢欲款塞，每虚聲揺邊，詔問方略。卨審計形勢，爲破賊之策以獻。遣裨將曲珍、吕真以兵千人分巡東西路。賊方以四萬衆自間道欲取綏州，道遇曲珍，皇駭亟戰，吕真繼至，賊衆敗走。賊自失綏州，意未能已。卨

①幕：原作「莫」，通「幕」，據覆宋本、四庫本改。
②十：繆校作「百」。

揣知其情，奏言：「賊使請和，必欲畫綏州界，願聽本路經略司分畫。歲賜，則俟通和之日復焉。」明年，遂用禼策，以綏州爲綏德城。

鄜延地皆荒瘠，占田者不出租賦，而倚爲藩蔽。寶元用兵後，凋耗殆盡，其曠土爲諸酋所有。禼因召問曰：「往時汝族户若干，今皆安在？」對曰：「大兵之後，死亡流散，其存止此。」禼曰：「其地存乎？」酋無以對。曰：「吾貰汝歸，聽汝自募丁，家使占田充兵，若何？吾所得者人爾，田則吾不問也。」諸酋皆感服，歸募壯夫，悉補亡籍。又檢括境内公私閒田，得七千五百餘頃，募騎兵萬七千。禼以異時蕃兵提空簿，漫不可考，因議涅其手。屬歲饑，禼令蕃兵願刺手者，貸常平穀一斛，於是人人願刺，因訓練以時，精鋭過於正兵。神宗聞而嘉之，擢天章閣待制。

交趾叛，禼總九將軍討之，以中官李憲爲之貳。與憲不合，請罷之。神宗問可代憲者，禼以郭逵老邊事，而願爲裨贊，於是以逵爲宣撫使，而禼爲之副。逵至，輒與禼異。禼欲乘兵形未動，先撫輯兩江峒丁，擇壯勇啖以利，使招徠攜貳，隳其腹心，然後以大兵繼之，逵不聽。禼又欲使人齎敕榜入賊中招納，逵令燕達先破廣源，復還永平。禼以爲廣源間道距交州十二驛，趣利掩擊，出其不意，川塗並進，三路致討，勢必分潰，固争不能得。賊遂據長江，列戰艦數百艘，官軍不濟。禼分遣將吏伐木治攻具，機石如雨，艨艟被擊，皆廢。徐以罷卒致賊，設伏擊之，斬首數千級，馘其渠酋，賊遂降。逵怍於玩寇，乃移疾先還。逵既坐貶，禼亦以不即平賊，降爲直龍圖閣、知桂州。後復天章閣待制、權三司使。

時西師大舉，五路並進，以禼領河東都轉運司事，坐餽輓不給，黜知相州。既而鐫職知淮陽軍，數月復職，知慶州。時夏賊欲襲取新壘，大治攻械，禼具上撓賊計。虜寇蘭州，禼遣曲珍將兵直抵鹽韋，俘馘千，驅孳畜五千。虜酋拽厥嵬名宿兵於賀蘭原〔一二〕，時出盜邊。禼遣將李昭甫、蕃官歸仁各領兵三千左右分擊〔一三〕，耿端彦兵四千趨賀蘭原。戒端彦曰：「賀蘭險要，過嶺則砂磧也。使賊入平夏，無繇破之。」選三蕃官各與輕兵五百，使間道出賊砦後，邀歸路。與賊戰，賀羅平賊敗，果趨平夏。千兵伏發，賊駭潰，斬馘①千，生擒嵬名，斬首領六，獲戰馬七百，牛羊、老幼三萬餘。遷龍圖閣直學士，復帥延安。

元祐初，梁乙埋數擾邊。卨知賊將入寇，檄西路將劉安、李儀曰：「賊即犯塞門，汝徑以輕兵擣其腹心。」已而果然，安等襲洪州，俘斬甚衆，夏人入貢。既而以重兵壓境，諸將亟請益戍兵爲備，卨徐諭之曰：「第謹斥堠，整戈甲，無爲寇先，戍兵不可益也。」因遣人詰虜，虜遂潰去。遷樞密直學士。乙埋終不悛，使間以善意問乙埋：「何苦與漢爲仇？必欲寇，第數來，恐汝所得不能償所亡，洪州是也。能改之，吾善遇汝。」遺之戰袍、錦綵，自是乙埋不復窺塞。因復縱間，國中遂疑而殺之。

除端明殿學士，遷太中大夫。夏人遣使以地界爲請，朝廷許還葭蘆、米脂、浮屠、安疆四砦，以卨領分畫之議。夏人既得四砦，猶未有恭順意，居無何，復犯涇原。會卨卒[一四]，年六十五。贈右光禄大夫。紹聖四年，以卨與元祐棄地議，名係黨籍云。

呂大忠字進伯，大防兄也。舉進士。韓絳宣撫陝西，以大忠提舉永興路義勇。改秘書丞、檢詳樞密院吏、兵房文字，令條義勇利害，大忠言：「養兵猥衆，國用日屈。漢之屯田，唐之府兵，善法也。弓箭手近於屯田，義勇近於府兵，擇用一焉，兵屯可省矣。」爲僉書定國軍判官。

熙寧七年，遣太常少卿劉忱議河東地界。大忠遭父喪，起復，知代州。虜使蕭素、梁穎設次於本朝地，而輒

①馘：朱校本同，覆宋本、四庫本作「賊」。

據主位。大忠不從，於是移次於長城北。易西上閤門使、知石州。大忠數與素、穎會，屢以理折之，稍屈。契丹復使蕭禧來聘，召執政及大忠議。大忠進曰：「彼遣使來，即與代北之地。若有一使曰魏王英弼來盡索關南地，亦與之乎？」神宗默然，議卒不決。大忠請終喪。其後，卒以分水嶺爲界云。

元豐初，除河北路轉運判官〔一五〕。大忠言：「古之理財，視天下猶一家。朝廷者宗〔一六〕，外計者兄弟之宮，居雖異而財無不同，未有餘而不歸、資而不與者也，如是則財利之勢周流不息。今有司唯知出納之吝，有餘不足，不以實告於上。上知其不實，一切不信其言。故有餘而莫之歸，不足而莫之與，致上下之情不交，甚大患也。」乃上生財、養民十二事。移淮南西路提點刑獄。

哲宗即位，爲陝西轉運副使，移知陝州。除直龍圖閣、知秦州，遷寶文閣待制。夏人自麟府、環慶路犯邊之後，遂絶歲賜。復欲遣使謝罪，將許之。大忠言：「夷狄猶禽獸，强則縱，困則服。連年入寇，邊民皆謂必有以制之。今無名遣使，陽爲恭順，實懼討伐。若許之，恐爲夷狄所窺也。」大忠嘗獻言：「夏人兵不過三十萬，戍守外，戰士不過十萬，三路之衆足以當之。屢犯王略，而朝廷一不與校，臣竊羞之。」遷寶文閣直學士、知渭州，坐事降待制、知同州。俄致仕，卒，復寶文閣直學士。

游師雄字景叔①，京兆武功人也。舉進士，爲儀州司户參軍，遷德順軍判官。趙卨帥延安，辟爲屬。久之，除宗正寺主簿，遷軍器監丞。

吐蕃寇邊，其酋長鬼章青宜結乘間脅屬羌，結夏賊爲亂，謀分據熙河。朝廷擇可使者與邊臣措置，以師雄

①景叔：原作「景升」，「升」蓋爲「叔」之形誤，據《宋史》卷三三二《游師雄傳》、張舜民《直龍圖閣游公墓銘》改。

行，聽以便宜從事。既至，諜知西夏聚兵於天都山，前鋒已屯通遠境上。吐蕃之兵欲攻河州，鬼章又欲以別部出熙河，師雄請於帥劉舜卿，分兵爲兩道，姚兕將而左，种誼將而右。兕破六逋宗城，斬首一千五百級，攻講朱城，斷莫河飛橋，青唐十萬衆不得度。誼遂破洮州，擒鬼章及大首領九人，斬首一千七百級。

以師雄爲陝西轉運判官，又爲轉運副使〔一七〕。召入爲衛尉少卿，出知邠州，改河中府。除直龍圖閣、知秦州，攝帥熙河。自復洮州之後，于闐、大食、佛林、邈黎諸國皆懼，悉遣使入貢。朝廷令熙河限二歲一進，師雄曰：「如此，非所以來遠人也。」未幾還秦，移陝州以卒〔一八〕，年六十。

【箋證】

〔一〕除知開封府：《宋史》卷三三二《滕元發傳》不載，而蘇軾《故龍圖閣學士滕公墓誌銘》（《蘇文忠公全集》卷一五）有「爲開封府，三獄皆滿，公視事之日，理出數百人，決遣殆盡，京師翕然稱之」之語，故《續通志》卷三五一《滕元發傳》校記特拈出「知開封府，遷御史中丞」一節。又《宋史》本傳載元發同修起居注時與神宗論治道之語云：「君子無黨，辟之草木，綢繆相附者必蔓草，非松柏也。朝廷無朋黨，雖中主可以濟；不然雖上聖亦殆。」《續通志》校記：「伏讀《通鑑輯覽》御批：滕元發此言，簡而中理，勝歐陽修《朋黨論》遠矣。」

〔二〕以翰林侍讀學士知定州：《宋史》本傳作「以翰林侍讀學士出知鄆州，徙定州」，《故龍圖閣學士滕公墓誌銘》作「以翰林侍讀學士知鄆州，移定與青」。按《事略》下文言「復知鄆州」，則此處不當略去「知鄆州」。

〔三〕入覲：《宋史》本傳作「入郡」。

〔四〕應熙寧二年以來所行新法：「二年」，《宋史》本傳作「三年」。《長編》卷二五二及《故龍圖閣學士滕公墓誌銘》並作「二年」，《宋史》蓋誤。

〔五〕蓋活五萬人云：《續通志》卷三五一《滕元發傳》校記：「按《東都事略》載元發在太原全活流民五萬，與本傳異。」《事略》置「徙真定，又徙太原」在「全活五萬」前，故校者謂「在太原」，誤。按《故龍圖閣學士滕公墓誌銘》，「活五萬人」在「徙真定」之前，係知鄆州時事。《事略》「徙真定，又徙太原。元發治邊，凛然威行，西北號稱名帥」一段，當從《宋史》本傳移置「全活五萬」後。

〔六〕未至而卒：《故龍圖閣學士滕公墓誌銘》：「未至而薨，蓋元祐五年十月二十四日也。」

〔七〕師中遷轉運使：《宋史》卷三三二《李師中傳》作「師中攝帥事」。《續通志》卷三五一《李師中傳》校記：「《東都事略》作師中遷轉運使，既而攝帥事。」劉摯《右司郎中李公墓志銘》（《忠肅集》卷一二）作「權經略事，就除轉運使」。

〔八〕王韶乞築渭源上下兩城：「渭源」，《宋史》本傳作「渭、涇」。

〔九〕遂貶和州團練副使安置：《右司郎中李公墓志銘》作「貶和州團練副使，本州安置」。

〔一〇〕卒年六十六：《右司郎中李公墓志銘》：「再提舉仙源宫觀，遂以疾終。實元豐元年四月七日，享年六十六。」

〔一一〕卒年六十四：吕誨《樞密劉公墓誌銘》（《淨德集》卷二一）：「元祐元年三月某日，樞密學士、朝議大夫、充涇原路經略安撫使、馬步軍都總管兼知渭州軍州、管内勸農使、彭城郡開國侯、食邑若干户、食實封若干户劉公以疾薨於位。」

〔一二〕虜酋拽厥嵬名宿兵於賀蘭原：「拽」，《宋史》卷三三二《趙卨傳》作「㧞」。

〔一三〕卨遣將李昭甫蕃官歸仁各領兵三千左右分擊：「李昭甫」，《宋史》本傳作「李照甫」。

〔一四〕會卨卒：《宋會要輯稿》儀制一一之五：「端明殿學士、太中大夫趙卨，元祐六年五月，贈右光禄大夫。紹聖四年四月，追所贈官，至元符三年五月復贈官。」《長編》卷四五八載「端明殿學士、太中大夫、知延安府趙卨卒」於元祐六年五月戊子。

〔一五〕元豐初除河北路轉運判官：《宋史》卷三四〇《吕大防傳》附《大忠傳》作「元豐中，除河北路轉運判官」。考《長編》卷二九二載「檢詳吏房文字、秘書丞吕大忠爲河北路轉運判官」於元豐元年九月丁亥，則作「元豐初」是。

〔一六〕朝廷者宗：《宋史》本傳作「朝廷者家」，《古今合璧事類備要》後集卷六七作「朝廷者家也」，作「家」是。

〔一七〕又爲轉運副使：《宋史》卷三三二《游師雄傳》作「爲陝西轉運使」。張舜民《直龍圖閣游公墓銘》（《永樂大典》卷八八四二）作「權陝西轉運副使」，《長編》卷四七八載「太常博士、工部員外郎游師雄爲集賢校理、權發遣陝西路轉運副使」於元祐七年十月辛未，《宋史》本傳誤。

〔一八〕移陝州以卒：《直龍圖閣游公墓銘》：「七月六日，以疾卒於治，享年六十。」《長編》卷四八九載「朝奉郎、直龍圖閣、權知陝州游師雄卒」於紹聖四年七月丁巳（六日）。

東都事略卷第九十二

列傳七十五

楊繪字元素，漢州綿竹人也。舉進士，爲大理評事、通判荆南。神宗時，爲修起居注、知諫院。建言宗室以服屬裁蔭子之數，立出官之法①，神宗嘉納。向傳範爲京東帥，繪請易其任，以杜外戚僥求。神宗曰：「得卿如此，言甚善，誠可以止異日妄求也。」

宰相曾公亮用所善曾鞏爲史官，繪言：「前數月人已知鞏爲寔録檢討矣。公亮以朝廷名器爲己物，乞正招權之罪。」鞏既罷史官，繪亦罷諫職，除兼侍讀。御史中丞滕甫言：「繪何罪而罷？」神宗於是詔甫曰：「繪堅求外補，蓋繪未究朕意。繪迹疏遠，立朝寡援，不畏强禦，知無不爲。朕一見即知其忠直可信，故擢置言職，知之亦篤矣。今日之除，蓋難與宰相兩立於輕重之間，姑少避之。卿其諭朕此意。」繪曰：「諫官不得其言則去，經筵非姑息之地。」卒辭不受。

未閱月，再知諫院，擢翰林學士、御史中丞。時王安石執政，繪上言：「當今舊人多以疾求退，范鎮年六十三、吕誨五十八、歐陽修六十五而致仕，富弼六十八被劾引疾，司馬光、王陶皆五十而求閒散，陛下可不思其然乎？」又言：「以經術取士，獨不用《春秋》，宜令學者以三傳解經。」又言：「安石不知人，提舉常平使者暴横。」

①「法」字下，繆校有「使不阻賢能而廣禄食」九字。

繪論免役有十害，請罷之。曾布疏其説，詔付繪分析。繪執前議，遂罷，以翰林侍讀學士知亳州①。徙應天府，又徙杭州。再爲翰林學士兼侍講〔一〕。

議者欲加孔子帝號，繪以爲非是。繪嘗薦屬吏王永年，御史蔡承禧言其私通饋賂，坐貶荆南節度副使。數月，分司南京，改提舉太平觀，起知興國軍。哲宗即位，徙徐州，復天章閣待制、知杭州。卒，年六十二〔二〕。

繪爲人放曠不羈，然吏事敏給，主於愛利，爲文立就。有集八十卷。

李常字公擇，南康軍建昌人也。幼力學，舉進士，調江州判官、宣州觀察推官。方重自持，人畏憚之。發運使楊佐薦改秩，常推其友劉琦，佐曰：「不見此風久矣。」並薦之。議者謂常能舉善，而謂佐爲知人。除秘閣校理。

熙寧初，自太常博士改右正言。時方更法，常言：「始建三司條例司，已致天下之議，至於均輸、青苗、斂散取息，傅會經義，人且大駭。」又言州縣有不散常平錢，而但使民出息者。詔常具姓名以聞，常不以聞，遂落校理，通判滑州。歲餘復職，知鄂、湖、齊三州。齊多盜，論報無虚日。常得黠盜，刺爲兵，使在麾下。它日詢其狀，對曰：「此由富家爲之囊橐爾。」常於是令藏盜之家並發屋破柱，拔其根株，自是姦無所匿。徙淮南西路提點刑獄。元豐六年，召爲太常少卿，遷禮部侍郎。

哲宗立，進吏部侍郎。常上七事，曰崇廉耻、存鄉舉、别守宰、廢貪贓、謹疑獄、擇儒師、修役法。又論役法、差免二科，以爲：「法無新陳，便民爲是。今使民俱出資，則貧者難辦；俱出力，則富者難堪。盍各從其願，庶

①亳州：原作「毫州」，據覆宋本、四庫本改。

幾可久矣。」赦恩蠲市易逋負不滿二百緡者，常請累息過其數亦勿取。拜御史中丞兼侍讀，加龍圖閣直學士。論取士，請分詩賦、經義爲兩科，以盡所長。

吴處厚繳蔡確詩，以爲謗訕，諫官劉安世因力攻之。常以爲以詩罪確，非所以厚風俗。改兵部尚書，辭不拜，出知鄧州，徙成都府。行次陝郊而卒〔三〕，年六十四。有文集、奏議六十卷，《詩傳》十卷，《元祐會計録》三十卷。

常少讀書於廬山五老峯白石菴之僧舍，書幾萬卷。常既貴，思欲遺後之學者，乃藏於山中，時人目其居曰「李氏藏書山房」，而蘇軾爲記其事云。

孫覺字莘老，高郵人也。中進士第，治平中，爲館閣校勘。神宗即位，除直集賢院，爲昌王府記室。王禮之，問終身之戒，覺爲陳諸侯之孝，作《富貴箴》。遷右正言。

神宗欲革積弊，覺言：「弊不可不革，革而當，其悔乃亡。」神宗然其言。邵亢在樞府，無所建明，滕甫爲中丞，覺論其頗僻，不報，即家居待罪。朝廷以覺薦陳升之才可用，非諫官職，奪兩官。覺曰：「諫官言事不當，黜之可也，無降秩充位者。」乞補外，得通判越州。復右正言，徙知通州。召還，修起居注。

青苗法行，覺論其非時，言者亦以爲畿内有追呼抑配之擾。神宗令覺行視虚實，覺退而上疏曰：「臣以言爲職，體量非臣事。」黜知廣德軍。逾年，徙湖州。松江隄爲民患，覺易以石，高一尋有奇，長百餘里，隄下悉爲良田。徙廬州，改右司諫。以祖母亡解官，下太常議，議者謂不可。詔知潤州，而覺已持祖母喪矣。

服除，知蘇州，徙福州〔四〕。閩①俗厚於昏喪，覺裁爲中法，使富家不得過百緡。令出，一日嫁娶者數百家，葬

①閩：原作「開」，據覆宋本、四庫本及《宋史》卷三四四《孫覺傳》改。

埋①費減什之五。徙徐州，又徙南京。召爲太常少卿，易秘書少監。哲宗即位，兼侍講，遷右諫議大夫，又遷給事中，爲吏部侍郎，領右選。右選萬五千②員，而闕不滿六千，有三年不得調者。覺請自軍功、保甲進者補指使，袒免親從員外置，一日得闕數千。改主左選，請磨勘歲以百人爲限。擢拜御史中丞，以疾請罷，除龍圖閣直學士、提舉醴泉觀。留侍講，力請外，提舉靈仙觀。卒，年六十三〔五〕。紹聖中，以覺爲元祐黨，奪職追兩官。徽宗即位，復故官職。有文集、奏議六十卷，《春秋傳》十五卷。弟覽。

覽字傳師，舉進士，調河南簿，後知尉氏縣。將官御下苛酷，士卒謀就大閱殺將以叛。覽聞之，亟往喻之曰：「將官暴虐，誠有罪也。然汝曹衣食縣官，縣官顧負汝邪？何敢爲族滅計？」衆皆感悟聽命，遂帖服。神宗嘉之，以爲司農寺主簿。又遷丞，出爲提舉湖南常平、京西轉運判官。召爲右司員外郎，除河北轉運副使，以直龍圖閣爲江淮、荆浙發運副使〔六〕。又知桂州，遷寶文閣待制、知渭州，又帥延安。入爲户部侍郎，除龍圖閣直學士、知太原府，進樞密直學士。

覽治邊數有功，而議事多與執政異，坐軍期落職，提舉崇禧觀。俄復待制，知光州，徙知河南府，復龍圖閣直學士、知渭州，徙永興軍、成都府，復請祠，提舉崇禧觀。卒，年五十九〔七〕。

覽精於吏事，甚有能政，所至善良得職云。

①埋：原作「理」，據覆宋本、四庫本及《宋史》本傳改。
②千：原作「十」，據四庫本及《長編》卷三九五、《宋史》本傳改。

鮮于侁字子駿，閬州人也〔八〕。性莊重，力學舉進士第。慶曆中，天下旱，詔中外言事。侁上書論災異之①興，言甚剴切。稍遷秘書丞、知綿州〔九〕。英宗初爲皇嗣，侁上疏請選經術士以爲羽翼。神宗初，詔求直言，侁爲蔡河撥②發，應詔言十六事，皆人君謹始者。神宗謂滕甫曰：「其文類王陶，可嘉也。」遂用爲利州路轉運判官。

初，建助役法，詔諸路監司各定所役緡錢。轉運使李瑜定四十萬，侁曰：「利路民貧，二十萬足矣。」與瑜議不合，各具利害以聞。神宗是侁議，因以爲諸路率。即罷瑜，以侁爲轉運使〔一〇〕。利州守周永懿貪虐不法，前使者不敢問，侁舉按其罪，編管衡州。

又爲京東轉運使，所代吴居厚以掊斂虐下，侁繼之，務行寬大。司馬光嘗謂蘇軾曰：「子駿，福星也。京東人困甚，且令子駿救之。然安得百子駿，布之天下乎？」

元祐初，召爲太常少卿，拜左諫議大夫。建言：「祖宗政本人情，獄訟簡少。先帝置大理獄，其少卿二人同詳讞奏牘，罷其餘治獄官吏。」請六曹寺監長吏各舉寮屬，又請復制舉分詩賦、經義兩科，而先論策。以疾③請外，除集賢殿修撰、知陳州。卒，年六十九〔一一〕。

侁長於楚詞，嘗作《九誦》，蘇軾見之，謂其「近古屈原、宋玉，友其人於冥漠，續微學之將墜」者。紹聖間，以侁爲元祐黨，削左諫議大夫、集賢殿修撰，遂與黨籍云。

①之：繆校作「所由」。
②撥：原作「撥」，據繆校及秦觀《鮮于子駿行狀》、《長編》卷二一四、《宋史》本傳改。
③疾：原作「請」，據四庫本及《宋史》本傳改。繆校删此「請」字。

馬默字處厚，單州成武①人也。舉進士，調臨濮②尉。治平中，爲監察御史裏行。時議尊崇濮安懿王，臺諫力争以爲不可，悉補外。默請還所出臺諫官呂誨等，不報。歐陽修建濮議，士論不與；郭逵除僉書樞密院，物議不厭，默皆上疏論列。會地震河東、陝西郡，默以爲陰盛，慮爲邊患，宜備之。後數月，西夏果入寇。

時朝廷欲於西京會聖宮置仁宗神御殿，默以爲：「漢以先帝所嘗行③郡國立廟，知禮者以爲非是。况仁宗未嘗幸西洛，創建別廟，使有司侍祠，殊乖典禮。」以言事不效，乞罷御史，出通判懷州。

神宗即位，默陳十事：「一曰攬威權，二曰察姦倖，三曰近正人，四曰明功罪，五曰息大費，六曰備災歲，七曰崇儉，八曰久任，九曰選提轉牧宰，十曰禦戎狄。攬威權，則天子勢重而大臣安矣；察姦佞，則忠臣用而小人不能幸進矣；近正人，則諫諍日聞而聖性開明矣；明功罪，則朝廷無私而天下服矣；息大費，則公私富而軍旅積矣；備災歲，則大恩常施而禍亂不起矣；崇儉，則自上化下而民樸素矣；久任，則官不虛授而職事舉矣；選提轉牧宰，則庶績有成而民受賜矣；禦戎狄，則四夷畏服而中國强矣。」

除知登州。沙門島④舊制有定額，溢數則投之海中。砦主李慶罷官入謁，默遽問：「擅殺幾何人？」慶對：「一任殺七百餘人。」默詰之，則曰：「島上地狹，徒隸猥衆過數，官糧不足以贍，則取殺之。」默責其擅殺，欲

①成武：原作「武城」，據《宋史》三四四《馬默傳》並參舒仁輝《〈東都事略〉與〈宋史〉比較研究》第二三七頁考證改。據《宋史》卷八五《地理志一》，單州有成武，而宋人文集、筆記等或作「單州城武」，《事略》誤倒爲「武城」，而武城則屬恩州矣。
②臨濮：繆校作「臨淮」。
③行：繆校及《宋史》卷三四四《馬默傳》作「幸」。
④島：繆校作「囚」。

按其罪。慶皇恐，即日自殺。默爲奏請，更定配島法，凡二十條。溢額者，則選年深不作過人移徙登州，自是多全活者。其後，蘇軾起知登州，父老迎於路曰：「公爲政愛民，得如馬使君乎？」軾異之。

徙知曹州，召爲三司鹽鐵判官。論新法不便，出爲京東提點刑獄，又爲廣南西路轉運副使〔一二〕。會安化等州蠻歲饑略省地，默上平蠻方略，以爲：「勝負不在兵而在將。富良宵遁，郭逵怯懦；邕城陷没，蘇緘老謬；歸仁鋪覆軍，陳崇儀先走〔一三〕；崑崙關喪師，張守節不戰；儂智高破亡，因狄青之智勇；歐希範之誅滅，乃杜杞之方略，此足以驗矣。」

以疾知遂州，改徐州。元祐初，召爲司農少卿。司馬光問默：「復鄉差牙前法，如何？」默曰：「常平自漢爲良法，不可盡廢，去其害民者可也。」其後役人立爲一州一縣法，而常平提舉官省歸提刑司，頗自默發之。除河東轉運使。時議棄葭蘆、吴堡二砦，默奏控扼險阻，敵不可攻，棄之不便，由是二砦得不棄。移兖州，召爲衛尉卿，擢工部侍郎，遷户部侍郎。告老，除寶文閣待制、知徐州，移河北都轉運使。再知兖州。

初，元豐間河决小吴，因不復塞，縱之北流入海。元祐議臣以爲東流便，水官亦以爲然。默與同時監司上議，以北流爲便，而御史郭知章亦奏請從東流。於是作東西馬頭，約水復故道，爲長隄壅河之北流者，勞費甚大。明年，復决。默復告老，提舉鴻慶宫。坐附會司馬光落職致仕，後復寶文閣待制。卒，年八十一。

【箋證】

〔一一〕再爲翰林學士兼侍講：范祖禹《天章閣待制楊公墓誌銘》（《范太史集》卷三九）作「復拜翰林學士兼侍讀」，《長編》卷二七一熙寧八年十二月甲辰言「翰林學士陳繹、楊繪並兼侍讀」，則《事略》「侍講」或爲「侍讀」之誤。

〔一二〕卒年六十二：《天章閣待制楊公墓誌銘》：「視事逾四月，卒於州，年六十二，實元祐三年六月丁丑。」《長編》卷四一二亦載「朝請大夫、天章閣待制、知杭州楊繪卒」於元祐三年六月丁丑。

〔三〕行次陝郊而卒：秦觀《賜紫金魚袋李公行狀》（《淮海後集》卷六）：「行及陝府閿鄉縣，暴卒於傳舍，實元祐五年二月二日也。」

〔四〕徙福州：汪琬《東都事略跋》卷中：「《談圃》：莘老在福州，民欠市易錢，繫獄甚衆。有富人出錢五伯萬葺佛殿，請於莘老。莘老曰：『女輩何以施錢？』衆曰：『願得福耳。』莘老曰：『佛殿未甚壞，佛又無露坐者，孰若以錢爲獄囚償官逋，使數百人釋枷鎖之苦，得福不更多乎？』富人諾之，即日輸錢，囹圄遂空。嗟乎，後之仕宦者，既不能得莘老此術，而又喜崇飾塔廟，以爲一方倡取諸家貲乎，抑取諸民膏乎？返而思之，徒增惡業耳，何福之有？」

〔五〕卒年六十三：《長編》卷四三八元祐五年二月「戊戌，龍圖閣直學士、左朝散大夫、提舉靈仙觀孫覺卒」。

〔六〕以直龍圖閣爲江淮荆浙發運副使：《宋史》卷三四四《孫覺傳》附《孫覽傳》作「加直龍圖閣，歷知河中應天府、江淮發運使」。《長編》卷四三〇元祐四年七月庚寅載「朝散大夫、權江淮荆浙等路制置發運使范純禮爲光禄卿，將作監趙令鑠兼權太僕卿，新兩浙轉運使、朝散郎、直龍圖閣孫覽爲發運副使」，疑《宋史》誤。

〔七〕卒年五十九：畢仲游《朝請大夫孫公墓誌銘》（《西臺集》卷一三）：「故朝請大夫、寶文閣待制、提舉江寧府崇禧觀、上柱國、華亭縣開國伯、食邑七百户，賜紫金魚袋孫公，以建中靖國元年十一月二十日卒於高郵之私第。」

〔八〕閬州人：《宋史》卷三四四《鮮于侁傳》同，秦觀《鮮于子駿行狀》（《淮海集》卷三六）、《長編》卷二一四作「閬中人」，是。

〔九〕知綿州：《宋史》本傳及《鮮于子駿行狀》均作「通判綿州」，《事略》誤。

〔一〇〕以侁爲轉運使：《長編》卷二二七、《宋史》本傳及《鮮于子駿行狀》並作「轉運副使」，《事略》脱「副」字。

〔一一〕卒年六十九：《鮮于子駿行狀》：「（元祐二年）夏五月辛未，終於州寢，享年六十有九。」

〔一二〕又爲廣南西路轉運副使：《宋史》本傳作「改廣西轉運使」。道光《永州府志》卷一八載元豐四年九月「權廣南西路轉運副使、朝奉大夫馬默」題名，《長編》卷三二七元豐五年六月辛酉載「廣南西路轉運副使馬默」，六月壬申（二十二日）載「承議郎吴潛爲廣南西路轉運副使」及「廣南西路轉運使馬默言安化州蠻作過」，《宋史全文》卷一二下亦載此事，而《九朝編年備要》卷二一、《玉海》卷二五則言轉運、漕臣上「平蠻方略」。據此，蓋馬默初改廣西轉運副使，次年遷使，《事略》《宋史》各取一端，雖不爲誤，然不確切。而《宋會要輯稿》職官六六之二六載元豐六年十月「十六日，廣南西路轉運判官馬彦先衝替。坐與副使馬默不協，所奏歲計異同，故有是命」。《長編》卷三四〇載此事，仍稱「副使馬默在假」。至卷三四二元豐七年春正月癸丑載：「詔廣南西路累任轉運使張頡、陳倩，副使苗時中、馬默、朱初平、吳潛，判官朱彦博、謝仲規各罰銅二十斤，坐本路提舉常平等事劉誼於桂州治廨舍，費官錢萬緡，轉運判官許彦先奏劾，頡等不覺察也。」當爲事後追罰，非其時馬默仍爲副使也。

〔一三〕陳崇儀先走：《宋史》本傳作「陳曙先走」。據《長編》卷一七三陳曙爲崇儀使、廣西鈐轄，以擅自出兵潰敗，於皇祐五年正月爲狄青所誅。《事略》蓋避英宗諱而稱「陳曙」爲「陳崇儀」。詳參舒仁輝《〈東都事略〉與〈宋史〉比較研究》第二三七頁考證。

東都事略卷第九十三上

列傳七十六上

蘇軾字子瞻，眉州眉山人也。父洵，見《儒學傳》。軾生十年，而洵宦學四方，母程氏親授以書。比冠，學通經史，屬文日數千言。

歐陽修試禮部進士，得軾論，欲以冠多士，疑曾鞏所爲。鞏，修門下士也。乃置第二，遂中乙科，授福昌簿。修復以直言薦之，制策入三等，除大理評事、僉書鳳翔判官。國朝以來，制策入三等，惟吳育與軾。軾還朝，判登聞鼓院。

英宗在藩，聞軾名，欲以唐故事召入翰林。宰相韓琦曰：「蘇軾之才，遠大之器也。天下之士莫不畏慕降伏，皆欲其進用，然不若朝廷培養之而後用也。今欲召試秘閣。」英宗曰：「未知其能否，故試。如蘇軾①，有不能耶？」及試二論，復入三等，得直史館。尋以父憂去官，服除，判官告院。

王安石爲政，每贊人主以獨斷，神宗專信任之。軾考試開封進士，發策謂：「晉武平吳，以獨斷而克；苻堅②伐晉，以獨斷而亡。齊小白專任管仲而霸，燕噲專任子之而敗。事同而功異，何也？」安石不悅。安石欲更

①「蘇軾」下，繆校作「之才」二字。

②苻堅：原作「符堅」，據覆宋本、四庫本改。

科舉法，詔兩制、三館議。軾議上〔一〕，神宗曰：「朕固疑此。得軾議，意釋然矣。」即日召見，問：「何以助朕？」軾曰：「陛下求治太急，聽言太廣，進人太鋭。願陛下安静以應之。」〔二〕神宗悚然嘉納。會上元有旨市浙燈，軾密疏諫止。安石創行新法，軾上書論其不便曰：

臣之所欲言者，三事①而已：願陛下結人心、厚風俗、存紀綱。今陛下不以財用付三司，無故又創制置三司條例一司，使六七少年日夜講求於内，使者四十餘輩分行營幹於外。夫制置三司條例司，求利之名也。六七少年與使者四十餘輩，求利之器也。至於所行之事，行路皆知其難。汴水濁流，自生民以來不以種稻。今欲陂而清②之，萬頃之稻，必用千頃之陂，一歲一淤，三歲而滿矣。陛下遂信其説，即使相視地形，萬一官吏苟且順從，真謂陛下有意興作，上糜③帑廪，下奪農時。隄防一開，水失故道，雖食議者之肉，何補於民？

自古役人，必用鄉户。今者徒聞江、浙之間數郡雇役，而欲措之天下。單丁、女户，蓋天民之窮者也，而陛下首欲役之。富有四海，忍不加恤？青苗放錢，自昔有禁。今陛下始立成法，每歲常行。雖云不許抑配，而數世之後，暴君汙吏，陛下能保之與？異日天下恨之，國史記之，曰青苗錢自陛下始，豈不惜哉？且常平之爲法也，可謂至矣。今若變爲青苗，壞彼成此，所喪愈多，虧官害民，雖悔何及！

昔漢武帝以財力匱竭，用賈人桑羊之説，買賤賣貴，謂之均輸。於時商賈不行，盜賊滋熾，幾至於亂。

---

①事：覆宋本、四庫本及《宋史》卷三三八《蘇軾傳》作「言」，與後文「所獻三言」相應，是。是句蘇軾《上神宗皇帝書》（《蘇文忠公全集》卷二五）作「臣之所欲言者三，願陛下結人心、厚風俗、存紀綱而已」。

②清：覆宋本、四庫本作「漬」。

③糜：覆宋本、四庫本作「縻」，《宋史》本傳作「靡」。

孝昭既立，霍光順民所欲而予之，天下歸心，遂以無事。不意今日此論復興，陛下壞常平而言青苗之功，虧商税而取均輸之利，臣竊以爲過矣。臣之所願陛下結人心者，此也。

國家之所以存亡者，在道德之淺深，不在乎强與弱；歷數之所以長短者，在風俗之薄厚，而不在乎富與貧。人主知此，則知所輕重矣。故臣願陛下務崇道德而厚風俗，不願陛下急於有功而貪富强。以簡易爲法，以清淨爲心，而民德歸厚。此①臣之所願陛下厚風俗者，此也。

古者建國，使内外相制，輕重相權，而無内重外輕之弊。我國家租賦籍於計省，重兵聚於京師，以古揆今，則似内重。恭惟祖宗所以委任臺諫，則是聖人過防之至計。臺諫固未必皆賢，所言亦未必皆是，然須養其鋭氣而借之重權者，豈徒然哉。將以折姦臣之萌，而救内重之弊也。臣聞長老之談，皆謂臺諫所言，常隨天下公議。公議所與，臺諫亦與之；公議所擊，臺諫亦擊之。今者物論沸騰，怨讟交至，公議所在，亦可知矣。臣恐自兹以往，習慣成風，盡爲執政私人，以致人主孤立。紀綱一廢，何事不生？臣之所願陛下存紀綱者，此也。臣所獻三言，陛下安可不察？

初，殿試用策，舉子希合，争言祖宗法制非是。軾爲考官，退擬答以進，至謂「安石不知人，不可大用」。安石怒，御史誣奏軾過失，窮治無所得，軾遂請外，通判杭州。高麗入貢，使者發幣於官，止書甲子，軾却之，曰：「高麗於本朝稱臣，今不稟正朔，吾安敢受？」使者亟易書稱「熙寧」，然後受之。徙知密州。時方行手實法，使民自疏財産以定户等。司農寺下諸路，不時施行者以違制論。軾謂常平官曰：「違制之坐，若自朝廷，誰敢不從？今出於司農，是擅造律也。若何？」使者驚曰：「姑徐之。」未幾，朝廷亦

①此：當爲衍文，《宋史》本傳及蘇軾《上神宗皇帝書》均無「此」字。

知其害，罷之。

徙徐州。是歲河決澶淵，東泛鉅野，北溢於濟，南溢於泗，浸淫至城下。民爭出避水，軾履屨杖策，躬率兵夫築長隄，起戲馬臺，屬於城。水至隄下，不能爲害。雨日夜不止，河勢益暴，城不没者三板。軾廬於城上，使官吏分堵而守，卒全城以聞，詔褒之。

徙湖州。言者指軾謝表語以爲怨謗，因盡摭軾所爲詩諷時事者，交章條列，謂之訕上。遂逮赴御史臺鞫治，坐貶黄州團練副使安置。徙汝州，未至，上書自言：「有田在常，願得居之。」神宗許焉。

哲宗即位，起知登州，召爲禮部郎中，除起居舍人，遷中書舍人。時方議改免役爲差役，軾謂司馬光曰：「差役、免役，各有利害。免役之害，掊斂民財，十室九空。錢聚於上，而下有錢荒之患；差役之害，民常在官，不得專力於農，而貪吏猾胥得緣爲姦。此二害輕重，蓋略等矣。」光曰：「於君何如？」軾曰：「法相因則事易成，事有漸則民不驚。昔①三代之法，兵農爲一，至秦始分爲二。及唐中葉，盡變府兵爲長征之卒，自爾以來，民不知兵，兵不知農，農出穀帛以養兵，兵出性命以衛農，天下便之，雖聖人復起，不能易也。今免役之法，實大類此。公欲驟罷免役而行差役，正如罷長征而復民兵，蓋未易也。」光不以爲然。軾曰：「昔韓魏公刺陝西義勇，公爲諫官，爭之甚力，魏公不樂，公亦不顧。今公作相，不許軾盡言耶？」光笑而止。

尋遷翰林學士兼侍讀。軾嘗鎖宿禁中，中使宣召入對便殿。宣仁后問曰：「卿前年爲何官？」曰：「臣前年爲汝州團練副使〔三〕。」「今爲何官？」曰：「臣今待罪翰林學士。」曰：「何以遽至此？」軾曰：「遭遇太皇太后、皇帝陛下。」宣仁曰：「非也。」軾曰：「豈大臣論薦乎？」宣仁曰：「亦非也。」軾驚曰：「臣雖無狀，不敢自

①昔：原作「者」，據《長編》卷三九四、蘇軾《辯試館職策問劄子》（《蘇文忠公全集》卷二七）改。

他途以進。」宣仁曰：「此乃先帝之意也。先帝每誦卿文章，必嘆曰：『奇才，奇才！』但未及進用卿，上僊①耳。」軾不覺哭失聲，宣仁與哲宗亦泣，左右皆感涕。已而命坐賜茶，徹御前金蓮燭送歸院。

軾嘗讀《祖宗寶訓》，因及時事，歷言：「今功罪不明，善惡無所勸沮。又黄河勢方北流，而强之使東。夏人寇鎮戎，殺掠幾萬人，帥臣掩蔽不以聞，朝廷亦不問。事每如此，恐寖成衰亂之漸。」軾請外，以龍圖閣學士知杭州。

時諫官言，蔡確在安州日作詩，借郝處俊事以譏刺時事，大臣議逐之嶺南。軾密疏言：「朝廷若薄確之罪，則於皇帝孝治爲不足；若深罪確，則於太皇太后仁政爲小損。謂宜皇帝降敕推治，而太皇太后特加寬貸，如此則仁孝兩得矣。」宣仁后以爲然，而不能用也。

杭瀕海，水泉鹹苦，唐刺史李泌始導西湖作六井，民以足用。及白居易復浚西湖，引水入運河，復引溉田至千頃。湖水多葑，自唐及錢氏，後廢而不理，至是，葑積二十五萬餘丈，而水無幾矣。運河失湖水之利，而取給於江潮。潮水淤河，泛溢闤闠，三年一浚，爲市井大患，故六②井亦幾廢。軾始至，濬茅山③、鹽橋二河，分受江潮湖水，造堰閘，以時啓閉。且以餘力復治六井，民獲其利。

杭僧有淨源者，居海濱，交通舶客，沽譽於高麗。元豐末，其王子義天來朝，因往拜焉。至是，源死，其徒竊持其像往告義天，亦使其屬來朝，因言國母使以金塔二祝皇帝、太皇太后壽。軾不納，而奏之曰：「高麗久不入

①僊：覆宋本、四庫本作「位」。
②六：原作「市」，據覆宋本、四庫本及《宋史》本傳、蘇轍《亡兄子瞻端明墓誌銘》改。下「六井」同改。
③茅山：原作「茆山」，據《宋史》本傳及蘇轍《亡兄子瞻端明墓誌銘》，並參舒仁輝《〈東都事略〉與〈宋史〉比較研究》第二三八頁考證改。

貢①，失賜予厚利。意欲來朝矣，未測朝廷所以待之厚薄，故因祭亡僧而行祝壽之禮。若受而不答，則遠夷或以生怨；因而厚賜之，正墮其計。臣謂朝廷宜勿與知，而使州郡以理却之。然庸僧猾商，敢擅招誘外夷，爲國生事，漸不可長，宜痛加懲創。」軾治杭有德於民〔四〕，民爲立祠。召爲翰林學士承旨兼侍讀。

軾之自汝移常也，受命於宋。會神宗晏駕，哭於宋而南至揚州。常人爲軾買田，書至，軾喜作詩，有「聞好語」之句〔五〕。言者妄謂軾聞諱而喜，按驗無實。軾復請外，乃以龍圖閣學士知潁州，徙揚州。俄以兵部尚書召還，兼侍讀。親祀南郊，爲鹵簿使，導引駕入太廟。有赭傘犢車並青蓋犢車争道，不避仗衛。軾論儀仗使李之純曰：「中丞職當肅政，不可不以聞。」之純不敢言，軾於車中劾奏之。明日，中使傳命申敕有司，嚴整仗衛。尋遷端明、翰林侍讀二學士，守禮部尚書。高麗遣使請書於朝，許之。軾曰：「漢東平王請諸子及《太史公書》，猶不肯與。今高麗所請，有甚於此，其可與乎？」

初，許將建言〔六〕：「三歲冬至，天子親祀，遍享宗廟，祀天圜丘，而其歲夏至方澤之祭，乃止是遣上公，則是皇地祇遂不在親祀之典。乞下侍從、臺諫及禮官議。」顧臨等議，宜如祖宗故事。范純禮等議：「昨罷合祭，已合《禮》，而又紛更，恐失尊事神祇之意。」杜純等議：「請於苑中設望祀位，置爟火於壇所，俟躬祀南郊之歲，則夏至北郊，上公攝事。每獻，舉爟火以詔拜。」孔武仲等議，請南郊專祀上帝。議既不一，軾奏曰：

> 古者祀上帝，則並祀地祇矣。《詩》曰「昊天有成命」，郊祀天地也，此乃合祭天地，經之明文。今議者欲冬至祀天，夏至祀地，蓋以爲用《周禮》也。臣以謂今所行非《周禮》者不一，而獨於地祇則曰「《周禮》不當祭於圜丘」，此何義也？

①入貢：原作「天貴」，據覆宋本、四庫本及《宋史》本傳改。

議者必曰：「今之寒暑與古無異，而宣王薄伐玁狁，六月出師，則夏至之日，何爲不可祭乎？」臣將應之曰：舜一歲而巡四嶽，五月方暑而南至衡山，十一月方寒而北至常山，亦今之寒暑也，後世人主能行之乎？周所以十二歲一巡者，唯不能如舜也。夫周已不能行舜之禮，而謂今可以行周之禮乎？宣王以六月出師，驅逐玁狁，蓋非得已。且吉父爲將，王不親行也。今欲定一代之禮，爲三歲常行之法，豈可以六月出師爲比乎？

議者必又曰：「夏至不能行禮，則遣官攝祭。」此非臣之所知也。《周禮·大宗伯》：「若王不與，則攝位。」鄭氏注：「王有故，則代行其祭事。」賈公彦疏曰：「有故，謂王有疾及哀慘皆是也。」然則攝事非安吉之禮也，是無故而用有故之禮也。

議者必又曰：「省去繁文末節，則一歲可再郊。」臣將應之曰：古者以親郊爲常禮，故無繁文。今世以親郊爲大禮，則繁文有不能省也。若帷城幔屋，盛夏則有風雨之虞，陛下自宫入廟出郊，冠通天，乘大輅，日中而舍，百官衛兵暴露於道，鎧甲具裝，人馬喘汗，皆非夏至所能堪也。王者父事天，母事地，不可偏也。事天則備，事地則簡，是於父母有隆殺也。豈得以爲繁文末節，而一切欲省去乎？

議者必又曰：「三年一祀天，又三年一祭地。」此非臣之所知也。三年一郊，已爲疏闊，獨祭地而不祭天，是因事地而愈疏於事天，自古未有六年一祀天者。如此則典禮愈壞，欲復古而背古益遠，神祇必不顧饗，非所以爲禮也。

議者必又曰：「當郊之歲，以十月神州之祭，易夏至方澤之祀，則可以免方暑舉事之患。」此又非臣之所知也。夫所以議此者，欲舉從《周禮》也。今以十月易夏至，以神州代方澤，不知此《周禮》之經耶？抑變禮之權耶？若變禮從權而可，則合祭圜丘何獨不可？十月親祭地，十一月親祭天，先地後天，古無是禮。而一歲再郊，軍國勞費之患，尚未免也。

議者必又曰：「當郊之歲，以夏至祀地祇於方澤，上不親郊而通爟火，天子於禁中望祀。」此又非臣之所知也。《書》之望秩，《周禮》之四望，《春秋》之三望，皆謂山川在境内而不在四郊者，故遠望而祭也。今所在之處，俛則見地，而云望祭，是爲京師不見地乎？

此六議者，合祭可否之決也。

詔令集議官①議。未幾，朝廷以合祭爲是，罷議。

宣仁后崩，哲宗親政，軾乞補外，以二學士知定州。軾朝辭，上書曰：「古之聖人，將以有爲也，必先處晦而觀明，處静而觀動，則萬物之情畢陳於前。陛下聖智絶人，春秋鼎盛，臣願虚心循理，一切未有所爲，默觀庶事之利害，與羣臣之邪正，以三年爲期，俟得利害之真，邪正之實，然後應物而作。使既作之後，天下無恨，陛下亦無悔，上下同享太平之利。則雖盡南山之竹，不足以紀聖功；兼三宗之壽，不足以報聖德。由此觀之，陛下之有爲，惟憂太蚤，不患稍遲，亦已明矣。臣恐急進好利之臣，輒勸陛下輕有改變，故進此説。敢望陛下留神，實社稷宗廟之福，天下幸甚。」

軾治定，嚴軍政，繕修營房，禁止飲博。軍中衣食稍足，乃部勒以戰法，衆皆畏服。紹聖初，御史論軾掌内外制日所作詞命，以爲譏斥先朝，落職知英州。又以寧遠軍節度副使、惠州安置貶瓊州别駕、昌化軍安置〔七〕。徽宗即位，移廉州，改舒州團練副使，徙永州。未幾，提舉玉局觀，尋致仕。卒於常州〔八〕，年六十六。

軾與弟轍，皆師洵爲文。洵晚讀《易》，作《易傳》未究，疾革，命軾述其志，卒以成書。復作《論語説》，最後

①議官：四庫本作「禮官」。

居海南作《書傳》。三書既成，撫而嘆曰：「後有君子，當知我矣。」幼而好書，老而不倦。爲人篤於孝友，輕財好施，奬善詆惡①，蓋其天性。其貶黃州也，築室於東坡，因自號「東坡居士」。有《東坡集》六十卷、《奏議》十五卷、《內外制》十三卷、《和陶詩》四卷[九]。子邁、迨、過②，俱善爲文。邁仕不顯，迨靖康初爲駕部員外郎。過終於通判定州，有《颶風賦》《思子臺賦》行於世③。

【箋證】

〔一〕軾議上：蘇軾《議學校貢舉狀》（《蘇文忠公全集》卷二五），《宋史》卷三三八《蘇軾傳》載其節文，《續通志》卷三五五《蘇軾傳》校記：「伏讀《通鑑輯覽》御批：學者專意經術，固有資於根柢，然或心術不正，如兩漢五鹿充宗、張禹、孔光輩，非不博通古誼，世號經師，卒之比附權奸，且爲國蠹，可知用人不尚虛言，要視其力行何如耳。況科舉之制，惟藉爲登進先資，至得人之適用與否，則尚需之歷試。蘇軾所云『設法取士，不過如此』，最爲通論。若徒循名而不考其實，經義之與詞賦，又何以異乎？」

〔二〕《續通志》卷三五五《蘇軾傳》校記：「伏讀《通鑑輯覽》御批：求治太急，進人太鋭，深切神宗之病。至於聽言太廣之論，尚有未中肯棨處。蓋神宗之失，不在聽之廣，而在廣而不得其要領。熙寧之政，惟以信任諞言，不能衷之輿論，正患聽言之未盡其道耳。廣諮博訪，豈足爲累乎？」

〔三〕臣前年爲汝州團練副使：《宋史》本傳作「臣爲常州團練副使」。按蘇軾《到常州謝表》（《蘇文忠公全集》卷二三）：「先蒙恩授汝州團練副使本州安置，尋上表乞於常州居住，奉聖旨，依所乞，臣已於今月二十二日到常州訖者。」舒仁輝《〈東都事略〉與〈宋

①「惡」下，繆校有「絶不徇情」四字。
②子邁迨過：繆校作「子三：曰邁，曰迨，曰過」。
③「世」下，繆校有「過雖抱奇穎，不欲仕顯，故以定州致仕」十五字。

史〉比較研究》第二三八頁謂「《宋史》云『常州團練副使』」，不確」，是。

〔四〕軾治杭有德於民：汪琬《東都事略跋》卷中：「文忠在杭，奏開西湖以溉田，又議開石門湖以避浮山之險，其佗一應擘畫，所以惠杭人者至矣。嗣後南渡百餘年，定都於此，上下陰受其福。宋之名臣，自應首推。而理學大儒，顧獨指摘其學術，至謂其徒秦觀、李廌皆浮誕佻輕，士類不齒，使其得志，未必不身爲蔡京，得毋逆億太甚邪？若秦、李可以累文忠，則刑恕、賈易之徒亦足累二程先生矣。袒分左右，此後學所不能無疑也。且秦、李不猶賢於邢恕乎？」

〔五〕軾喜作詩有聞好語之句：汪琬《東都事略跋》卷中：「晁子正《東坡祠堂記》極辨少公所作《墓誌》多非實録，中間如公推起居舍人爲蔡確所引，又公力讓林希，又與温公論役法不合，乞外補，温公始怒，有逐公意之類是也。少公晚年畏禍，杜門不復見客，宜其文有異辭，然何至顛倒是非乃爾？又《捫蝨新話》亦云，《誌》中載役法一事，似是後來飾説。又所載《山光寺》詩『聞好語』之句，亦與東坡《辨題詩劄子》不同。」

〔六〕初許將建言：《宋會要輯稿》禮三之八：「先是元豐中，詳定郊廟禮文所建議：親郊之歲，設皇地祇位於圜丘並祭，非禮。有詔下議，而議者或以當郊之歲，冬、夏至日，分祭南郊、北郊，以軍賞爲二，而分給之；或以致齋三日，郊廟各一日而祀遍；或欲於圜丘之傍，别營方丘而望祭；或以夏至盛暑，天子不可親祭，改用十月；或欲親郊圜丘之歲，夏至日遣上公攝事於方丘。先帝降詔，定親祠北郊如南郊儀，並定上公攝事之禮。至元祐五年，尚書右丞許將建言……始詔侍從官及尚書、侍郎、給舍、臺諫、禮官集議。」《會要》記議禮事首尾詳悉，可參看。

〔七〕貶瓊州别駕昌化軍安置：汪琬《東都事略跋》卷中：「李元綱《厚德録》：潭州彭子民隨董必察訪，時子瞻在儋州，董至雷，議遣人過儋。彭顧董涕泣，曰：『人家各有子孫。』董感悟，但遣一小使臣，逐子瞻出客舍。然則子瞻得免於死，幸也。世人皆欲殺，何意乃有賢如彭者？惜乎知其人者少矣。」

〔八〕卒於常州：《宋史》本傳：「建中靖國元年，卒於常州，年六十六。」蘇轍《亡兄子瞻端明墓誌銘》（《欒城後集》卷二二）：「建中靖國元年六月，請老，以本官致仕，遂以不起，……實七月丁亥也。」

〔九〕《東坡集》六十卷：《亡兄子瞻端明墓誌銘》作「《東坡集》四十卷、《後集》二十卷」；《内外制》十三卷，《亡兄子瞻端明墓誌銘》作「《内制》十卷、《外制》三卷」。

東都事略卷第九十三下

列傳七十六下

轍字子由，與兄軾同舉進士，又同舉直言。轍因所問，極言得失曰：

陛下即位三十餘年矣，平居静慮，亦嘗有憂於此乎，無憂於此乎？臣伏讀制策，陛下既有憂懼之言矣。然臣愚不敏，竊意陛下有其言耳，未有其實也。往者寶元、慶曆之間，西羌作難，陛下晝不安坐，夜不安席，天下皆謂陛下憂懼小心如周文王。然自西方解兵，陛下棄置憂懼之心，二十年矣。古之聖人，無事則深憂，有事則不懼。夫無事而深憂者，所以爲有事之不懼也。今陛下無事則不憂，有事則大懼，臣以爲憂樂之節易矣。臣疏遠小臣，聞之道路，不知信否？

近歲以來，宫中貴姬至以千數，歌舞飲酒，優笑無度，坐朝不聞諮謀，便殿無所顧問。三代之衰，漢、唐之季，女寵之害，陛下亦知之矣。久而不止，百蠹將由之而出。内則蠱惑之所汙，以傷和伐性；外則私謁之所亂，以敗政害事。陛下無謂好色於内，不害外事也。今海内窮困，生民愁苦，而宫中好賜①不爲限極，所欲則給，不問有無。司會不敢争，大臣不敢諫，執契持敕，迅若兵火。國家内有養兵之費，外有北狄、西戎之奉，陛下又自爲一阱以耗其遺餘，臣恐陛下以此得謗，而民心不歸也。

---

①好賜：繆校作「賜予」。

考官胡宿請黜之，仁宗曰：「以直言召人，而以直言棄之，天下謂我何？」得不黜。

歷商州①、大名府推官，父喪，服除，時神宗立二年矣，轍以書言事。屬王安石初用，以執政領三司，神宗以轍爲屬。安石欲行青苗法，轍曰：「以錢貸民，出納之際，吏緣爲姦。錢入民手，雖良民不免妄用；及其納錢，雖富民不免違限。恐鞭箠必用，州縣不勝煩矣。」安石曰：「君言有理。」自此不復言青苗。會河北轉運王廣廉言與安石合，青苗法遂行。

安石召用謝卿材、侯叔獻等八人，欲遣之四方訪遺利，中外知其必迎合生事，然莫敢言。轍以書抵安石，力陳其不可。安石怒，奏除河南推官，改著作佐郎、僉書南京判官。坐兄軾累，謫監筠州酒稅。起知績溪縣。

哲宗立，以校書郎召。未至，除右司諫。宣仁后臨朝，用司馬光、吕公著等，欲革弊事，而蔡確、韓縝、章惇皆在位窺伺，中外憂之。轍極言確等罪，三人皆逐。吕惠卿始諂事王安石，倡行虐政，及勢鈞力敵，則傾陷安石，甚於仇讎，世尤惡之。轍疏其姦，惠卿安置建州。

初，神宗於熙河路增置蘭州及米脂等五砦〔二〕，至是，夏國屢遣使而未修貢。二年，使入境，朝廷知其有請地之意，而棄守議未決。轍議許還五砦，夏人遂服。除起居郎、中書舍人，遷户部侍郎，拜翰林學士，權吏部尚書。使契丹，還，爲御史中丞。

自元祐革新庶政，至是五年矣，一時人心已定。惟元豐舊黨猶在，近臣患之，欲引用以平宿怨，謂之調亭②。轍奏疏曰：

---

①州：覆宋本作「周」，誤。錢校：「『周』當作『州』，宋本原誤。」今按：宋本原作「州」，不誤。
②亭：繆校及四庫本作「停」。下同。

親君子，遠小人，則主尊國安；疏君子，任小人，則主憂國殆。此理之必然。未聞以小人在外，憂其不悦而引之於内，以自遺患也。故臣謂小人雖不可任以腹心，至於牧守四方，奔走庶務，無所偏廢可也。若遂引之於内，是猶患盜賊之欲得財，而導之於寢室；知虎豹之欲食肉，而開①之以坰牧，無是理也。且君子小人，勢同冰炭，同處必争。一争之後，小人必勝，君子必敗，何者？小人貪利忍耻，擊之則難去；君子潔身重義，沮之則引退。古語曰：「一薰一蕕，十年尚猶有臭。」蓋謂此矣。

先帝以聖智之資，將以紀綱四方，追跡三代，而臣下不能將順，造作諸法。彼自知上逆天意，下失民心，今朝廷雖不加斥逐，其勢亦不能復留矣。尚賴二聖慈仁，宥之於外，蓋已厚矣。而議者惑於説，乃欲招而納之，謂之調亭。此人若返，豈肯但已哉？必將戕害正人，漸復舊事，以快私忿。人臣被禍，蓋不足言，臣所惜者，祖宗朝廷也。惟陛下斷自聖心，不爲流言所惑，毋使小人一進，後有噬臍之悔，則天下幸甚。

宣仁后覽奏，謂宰執曰：「蘇轍疑吾君臣遂②用邪正，其言極中理。」[三]又言牙前差役宜用雇法，凡四事。除尚書右丞，遷門下侍郎。

時吕大防爲左相，劉摯爲右相，轍議西邊黄河事，與劉、吕不合。初，夏人來賀登極，相繼求和，且議地界，議久不决。明年，以兵襲涇原，朝廷不問。遣使往賜策命，夏人以地界爲詞，不復入謝，且再犯涇原。四年，使復來議地界，朝廷急於招納，疆議未定，先以歲賜予之。而熙河將佐又背約，侵築質孤、勝如二堡，夏人隨即平盪，西邊騷然。轍力言其非，乞付③老將守熙河。六年，熙河奏夏人十萬騎壓境，乞因其退軍擊之，不須復守誠信。轍

①開：繆校作「閑」。
②遂：繆校作「兼」。
③付：覆宋本、四庫本作「擇」。

謂大防曰：「今雖議此，當先定議，欲用兵耶，不用兵耶？」大防曰：「如合用兵，亦不得不用。」轍曰：「凡欲用兵，先論理之曲直。」摯曰：「須用兵者，亦不可固執。」轍曰：「今吾不直如此，而可用兵乎？」明日，轍奏曰：「熙河帥臣，輒①敢生事，奏乞不守誠信②，乞加詰責。」宣仁后以爲然，乃加戒敕。七年，夏人竟大入河東，乃議絶歲賜，禁和市，使沿邊諸路爲淺攻計，命③熙河進築定遠城，夏人不能争。未幾，復大入環慶，復議使熙河進築汝遮，中書侍郎范百禄不可。會西人乞和，議遂寢。

初，元豐中，河決大吴，既而導之北流，水性已順，而文彦博等力主回河之計。轍争之，不能奪。至是，又論黄河東流之害，凡三事。八年，都水吴安持乞於北流作軟堰，定河流，以免淤填。轍以爲不可。及哲宗親政，遣中書舍人吕希純、殿中侍御史井亮采往視之。二人歸，極以北流爲便。方施行，而僉書樞密院劉奉世乞與河議。奉世本文彦博門下士也，其言紛然，吕、井之議遂格，而轍亦以罷政。於是河流遂東，凡七年，而後北流復④通。

哲宗起李清臣爲中書侍郎〔三〕，鄧潤甫爲尚書右丞〔四〕。二人久在外，不得志，稍復言熙、豐事以激怒上意。會廷試進士，清臣撰策題，亦以爲言。轍奏曰：

先帝以天縱之才，行大有爲之志，其所施設，度越前古，蓋有百世而不可改者。至於其它，事有失當，何世無之？父作之於前，而子救之於後，前後相濟，此則聖人之孝也。

漢武帝外事四夷，内興宫室，財用匱竭，於是修鹽鐵、榷酤、均輸之政，民不堪命。昭帝委任霍光，罷去

①輒：原作「轍」，據覆宋本、四庫本及《宋史》本傳改。
②「信」下，繆校有「何以馭戎」四字。
③命：原作「分」，據本書卷一二八《附録六》及蘇轍《潁濱遺老傳》改。
④復：覆宋本、四庫本作「遂」。繆校謂「遂通」爲衍文。

煩苛，漢室乃定。光武、顯宗以察爲明，以讖決事，上下恐懼，人懷不安。章帝即位，深鑒其失，代①之以寬。本朝真宗右文偃革，號稱太平，而羣臣因其極盛，爲天書之説。章獻臨御，攬大臣之議，藏書梓宫，以泯其迹。及仁宗聽政，絶口不言。英宗自藩邸入繼，大臣創濮廟之議。及先帝嗣位，或請復舉其事，寢而不答，遂以安静。夫以漢昭帝之賢，與吾仁宗、神宗之聖，豈其薄於孝敬而輕事變易也哉？陛下若輕變九年已行之事，擢任累歲不用之人，人懷私忿，而以先帝爲詞，則天下殆矣。

哲宗曰：「卿安得以漢武比先帝？」轍奏曰：「漢武帝，英主也。」哲宗曰：「卿所奏武帝外事四夷，内興宫室，財用匱竭，豈得謂之英主？」轍遂乞罷，出知汝州，再責知袁州。未至，降朝議大夫、分司南京、筠州居住。又責授化州别駕、雷州安置，移循州。

徽宗即位，徙永州、岳州。已而復太中大夫、提舉上清太平宫。蔡京用事，復降朝請大夫，罷祠。再復太中大夫致仕。築室於許，號「潁濱遺老」。居許十餘年而卒[五]，年七十四。追復端明殿學士。

轍所著《詩》《春秋傳》《老子解》《古史》《欒城文集》，並傳於世。子遲、适、遜②。

臣稱曰：受之於天，超出乎萬物之表，而充塞乎天地之間者，氣也。施之於事業，足以消沮金石；形之於文章，足以羽翼元化，惟軾爲不可及矣。故置之朝廷之上，而不爲之喜；斥之嶺海之外，而不爲之愠。邁往之氣，折而不屈，此人中龍也。轍之名迹，與軾相上下，而心閑神王，學道有得，是以年益

---

①代：原作「貸」，據《潁濱遺老傳》、《宋史》本傳及蘇轍《論御試策題劄子》（《欒城後集》卷一二）改。

②子遲适遜：繆校作「子三：曰遲，曰适，曰遜」。

加而道益邃，道益邃則於世事愈泊如也，不有所守而然哉①？

【箋證】

〔一〕神宗於熙河路增置蘭州及米脂等五砦：《宋史》卷四三九《蘇轍傳》及蘇轍《潁濱遺老傳》（《欒城後集》卷一二）一作「於熙河路增置蘭州，於延安路增置安疆、米脂等五寨」，蘇轍《論蘭州等地狀》（《欒城集》卷三九）及《長編》卷三八一亦謂「於熙河路增置蘭州，於鄜延路增置安疆、米脂等五寨」，《事略》所載不確。

〔二〕其言極中理：《續通志》卷三五五《蘇轍傳》校記：「伏讀《通鑑輯覽》御批：用人爲致治大綱，豈宜稍參私意？朝臣黨援之習，在上者方當力爲整飭，以挽頹風。若欲平臣下夙怨，曲事調停，尚復成何政體？大防所見迂謬，不若轍之持論正當也。」

〔三〕哲宗起李清臣爲中書侍郎：《宋史》本傳作「哲宗起李清臣爲中書舍人」。《太平治迹統類》卷二四：「紹聖元年二月丁未，户部尚書李清臣守尚書侍郎。」《宋史》卷一八《哲宗紀二》載紹聖元年「二月丁未，以户部尚書李清臣爲中書侍郎」，《九朝編年備要》卷二四同作「中書侍郎」，《宋史》本傳誤作「中書舍人」。

〔四〕鄧潤甫爲尚書右丞：《宋史》本傳作「鄧潤甫爲尚書左丞」。《宋會要輯稿》《皇宋十朝綱要》《太平治迹統類》《宋宰輔編年録》《宋史·宰輔表》及《事略》與《宋史·鄧潤甫傳》並作「左丞」，《事略》蓋誤「左丞」爲「右丞」，參見本書卷九「箋證」〔三五〕。

〔五〕居許十餘年而卒：《宋史全文》卷一四政和二年「十月戊子，蘇轍卒」。孫汝聽《蘇潁濱年表》：政和二年「十月三日，轍卒，年七十四」。

①繆校本：「臣偁曰：晁子止《東坡祠堂記》，極言少公所作墓志銘多非實録，蓋指『公除起居舍人，力辭之，宰相蔡確曰：「今日誰當在前者？」公薦林希』，又『温公與公論役法不合，公乞補外，温公始怒，有逐公之意』之類是也。子止自言聞之世父景迂，固非無據者。少公晚年畏禍，杜門謝客，宜其爲文多巽辭，然何至倒置是非，誣其兄如此邪？此亦少公之不幸也。」注云：「與程本全不同。」

東都事略卷第九十四

列傳七十七

孔文仲字經父，臨江軍新淦人也〔一〕。少刻苦問學，號①博洽。舉進士，又舉賢良方正，自台州司户召試，文仲對策，極論新法之害，不爲王安石所喜，黜不用。文仲，范鎮所舉也。

哲宗即位，爲校書郎，遷禮部員外郎。有建議皇族惟揚王②、荆王得稱皇叔，餘疏屬當各係其祖，若唐人稱諸王孫之比。文仲曰：「上新即位，宜廣敦睦之義，不當疏間骨肉。」議遂寢。擢起居舍人，拜左諫議大夫。論青苗、免役之法爲首困天下，論保甲、保馬、茶鹽之法爲遺螫留蠹。遷中書舍人。卒，年五十〔二〕。文仲學識高遠，天資狷介〔三〕，寡言笑，少所合。有文集五十卷。弟武仲、平仲。

武仲字常父。幼力學，舉進士，爲禮部第一。元祐初，爲秘書省正字，遷校書郎、著作郎。論科舉之弊，詆《三經新義》，請復詩賦取士。遷國子司業。頃之，侍講邇英，除起居舍人。數月，拜中書舍人、直學士院。時議祠北郊，久不決。武仲建用純陰之月親祠，如神州地祇。擢給事中，遷禮部侍郎，以寶文閣待制知洪

①號：繆校作衍字。

②揚王：原作「楊王」，《宋史》卷三四四《孔文仲傳》及蘇頌《中書舍人孔公墓誌銘》同作「楊王」。按《宋史》卷一七《哲宗紀一》載揚王顥、荆王頵，《事略》「揚」多誤刻作「楊」。據本書卷一六《世家四·吴王顥》改。

州。言：「太中大夫以上知州者，杖以下公坐止劾官屬，獄成，聽大理約法，庶幾刑不逮貴近，又全朝廷體貌①之意。」遂著爲令。移宣州，坐元祐黨奪職，居池州。卒，年五十七〔四〕。

所著《詩書論語説》《金華講義》《内外制》《雜文》共百餘卷。

平仲字毅父〔五〕。舉進士，元祐中入館，遷郎〔六〕，出爲京西路提點刑獄。坐黨籍，謫知韶州〔七〕，又責惠州別駕、英州安置，徙單州團練副使、饒州居住。徽宗即位，召還，爲户部員外郎，遷金部郎中，出使陝西，帥鄜延、環慶。奉祠而卒〔八〕。平仲有史學，著《續世説》行於世。

朱光庭字公掞，河陽偃師人也。舉進士，爲萬年簿。范純仁帥慶州，辟爲僉書判官。神宗召見，問欲再舉安南之師，光庭對曰：「願陛下禽獸畜之。蓋夷狄，得其地不可居，得其民不可使，得已且已，須要廣土闢地何益②？」又問其所治何經，光庭對：「少從孫復授《春秋》。」不合意，爲僉書河陽判官。吕大防守長安，又辟僉書判官。

哲宗即位，召用司馬光，以光庭爲左正言。乞罷提舉常平、保甲、青苗等法，言：「蔡確爲山陵使，而乃先靈駕而行，爲臣不恭，無大於此。」又言：「章惇欺罔肆辯，韓縝挾邪冒寵。」言甚切。光庭論：「蘇軾試館職發策云：『今欲師仁祖之忠厚，而患百官有司不舉其職，或至於媮；欲法神考之厲精，而恐監司守令不識其意，流入

①體貌：覆宋本、四庫本作「體統」，繆校作「禮貌」。
②須要廣土闢地何益：繆校作「廣闢何益」。

於刻。』臣謂仁宗雖名之盛德，神考有爲之善志，而不當以『媮』『刻』爲議論，望正其罪，以戒人臣之不忠者。」未幾，中丞傅堯俞、侍御史王巖叟相繼論列。宣仁后曰：「詳覽文意，是指今日百官有司、監司守令言之，非是譏諷祖宗。」光庭等乃已。

河北饑，詔光庭行視，發廩以濟飢民，而議者以耗積年兵食爲言，改右司員外郎〔九〕。遷太常少卿，除侍御史。論蔡確怨謗之罪，確貶新州。拜右諫議大夫，遷給事中。求補外，除集賢殿修撰、知亳州。復爲給事中。劉摯罷相，光庭封還麻詞，坐落職，知亳州。未幾，知潞州，遷集賢院學士。卒〔一〇〕。紹聖中，追貶郴州別駕〔一一〕。

臣稱曰：道大不容，不容然後見君子。蘇軾以雄文直道，冠冕當世，而輒不容於時。李定、舒亶、賈易、趙挺之、黃慶基、董敦逸之流，誣以謗訕，不足道也。而光庭輩世之所謂君子者，亦爲爾，何哉？孔子曰：「君子而不仁者，有矣。」誠可信云〔一二〕。

劉安世字器之，大名人也〔一三〕。父航，字仲通，神宗朝爲太僕卿。安世舉進士，調洺州司法參軍，就辟高陽帥幕、河南左軍巡判官。

少師事司馬光，既仕，請於光曰：「願一言終身行之。」光曰：「其誠乎？」安世問其目，光曰：「自不妄語始。」哲宗立，司馬光舉安世充館閣之選，除秘書省正字。光薨，宣仁后問可爲臺諫於呂公著，公著以安世對。除右正言，首論：「祖宗以來，執政大臣親戚子弟未嘗居內外華要之職，自王安石秉政以後，盡廢累聖之制，專用親黨，務快私意。二十年間，廉耻掃地。願出臣章示兩府大臣，俾自此以往，厲精更始。」又論胡宗愈除右丞不協公議，章二十上，宗愈乃罷。又論蔡確、章惇、黃履、邢恕妄要定策之罪，語在《確傳》〔一四〕。臺臣李常、盛陶、趙挺之，王彭年坐不言皆出，御史臺爲一空。方確之未貶也，范純仁、王存密爲申理，乞從寬貸。安世劾奏之，純仁與存俱罷。確既有分司之命，而中書舍人彭汝礪、曾肇坐營救，亦補外。除起居舍人兼左司諫，遷左諫議大夫。

時罷講筵，且聞禁中求乳母。安世上疏曰：「陛下富於春秋，尚未納后，迺者民間喧傳求乳母，臣忝備言職，當諫其漸。伏惟皇帝陛下天錫睿聖，太皇太后陛下慈仁正順，保佑備至。覆載之內，莫不傾耳拭目以望風化，而或者之論，乃謂陛下稍疏先王之經典，寖近後庭之女寵。此聲流播，實損聖德。昔者帝堯惟以天下爲憂，不敢以位爲樂；成湯不邇聲色，萬世傳誦。皇帝陛下不可以不勉，太皇太后不可以不勸也。願爲宗社大計，清閑之燕，頻御經帷，以助聖學，無溺於所愛而忘其可戒，則天下幸甚。」宣仁后因安世言窮詰其事，乃知雇乳母者，爲後宫劉氏也。

初，鄧温伯草王珪、蔡確制，稱其定策之功。至是，温伯爲承旨，安世論其朋邪之罪，遂以集賢殿修撰提舉崇福宫。明年，以寶文閣待制爲樞密都承旨。時吕惠卿以光禄卿分司西京，安世言：「惠卿，國之巨蠹也，宜永投荒裔。今遽復卿列，若惠卿之命遂行，則將及確。確復用，則惇之徒如蝟毛而起，爲①國家計，其得安乎？願使中外羣小不能動摇正道。」

紹聖初，惇入相，落職知南安軍，又責少府少監、分司南京。三年，貶新州別駕、英州安置。時蔡確之子渭數上書，訟吕大防、劉摯及安世等陷其父，朝廷委蔡京等究治。京欲誅滅摯、安世等家族，仍移安世梅州。而究治無驗，惇意欲盡誅之以快意，哲宗不許。徽宗立，移衡州，尋以濮州團練副使、鼎州居住。繼以集英殿修撰知鄆州〔一五〕，復寶文閣待制知真定府，徙潞州，復落職知沂州，貶信陽軍。又三年，除名勒停，羈管峽州。後復直龍圖

①爲：覆宋本、四庫本作「焉」。

閣。卒，年七十八[一六]。

安世初擢言路，將以親辭，母曰：「不可以閨門之私辭君命，勉之。」及南遷，母怡然曰：「兹事固知如此。」且戒安世毋以得喪爲意。有集二十卷、《盡言集》、《通鑑音義》十卷[一七]。

臣稱曰：君子小人不兩立，君子必惡小人，而小人必忌君子，此朋黨之論所以興也。蓋君子不幸而爲小人所間，不能深思遠慮，優游浸漬，以消小人之勢，而痛心疾首，務以口舌争之，事激勢變，遂成朋黨之禍。方元祐之際，朝多君子，如安世，忠直有餘矣，特疾惡太甚，以激小人之怨。及章惇得志，而流毒搢紳，貽患國家，朋黨之禍遍於四海，賢人君子流放竄逐，無有遺類。烏虖！天下不幸，小人竊君之權，使生民受敝，社稷有可憂之漸，則爲君子者，宜求其所以勝小人之術，而無務於力争，啓其狼①戾不肖之心，以重天下之不幸，庶幾其有濟也。

彭汝礪字器資，饒州鄱陽人也。少耆學，舉進士，爲禮部第一。王安石得其所著《詩義》，善之，以爲國子監直講，擢太子中允、監察御史裏行。汝礪首陳十事，曰正本、任人、守令、理財、養民、賑興、事變、苗役、鹽事[一八]。指擿利害，多人所難言者。俞充諂事中人王中正，至使妻拜之，不當除檢正。神宗爲罷充，而詰其語所從，汝礪曰：「此非所以廣聰明也。」卒不奉詔。王中正、李憲臨邊，汝礪曰：「漢、唐以兵付中人，多致敗事。」神宗折之，汝礪拱立不動，伺間復言，神宗卒爲改容。罷爲江西轉運判官，陛辭，復言：「今不患無將順之臣，患無諫諍之

①狼：覆宋本、四庫本作「狠」。

臣；不患無敢爲之臣，患無敢言之臣。」神宗察其忠，慰諭久之。代①還，爲京西路提點刑獄。

元祐中，除起居舍人，拜中書舍人。吴處厚繳進蔡確詩，諫官交章請治，汝礪曰：「此羅織之漸也。」且上疏論列。已而確有謫命，汝礪坐還除目，遂罷知滁州〔一九〕。召爲兵部侍郎，徙刑部。會有巨獄，執政以爲可殺，汝礪以爲不可殺，與執政異。徙禮部，又徙吏部。紹聖初，進尚書，言者謂汝礪附會劉摯，罷爲寶文閣直學士、知成都府。又降待制、知江州。卒，年五十四〔二〇〕。

汝礪居家孝友，與人寡合，然有志於善。平時與蔡確異趣，確被貶，又爲之力辨，人以此賢之。所著有《易義》《詩義》、奏議、詩文五十卷。

吕陶字元鈞，眉州彭山人也，徙居成都。舉進士，爲綿谷簿。復舉制科，試秘閣。會王安石新用事，陶對策有「願陛下不惑理財之説，以慰生民；不間老成之謀，以結公卿；不興疆埸之事，以懷夷狄」之語，策入四等。安石頗不悦，乃以爲通判蜀州。

時議廢永康軍，陶以永康在西山六州隘口，不可廢。知彭州，李杞、蒲宗閔以使事入蜀，議榷茶。陶論：「茶園本百姓兩税，土地不産五穀，惟種茶，豈可於兩税之外立法，更榷其茶？如此則民困矣。」坐責監懷安軍商税。知廣安軍，以司門郎中召。

哲宗即位，除殿中侍御史，上疏論蔡確、韓縝、章惇「昔日負先帝，今日負陛下，願罷出以正朝廷」，於是相繼

①代：原作「伐」，據覆宋本、四庫本及《宋史》卷三四六《彭汝礪傳》改。

皆罷去。論保甲、青苗之法，坊場、河度①之弊，與其它欠負蠲除未盡者，皆罷之。又言：「今聚斂之害雖除，而浮冗之費未節。他時所入不足以備所出，不免復過取於民矣。願加裁省。」蘇軾撰策題，朱光庭彈軾譏議先烈，陶奏曰：「臺諫爲天子耳目，當徇②至公，不可假借事權以報私隙。軾素疾程頤，所以光庭爲頤報怨。臣恐朋黨之弊，自此起矣。」遷左司諫，上疏論：「韓維援引親舊，分布要近，方太皇太后垂簾，不宜大臣如此專恣。」維出。

御史張舜民乞寢西夏封册，舜民坐左遷。臺諫上章營救，陶曰：「舜民之言，實不可行。」遂爲臺諫所攻，除京西路轉運副使，改梓州、成都府路。召爲右司郎中，除起居舍人，遷中書舍人。使契丹還，拜給事中。

哲宗親政，陶上疏曰：「太皇太后保佑聖躬，於今九年。陛下深知本末，尊而報之，皆用其至③。然臣於此時，猶以無可疑爲疑，不必言爲言，願陛下聽之。蓋自太皇太后垂簾，屏黜兇邪，小人不能無憾。萬一或有姦邪不正之言，上惑聖聽，謂太皇太后斥逐舊臣，更改政事，今日陛下既親萬機，則某人可復用，某政④宜復行，此乃治亂之端，安危之機，君子小人消長之兆，在陛下察與不察耳。」

始，陶奉使，以宣仁后梓宫在⑤殯辭虜中宴設，西府奏陶不先取旨，除集賢院學士、知陳州，改集賢殿修撰、知梓州。坐元祐黨落職，再謫分司、衡州居住。元符三年，大赦，北還，提舉玉局觀，知邛州。復集賢殿修撰、知梓州，遂致仕。卒，年七十七〔二〕。

①度：繆校作「渡」。
②徇：繆校作「秉」。
③皆用其至：繆校作「惟恐不盡」。
④政：原作「此」，據覆宋本、四庫本改。
⑤在：原作「左」，據覆宋本、四庫本改。

張舜民字芸叟，邠州人也。舉進士①，爲襄樂令。王安石行新法，舜民上書謂：「裕民所以窮民，强內所以弱內，闢國所以蹙國。以堂堂之天下，不當與小民争利。」時皆壯之。元豐中，朝廷方討西夏，五路出兵，環慶帥高遵裕辟掌機宜文字。遵裕敗，謫監郴州酒税，會赦得原。

元祐初，宰相司馬光舉舜民「才氣秀異，剛直敢言」，召試秘閣校理，除監察御史。上疏論：「西夏强②臣争權，戎心桀驁，豈宜加以爵命？當興師問罪。」因及太師文彦博，遂左遷判登聞鼓院。於是臺諫交章論列，乞還舜民職任，不報。逾年，通判虢州，提舉秦鳳路刑獄。入爲金部員外郎、秘書少監。使遼國還，除直秘閣、陝西轉運使，俄知陝州。

久之，徽宗即位，除諫議大夫〔一二〕。尋爲吏部侍郎兼侍讀，以龍圖閣待制知定州，改同州。坐元祐黨落職，知鄂州，又責楚州團練副使、商州安置。凡五年，許自便。累復集賢殿修撰致仕以卒。

舜民少慷慨，善論事。其使遼也，見耶律延禧爲皇太孫，因著論以所喜者名茶、古畫、音樂、美姝，他日必有如張義朝挈十三州以歸，當不四十年見之。自號「浮休居士」，有《畫墁集》一百卷。

豐稷字相之，明州鄞縣人也。舉進士，爲蒙城簿，稍擢監察御史裏行〔一三〕。言王安禮不可知制誥，及安禮遷翰林學士，復力言之。除著作佐郎，遷吏部員外郎、提點利州路刑獄。

哲宗即位，徙成都府路。召爲工部員外郎，遷殿中侍御史。上疏曰：「陛下明足以燭萬事之統，而不可用其

①士：原作「仕」，據覆宋本、四庫本改。
②强：原作「疆」，覆宋本、四庫本及《宋史》卷三四七《張舜民傳》作「彊」，據改。

明；智足以應變曲當，而不可用其智。順考古道，二帝所以聖；儀式刑文王之典〔二四〕，成王所以賢。偏聽生姦，獨任成亂，此古今之大患，帝王之深戒也。願陛下以《洪範》爲元龜，祖訓爲寶鑑。一動於深宮之中，思以爲則於四海之内；一言於細氈之上，思以爲法於千載之下。則教化自行，習俗自美，中國既安，遠夷向化矣。」遷右司諫，改國子司業、起居舍人、太常少卿、國子祭酒兼侍講，拜刑部侍郎。

時苦雨雪，稷上疏曰：「自二聖臨御以來，朝廷清明，何嘉祥未臻而沴氣斯應？豈應天之實未至，事天之禮未備，畏天之誠未孚與？豈宮掖之臣有關預政事者與？天道聰明，苟無其事，變不虛生。願陛下昭聖德，畏天戒①，延問名臣，總正萬事。任賢責成，而不受浸潤之譖；惠民以實，而不尚姑息之政。言如春陽，動如祥風，六親和於内，百官和於朝，萬民和於下，則天地之和應而災沴消矣。」以集賢院學士知潁州，移江寧府。召爲吏部侍郎，出知河南，歷真定、潁昌、應天府、湖州、杭州。

徽宗即位，以左諫議大夫召，道除御史中丞。稷對，首論蔡京之罪，京貶。又論章惇誤國，惇黜。又言：「宣仁佐佑哲宗，垂簾聽政，退黜小人。洎小人復用，遂造誣謗，今宜②辨明。又史官修《神宗實録》，輒以王安石《日録》亂之。今修《神宗實録》，願擇史臣，申飭成書。」又數上疏言近習之非。

會曾布由内侍進，將拜相，稷謂臺屬曰：「盍共論之。」遷工部尚書，布遂相。徙禮部，以樞密直學士知蘇州，改越州。蔡京相，降寶文閣待制，俄奪職知常州。貶海州團練副使、睦州安置，移道州别駕、台州居住。又除名，移建州，徙婺州，提舉明道宮。卒，年七十五〔二五〕。

---

①戒：覆宋本、四庫本作「威」。《宋史》卷三二一《豐稷傳》作「戒」。

②宜：原空，據覆宋本、四庫本補。

王覿字明叟，泰州人也〔二六〕。舉進士，爲秀州司户參軍。神宗時，爲太僕寺丞。哲宗立，徙太常丞〔二七〕，擢右正言、右司諫。首陳知人安民之術，論役法曰：「司馬光所言差役，大意已善矣，條目則小有未盡①也。章惇既爲同列，當共議之時，不能盡忠論辨，乃待其已行之後，方言其不便，其懷姦狙詐如此。」因極言惇之黨四人，皆朋邪害正者，章數十上，由是惇罷。

夏國主乾順繼立，慢傲不恭，覿曰：「小羌凶狡，窺我厭兵也。爲今日之計，訓卒峙②糧，非不可攻且守也。」哲宗是其言。洮東擒大酋鬼章，覿奏曰：「向聞朝廷欲留鬼章，招納其子，臣切以爲非計也。老羌雖就擒，其子統衆如故，臣謂莫若赦之，處於洮、岷③、秦、雍之間，不惟示聖朝含容，亦所以壞④其黨也。」覿患朋黨之弊，會學士院發策試館職，言事官論其失當，而執政大臣之論又不同。覿言：「願陛下姑置衆論，取所撰策題詳察之，則是非立見矣。彼同異之因，不足考也。陛下若悉考同異之因，深究嫌疑之迹，則兩歧遂分，而朋黨之論起矣。學士命詞失當，有罪無罪小事也。使士大夫有朋黨之名，大患也。凡小人欲陷君子，必以朋黨名之，然後君子可以盡去，而小人得志。今朝廷清明，賢能萃聚，不可因小事而生大患，此陛下所當謹者。」爲右司郎官，遷侍御史，拜諫議大夫〔二八〕。

胡宗愈除右丞，覿言其過，遂罷，出知潤州，加直龍圖閣、知蘇州，遷發運使。入爲刑部侍郎，改户部。紹聖初，除寶文閣直學士、知成都府，移河陽，貶少府少監、分司南京、袁州居住，再貶鼎州團練副使、澧州安置。

①盡：覆宋本、四庫本作「善」。
②峙：覆宋本、四庫本作「偫」。
③岷：原作「城」，據《宋史》卷三四四《王覿傳》及《九朝編年備要》卷二二改。
④壞：原作「懷」，據覆宋本、四庫本及《九朝編年備要》卷二二、《宋史》本傳改。

徽宗立，起知永興軍。除工部侍郎，遷御史中丞。論章惇之罪。改元詔下，覿曰：「『建中』之名，義雖取於皇極，然重襲前代紀號，乞以德宗爲戒。」徙翰林學士，上疏論：「神宗作法於前，子孫守之於後，固不可失也。至於時異事殊，理須損益之，是亦神宗損益祖宗法度之意。」覿謂理財之本在節儉，嘗上疏論之。時朝廷以邊計不足，鬻爵，覿力言其弊，以謂：「今無窮之費正在西陲，與其行鬻爵之權，不若損費。」以龍圖閣學士知潤州，移海州，俄落職，宮祠。又坐彈章惇，除名勒停，臨江軍安置。卒，年六十八〔二九〕。

【箋證】

〔一〕臨江軍新淦人：《宋史》卷三四四《孔文仲傳》作「臨江軍新喻人」。清江、新淦、新喻同屬臨江軍（《宋史》卷八八《地理志四》），蘇頌《中書舍人孔公墓誌銘》（《蘇魏公文集》卷五九）云：「公之六世祖曰績，仕唐爲吉州衙推，卒官不復北歸，因家新淦。新淦今升爲軍，號臨江，其子孫遂爲臨江軍新淦人。」《事略》作「新淦」，是。而覆宋本、四庫本誤「淦」作「塗」，繆校作「淦」。

〔二〕卒年五十：《宋史》本傳作「還家而卒，年五十一」，《中書舍人孔公墓誌銘》：「是年（元祐三年）三月二十一日以不起聞，……享年五十六。」《長編》卷四〇九元祐三年三月戊辰「朝奉郎、中書舍人孔文仲卒」。《臨江西江孔氏族譜》載文仲生於寶元元年（一〇三八）「甲寅月癸亥日戊午時」（李春梅《三孔事迹編年》，《宋人年譜叢刊》本），則《宋史》本傳「卒年五十一」説爲可信。

〔三〕天資狷介：汪琬《東都事略跋》卷中：「《吕申公家傳》：孔經父以伉直稱，然蠢不曉事，爲浮薄輩所使，以害善良。晚乃自知，嘔血死。朱仲晦據此，遂謂子瞻嗾經父劾伊川。及考劉器之《盡言集》論歐陽棐，凡九劄子，力言棐與程頤、畢仲游、楊國寶、孫樸文結吕、范子弟，搢紳號爲五鬼。又言頤則先以罪去，語最激切。按：器之受學温公，不入蜀黨，豈亦子瞻所能嗾邪？伊川即申公門下士，《家傳》恐未可盡據。又子瞻《乞郡劄子》言：『頤教誘孔文仲，令其以私意論事，爲文仲所奏。』《聞見後録》亦載伊川欲令經父助賈易，以彈吕陶云云。」

〔四〕卒年五十七：《臨江西江孔氏族譜》載武仲慶曆二年「壬午歲壬寅月丙辰日庚寅時生」，《長編》卷五〇二元符元年九月甲戌載

「朝散郎、管勾玉隆觀孔武仲卒」。

〔五〕字毅父：《宋史》卷三四四《孔文仲傳》附《平仲傳》作「字義甫」，舒仁輝《〈東都事略〉與〈宋史〉比較研究》第二三九頁「疑《事略》爲避太宗舊諱而改」，當是。鄭俠有《觀孔義甫與謝致仕詩有感》（《西塘先生文集》卷九）似可爲證，然宋人文集、筆記已多稱「毅甫（父）」，蓋生前已更字矣。

〔六〕元祐中入館遷郎：《宋史》本傳作「用吕公著薦，爲秘書丞、集賢校理」。「遷郎」，覆宋本、四庫本作「選郎」，大誤，此指遷秘書郎。據《長編》載，元祐元年六月平仲等被薦召試館職（卷三八〇），二年二月「朝奉郎孔平仲爲集賢校理，奉議郎劉唐老爲秘閣校理，以召試學士院皆中格也」（卷三九五），八月爲太常博士（卷四〇四），十一月與「秘書監丞姚勔兩易其任」（卷四〇七），三年四月「朝奉郎、秘書丞、直集賢校理孔平仲爲江南東路轉運判官」（卷四〇九）。是則平仲召試合格即授集賢校理，《事略》言「遷郎」似不確，《宋史》言「爲秘書丞、集賢校理」則遷官次序錯亂。

〔七〕出爲京西路提點刑獄坐黨籍謫知韶州：《宋史》本傳：「文仲卒，歸葬南康。詔以平仲爲江東轉運判官護葬事，提點江淛鑄錢、京西刑獄。紹聖中，言者詆其元祐時附會當路，譏毀先烈，削校理，知衡州。提舉董必劾其不推行常平法，陷失官米之直六十萬，置獄潭州。平仲疏言：『米貯倉五年半，陳不堪食，若非乘民闕食，隨宜泄之，將成棄物矣。儻以爲非，臣不敢逃罪。』乃徙韶州。」《事略》多略而不載。

〔八〕奉祠而卒：《宋史》本傳作「主管兖州景靈宫，卒」。《臨江西江孔氏族譜》載平仲「乙亥月己亥日丙寅時」，是當生於慶曆五年（一〇四五）乙酉十一月十八日，李春梅《三孔事迹編年》定平仲卒於崇寧元年（一一〇二）「八月底至九月初」，是當享年五十八歲。繆校本謂「卒年五十一」，誤。

〔九〕改右司員外郎：《宋史》卷三三三《朱景傳》附《光庭傳》及范祖禹《集賢院學士知潞州朱公墓誌銘》（《范太史集》卷四三）均作「改左司員外郎」，《事略》「右」當作「左」。

〔一〇〕卒：《宋史》本傳附《光庭傳》作「再宿而卒，年五十八」。《集賢院學士知潞州朱公墓誌銘》：「紹聖元年三月辛丑晦，以疾終於官，年五十有八。」

〔一一〕追貶郴州別駕：「郴州」，《宋史》本傳作「柳州」。《太平治迹統類》卷二四作「郴州」，而《宋會要輯稿》職官六七之一七、職官七六之六一、《宋史全文》卷一三下、《通鑑長編紀事本末》卷一〇二並作「柳州」。舒仁輝《〈東都事略〉與〈宋史〉比較研究》第二四〇頁謂「《事略》『郴州』係『柳州』之誤」，是。

〔一二〕誠可信云：「云」，錢校本作「哉」，下有「誠可議哉」四字。又下考異云：「《吕申公家傳》謂『孔經父蠢不曉事，爲浮薄輩所使，以害善良，晚乃自知，嘔血死』。『浮薄』蓋指子瞻，『善良』指伊川也。及攻劉元城，劾歐陽棐，凡九劄子，力言棐與程頤、畢仲游、楊國寶、孫朴交結吕、范子弟，縉紳號爲五鬼。又言『歐則先以罪去』，語最激切。按：元城受學温公，不入蜀黨，豈亦子瞻嗾之耶？伊川即申公門下士，其書恐未可盡信。又《范太史家傳》奏救伊川，略謂『草茅之人一旦入朝，與人相接，不爲關防，而言者謂頤大奸大邪，貪黷請求，奔走交結，又謂頤欲以故舊傾大臣，以意氣役臺諫，其言皆誣罔非實也』。又三省進呈伊川服除欲與館職，判檢院，簾中以其不靖，令只與西監。當時洛、蜀二黨本無君子小人之分，伊川去國，自取亦屬有因，豈得一一歸罪子瞻也？又子瞻《乞郡劄子》，謂頤教誘孔文仲，令其以私意論事，爲文仲所奏。然則經父之劾伊川，豈更自有故邪？惜未見經父全疏耳。」注云：「在『臣偁曰』後，低一格。按：偁書擬史，無稱人字。此一段與蘇少公傳云云，宜低一格，作考異。」

〔一三〕大名人：《宋史》卷三四五《劉安世傳》作「魏人」。馬永卿《元城語録解序》作「元城人」，是。

〔一四〕語在確傳：《蔡確傳》，見本書卷八〇。

〔一五〕繼以集英殿修撰知鄆州：「集英殿」，《宋史》本傳作「集賢殿」，《宋會要輯稿》選舉三三之二一載「復濮州團練副使劉安世爲承議郎、集賢殿修撰、知鄆州」。《事略》蓋從《實録・劉諫議安世傳》（《名臣碑傳琬琰集》下卷一九）作「集英殿」。

〔一六〕卒年七十八：《宋史》本傳：「宣和六年，復待制。……明年卒，年七十八。」《實録・劉諫議安世傳》：「宣和七年六月戊午，承議郎、直龍圖閣劉安世卒。」

〔一七〕盡言集：《實録・劉諫議安世傳》作「《盡言集》十三卷」。

〔一八〕賑興事變苗役：《宋史》卷三四六《彭汝礪傳》作「六振救、七興事、八變法、九青苗」，曾肇《彭待制汝礪墓誌銘》《名臣碑傳琬琰集》中卷三一作「六賑救，七興事，八變法，九青苗、免役」，則《事略》「賑」下脱「救」字，「變」下脱「法」字，而合「青苗、免役」爲「苗役」。

〔一九〕遂罷知滁州：《宋史》本傳作「遂落職知徐州」，《彭待制汝礪墓誌銘》、《宋會要輯稿》職官六七之四、《長編》卷四二七均作「徐州」，彭汝礪《送子開侍郎出守徐州》（《鄱陽集》卷四）詩有「彭城事事似南都，頃歲曾分刺史符」之句，舒仁輝《〈東都事略〉與〈宋史〉比較研究》第二四〇頁謂「《事略》作『罷知滁州』，誤」，是。

〔二〇〕卒年五十四：《宋史》本傳作「至郡數月而病卒，……年五十四」，《彭待制汝礪墓誌銘》作「（紹聖元年）十二月某甲子，有星隕於郡衙，是日公終於正寢，享年五十有四」。

〔二一〕卒年七十七：《宋史》卷三四六《呂陶傳》：「徽宗立，復集賢殿修撰、知梓州，致仕。卒，年七十七。」呂陶《乞別給致仕狀》（《淨德集》卷五）云：「爲年及七十五歲，……尋於建中靖國元年二月十二日據梓州進奏官鄭永通狀申，稱正月二十六日遞到臣陳乞致仕奏狀，於當日投進訖。」蓋其至梓州任即乞致仕，並於建中靖國元年正月二十六日投進《乞致仕表》。其《乞致仕表》（《淨德集》卷五）稱「伏望聖慈念臣今已七十四歲」，則是建中靖國元年（一一〇一）已經七十四歲，而所謂「年及七十五歲」者年近七十五也。據以上推七十四年，呂陶當生於天聖六年（一〇二八），年七十七，當卒於崇寧三年（一一〇四）。參戴揚本《呂陶年譜補正》（《圖書館雜誌》二〇〇九年八期）。

〔二二〕除諫議大夫：《宋史》卷三四七《張舜民傳》作「擢右諫議大夫」，《山谷内集詩注》内集卷一四《次韻石七三六言七首》之五注引《實録》亦稱「張舜民爲右諫議大夫」，《事略》當脱「右」字。

〔二三〕稍擢監察御史裏行：《宋史》卷三二一《豐稷傳》作「擢監察御史」，《寶慶四明志》卷八本傳作「（元豐）三年，自封丘縣除監察御史裏行」，《宋史》本傳蓋脱「裏行」二字。

〔二四〕儀式刑文王之典：《宋史》本傳作「儀刑文王」，較佳。然《宋名臣言行録》卷一、李朴《豐清敏公遺事》並同《事略》，蓋原奏如此。

〔二五〕卒年七十五：陳瓘《豐公墓誌》(《豐清敏公遺事》附)：「以大觀元年十二月二十九日薨於正寢，享年七十有五。」

〔二六〕泰州人：《宋史》卷三四四《王覿傳》作「泰州如皋人」，是。

〔二七〕哲宗立徙太常丞：《宋史》本傳作「起爲太僕丞，徙太常。哲宗立」。《長編》卷三六三載「奉議郎、太常丞王覿爲右正言」在元豐八年十二月戊寅，時「哲宗立」已九個月。

〔二八〕拜諫議大夫：《宋史》本傳作「右諫議大夫」，《長編》卷四〇九元祐三年四月庚子「承議郎、侍御史王覿爲右諫議大夫」，《事略》當脱「右」字。

〔二九〕卒年六十八：王覿卒年不詳，《宋會要輯稿》職官六八之七載其「除名勒停，臨江軍居住」在崇寧二年五月七日，職官七六之六二載大觀四年七月八日追復「王覿爲朝散郎」。

東都事略卷第九十五

列傳七十八

章惇字子厚，建州浦城人也。始生，族父得象奇其風骨，以爲必貴。舉進士甲科，知商洛縣。嘗與蘇軾同遊南山，抵仙遊潭。潭下臨絶壁萬仞，岸甚狹。惇推軾下潭書壁，軾不敢。惇履險而下，以漆墨濡筆大書石壁上曰：「蘇軾、章惇來。」軾拊惇背曰：「子厚必能殺人。」惇曰：「何也？」軾曰：「能自判命者，能殺人也。」惇大笑。

熙寧初，王安石秉政，以惇編修三司條例，除秘書丞、集賢校理、檢正中書户房公事。察訪荆湖，用兵於是溪洞〔二〕，拓境數百里。入修起居注，除右正言、知制誥、直學士院。出知湖州，除翰林學士。未授命，丁母憂，服闋，入知審官院，遂拜右諫議大夫、參知政事。逾年，出知陳州，移定州。元豐五年，召爲門下侍郎。

哲宗即位，遷知樞密院事。宣仁后臨朝，用司馬光、吕公著，更革弊事。惇與宰相蔡確猶未去位。光復差役舊法，蔡京知開封府，用五日行差役於諸邑。惇言：「保甲、保馬一日不罷，有一日害。若役法則熙寧初以遽改免役，後有弊。今改差役，當議論盡善①，然後施行，遽改恐後亦有弊。」乃於簾前與光争論，其言不遜。諫官蘇轍論其姦惡，惇與確皆逐去。惇知汝州，徙揚州，提舉洞霄宫。惇以父俞年高，乞侍養，而諫官劉安世猶疏惇之

①善：原脱，據四庫本及《宋史》卷四七一《章惇傳》改。

罪，復留汝州。吕公著奏曰：「章惇父老居蘇州，今惇復留汝州，上方以孝治天下，豈可使大臣失晨昏之養？」遂聽歸。俞卒，惇免喪，復領洞霄宫。

哲宗親政，召拜左僕射兼門下侍郎。惇既相，引蔡卞爲右丞。惇、卞執政，謀所以釋憾於元祐舊臣者。凡元祐更張弊法，悉皆追復。用林希爲中書舍人，張商英等爲諫官。惇、卞大肆羅織，竄逐元祐臣僚於嶺海。商英等力詆元祐，希行元祐諸人責詞，遂至毁罵，甚者謂「元祐之初，老姦擅國」，蓋以詆宣仁后也。惇又用邢恕爲御史中丞，於是日夜論劉摯、梁燾、王巖叟等謀廢立，恕造宣訓之語，又誘高遵裕之子士京論其父功，又教蔡確之子渭上文及甫與邢恕私書事。惇、卞遂起同文館獄，用蔡京、安惇雜治宣訓事者。恕爲惇説云：「司馬光亦疑宣仁后有廢立事。光嘗語范祖禹曰：『方今主少國疑，宣訓事猶可慮。』蓋宣訓者，北齊婁太后宫名也。婁太后廢其孫少主，立其子常山王演。」恕妄謂司馬光亦有是言，以實宣仁后有廢立之意，使天下信之。光遂追貶。恕既誘高士京上書，論其父遵裕臨死時，屏左右謂士京曰：「神宗彌留之際，王珪遣高士充來問我曰：『不知皇太后欲立誰？』我叱士充去之。」語惇、卞，欲誣罔宣仁后。遂贈遵裕奉國軍留後，王珪亦追貶。

初，邢恕在元祐時責汝州，文及甫與恕皆素怨摯等，乃與恕書，謂「司馬昭之心，路人所知」，又濟之以「粉昆朋類錯立，欲以眇躬爲甘心快意之地」等語。及甫嘗語蔡碩①，謂：「『司馬昭』指劉摯，『粉昆』指韓忠彦，『眇躬』，及甫自謂。蓋俗謂駙馬都尉曰粉侯，忠彦弟嘉彦尚主也，故曰『粉昆』。而『朋類錯立』者，謂王巖叟、梁燾也。」及甫與恕書肆爲詆毁之辭，恕以此書與確之子渭，使訴其事。及置對，及甫爲蔡京、安惇所脅，乃云以昭比摯，「眇躬」乃以爲指哲宗，而「粉昆」謂巖叟面如傅粉，燾字況之，以況爲兄，故曰「粉昆」也。後確母又言，梁燾

①蔡碩：朱校本作「蔡確」。

嘗與懷州致仕官李洵言：「朝廷若存蔡確，則爲徐邸安乎？」以爲惇、卞①等所謀。乃追問洵，洵依違以答。適因星變，詔曰：「朕遵祖宗遺志，未嘗誅殺大臣，劉摯等可勿治。」然摯、燾同②時死於嶺南貶所，人亦疑之。惇與卞結中官郝隨爲助，言於哲宗，欲追廢宣仁后。自太皇后③、太妃皆力爭之，哲宗感悟，焚其奏。隨覘知之，密語惇、卞。明日惇、卞再有言，哲宗怒曰：「卿等不欲朕入英宗廟乎？」惇、卞乃已。惇又以皇后孟氏，元祐中宣仁后所立，勸哲宗起掖庭秘獄，托以左道，廢居瑶華宫。其後哲宗頗悔，乃嘆曰：「章惇壞我名節。」此皆惇得罪天下後世者。

初，神宗用王安石之言，開熙河，謀靈夏，師行十餘年不息。迨聞永樂之敗，神宗當宁慟哭，循致不豫，故元祐宰輔推本上意，專務懷柔夷狄。西夏請故地，以非要害城砦還之。至惇作相，以爲蹙國棄地，罪其帥臣。諸路皆進築新砦，取復故地，邊事復興，關中之民大困矣。惇性忮毒，忍於爲惡，於是百姓歌之曰：「大惇小惇，入地無門。」小惇則安惇也。其爲人所疾如此。

哲宗崩，欽聖憲肅皇后議所立。惇曰：「以禮律言之，母弟簡王當立。」欽聖后曰：「老身無子，諸王皆是神宗庶子。」惇復曰：「以長，申王當立。」欽聖后曰：「申王病發④，不可立。」惇尚欲有言，知樞密院事曾布叱惇曰：「章惇，聽皇太后處分。」簾卷，徽宗已立矣。遷特進，封申國公。

充哲宗山陵使，至成皋，大昇轝陷於濘，逾宿而行。坐是出知越州，未至，責武昌軍節度副使、潭州安置，再

---

①惇卞：覆宋本、四庫本作「李洵」。
②同：原無，據覆宋本、四庫本及《舊聞證誤》卷三補。
③太皇后：四庫本作「皇太后」。
④發：四庫本作「廢」，《宋史》本傳無此字。

貶雷州司户參軍。惇至此方悔，謝表乃云：「盡力以遏徐王覬覦之謗，一心以明宣仁保佑之功。」惇復云「覬覦之謗」者，是徐王無覬覦之事也。

初，蘇轍謫雷州，不許占官舍，遂僦民屋。惇又以爲强奪民居，下州追民究治，以僦券甚明，乃已。至是，惇責雷州，亦問舍於民。民曰：「前蘇公來，爲章丞相幾破我家，今不可也。」人以爲報。復改舒州團練副使、睦州居住，徙越州，改湖州。卒，年七十一[二]。復特進、申國公。政和三年，贈太師。

臣稱曰：元祐之盛，一司馬光實成之；紹聖之禍，一章惇實致之。蓋君子小人如冰炭，如東西，不可同器而易位。況惇之姦，足以瞽①惑人主之心，將何所不至？誣宣仁，廢哲后，行紹述，立鈎黨，結邊釁，興大獄，窮凶極惡，肆爲不道，未有如惇之甚者也。嗚呼！光之相而天下驩欣如此，惇之用而天下怨憤如彼，乃知治亂安危不在乎他，在乎君子小人而已。後之人主，可不鑒哉！

曾布字子宣，南豐人也。幼孤，學於其兄鞏，舉進士。熙寧初，王安石執政，薦之，因上書召見，論事合意，遂除崇政殿説書，遷集賢校理、檢正中書六房公事。新法青苗、助役皆布與吕惠卿建議。安石嘗曰：「法之初行，異論紛紛，始終以爲可行者，吕惠卿、曾布也。始終以爲不可行者，司馬光也。餘人則一出焉，一入焉爾。」擢修起居注、知制誥，拜翰林學士兼三司使。

七年，大旱，詔求直言。布論市易掊克之虐，落職出知饒州，徙潭州，復集賢院學士、知廣州。元豐初，以龍

①瞽：覆宋本、四庫本作「鼓」。

圖閣待制知桂州，進龍圖閣直學士、知秦州，又知陳州，移慶州。復入翰林，尋遷户部尚書。元祐初，除龍圖閣學士、知太原府，歷真定、河陽、青州、瀛州。

哲宗親政，復入翰林，遷承旨兼侍讀，擢拜同知樞密院事，進知院事。時章惇爲相，斥逐元祐臣僚，士心不附。布詭情辟致名士，如陳瓘、張庭堅〔三〕，悉羅致之。會哲宗升遐，欽聖憲肅皇后召宰執問：「誰可當立？」惇有異議，布奏：「惟太后令。」惇由是得罪。一日，中使召蔡京鎖院，拜韓忠彦左僕射。京欲刺探徽宗之意，徐奏請曰：「麻詞未審合作專任一相，或作分命兩相之意。」徽宗曰：「專任一相。」翌日，京出，宣言曰：「子宣不復相矣。」已而復召曾肇草制，布拜右僕射，制曰：「東西分臺，左右建輔。」蓋有爲云。忠彦既爲左相，柔懦，天下事多決於布。議以元祐、紹聖均爲有失，欲以大公至正消釋朋黨。明年，改元建中靖國，邪正雜用，忠彦遂罷去。布獨當國，漸進「紹述」之説〔四〕。

明年，又改元崇寧，蔡京於是召用爲左丞。京與布異，會布擬陳祐甫爲户部侍郎〔五〕，京奏曰：「爵禄者，陛下之爵禄也，奈何使宰相私其親。」布之婿陳迪，祐甫之子也。布忿然争辨，久之，聲色稍厲。於是温益叱布曰：「曾布，上前安得失禮？」徽宗不悦而罷。

翌日，爲御史所攻，布由是得罪，罷爲觀文殿大學士、知潤州。尋落職，提舉太清宫、太平州居住。又降司農卿、分司南京。又以嘗薦學①官趙諗，而諗反，責散官、衡州安置。復以棄湟州，責授賀州别駕，又責廉州司户參軍，移舒州。復太中大夫、提舉崇福宫以卒〔六〕。贈觀文殿大學士，謚曰文肅。

①學：覆宋本、四庫本作「舉」，誤。

【箋證】

〔一〕用兵於是溪洞：《實録・章丞相惇傳》（《名臣碑傳琬琰集》下卷一八）作「用兵溪洞，拓境數百里，置沅州，南方兵禍自此始」。《事略》當衍「於是」二字。

〔二〕卒年七十一：《實録・章丞相惇傳》：「崇寧四年十一月己未，舒州團練副使章惇卒。」汪琬《東都事略跋》卷中：「惇出邵康節之門，邢恕出程明道之門，童貫自謂韓魏公遺腹，梁師成自謂蘇文忠出子，然則門人子姓，敗類如此，大是諸賢之耻也。惇蚤歲爲康節門下士，見《邵氏聞見後録》。」

〔三〕布詭情辟致名士如陳瓘張庭堅：《宋史》卷四七一《曾布傳》作「惇以士心不附，詭情飾過，薦引名士彭汝礪、陳瓘、張庭堅等」，《續通志》卷六一四《曾布傳》校記：「按《東都事略》作『是時章惇爲相，斥逐元祐臣僚，士心不附……』此傳並作章惇之事，所載互異。」

〔四〕布獨當國漸進紹述之説：《宋史》本傳同。《續通志》卷六一四《曾布傳》校記：「按《本紀》，崇寧元年夏五月，罷韓忠彦；閏六月，罷曾布。是忠彦與布免相，同一年事。《宰輔表》亦同。與本傳異。」

〔五〕會布擬陳祐甫爲户部侍郎：「祐甫」，《宋史》本傳作「佑甫」，下同。今考《皇宋十朝綱要》卷一六、《九朝編年備要》卷二六、《宋宰輔編年録》卷一一、《通鑑長編紀事本末》卷一三〇等並作「祐甫」，疑作「祐」是。

〔六〕提舉崇福宫以卒：《宋史》本傳：「大觀元年，卒於潤州，年七十二。」《實録・曾文肅公布傳》（《名臣碑傳琬琰集》下卷二〇）：「大觀元年六月乙卯，太中大夫、提舉西京嵩山崇福宫曾布薨。」

東都事略卷第九十六

列傳七十九

安燾字厚卿，開封人也。舉進士，調蔡州推官。召試，爲秘閣校勘〔一〕，出爲荆湖北路提點刑獄。會行新法，而奉行之吏，或異趣爲高，或迎合求進，而燾平心以奉詔條，號無所倚。時司農以符檄風天下，如免役增寬剩、造簿供手實、散青苗①等事，天下争趣之。燾數有陳論，暨見神宗，復極論之，爲立法禁。累擢修起居注。

元豐初，使高麗，燾諭以朝廷恩意，其國主感泣，遇燾有加禮，以爲過契丹使遠甚，且使其臣言之。燾笑答曰：「尊中華與事大國，禮固均也，特以罕至故有加爾。且朝廷與契丹講好歲久，今遣使寵綏遠人，豈校厚薄於其間哉？」時以其言爲知體。使還，拜右諫議大夫、史館修撰、直學士院〔二〕。

初，都水監丞范子淵建請導洛通汴，命燾行視。燾以爲勞費甚大，且非經久之利，以議不合出知陳州。遷龍圖閣直學士，爲户部尚書。六年，拜同知樞密院事。時夏人款塞，燾請因而撫之，且戒將吏毋生邊隙。既又請：「疆埸非要害者，還之以示恩。然羌情無厭，當使知吾宥過而罷兵，不應示吾厭兵之意。」哲宗嗣位，乃遂其前議，於是歸其葭蘆等四砦。

①「青苗」下，繆校有「責保任」三字。

元祐二年，進知院事。燾謂：「爲國者不可好用兵，又不可畏用兵，好則疲弊生靈，畏則取侮遺患。今朝廷每戒邊臣，非舉國入寇不得應之，則固畏用兵矣。然虜數犯塞，亦未免疲弊之患，雖僅保城砦，適墮其計中。願復講攻擾之策，如左氏所謂用三師以疲楚之意，此計之上也。又乾順才數歲，非秉常近親，獨梁乙逋利於持權，與梁氏立之。其酋長善用兵者，如嵬名阿吴輩，皆秉常族黨，多反側顧望。不若有以離間之，彼阿吴等既不自安，一旦得領重兵，焉知其不回戈以復讎梁氏，此一奇也。」用其策，夏人卒相猜貳，遂復修貢。

燾以虜使路或循河隄，而大河方移徙，非所以示險。是時河方北流，朝廷雖欲回復，初不甚力。燾言：「自①小吴未決以前，河入海之地雖屢徙②，而盡在中國，故京師得以北限强胡。今河每決而西，則河尾益北，如此不已，將北抵境上，則南岸遂屬虜界。彼若爲橋梁，守以州郡，窺兵河外，可爲寒心。今水官之議，不過論地形，較功費，而獻納之臣又爲高論，殊不考利害，量輕重，徒欲便於治河，而緩於設險，非至計也。」以母喪免，服除，授觀文殿學士、知鄆州，改鄭州，移潁昌府。

紹聖元年，拜門下侍郎。時章惇用事，貶謫元祐舊臣。燾陰爲開釋，惇不樂，遂以觀文殿學士知河陽，改知鄭州。四年，落職知大名府。徽宗即位，復職，提舉中太一宫兼侍讀，復拜知樞密院事。

先是，邈川溪巴温之子隴拶降，以其地爲湟州〔三〕，命將吏戍守之，議者多以爲不可守。未幾，溪巴温又請舊地，並丐隴拶等。下樞府問狀，遂以其地與隴拶並還之。

尋以觀文殿學士知河南，其將請去也，燾奏曰：「自紹聖、元符以來，用事之臣但持紹述之虛名，以誑惑君父。上則欲固寵位以快恩讎，下欲希進用而肆朋附，並爲一談，牢不可破。彼自爲謀則善矣，然未嘗以毫髮爲朝

①自：原作「目」，據覆宋本、四庫本及《宋史》卷三二八《安燾傳》改。
②徙：原作「徒」，據覆宋本、四庫本改。

廷計者也。」坐棄湟州，降端明殿學士，再責寧國軍節度副使、安置漢陽軍。既而復湟州，降祁州①團練副使。復鄯州，移居建昌軍，徙襄州，提舉鴻慶宫，復太中大夫。卒，年七十五〔四〕。

燾資淡泊，無聲色之奉。事親孝，爲文長於議論。燾卒後五年，始盡復故官職云。

李清臣字邦直，世爲魏人也〔五〕。少孤，事母兄孝友，自力學問，韓琦以其兄之子妻之。皇祐中，舉進士。治平中，舉制科，考官韓維稱清臣文贍。時京師霖雨，議者多及濮邸。將廷試，或語清臣：「宜以《五行傳》『簡宗廟水不潤下』爲證，則必合矣。」清臣曰：「此漢儒説，吾不能知。民間豈無疾痛可言者乎？」因言：「天地之大，譬之人，腹心肺腑②有所攻塞，則五官不寧。民人生聚，天地腹心肺腑也；日月辰宿，天地五官也。善止天地之異者，不止其異，而止民之疾痛而已。」又以謂③：「縣官百須，皆出於農。比者陳、鄧、許、亳饑，農民多死，而他業者自如。儻令雜征苛取出於他業之人，則農勸矣。」且欲崇禮制，黜無功。策入次等，授秘書郎、僉判平江軍。歐陽修以館職薦之，召試，擢集賢校理。

韓絳宣撫陝西，奏清臣爲屬。遷太子中允、檢正中書吏房公事。絳貶，清臣因還所遷官，通判海州〔六〕。同知太常禮院，爲京東路提點刑獄。召充國史院編修官，修起居注、知制誥，遷翰林學士、吏部尚書。元豐六年，擢尚書右丞。哲宗立，徙④左丞。元祐初，罷爲資政殿學士、知河陽，又知河南府、永興軍、真定府。召爲户部尚

①祁州：原作「析州」，據四庫本、繆校本及《宋史》本傳改。
②「腑」下原衍「腑」字，覆宋本、四庫本作「惟」，亦誤，據晁補之《資政殿大學士李公行狀》及《宋史》卷三二八《李清臣傳》删。
③謂：繆校作「爲」。
④徙：原作「徒」，據覆宋本、四庫本改。

書，未至，拜正議大夫、中書侍郎。

呂大防罷相，清臣首變元祐之政，欲以取相位。以門下侍郎蘇轍在上，未能遷。一日，對哲宗言：「蘇轍兄弟改變先帝法度。」轍奏①曰：「陛下即位，宣仁后垂簾之初，兄軾方起自謫籍，臣亦被召，清臣時爲左丞。今日反謂臣兄弟變先帝之法，是欺也。」清臣辭屈，乃曰：「蘇轍嘗以漢武比先帝。」哲宗震怒，而轍由此罷黜。

轍既去位，外召章惇，拜左僕射。惇未至，相位尚虛，清臣益有覬覦之心。獨當國，亟復元豐法度，除諸路常平使者。已而惇至，清臣既不得作相，遂與惇爲敵。會哲宗幸楚王第，有婦人遮道叫呼，誣告清臣謀反。既已屬吏繫治，婦人本瀘州倡〔七〕，常爲清臣姑之子田嗣宗外婦。詔捕嗣宗，得之。清臣猶未請去，獄將具，言者有疏論列。嗣宗既伏法，清臣遂以資政殿②大學士知河南府，尋奪職知真定府。

徽宗即位，以禮部尚書③召，復大學士。月餘，拜門下侍郎。章惇罷相，清臣奏：「章惇爲相，朝廷屬以政事，爲之不置次補。而惇不念體國，其所以開導上聽者，莫非忮忍殺伐之事。以己之平日仇怨，或托謗訕宗廟，或稱謀危上躬，竄逐南方，投之死地，故貶人並骨肉，死者不得歸葬，存者悉爲囚徒。又因編類章疏，看詳訴理，受禍者一千餘家，自古姦臣，少惇比者。今既罷去，尚④以特進守藩，天下人心鬱抑不快。盍加誅殛，以慰民望。」惇遂責散官安置。

徽宗欲息朋黨，以大公示天下，改元建中靖國。清臣乃與同時輔政者叶謀以輔上意，盡還遷徙舊臣，稍復其恩

①「奏」上，繆校有「因」字。
②資政殿：「政」原作「正」，據覆宋本、四庫本及晁補之《資政殿大學士李公行狀》改。
③尚書：「尚」原作「上」，據覆宋本、四庫本及《資政殿大學士李公行狀》改。
④尚：原作「上」，據覆宋本、四庫本及《宋宰輔編年録》卷一一改。

數品秩。久之，與時議寖不合，復以資政殿大學士知大名府。卒，年七十一〔八〕。贈金紫光禄大夫。後以元符中章疏詆訾先朝，追奪職名。言者又以清臣與韓忠彥、黄履執政日，請復元祐皇后，義非所安，再貶雷州司户參軍。

臣稱曰：人臣以公正爲忠，朝廷以安静爲福。紹聖之初，清臣復被任用，不以公正事上，而乃謀取宰相。首以紹述激怒上意，自是朋黨之論起，而士夫蒙其患；矯誣之説行，而聖后負其謗。朝廷不復安静，而清臣亦不得相矣。《詩》曰：「誰生厲階，至今爲梗。」清臣之謂也，可不戒哉！

許將字冲元，福州閩縣人也。舉進士第一，調僉判昭慶軍。神宗召對，除集賢校理、檢正中書禮房公事，直舍人院，遷知制誥。北虜以兵二十萬壓代州境，遣使請地。歲聘使不敢行，以命將。將入對曰：「臣備位侍從，朝廷大議不容不知。萬一北人言及代州事，不有以折之，則傷國體。」則命將閲文書〔九〕。至虜中，館伴蕭禧果問以代州事，將屢屈之，乃不敢言。

使還，除翰林學士，權知開封府。言者言將勘太學公事，釋上舍生不實〔一〇〕，出知蘄州。以龍圖閣待制知揚州，又知鄆州。入爲兵部侍郎，條奏八事：以爲兵之事有三，曰禁兵、曰廂兵、曰民兵；馬之事有三，曰養馬、曰市馬、曰牧馬；兵器之事有二，曰繕作、曰給用。除龍圖閣直學士、知成都府。元祐三年，再爲翰林學士，拜尚書①右丞。以資政殿學士知定州，移揚州，徙大名府。

會大河東、北議未決，將曰：「度今之利，謂宜因梁村之口以行東，因内黄之口以行北，而盡閉諸口，以絶大

①尚書：「尚」原作「上」，據覆宋本、四庫本及《宋史》卷三四三《許將傳》改。

名諸州之患。俟水大至，觀故道足以受之，則内黄之口可塞；不足以受之，則梁村之口可以止；兩不能相奪，則各因其自流以待。」

紹聖元年，召爲吏部尚書，將上疏乞依元豐詔，定北郊夏至親祠。遷尚書①左丞、中書侍郎。時章惇爲相，與蔡卞同肆羅織，貶謫元祐臣僚。惇、卞奏乞發司馬光墓，將獨無言。哲宗問曰：「卿不言，何也？」將曰：「發人之墓，非盛德事。」哲宗曰：「朕意與卿同。」乃不從。嘗議正夏人罪，以涇原近寇而地廣，謀帥尤難，乞用章楶，楶果有功。

徽宗即位，爲門下侍郎，撫定鄯、廓州。邊臣欲舉師過河，朝議難之，將獨以「蕃夷不可爽信，而兵機有不可失，既已戒期，願遂逐之」。未幾，捷書至。將在位，御史中丞朱諤②取將舊謝章表，析文句以爲謗，且謂：「將左顧右視，見利則回，幡然改圖，初無定論。元祐間嘗爲丞轄，則盡更元豐之所守；紹聖初復秉鈞軸，則陰匿元祐之所爲。逮至建中，尚此冒居，則紹聖之所爲已皆非矣；强顔今日，亦復偷安，則建中之所爲亦隨改焉。」遂以資政殿大學士知河南府。言者不已，降資政殿學士、知潁昌府，移大名，拜觀文殿學士，除奉國軍節度使。

在大名六年，召爲佑神觀使。未幾而卒〔一一〕。贈開府③儀同三司，謚曰文定〔一二〕。

鄧潤甫字温伯，建昌人也。嘗避高魯王諱，以字爲名，而字聖求，後復舊名。舉進士，爲上饒尉。王安石當國，以潤甫爲編修中書條例、檢正中書户房事。遷集賢校理、知諫院、知制誥、御史中丞、翰林學

①尚書：「尚」原作「上」，據覆宋本、四庫本及《宋史》本傳改。
②朱諤：覆宋本、四庫本作「宋諤」，誤。《宋史》本傳亦作「朱諤」。
③府：原作「封」，據覆宋本、四庫本改。

士。因論奏相州獄，爲蔡確所陷，落職知撫州，移杭州，以龍圖閣直學士知成都府。尋復職如初，兼掌皇子閤牋記，凡一時大手筆，獨倚潤甫焉。除翰林學士承旨，修撰《神宗實録》，拜吏部尚書。言者論潤甫草蔡確制，謂其有定策功，以龍圖閣直學士知亳州。閲歲，復以承旨召。數月，除端明殿學士、禮部尚書。請郡，得知蔡州，移永興軍。以兵部尚書召〔一三〕。紹聖元年，潤甫首陳武王能廣文王之聲，成王嗣述文武之道，遂拜尚書左丞。卒，贈開府儀同三司〔一四〕，謚曰安惠。

黄履字安中，邵武軍人也。少遊太學，舉進士，調南京法曹，又爲王宫教授〔一五〕。召試，爲館閣校勘①，遷太子中允、監察御史裏行兼知諫院。神宗詢天地合祭是非，履對曰：「本朝冬至祭天南郊，夏至祭地北郊，每歲行之，皆合於古。猶以有司攝事②爲未足以盡志，於是三年一郊而親行之，蓋所謂因時制宜者也。施之於今，誠不可易。惟合祭之禮〔一六〕，在所當正。」於是北郊之制定，郊廟禮文多履詳定焉。同修起居注，召試知制誥，以母喪免。服除，以禮部尚書召還，爲御史中丞。時大臣有罪罰金，履奏：「賈誼有言：『遇之以禮，則羣臣自喜；嬰以廉耻，則人矜節行。』羣臣且然，況大臣乎？故罪有可惡，黜之可也；可恕，釋之可也。豈可以罰金示辱哉！」御史翟思言事，有旨詰③所自。履諫曰：「御史以言爲職，非有所聞，則無以言。今乃究其自來，則人將懲之，而臺諫不復有聞矣。恐失開言路之意。」事遂寢。

哲宗即位，除翰林學士兼侍講，請外，以龍圖閣直學士、知越州。坐舉御史不當，降天章閣待制。紹聖初，復

---

①校勘：覆宋本、四庫本作「校理」，誤。《宋史》卷三二八《黄履傳》亦作「校勘」。

②事：原作「士」，據覆宋本、四庫本改。

③詰：覆宋本作「誥」。錢校：「『誥』當作『詰』，宋本原誤。」今所據底本已改作「詰」。

龍圖閣直學士，召還，復爲御史中丞。上章乞黜責呂大防之黨，以正典刑。又謂司馬光變更先朝已行之法非是。

初，神宗在位，留意禮樂，欲垂一代之制，而歷古循習，未得適從，遂詔廷臣羣議。時修郊廟奉祀禮文，即令主辨南北之説，而議者棼糾，訖不果行。履①還朝，乃建言：「陽復陰消②，各因其時。上圓下方，各順其體。是以聖人因天祀天，因地祭地，三代至漢，其儀不易。及王莽諂事元后，遂躋地位，同席共牢，歷世襲行，不能全革。逮神宗臨御，卓然考古揆今，以正大典，嘗有意於兹矣。今承先志，當在陛下及二三執政。」哲宗以詢大臣，章惇以爲北郊止可謂之社。履③曰：「天子祭天地，蓋郊者交於神明之義，所以天地皆稱郊，故《詩序》云『郊祀天地』。若夫社者，土之神而已，豈有祭大示④亦可謂社乎？」哲宗然之，遂定郊議。拜尚書⑤右丞。

會右正言鄒浩以言事⑥竄新州〔一七〕，履⑦奏乞徙善地，出知亳州。徽宗即位，召爲資政殿學士兼侍讀，復拜尚書右丞。求罷政，以資政殿大學士提舉中太一宮，卒〔一八〕。

履⑧始以文學進，初附蔡確謀定策事⑨，復附章惇排擊元祐之臣，時議嫉之。後以復后事，追貶郴州⑩團練

①履：原作「復」，據《宋史》本傳改。
②消：四庫本作「生」。
③履：原作「復」，四庫本作「覆」，據覆宋本及《宋史》本傳改。
④大：覆宋本、四庫本作「天」，誤。示：繆校作衍文，《宋史》本傳作「祇」，是。「示」同「祇」，地神。
⑤尚書：「尚」原作「上」，據覆宋本、四庫本及《宋史》本傳改。
⑥事：原作「士」，據覆宋本、四庫本及《宋史》本傳改。
⑦履：原作「復」，據覆宋本、四庫本及《宋史》本傳改。
⑧履：原作「復」，據覆宋本、四庫本改。
⑨事：原作「士」，據覆宋本、四庫本改。
⑩郴州：朱校本、繆校同，覆宋本、四庫本作「彬州」，誤。

副使。

【箋證】

〔一〕爲秘閣校勘：《宋史》卷三二八《安燾傳》：「用歐陽修薦，爲秘閣校理、判吏部南曹。」作「校理」是，本書也多作「秘閣校理」。除校理外，《宋史》本傳尚載「至太常丞，主管大名府路機宜文字」及「荆湖北路轉運判官」等職，《事略》並略之。

〔二〕拜右諫議大夫：《宋史》本傳：「元豐初，高麗新通使，假燾左諫議大夫往報之。……使還，帝以爲知禮，即授所假官。」《長編》卷二八七元豐元年正月「辛未，命度支員外郎、秘閣校理、同修起居注、檢正中書户房公事安燾假左諫議大夫、史館修撰爲高麗國信使」，《事略》「右」當爲「左」之誤。

〔三〕以其地爲湟州：《宋史》本傳作「建青唐、邈川爲湟州」。《續通志》卷三四八《安燾傳》校記：「按：邈川、青唐各自爲地，考《宋史·地理志》，樂州舊邈川城，元符二年收復，建爲湟州；西寧州舊青唐城，元符二年隆贊降，建爲鄯州。本傳非誤合爲一，即係脱去『鄯州』二字。兹仍存史原文以附考。」「湟州」，原作「鄯州」，據下文「坐棄湟州」及四庫本並《長編》卷五一六、《宋史》本傳改。以下同改。

〔四〕卒年七十五：《宋宰輔編年録》卷一〇：「大觀二年六月己丑，太中大夫、提舉南京鴻慶宫安燾卒。」《通鑑長編紀事本末》卷一二四大觀二年六月戊申「勘會前任宰臣、執政官見存人：韓忠彦、蘇轍、安燾。」注：「安燾此月十四日已卒，三省檢會，蓋在此前。」此言六月十四日卒，與《宰輔編年録》所言「六月己丑（十日）」卒相差四日。

〔五〕世爲魏人：《宋史》卷三二八《李清臣傳》作「魏人」。晁補之《資政殿大學士李公行狀》（《雞肋集》卷六二）：「世爲魏人，至公始以河患徙家洛師，而卜安陽，吉，以其三世喪遷焉，故其族或從居安陽。」

〔六〕韓絳宣撫陝西……通判海州：《宋史》本傳所載略有不同：「從韓絳使陝西。慶卒亂，家屬九指揮應誅，清臣請於絳，配隸爲奴婢。絳坐貶，清臣亦通判海州。」《續通志》卷三四八《李清臣傳》校記：「按晁補之撰《清臣行狀》云：韓絳宣撫陝西，奏公掌機密文字。慶州兵亂，其家屬應誅者凡九指揮。公言：『慶兵造意，不謀妻子，宜用恩州故事，配隸將士爲奴婢。』絳從之。及絳貶，公曰：『我豈負韓公者？』因通判海州。」各傳皆以《行狀》爲本，而裁剪自不同。

〔七〕婦人本瀘州倡：「瀘州」，《宋史》本傳作「澶州」。《宋宰輔編年録》卷一〇紹聖三年正月庚戌「李清臣罷中書侍郎」條作「岳氏乃澶州娼」，《編年録》取材自《長編》，而《資政殿大學士李公行狀》不載婦人事，疑《事略》「瀘」爲「澶」之訛。

〔八〕卒年七十一：《資政殿大學士李公行狀》：「崇寧元年正月己卯，資政殿大學士、右光禄大夫、知大名府兼北京留守司事、大名府路安撫使李公薨。……享年七十有一。」

〔九〕則命將閲文書：《宋史》卷三四三《許將傳》作「遂命將詣樞密院閲文書」，四庫本據以改「則」作「遂」。

〔一〇〕釋上舍生不實：《宋史》本傳作「會治太學虞蕃訟，釋諸生無罪者」。

〔一一〕未幾而卒：《宋史》本傳作「政和初卒，年七十五」。《宋會要輯稿》儀制一一之二〇載「奉國軍節度使許將，政和元年八月」贈開府儀同三司。《續資治通鑑綱目》卷八載其卒於元祐五年十二月，誤。

〔一二〕謚曰文定：《宋會要輯稿》禮五八之九九：「奉國軍節度使許將，謚文恪。」《宋史》本傳作「謚曰文定。子份，龍圖閣學士」。

〔一三〕以兵部尚書召：《宋史》卷三四三《鄧潤甫傳》「以兵部尚書召」前有「元祐末」三字，是。

〔一四〕卒贈開府儀同三司：《宋史》本傳：「紹聖初，哲宗親政……暴卒，年六十八。輟視朝二日。以嘗掌均邸牋奏，優贈開府儀同三司。」又卷一八《哲宗紀二》載紹聖元年五月「乙丑，鄧潤甫卒」。本書卷九亦載鄧潤甫卒於紹聖元年五月乙丑。《宋宰輔編年録》卷一〇紹聖元年五月「乙丑，尚書左丞鄧潤甫卒」條載：「潤甫自紹聖元年二月除尚書左丞，是年五月薨於位，執政凡三月，官至右光禄大夫。車駕臨奠，輟視朝三日。以在職日亡殁及曾掌藩邸牋表，特贈開府儀同三司。」較《事略》詳悉。

〔一五〕又爲王宮教授：《宋史》卷三二八《黄履傳》作「又爲高密、廣平王二宮教授」，較詳。

〔一六〕惟合祭之禮：《宋史》本傳作「惟合祭之非」，與前「合祭是非」正相應。《長編》卷三〇四作「惟合祭之禮」，然載此奏爲李清臣所上，不及黄履，當考。

〔一七〕會右正言鄒浩以言事竄新州：《宋史》本傳作「會正言鄒浩以言事貶新州」。考《宋史》卷一八《哲宗紀二》載元符二年九月「甲子，右正言鄒浩論劉氏不當立，特除名勒停，新州羈管」，則本傳「正言」當作「右正言」。

〔一八〕以資政殿大學士提舉中太一宮卒：《宋史》本傳：「未逾年，求去，加大學士、提舉中太一宮，卒。」《宋會要輯稿》禮四一之四六載「資政殿大學士、提舉中太一宮、兼集禧觀公事黄履」卒於建中靖國元年十月。

東都事略卷第九十七

列傳八十

林希字子中，福州人也。舉進士，調涇縣簿。神宗朝，知太常禮院〔一〕。皇后父喪，太常議當服淺素，希奏：「禮，后爲父降服期。今服淺素，不經。」命使高麗，希辭行，責監杭州樓店①務。歲餘，通判秀州，復知太常禮院，除著作佐郎，遷禮部員外郎〔二〕。元祐初，爲秘書少監，歷左右史，召試中書舍人，爲言者論列而止。改集賢殿修撰、知蘇州。久之，以天章閣待制知杭州，爲禮部侍郎，道除知亳州。

紹聖初，以寶文閣直學士知成都府。哲宗親政，留爲中書舍人，修《神宗國史》兼侍讀〔三〕。哲宗嘗訪希：「神宗殿曰宣光，前代有此名乎？」對曰：「此石勒殿名也。」乃更爲顯承。時方推明紹述，盡黜元祐羣臣，自吕大防、劉摯、蘇軾、蘇轍等書命，皆希爲之。

初，章惇用事，嘗曰：「元祐初，司馬光作相，用蘇軾掌制，所以能鼓動四方，安得斯人而用之？」或曰：「希可。」遂下遷中書舍人，惇仍許以爲同省執政。一日，希草制罷，擲筆於地曰：「壞了名節矣〔四〕。」遷禮部尚書，移吏部，翰林學士，拜同知樞密院事。希怨惇不引爲同省執政，遂背惇。於是出知亳州，移杭州，以端明殿學士知太原府，遷資政殿學士，徙大名，上河東邊計三策。尋奪職，知揚州，徙舒州。卒，年六十

①店：朱校本、繆校同，覆宋本、四庫本作「房」。

七[五]。追贈資政殿大學士，謚曰文節。

蔣之奇字穎叔，常州宜興人也。舉進士，又舉賢良方正科，試六論秘閣，及射策，報聞[六]。除監察御史[七]。英宗立，爲殿中侍御史[八]，獻謹始五事：一曰進忠賢，二曰退姦邪，三曰納諫諍，四曰遠近習，五曰閉女謁，凡數百言。

初，之奇遊歐陽修之門，修主濮議，之奇盛稱之。及是以浮語彈修，考驗無實，出監道州税，改宣州，而之奇遂爲清議所非。新法行，爲福建路轉運判官，遷淮東路轉運副使。歲饑，募民興水利以食流民①，溉田九十餘頃[九]，如揚之天長三十六陂與宿之臨渙、横斜三溝，此其大者也。又爲江西、河北、陝西轉運副使。之奇在陝西，經賦入以給②用度，公私用足。比其去，庫緡八十餘萬，邊粟皆支二年。移淮南，擢江、淮、荆、浙等路發運副使。元豐六年，漕六百二十萬石至京師[一〇]。始建鑿泗州股渠，以避長、淮之險[一一]，自是無覆溺者。

哲宗立，除直龍圖閣，陞發運使[一二]。拜天章閣待制、知潭州，以御史有言，降集賢殿修撰、知廣州。賊岑探③攻陷新州，之奇遣鈐轄楊從先討平之。除寶文閣待制，再爲發運使，改河北都轉運使、知瀛州。拜户部侍郎，出知熙州。之奇在邊，務修守備，謹斥堠，嘗若寇至。終之奇去，羌不敢犯。

紹聖中，知開封府，擢龍圖閣直學士，拜翰林學士兼侍讀。諫官鄒浩以言事得罪，之奇折簡别之，責守汝州。未幾，知慶州。

①民：原作「冗」，據覆宋本、四庫本改。
②給：原作「紹」，據覆宋本、四庫本及《宋史》卷三四三《蔣之奇傳》改。
③探：繆校作「深」。

徽宗即位，復爲翰林學士，拜同知樞密院事，進知院事。沅州蠻擾邊，之奇請遣將討之，收其地爲徽、靖二①州。崇寧元年，除觀文殿學士、知杭州。俄奪職，以疾告歸，提舉靈仙觀。卒，年六十四〔一三〕。復觀文殿學士。之奇爲部使者十二任，六典會府，所至以治辦稱。有文集、雜著共百餘卷。

章楶字質夫，建州浦城人也。始以世父得象蔭爲將作監主簿，復舉進士甲科，知陳留縣，以最擢提舉荆湖北路刑獄，稍遷直龍圖閣、知慶州。

方是時，朝廷戒邊吏毋得外侵，乃更斥葭蘆、安疆等四砦予夏人，使歸我永樂之人。楶以謂：「古者諸侯有罪，貶爵削地，甚則六師移之。今既憚用兵，宜稍取其土疆，如古削地之制。彼雖猖獗，壤地褊小，不過一再舉而勢蹙力窘矣。」夏人將寇環慶，楶命驍將精兵，授以方略，又使人置毒於牛圈瀦水中。既而虜入，圍環州，其所遣將折可適潛師洪德城。虜過，識其母梁氏旗幟，鼓譟而出，斬千餘級。虜經牛圈，飲其水，人馬多死。

明年，除知同州。紹聖初，徙南京，改集賢殿修撰、知廣州，又知渭州。至即上言城瓠蘆河川，據形勝以窺夏國。乃以三月及熙河、秦鳳、環慶四路之師，出瓠蘆河川，築二城於石門峽江口好水河之陰。二旬有二日而畢，賜名平夏城、靈平砦。方興役，虜以其衆乘我師，大敗之。擢樞密直學士。既而環慶、鄜延、河東、熙河皆築城，夏人愕視不敢動，實自涇原始。

無何，夏國主與其母自將數十萬圍平夏，不能克。一夕遁去，戎母慙，剺面而還。除龍圖閣學士。夏國統軍嵬名阿埋、西壽監軍妹勒都逋皆勇悍善戰，楶遣折可適、郭成間以輕騎，夜直入其帳執之，盡俘其家，虜馘三千

①二：原作「一」，據覆宋本、四庫本及《宋史》本傳改。

餘，獲牛羊十萬，種羌震駭。進端明殿學士。

楶在涇原四年，凡置州一、城砦九。夏人自平夏之敗，不復能軍，屢請命乞朝貢，天子赦而聽之，乃爲寢兵。徽宗即位，徙知河南，入見，留提舉中太一宮，遂拜同知樞密院事。以老授資政殿學士、中太一宮使，未幾而卒〔一四〕。謚曰莊簡。

陸佃字農師，越州山陰人也。舉進士，稍遷集賢校理、崇政殿説書、同修起居注，拜中書舍人、給事中，遷吏部侍郎〔一五〕。

哲宗即位，修撰《神宗實録》。太常請復太廟牙盤食，博士呂希純、少卿趙令鑠皆以爲當復。佃言：「太廟用先王之禮，於用俎豆爲稱；景靈宫、原廟用時王之禮，於用牙盤爲稱，不可易也。」卒從佃議。請外，以龍圖閣待制知潁州，改鄧州。未幾，知江寧府。紹聖初，治《實録》事，坐落職知泰州，改海州，加集賢殿修撰、知蔡州。

徽宗即位，召爲吏部侍郎〔一六〕，修《哲宗實録》。遷尚書，拜尚書右丞。徽宗欲親祠北郊，大臣以爲盛暑不可，徽宗意甚確。既退，皆曰：「上不以爲勞，當遂行之。」李清臣不以爲然，佃曰：「元豐非合祭而是北郊，公之議也。今反以爲不可，何耶？」清臣乃已。御史中丞趙挺之以論事不當罰金，佃曰：「中丞不可罰，罰則不可爲中丞。」其後諫官陳瓘上書曾布，言其尊私史而壓宗廟。布怒，佃曰：「瓘書雖無取，不必深怒。若不能容，是成其名也。」

遷尚書左丞。佃執政，薦拔人材，多恬退者。時臺章多論元祐時人，佃曰：「姑以薄責一施之，然後詔更不窮治，如何？」布與章楶是其言。後數日，詔下，以中大夫知亳州。卒，年六十一〔一七〕。

佃著書二百四十二卷，多禮家、名數之說，如《埤雅①》《春秋後傳》《禮象》等，皆傳於世。

温益字禹弼，泉州人也。舉進士，稍遷大宗正丞，爲工部員外郎、諸王府記室參軍。出知福州，移潭州。入爲太常少卿，除給事中兼侍讀。於是左正言陳瓘論：「益守潭日，鄒浩貶新州，道其郡，投宿僧寺。益差兵卒逼浩登舟，使冒風濤夜度。范純仁、劉奉世、韓川、吕希純、吕陶皆貶湖南，並爲益所侵困。當時大臣以爲是，而天下以爲非。陛下以此察之，則益之爲人可知矣。今豈當爲給事中哉？」遂以龍圖閣待制知開封府，仍兼侍讀。時執政建言，上當爲哲宗期從兄弟之服。曾肇進讀《史記》，至堯崩三年之喪畢，因言：「堯、舜嘗同出黄帝，然世數已遠，舜且爲堯喪三年者，舜嘗臣堯故也。」益意附執政，乃進曰：「《史記》世次不足信。」肇以《史記》世次、《禮記·祭法》《大傳》②之說，與益質於上前，益語塞。是歲，遷吏部尚書。俄拜尚書右丞。崇寧初，遷中書侍郎。卒，年六十六〔一八〕。

益資詭譎，始以潛邸舊僚進，而阿附二蔡，持論不正，深爲物議所貶。

吴居厚字敦老，豫章人也。舉進士第。元豐初，爲提舉河北常平，又爲京東路轉運副使。即萊蕪、利國兩監官，自鼓鑄，贍足一路。一日，手詔謂：「今内外財計之臣，政績著驗，未有過居厚者。」即拜天章閣待制，陞③都轉運使。又請鑄大錢，以一當二，歲出二十萬緡，佐關陝兵食。神宗曰：「居厚於分職之外，恤及它路，非材智有

①埤雅：原作「捭雅」，據覆宋本、四庫本及《宋史》卷三四三《陸佃傳》改。
②大傳：原作「太博」，據覆宋本、四庫本及楊時《曾文昭公行述》（《楊龜山先生集》卷二九）改。
③陞：原作「陛」，據覆宋本、四庫本改。

餘不能爾。」居厚任職以辨①治聞，數被褒詔，然民不勝其怨也。

元祐初，朝廷稍更新法，以寬大爲政。於是御史言居厚苛刻，責散官，黃州安置，尋知廬州。紹聖初，知蘇州。居數月，以集賢殿修撰爲江、淮、荆、浙等路發運使，旋復舊職。疏支家河通漕，楚、海之間咸賴其利。召入爲户部侍郎，權尚書。滿二歲爲真，加龍圖閣學士、知開封府。修奉永泰陵，居厚爲橋道頓遞使，坐積雨滯留，出知和州。創將理院，致毉藥，使病者有歸，多所全活。後朝廷設坊安濟，大槩如居厚所建云。

復龍圖閣待制，爲陝西都轉運使。再尹開封，除户部尚書，拜尚書右丞，遷中書門下侍郎。大觀初，請老，以爲資政殿學士、東太一宫使。坐謬舉左遷端明殿學士、知亳州，提舉鴻慶宫。退居豫章，築室東湖之上。久之，起守本郡，徙帥河東。

過闕，留爲佑神觀使，復拜門下侍郎、知樞密院事。每從容於②徽宗言：「遹追先烈，在堅聖志。」又乞改重幣爲當三，以息貪夫盜鑄之患。時遼使至，居厚言於徽宗曰：「盟好不可違也，願益敦信誓，以安虜情。」徽宗嘉納焉。上書納政，以武康軍節度使知洪州。逾年卒〔一九〕，年七十九。贈開府儀同三司。

安惇字處厚，廣安軍人也。以上舍釋褐，爲雅州司户參軍、成都府教授，除監察御史。出爲利州路轉運判官，移夔州路，又爲荆湖北路轉運使，徙江東路。

紹聖初，召爲國子司業，改右司員外郎，權吏部侍郎，遷右諫議大夫。惇黨附章惇，而與蔡京比，遂同奏：

①辨：覆宋本、四庫本作「辦」。
②於：四庫本作「與」。

「元豐末，司馬光、劉摯、吕大防交通中人陳衍，於輔立之際，陰懷異志。」衍坐誅。

元符初，爲御史中丞。惇與蹇序辰看詳元祐訴理所公案，惇奏：「凡得罪於元豐之間，乞特出睿斷，以勸沮天下。」由是復施行者千餘人。又以文及甫與邢恕書授蔡渭，使訟司馬光、吕公著、劉摯、吕大防、梁燾、王巖叟、劉安世等害其父確，謀危宗社，奪其子孫恩澤，存者正反坐之法，投之嶺外。又奏：「元祐初，置訴理所，將熙、豐以來斷過刑名輒行奏雪，訕謗先朝，歸怨君父，其元看詳官劉摯、孫覺、胡宗愈、傅堯俞等，乞加罪，悉皆坐謫。」

徽宗召還鄒浩，惇乃言：「浩，先朝所棄，不可復用，國是所繫，不可輕改。」於是左正言陳瓘論其罪惡，以寶文閣待制知潭州，尋褫職。瓘復論訴理事，與序辰並除名，放歸田里。以郊赦復官，提舉太平觀，知滁州。召爲工部侍郎，既至，遷兵部尚書。崇寧二年，拜同知樞密院事。卒，年六十三〔三〇〕。贈特進。

惇有子郊、邦。郊嘗指斥乘輿，爲其族人所告，坐棄市。邦勒停，涪州編管。惇追貶單州團練副使。政和間，大臣建議恢復燕雲故地，惇有姪堯臣，上書論宦寺專命，交結權臣，共倡北伐之議，以謂：「燕雲之役興，則邊釁遂開；宦寺之權重，則皇綱不振。昔秦始皇之築長城，漢武帝之通西域，隋煬帝遼左之師，唐明皇幽薊之寇，其失如彼；周宣王之北伐玁狁，漢文帝之備守匈奴，元帝納賈捐之之議，光武斥臧宫、馬武之謀，其得如此。我太祖皇帝撥亂反正，躬擐甲胄，當時將相大臣，皆所與取天下，豈勇略智力不能下幽、燕兩州之殘寇哉？蓋以兩州之地，犬戎所必争，不忍吾赤子重困鋒鏑而已。章聖皇帝澶淵之役，以契丹來①寇，不得已而與之戰，戰而勝，乃聽其求和，遂與之盟，逡巡引兵而退，蓋亦欲固邦本而不忍困民力也。今者中外之人，咸謂童貫深結蔡京，同納燕人李良嗣以爲謀主，故建平燕之議。臣恐異時脣亡齒寒，邊境有可乘之釁，狼子蓄鋭伺隙，以逞其所大欲。

①來：原作「夾」，據覆宋本、四庫本及《三朝北盟會編》卷二、《宋史》卷三五一《鄭居中傳》改。

此臣所以日夜爲陛下寒心也。伏望思祖宗積累之艱難，鑒歷代君臣之得失，杜塞邊隙，矜守景德舊好，無使夷狄乘間窺我中國，上以安宗廟，下以慰生靈。」徽宗然之，命堯臣以官，而惇於是亦追復正奉大夫。

【箋證】

〔一〕知太常禮院：《長編》卷二七五、《宋史》卷三四三《林希傳》並作「同知太常禮院」，《事略》當脱「同」字。

〔二〕除著作佐郎遷禮部員外郎：《宋史》本傳作「遷著作佐郎、禮部郎中」。《長編》卷三三四元豐六年四月丁未載「權禮部侍郎王克臣罰銅八斤，郎中林希、員外郎王子韶各十斤」，又甲子條載「禮部郎中林希上《兩朝寶訓》，賜銀、絹二百」。

〔三〕修神宗國史兼侍讀：《宋史》本傳作「修《神宗實録》兼侍讀」。

〔四〕壞了名節矣：《續通志》卷三五八《林希傳》校記：「伏讀《通鑑輯覽》御批：唐、宋儒臣草制，或溢美以市諛，或醜詆以洩忿，或且公受餽遺，謂之潤筆。褻王言而辱國體，莫此爲甚。如林希之肆行誣詆，敢於陰斥宣仁，則又小人無忌憚之尤。要之，所以致此，當時爲人君者不能辭其責。」

〔五〕卒年六十七：《宋史》本傳：「徽宗立，徙大名。……未幾卒，年六十七。」《宋會要輯稿》儀制一一之五載「資政殿學士、通議大夫林希，（建中靖國元年）四月贈銀青光禄大夫」。

〔六〕試六論秘閣及射策報聞：《宋史》卷三四三《蔣之奇傳》：「試六論中選，及對策，失書問目，報罷。」《事略》所載不及《宋史》明晰。「報聞」，《名賢氏族言行類稿》卷三九引作「報罷」。

〔七〕除監察御史：《宋史》本傳作「英宗覽而善之，擢監察御史」。《長編》卷二〇七治平三年三月甲子「太常博士蔣之奇爲監察御史裏行」。疑《事略》及《宋史》並脱「裏行」二字。

〔八〕英宗立爲殿中侍御史：《宋史》本傳作「神宗立，轉殿中侍御史」，是。蔣之奇在英宗治平三年已爲監察御史裏行，「英宗立」當爲「神宗立」之誤。

〔九〕溉田九十餘頃：《宋史》本傳作「溉田九千頃」。

〔一〇〕漕六百二十萬石至京師：《宋史》本傳作「漕粟至京，比常歲溢六百二十萬石」。《長編》卷三三五載：「每年總般江、淮、荆、浙六路上供年額六百二十萬石。」卷三三六元豐六年閏六月乙未載：「賜江淮等路發運副使蔣之奇紫章服。運司歲漕穀六百二十萬石，之奇領漕事，以五月至京師，於是入覲。」卷三四七元豐七年七月辛酉載：「權發遣江淮等路發運副使蔣之奇直龍圖閣。之奇歲漕計復以六月辦，奏計京師，故有是命。」蓋以按期辦足漕計，不及溢額事。《宋史》本傳言「比常歲溢六百二十萬石」，似不確。

〔一一〕始建鑿泗州股渠以避長淮之險：《宋史》本傳作「請鑿龜山左肘至洪澤爲新河，以避淮險」，與《事略》稍異。考《長編》卷三四四元豐七年三月乙卯載之奇等以「開龜山運河」遷官，注云：「開龜山河在六年十一月二十八日，《神宗寶訓・議河渠篇》：『七年，江淮發運副使蔣之奇請鑿泗州龜山左肋至洪澤五十七里爲新河，以避長、淮之險。二月，以成功聞。』」則《事略》所載不誤。

〔一二〕哲宗立除直龍圖閣陞發運使：《宋史》本傳「加直龍圖閣，升發運使」在元豐七年三月「詔增二秩」後。考《長編》卷三四四元豐七年三月乙卯「各遷兩官」注引《神宗寶訓・議河渠篇》並考證云：「之奇除直龍圖閣、陞發運使在哲宗即位後，本傳可考，《寶訓》誤也。」然《長編》卷三四七載「權發遣江淮等路發運副使蔣之奇直龍圖閣」在元豐七年七月辛酉，而不載「陞發運使」在何時，俟考。

〔一三〕卒年六十四：《宋史》本傳：「（崇寧）三年卒，年七十四。」

〔一四〕未幾而卒：黄錦君《章楶年譜》（《宋人年譜叢刊》第四册）：崇寧元年七月卒，年七十六。

〔一五〕遷吏部侍郎：《宋史》卷三四三《陸佃傳》「遷吏部侍郎」在哲宗立以後，與《事略》異。據《長編》卷三六二給事中陸佃爲吏部侍郎在元豐八年十二月甲戌，在哲宗即位後，《事略》誤。

〔一六〕召爲吏部侍郎：《宋史》卷三四三《陸佃傳》作「召爲禮部侍郎」。考《長編》卷五二〇載「知蔡州陸佃爲吏部侍郎」在元符三年正月乙未(二十八日),時徽宗已即位。又《宋會要輯稿》禮一五之五二亦載「吏部侍郎陸佃、黄裳」等同奏事,疑《宋史》誤。

〔一七〕卒年六十一:《歷代名人生卒録》卷四:「陸佃,崇寧元年卒,年六十一。」

〔一八〕卒年六十六:《宋會要輯稿》禮四一之四三載「門下侍郎温益」卒於崇寧二年正月,《宋史》卷一九《徽宗紀一》載崇寧二年正月「壬辰,温益卒」。

〔一九〕逾年卒:《宋史》卷三四三《吴居厚傳》:「政和三年,以武康軍節度使知洪州。卒,年七十九。」葛勝仲《樞密吴公墓誌銘》(《丹陽集》卷一二):「政和三年正月,……拜武康軍節度使,知洪州。……公涖鎮逾年,……七月辛巳,以公薨聞。」《宋會要輯稿》儀制一一之二〇亦載「武康軍節度使吴居厚,(政和)四年七月贈開府儀同三司」。《宋史》繫「卒年七十九」於政和三年知洪州後,易滋誤解。

〔二〇〕卒年六十三:《宋宰輔編年録》卷一一:「在樞府凡二年,三年十二月戊午,卒於位。」

東都事略卷第九十八

列傳八十一

鄧綰字文約，成都雙流人也。幼力學，溢於文詞。舉進士，爲禮部第一，稍遷職方員外郎、通判寧州。時王安石得君專政，綰上書曰：「陛下得伊、吕之佐，作苗①、役之法，百姓無不鼓舞聖澤。以臣所見寧州觀之，知一路皆然矣；以一路觀之，知天下皆然矣。」安石大喜，即召綰使陳邊事。綰見安石，欣然如舊交。後數日，屬安石致齋，陳升之、馮京以綰知寧州。綰曰：「我復還知寧州乎？」及明日，除集賢校理。自綰至京師，蜀人在朝者莫不笑罵。綰曰：「笑罵從汝，好官須我爲之。」

未幾，知諫院，遷兵部員外郎兼侍御史知雜事、判司農寺。於是常平、免役、水利、保甲之政，皆自司農放矣。擢龍圖閣待制，權御史中丞。遼人來争河東地界，綰論：「虜人懷姦生事，輒肆窺測。去冬聚兵累月，逡巡自罷，其情僞深淺，不爲難見。不過固②護疆土，貪惜金帛，爲堅久盟約之計耳。今日戎狄慢侮，若禦之以堅强③，則不失二國之平。平則彼不我疑，而我得以遠慮。若先之以畏屈，則大爲中國之恥。恥則彼不我信，而或將力

①苗：原作「苗」，據覆宋本及《宋史》卷三二九《鄧綰傳》改。
②固：朱校本同，覆宋本、四庫本作「因」。
③强：原作「疆」，據覆宋本、四庫本及《宋史》本傳改。

争。」神宗謂①執政曰：「王赫斯怒，此乃怒出不意，非若忿速之人見侮而怒也。」

前此出錢免役，時吕惠卿請立告緡②，使自陳其貲，謂之手實。綰曰：「凡民所以養生之具，日用而家有之。今欲盡數供析出錢，則家家有告訐之憂，人人有隱落之罪，無所措手足矣。行商坐賈，通貨殖財，四民之益也。其有無交易，不過服食、器用、粟米、財蓄、絲麻、布帛之類，或春有之而夏已折閲，或秋居之而冬已散亡，則公家簿書，如何拘轄？隱落之罪，安得不犯？徒使嚚訟者起利報怨，而公相告訐；畏怯者守死忍餓，而不敢爲生。」神宗是其言，詔：「東南推行手實簿法，公私煩擾，其罷之。」

王安石復相，綰乃言吕惠卿借富民錢買田産，故惠卿出知陳州。又言章惇穢③行，而惇亦罷知湖州。遷翰林學士，仍爲中丞。初，綰以附王安石居言職，及安石罷，復附吕惠卿。至是安石與惠卿相仇，綰復主安石，凡惠卿之黨極力奏劾之。綰懼安石去而失勢，屢請留之，其言無所顧忌。神宗怒，欲絀綰，而安石亦懼，乃言：「臣昨聞鄧綰嘗爲臣子弟營官，及薦臣子壻可用，又爲臣求賜第宅。綰爲國司直，而乃與宰臣乞恩澤，極傷國體。兼綰近舉御史二人，其一人彭汝礪者，與練亨甫相失。綰聽亨甫④遊説，故別舉官。審如所聞，即豈可在論思之地，而亨甫亦不當備宰屬矣。」於是神宗謂綰操心頗僻，賦性姦回，論事薦人不循分守，遂罷中丞，知虢州。而亨甫亦罷。尋除龍圖閣待制，以言者改集賢院學士、知河陽。數月，復待制，知荆南，又知陳、陝、青三州。

哲宗即位，除龍圖閣直學士、知鄧州，徙揚州。復以言者論其姦回，改滁州。未行，卒，年五十九〔二〕。子洵

①謂：原作「爲」，據朱校本、四庫本改。
②緡：朱校本作「給」。
③穢：朱校本作「横」。
④亨甫：覆宋本、四庫本作「享甫」，誤。錢校：「亨甫名，上下文屢見。此獨剜改作『享』，謬。」

仁、洵武。洵仁，徽宗朝爲尚書右丞。

洵武字子常，舉進士，爲汝陽簿。哲宗召對，爲秘書省正字，遷校書郎，擢起居舍人。徽宗即位，爲起居郎。時韓忠彦、曾布爲相，洵武因對言：「陛下乃先帝之子，今宰相韓忠彦乃琦之子。先帝行新法以利民，琦嘗論其非。今忠彦爲相，將先帝之法更張之，是忠彦爲韓琦子能繼父志，陛下爲先帝子不能繼父志也。陛下必欲繼志述事，非用蔡京不可。」又進《愛莫助之》之圖，其説以爲：「陛下方紹述先志，羣臣無助之者。」其圖如司馬光年表[二]，列爲旁通，分爲左右。自宰相、執政、侍從、臺諫、郎官、館閣、學官，分而爲七。左曰元豐，右曰元祐。左序助紹述者，以温益爲首，其餘不過三四人。右序舉朝輔相、公卿、百執事皆在焉，多至百餘人。又於左序别書一人姓名於宰相下而掩之，徽宗視之，則京也。徽宗謂布曰：「洵武言非相蔡京不可，然與卿不同，奈何？」布曰：「洵武所陳，既與臣不同，乞不與議。」徽宗以付温益，益欣然奉行，乞籍記異論之人。於是徽宗決意用京矣。

召試中書舍人，遷給事中兼侍講，進吏部侍郎。神宗更定官制，獨選人官稱尚未是正。洵武上疏曰：「神宗稽古創法，厘正官名，使省、臺、寺、監之官，實典職事，領空名者，一切罷去，而易之以階。因而制禄命出之日，官號法制鼎新於上，而彝倫庶政攸敘於下。今吏部選人，自節察、判官至簿、尉凡七等，先帝嘗欲以階寄禄而未暇。願造爲新名，因而寄禄，使一代條法，粲然大備。」徽宗從其言。

遷户部尚書，移刑部。又請：「初出官人兼用刑法試，俾知爲吏之方；未經任人毋得任司理，以重犴獄之寄；六曹人毋得用他司酬獎，以杜僥覬之門。」皆著爲令。拜尚書右丞，遷左丞、中書侍郎。妖人張懷素獄興，洵武妻吴氏，侔之兄弟也，坐出知隨州。提舉明道宮，復端明殿學士、知亳州，再領明道宮，知河南府，進資政殿學士。召爲中太一宮使，拜觀文殿學士、大名尹。入爲佑神觀使兼侍讀，除保大軍節度使。

政和六年，拜知樞密院事。五谿蠻擾邊，即仿陝西弓箭手之制，募並邊之民習知溪洞之險易者，爲弓①弩手，置提舉官，教以戰陣，勸以耕牧，得勝兵幾萬人。分荆湖北路爲鼎澧路，置都鈐轄司於鼎州以鎮撫之。遷特進。宣和元年，拜少保，封莘國公。

洵武之在右府也，蔡京謀取燕雲。洵武以謂：「盟好百年，其可一朝棄之？」議遂寢。後契丹衰，王黼復建燕雲之議，而洵武已没②矣。卒時年五十六〔三〕。贈太傅，謚曰文簡。子雍。

蹇周輔字磻翁〔四〕，成都雙流人也。晚中特奏名，復中進士，調知宜賓縣，又知石門縣，通判安肅軍。入爲御史臺推直，言鞫獄有勞，擢開封府推官，出爲淮南轉運副使。羣偷嘯聚閩中，改使福建，俾護諸將以討之。廖恩請命，閩遂無事。

元豐初，循唐制，歸百司獄於大理寺，首以周輔爲少卿。遷三司度支副使，加集賢殿修撰，爲河北都轉運使，除寶文閣待制。召爲户部侍郎、知開封府。事多不決，數月，改授刑部侍郎。先是，周輔請運廣鹽數百萬〔五〕，代淮鹽均賣於湖南。周輔坐抑勒騷擾，罷知和州，徙廬州。卒，年七十六〔六〕。

周輔强學，善屬文。神宗嘗命周輔答高麗書，屢稱善。然世論其爲人，深文刻覈也。子序辰。

---

①弓：覆宋本、四庫本作「刀」。

②没：四庫本作「殁」。

序辰字授之，舉進士。元豐中，爲諫官。紹聖中，爲起居郎、中書舍人，權禮部尚書。與安惇看詳訴理事。及徽宗即位，言事者論其惡，與惇並除名勒停，放歸田里，語在《惇傳》[七]。起知蘄州，尋爲户部侍郎。

蔡京爲相，以序辰爲翰林學士，遷承旨。有言其在先帝諒闇①以音樂自娱者，由是黜知汝州。後復龍圖閣待制、知蘇州，坐縱部民盜鑄，貶單州團練副使、江州安置，移永州。會赦，復官而卒。

序辰亦有文，善附會，然深文刻覈，亦似其父云。

李定字資深，揚州人也。幼受學於王安石。擢進士第，爲定遠尉、秀州軍事判官。召對便殿，改太子中允，除監察御史裏行。於是宋敏求、蘇頌、李大臨皆言選人未有除御史者，不草制，三舍人悉坐免。而言事者亦論定嘗匿所生母服，不可備言職。詔御史臺與决，謂宜解官申心喪。而定親戚隣人稱：「定，仇氏所生，仇氏亡日，未嘗解官持心②喪，止以父年八十九，乞在家侍養。」御史林旦、薛昌朝皆力言之，改崇政殿説書，辭不就。除集賢校理、檢正中書吏房公事。

久之，遷太常丞，直舍人院，以集賢殿修撰知明州。召拜右正言、寶文閣待制、知諫院，遷右諫議大夫，權御史中丞。定與同時御史舒亶、何正臣劾蘇軾知湖州以表謝上，摘其語以爲侮慢，因論軾自熙寧以來，作爲文章，怨謗君父，交通戚里。神宗命送御史獄，軾謫黄州。方定自鞫軾獄，勢不可尚③。一日，於崇政殿門外語同列曰：「蘇軾乃奇才也。」俱不敢對。又曰：「軾前二十年所作文章，引援經、史，隨問即答，無一字之差，真天下奇

①闇：朱校本作「陰」。
②心：原空，據覆宋本、四庫本補。
③尚：《宋史》卷三二九《李定傳》作「回」。

才也！」嘆息久之。

時彗出東方，求直言。術者謂有兵變，神宗命宦者察衛士飲食。定言：「一飲食不足以示恩，適動小人之心。」遂罷之。因復有議廢明堂祀者，神宗以訪定，定曰：「三歲一郊或明堂，祖宗以來，未之有改。不知誰爲此言，願得劾其謬妄。」神宗曰：「聽卿言足矣。」遷翰林學士。以論事失實，罷知河陽。留守南京，召爲户部侍郎。哲宗立，以龍圖閣直學士知青州，移江寧府。王巖叟言定不持所生母仇氏服，乞行竄殛，責授少府少監、分司南京。卒，年六十〔八〕。紹聖初，悉復故官職云。

舒亶字信道，明州慈溪人也。擢進士，調臨海尉。民有使酒逐其叔母者〔九〕，亶命執之，不服，即斬之，投劾去。

王安石當國，聞而奇之，用爲審官院主簿。熙河路分畫疆界，命亶馳往。於時洮、隴新喋血，亶即日引道，至則示以朝廷威信。夷人以肉置刀頭啖亶，亶以口承之，衆皆歡呼。使還，提舉兩浙常平，召爲太子中允、御史裹行。

太學官受賂事聞，神宗不悦，亶奉詔驗治，窮盡黨與，加集賢校理。與李定、何正臣交論蘇軾作爲歌詩，譏訕時事，軾坐貶黄州。尋修起居注、知諫院，擢御史知雜。上言：「郡邑不治，監司得以按劾。至中都官不治，而御史顧不得行法。誠使御史如監司，人知所畏矣。」於是置六察官。

朝廷推行新法，亶言役法不均，責在提舉官。神宗曰：「提舉官未可責也。近臣僚有自陝右來者，欲盡蠲免中下之民，朕謂不然。且中下之民多，而上户少，若中下盡免而取足上户，則不均甚矣。朝廷立法，但欲均爾。卿更可講求以聞。」

遷給事中、直學士院，拜御史中丞。上疏論：「尚書省凡奏鈔法，當置籍録其事目。今違法不録，既案奏，乃謾以發歷爲録目之籍。」亶以爲大臣欺罔。而尚書省取御史臺受事簿，亦無録目，亦奏亶爲欺罔。又劾奏亶直學士院日，違法請廚錢，臺官朋蔽不言，請付吏。事下大理，獄具，當坐臧①追兩官勒停。哲宗即位，授保康軍節度副使。至徽宗即位，起知無爲軍，復以言者罷。久之，知南康軍〔一〇〕。崇寧初，辰州蠻叛，以直龍圖閣知荊南府。亶選形勢，得飛山福純坡，建新城，爲控扼之要。以功除龍圖閣待制。卒，年六十三〔一一〕。

【箋證】

〔一〕未行卒年五十九：《宋史》卷三二九《鄧綰傳》作「元祐初，徙揚州，言者論其姦，改滁州，未去鄧而卒，年五十九」。《長編》卷三七四元祐元年四月辛卯「龍圖閣直學士、知鄧州鄧綰知揚州」，戊申「三省樞密院言鄧綰近責降滁州」（卷三七六），則鄧綰蓋卒於元祐元年。

〔二〕其圖如司馬光年表：《宋史》卷三二九《鄧綰傳》附《洵武傳》作「其圖如《史記》年表」，《宋宰輔編年録》卷一一作「其圖如司馬遷年表例」，則《事略》「司馬光」當爲「司馬遷」之誤。

〔三〕卒時年五十六：《宋史》本傳：「宣和元年薨，年六十五。」本書卷一一《徽宗紀》、《宋史》卷二二《徽宗紀四》載：「（宣和）三年春正月壬寅，鄧洵武卒。」舒仁輝《〈東都事略〉與〈宋史〉比較研究》第二四三頁認爲《宋史》本傳「元年」爲「三年」之誤，「《事略》載卒年『五十六』，乃『六十五』之誤」，是。

〔四〕字磻翁：《宋史新編》卷一〇八、《弘簡録》卷一四九、《宋元學案》卷九八、《蹇周輔傳》等作「字嶓翁」。

①臧：覆宋本、四庫本作「贜」。錢校：「舊鈔本作『臧』，説見前。」

〔五〕周輔請運廣鹽數百萬：《宋史》卷三二九《蹇周輔傳》作「周輔始請運廣鹽數百萬石」，較《事略》多「石」，是。

〔六〕卒年七十六：《宋史》本傳作「卒，年六十六」。《長編》卷四一五元祐三年九月「癸丑，朝請大夫、知廬州蹇周輔卒」。

〔七〕語在惇傳：《安惇傳》，見本書卷九七。

〔八〕卒年六十：《宋史》卷三二九《李定傳》：「元祐二年卒。」《長編》卷四〇四元祐二年八月戊戌「責授朝請大夫、少府少監、分司南京李定卒」。

〔九〕民有使酒逐其叔母者：「叔母」，《宋史》卷三二九《舒亶傳》作「後母」。《輿地紀勝》卷一一作「民有使酒逐其叔之妻」，則《事略》作「叔母」是。

〔一〇〕久之知南康軍：《宋史》本傳：「崇寧初，知南康軍。」《寶慶四明志》卷八載：「崇寧元年正月，起知南康軍。時方開邊，蠻寇擾辰。七月，除亶直龍圖閣、知荆南府、荆湖北路都鈐轄。」《事略》載「知南康軍」於「崇寧初」之前，不確。

〔一一〕卒年六十三：《宋史》本傳：「明年（崇寧二年）卒，贈直學士。」《宋會要輯稿》禮一一之一三載：「奉議郎、龍圖待制舒亶，崇寧二年三月，贈龍圖閣學士。」《寶慶四明志》卷八載：「（崇寧）二年，朝廷遣使撫問，除龍圖閣待制，卒於軍，年六十三，贈龍圖閣學士。」《宋史》「贈直學士」似當作「贈龍圖閣學士」。

東都事略卷第九十九

列傳八十二

邢恕字和叔，鄭州原武人也〔一〕。少俊邁多學，能文章，喜功名富貴，謀大而術疏，論古今天下事，多戰國縱①横之説。從程頤學，中進士甲科，調永安簿。頤稱其才於吕公著，薦崇文院校書。

王安石行新法，恕謂其子雱曰：「更法，人皆以爲不然，子盍言之？」安石怒，出知崇德縣〔二〕。恕於是謝病不仕者七年。元豐初，爲館閣校勘，改校書郎，遷著作佐郎，又遷職方員外郎。

哲宗即位，除右司員外郎，起居舍人。恕教高公繪上書，乞尊禮太妃，爲高氏異日之福。宣仁后呼公繪問：「誰爲汝作此書？」公繪不敢隱，乃曰：「起居舍人邢恕作也。」時恕已召試中書舍人，爲言者論列，出知隨州，改汝州，尋復直龍圖閣、知襄州，移河陽。俄以集賢殿修撰知滄州。

初，神宗升遐，恕爲蔡確畫謀，妄作策立之功，以謗宣仁后，見《蔡確傳》〔三〕。至是，諫官梁燾、劉安世、吴安詩皆言恕與蔡確、章惇、黄履交結，人以「四凶」目之，遂謫監永州酒。

紹聖初，除直龍圖閣、知徐州，遷寶文閣待制、知青州，入爲刑部侍郎，權吏部尚書、御史中丞。恕言劉奉世

①縱：原作「從」，同「縱」，據覆宋本、四庫本及本卷《楊畏傳》「畏頗爲縱横學」改。

當元祐間，與劉摯①爲謀主，傾害策立大臣，奉世坐貶。又言張舜民歷御史、宰屬，不聞正論，而舜民被黜。恕每上殿奏事，移時不下，章惇疑之，出其元祐初謫隨州時上宣仁后自辨書，稱宣仁后功德，有「宗廟大計，旬日之前固已先定」之語，遂出知應天府，責知南安軍。復龍圖閣待制、知定州，改荆南。言者論：「恕昨自謂，聞司馬光所説北齊宣訓事，謂光等有凶悖之意，遂以其語告於章惇，而光及范祖禹等緣此貶竄，又以文及甫私書達於蔡確妻明氏，謂劉摯、梁燾、王巖叟皆有姦謀，而摯等幾至覆族。恕反覆詭詐之人也。」遂落職分司西京、均州居住。

起知隨州，復龍圖閣待制，歷鄭、定、渭三州，除龍圖閣學士，徙太原。坐知渭州日西人入寇，落職知虢州，移汝州。俄復顯謨閣待制、知鄭州，提舉崇福宮，以中大夫致仕〔四〕。

初，蔡京爲相，以恕氣豪不可與時輩同立朝，連用爲邊帥，欲使自外循至將相，然亦不諧也。恕病且死，尚與章惇爭定策功云。子居實，字敦夫，有文，早夭。

倞亦恕子也。爲人寡學識，而好説②似之。斡离不兵犯京師也，欽宗與之割地以和，申盟而去。斡离不既還，而黏罕尚留隆德，遣使來求賂。時大臣有輕敵之意，猥曰：「今勤王之師踵至，當與虜抗。且彼既領肅王過河，吾盍留其使與之相當。」於是館其使逾月不遣。倞時以司農少卿爲館伴，有都管趙倫者，燕人，懼不得歸，乃詐以情告倞曰：「金國有余覩金吾者，貳於金人，願歸大國，可結之以圖二酋。」倞自以爲出奇計，遂以聞於朝。

①劉摯：原作「劉摯」，據覆宋本及《宋史》卷四七一《邢恕傳》改。下同改。
②好説：覆宋本、四庫本作「奸詭」。錢校：「舊鈔本作『好説』，即上文所謂『多戰國縱横之説』也。校者以意剜改，並不成字。」

大臣信之，即以詔書授倫，賜余覩書納衣領中，仍厚賜倫金帛。倫至黏罕所，首以其書獻之。黏罕大怒，以倫書表聞其主，遂復提兵南下。於時倞出知岳州，朝廷以倞始禍，除名勒停。

臣稱曰：邢恕始以持論有守，坐廢七年，天下高其風。然其爲人貪功名，反覆不靖者也，與蔡確、章惇徼幸大①功，不爲世所容。及惇用事，復與之膠固爲一，凶德參會，以濟其說，故雖謗及君親而不恤也。烏虖！所謂交亂四國者與？利口覆邦家者與？迹其所爲，則漢之江充、息夫躬，唐之李訓、鄭注之流，異世而同轍矣。

楊畏字子安，其先遂寧人也，徙居洛陽。幼孤自立，好學問，事母孝。舉進士，爲成紀簿，以文受知於吕惠卿，除鄆州教授。自是敬王安石之學，以爲得聖人之意。除西京國子監教授，爲御史裏行。初對，陳治道，論風俗。時有御史中丞出爲郡太守，而監司薦之，畏言：「侍從賢否，上所素知，而監司乃敢妄薦，蓋爲異日地耳。乞戒其覬望。」改宗正丞，除提點夔州路刑獄。

請祠歸洛，時元祐初也。畏過計恐得罪於司馬光，嘗曰：「畏官夔峽，雖深山夷獠之民，聞用司馬公，皆相賀，其盛德如此。」至光薨，畏復曰：「司馬光若知道，便是臯、夔、稷、契；以不知道，故於政事未盡也。」吕大防、劉摯爲相，俱與畏善，用畏爲工部員外郎，除監察御史，遷殿中侍御史。畏助大防攻摯，論其立朋黨，條奏十事。摯罷，蘇頌爲相，畏復攻頌，出之。畏連攻二相，意欲門下侍郎蘇轍爲相，而宣仁后復自外召拜范純仁爲右

①大：覆宋本、四庫本作「天」。

僕射。畏又言純仁不可用，不報。知朝廷不相轍矣，復上章言蘇轍不可大用，其反覆如此。

遷侍御史，畏言事之未治者有四：夷狄、河事、役法、內外官政。時有①旨令兩省官舉臺官，畏言：「御史與宰執，最爲相關之地。宰相既不自差，而使其屬舉之，可乎？」太常博士朱彦以議皇地示祭不同，自列乞罷。畏言：「彦據經論理，若彦罷出，恐自是人務觀望，不敢以守官爲義。」

宣仁后崩，吕大防欲用畏爲諫議大夫，范純仁以畏非端士，不可。大防乃遷畏禮部侍郎。大防爲山陵使，畏首背大防，稱述熙寧、元豐政事與王安石學術，哲宗信之。大防罷，章惇入相，畏陰結之，謂惇曰：「前日度勢力之輕重，遂因吕大防、蘇轍以逐劉摯、梁燾輩。方欲逐吕、蘇，二人覺，罷畏言職。迹雖元祐，心在熙、豐。」惇以畏爲吏部侍郎。畏見中書侍郎李清臣、知樞密院安燾與惇不合，勢相敵，復陰附安、李，惇覺其情。又曾布、蔡卞言畏平日所爲於惇，遂以寶文閣待制出知真定府，尋落職知虢州，入元祐黨。

後知郢州，復集賢殿修撰、知襄州，移荆南，提舉洞霄宮，居於洛。未幾，知鄧州，再丐祠，以言者論列落職，主管崇禧觀。蔡京爲相，畏遣子姪見京，以元祐末論蘇轍不可大用等章自明。河南尹薛昂，京之黨也，畏因昂深②言於京，遂出黨籍。尋復寶文閣待制。政和二年，洛之士民詣闕，請封禪中嶽，畏上疏累千餘言，極其諛佞。方治行，亟得疾以卒[五]，年六十九。

畏頗爲縱横學，有才辯而多捭闔，以元豐時進用、元祐時從官、紹聖時遷職，人謂之「三變」。與邢恕善，恕術疏，畏謀深，皆以好進喪失名節云。

①有：朱校本、四庫本同，覆宋本作「存」，誤。
②深：繆校及《宋史》卷三五五《楊畏傳》作「致」。

來之邵字祖德，開封咸平人也。舉進士，調潞州司理參軍。元豐中，爲大理評事，除監察御史。黄履爲中丞，言之邵嘗雇雜户女爲婢〔六〕，左遷將作監丞。

哲宗即位，遷太府丞，爲秦鳳路提舉常平、利州成都府路轉運判官，入爲開封府推官，復監察御史，遷殿中侍御史。之邵論蘇頌稽留賈易知蘇州之命，又論梁燾緣劉摯親黨致位丞弼，又論范純仁不可復相，乞進用章惇、安燾、吕惠卿。

宣仁祔廟，之邵請先逐吕大防而相章惇，其他彈擊爲多。擢侍御史，除刑部侍郎。諫官張商英論之邵與潁昌民蓋漸訟財産事，以直龍圖閣知蔡州。卒，年四十八。

之邵炎凉附執①，論事出於觀望，指忠直爲姦回，以黨章惇云。蔡京爲相，特贈之邵太中大夫。

上官均字彦衡，邵武軍人也。由進士爲北京留守推官、國子監直講。元豐中，擢監察御史裏行。相州富人子殺人，讞獄疑於審刑、大理，京師流言法官竇莘等受賕。知制誥蔡確引猜險吏、法官數十人〔七〕，窮訴慘酷，無敢明其冤。均上疏「乞以獄事詔臣等參治」，坐是謫知光澤縣。莘等卒無受賕之實，天下服其持平。秩滿，監進奏院。

哲宗即位，擢開封府推官。元祐初，再除監察御史，言：「青苗之法，有惠民之名，而無惠民之實；有目前之利，而爲終歲之患。願復常平糴糶之法，而罷青苗。」蔡確弟碩盜貸官錢以萬計，獄既上，均論確爲宰相，挾邪撓法，當顯正其罪，以厲百官。又言：「李清臣備位輔佐，俛首隨和，碌碌固寵，願賜罷免。」遂罷政。監察御史

①執：「勢」古字，四庫本改作「勢」。

張舜民論邊事，因及宰相文彦博，而舜民左遷。均言：「風憲之任許風聞，所以廣耳目也。舜民之言是，當行之；其言非，當容之。願復舜民職任。」既而臺諫約再論，均謂事小不當再論。既而臺諫悉補外，而均遷殿中侍御史。

西戎自永樂之戰，怙勝氣驕，欲復故地。朝廷用趙卨計棄四砦，至是又請蘭州砦地。均上疏曰：「先王之御夷狄，知威之不可獨立，故假惠以濟威；知惠之不可獨行，故須威以行惠。然後夷狄且懷且畏，無怨望輕侮之心。今西夏所争蘭州砦地，皆控扼要路，若輕以予之，恐戎人擣虚，熙河數郡孤立難守。若繼請熙河故地，將何詞以拒之？是傅虎以翼，借寇以兵，不惟無益，祇足爲患。不如治兵積穀，畫地而守，使戎人曉然知朝廷之意也。」

當是時，傅堯俞爲中書侍郎，許將爲右丞，韓忠彦爲同知樞密院，三人者論事多同異，俱求罷。均言：「大臣之任，同國休戚，廟堂之上，當務協諧以治天下，使中外之人泯然不知有同異之迹。若悻悻然辨論，不顧事體，何以觀視百僚？堯俞等雖有辨論之失，然事皆緣公，無顯惡大過，望令就職，務爲協和，歸於至當。」詔堯俞等就職。御史中丞蘇轍等尚以爲言，均上疏曰：「進退大臣當，則天下服陛下之明，而大臣得以安其位；進退不當，則累陛下之哲，而言者自此得以朋黨，合謀並力，以傾摇大臣。天下之事，以是非爲主。所論若當，雖異不害其爲善；所論若非，雖同未免爲不善。今堯俞等但不能協和，實無大過，而蘇轍以許將當時已定議，既而背同列之議，獨上論奏。臣以爲善則順之，惡則正之，豈在每事唯命，遂非不改，然後爲忠耶？將舍同列之議，上奉聖旨，是能將順其美，不當反以爲過惡也。若使不忠，雖與同列協和，是乃姦臣耳，非朝廷之利也。」將罷，均又言：「吕大防堅强自任，每有差除，同列不敢異，唯許將時有異同。轍素與大防相善，盡力排將，期於必勝。臣恐綱紀法令，自此敗壞矣。」因論：「御史，耳目之任；中丞，風憲之長。轍當公是公非，别白善惡，而不當妄言也。」遂乞罷，出知廣德軍，改提點河北東路刑獄。

紹聖初，召還，除右正言〔八〕。是時吕大防已罷政，均論大防、蘇轍等六罪，大防、轍等並再黜。宰相章惇欲更政事，專黜陟之柄，陰去異己，出吏部尚書彭汝礪知成都府，而召朱服爲中書舍人。均言汝礪不可黜，而服不可用。惇怒，出均爲京東西路提點刑獄，徙淮東，遷梓州路轉運副使，移淮南，知越州。

徽宗即位，以秘書少監召還，遷起居郎，拜中書舍人、同修國史，遷給事中。時宰相欲盡循熙、豐法度，爲紹述以風均。均曰：「法度惟是之從，無彼此之辨。」由是不協，以龍圖閣待制知永興軍，徙襄州。與元祐黨籍，奪職，主管崇禧觀。復集賢院修撰、提舉洞霄宫。久之，復龍圖閣待制，致仕。卒，年七十八。

董敦逸字夢授，吉州永豐人也。舉進士，調連州司理參軍。

元祐中，爲廣南西路轉運判官，除監察御史。與同時御史黄慶基言：「蘇軾爲中書舍人日，於制誥中指斥先帝時事，而弟轍與軾相爲表裏，以紊朝政。」於是吕大防、蘇轍奏曰：「敦逸、慶基言軾所撰制詞，以爲謗毁先帝。臣竊觀先帝聖意，本欲富國强兵以鞭撻四夷，而一時羣臣將順太過，故事或失當。及太皇太后與皇帝臨御，因民所欲，隨事救改，蓋事理當然耳。昔漢武帝好用兵，重斂傷民，昭帝嗣位，博采衆議，多行寢罷；明帝尚察，屢興慘獄，章帝改之以寬厚，天下悦服，未有以爲謗毁先帝者也。至如本朝，真宗即位，弛放逋欠以厚民財；仁宗即位，罷修宫觀以息民力。凡此皆因時施宜，以補助先朝闕政，亦未嘗聞當時士大夫有以爲謗毁先帝者也。此惟元祐以來，言事官用此以中傷士人，兼欲動摇朝廷，意極不善。」轍復奏曰：「臣昨日取兄軾所撰《吕惠卿告①》

①告：覆宋本、四庫本作「誥」。

觀之，其言及先帝者，有曰：『始以帝堯之仁，姑試伯鯀；終然孔子之聖，不信宰予。』兄軾亦豈是謗毁先帝者耶？臣聞先帝末年，亦自深悔已行之事，但未暇改耳。元祐改更，蓋追述先帝美意而已。」太皇太后曰：「先帝追悔往事，至於泣下。」大防曰：「先帝一時過舉，非其本意，固多如此。」太皇太后曰：「皇帝宜深知。」於是敦逸、慶基並罷，敦逸爲荆湖北路轉運判官，慶基爲福建路判官。既而御史中丞李之純以二人誣陷忠良，敦逸改知臨江軍，慶基知南康軍。

紹聖初，復除監察御史，而慶基已亡矣。改工部員外郎，遷殿中侍御史、侍御史。敦逸曰：「臣再擢言路，第恐擠逐，不能久奉彈糾之責。」哲宗曰：「汝能言，無患朕之不能聽；汝言信，無患朕之不能行。」俄出知興國軍，徙江州。

徽宗即位，以直龍圖閣知荆南府，召入爲諫議大夫〔九〕。敦逸極言蔡京、蔡卞過惡。遷户部侍郎。卒，年六十九。

【箋證】

〔一〕鄭州原武人：《宋史》卷四七一《邢恕傳》作「鄭州陽武人」。據《宋史》卷八五《地理志一》鄭州屬縣有原武而無陽武。《續通志》卷六一四《邢恕傳》校記：「按《宋史》本傳訛作『陽武』，今據《東都事略》改正。」

〔二〕出知崇德縣：《宋史》本傳作「出知延陵縣」。《長編》卷二八一熙寧十年三月己巳：「試校書郎、知崇德縣邢恕復爲崇文院校書，罷知延陵縣，未及赴而縣廢，改知崇德，亦不赴。」

〔三〕見蔡確傳：《蔡確傳》，見本書卷八〇。

〔四〕自「起知隨州」以下，《宋史》本傳作「起爲鄜延經略安撫使，旋改涇原，擢至龍圖閣學士。……徙太原，連徙永興、潁昌、真定，尋奪職。久之，復顯謨閣待制。卒，年七十」，與《事略》所載仕履多不合。

〔五〕亟得疾以卒：《宋會要輯稿》儀制一一之一一載「朝奉大夫、寶文閣待制楊畏，（政和）三年十二月贈太中大夫」。又職官七七之六〇載「（政和）四年三月二十五日，中書省言：『勘會朝奉大夫、寶文閣待制、提舉江寧府崇禧觀楊畏，今年正月十九日奉聖旨轉一官致仕。吏部供到楊畏去年十二月二十五日身亡，係未降告已前身亡，依條即不該給付，緣鄭僅、吕公雅體例。』」據此，則楊畏當卒於政和三年十二月。《事略》及《宋史》卷三五五《楊畏傳》並載政和二年請封禪嵩山，畏「方治行，得疾卒」，不確。

〔六〕言之邵嘗雇雜户女爲婢：《宋史》卷三五五《來之邵傳》作「買倡家女爲妾，履劾其汙行」。《長編》卷三四八元豐七年八月丙子載：「御史中丞黄履言：『臣與張汝賢同薦御史，汝賢嘗與之邵爲僚，稱其習熟法令，故列上之。今遽聞之邵雇雜户女爲婢，有此汚行，乞付有司根治。』詔之邵具析。之邵聞履彈奏，即急出之，乃言：『近買婢張，數日問得，恐是雜户，即遣出。』」

〔七〕知制誥蔡確引猜險吏法官數十人：《宋史》卷三五五《上官均傳》作「引猜險吏數十人」，無「法官」。

〔八〕除右正言：《宋史》本傳作「召拜左正言」。《宋史全文》卷一三下紹聖元年四月甲辰載「上官均爲左正言，張商英爲右正言」。疑《事略》「右」爲「左」之誤。

〔九〕召入爲諫議大夫：《宋史》卷三五五《董敦逸傳》作「召入爲左諫議大夫」，是。《事略》蓋脱「左」字。

東都事略卷第一百

列傳八十三

鄒浩字志完〔一〕，常州晉陵人也。舉進士，爲揚州教授，除太學博士，出爲襄州教授。召對，除右正言。時章惇用事，既已廢孟后，遂立劉氏爲皇后。浩上疏曰：

臣聞《禮》曰：「天子之與后，猶日之與月，陰之與陽，相須而成者也。」「天子理陽道，后治陰德；天子聽外治，后聽内職。」然則立后以配天子，安得不審？今陛下爲天下擇母，而所立乃賢妃劉氏，一時公議，莫不疑惑，誠以國家自有仁祖故事，不可不遵用之爾。

蓋皇后郭氏與美人尚氏争寵致罪，仁祖既廢后，不旋踵並斥美人，所以示至公。立后則不選於嬪妃，而選於貴族，而立慈聖光獻，所以遠嫌也，所以爲天下萬世法也。陛下廢孟氏，與廢郭后實無以異。然孟氏之罪未嘗付外雜治，果與賢妃争寵而致罪乎？世固不得而知也。果不與賢妃争寵而致罪乎？世亦不得而知也。若與賢妃争寵而致罪，則並斥美人以示至公，固有仁祖故事存焉。二者必居一於此〔二〕，不可得而逃也。

况孟氏罪廢之初，天下孰不疑賢妃所爲？及讀詔書，有「别選賢族」之語，於是天下釋然，不疑陛下立后之意在賢妃也。今果立之，則天下之所期陛下，皆莫之信矣。載在史策，傳示萬世，不免上累聖德，可不惜哉！乞賜開納，不以一時改命爲甚難，而以萬世公議爲足畏。追停策禮，别選賢族，如初詔施行，庶幾上答天意，下慰人心，爲宗廟社稷無疆之計，不勝幸甚。

哲宗怒，除名新州羈管，章留中不下。時蔡京之徒惡其害己也，相與協力擠之，乃僞爲浩奏，有「陛下廢孟氏之賢后，立劉氏之賤妾」，又有「取他人之子而殺其母」等語，流布中外，使天下聞之，真謂浩爲有罪者。

徽宗即位，添監袁州酒稅。尋召還，復爲右正言，遷司諫〔三〕，改起居舍人，拜中書舍人。歷吏部、兵部侍郎〔四〕，以寶文閣待制知江寧府，改杭、越二州。崇寧元年，詔曰：「朕仰惟哲宗皇帝元符之末，是生越王，姦人造言，謂非后出，詆誣之臣，其可逃罪？鄒浩可重黜責，以稱朕顯揚前人之意。」於是責浩衡州別駕、永州安置。後半年，除名勒停，昭州居住，移漢陽軍。大觀元年，復直龍圖閣。自草表還親側，凡六年而卒〔五〕，年五十二。自號道鄉①。有文集三十卷。

浩初除諫官，入白其母曰：「有言責者不可默，恐或以是貽親憂。」母曰：「兒能報國，我何憂？」及浩兩被竄責，母不易初意，人稱其賢。

方孟后廢而立劉后也，時有曾誕者，嘗作《玉山主人對客問》以譏浩。其略曰：

客問：「鄒浩可謂有道之士乎哉？」主人告客曰：「浩安得爲知道？雖然，余於此時而議浩，是天下無全人也。言之尚足爲來世戒。《易》曰：『知幾，其神乎？』又曰：『知進退存亡而不失其正者，其惟聖人乎？』方皇后之廢，人莫不知劉氏之將立，至四年之後而册命未行，是天子知清議之足畏也。余三移書於浩，使之力請復后，浩皆不答。使其時浩力言復后，能感悟天子，則無劉氏之事，貽朝廷於過舉。再三言而

①道鄉：覆宋本、四庫本作「道卿」，誤。

不聽，則義亦當矣。使其時得罪，必不至貽老母憂也。烏虖！若浩者，雖不得爲知幾之士，然百世之下，頑夫廉，懦夫有立志，尚不失爲聖人之清也。」

誕，公亮之從孫，因附於此。

又有田晝①者，志義之士也，與浩善。晝字丞君〔六〕，以世父況任爲校書郎，調磁州録事參軍，知西河縣。有訟者，晝躬自剖决，撫以慈惠，西河民甚德之。

元符間，監廣利門。浩除言官，晝見浩問曰：「平生與君相許者何如，今君爲何官？」浩愧謝。既而朋黨之禍愈甚，時事日變，晝乃謝病歸陽翟。一日，報立皇后劉氏，晝曰：「鄒君不言，可以絶矣。」又一日，浩以書約晝會潁昌中塗，自云得罪。晝亟往，浩具言：「諫立皇后時，我之言戇矣。上於時凝然若有所思也，明日遂得罪。」二人留連三日，臨別，浩出涕。晝正色責之曰：「使君隱默官京師，遇寒疾不汗，五日死矣。豈獨嶺海之外能死人哉？願君無以此舉自滿。士所當爲者，未止此也。」浩茫然自失，嘆曰：「君之贈我厚矣。」乃別去。

建中靖國初，召爲大宗正丞。宰相曾布數羅致之，晝不肯見。朝士爭屬目，私自語曰：「彼尚不肯見丞相，誰敢易之者？」尋除提舉江西常平，改知淮陽軍。卒於治所，年四十五〔七〕。

常安民字希古，蜀人也〔八〕。幼穎悟，力學。舉進士，爲成都府教授。代還，上書論强國之本曰：「勸忠厚，厲名節。」元祐中，公卿薦其才，召爲太常博士，遷太常、宗正丞、開封府推官。

①田晝：朱校本同，覆宋本、四庫本作「田畫」，下同。

紹聖初，召對，極論：「元祐言者以熙、豐爲非，今日言者以元祐爲非，是皆一偏也。願擇其中。」除監察御史。章惇專權擅命，安民力折其姦。又論蔡京：「姦足以惑衆，辨足以飾非，巧足以移奪人主之視聽，力足以顛倒天下之是非，内結宦寺，外連臺諫，合黨締交，以圖柄任。陛下不早逐之，他日悔將安及？」又言：「今大臣爲紹述之説者，其實皆借此名以報復私怨。一時朋附之流，從而和之，遂至已甚。張商英在元祐時，上吕公著詩求進，其言諛佞無耻。及爲諫官，則上疏毁司馬光、吕公著神道碑。周秩在元祐間爲太常博士，親定司馬光謚爲文正，爲言官則上疏論司馬光、吕公著，至欲乞剖棺鞭尸。是豈士君子之所爲哉？」

大饗明堂，哲宗欲以劉妃從祀齊宫，安民言非所以示觀瞻也。曾布在樞府，與惇不協，見安民數論惇，意謂附己，於上前屢稱之。及安民論布與惇互用親故，於是二人者合力排之。一日，哲宗謂安民曰：「卿嘗上吕公著書，以東漢不道之君比朕，可乎？」安民曰：「臣與公著書，勸其博求賢才，嘗引陳蕃、竇武、李膺事。不謂惡臣指摘臣言，推其世以文致臣，雖辨之，無益。」

董敦逸再爲御史，復欲彈蘇軾兄弟，安民止之。敦逸乃言：「安民主元祐。」謫監滁州鹽酒務，除永興路提點刑獄。蔡京用事，改通判鄆州，入黨籍。卒，年七十〔九〕。子同。

陳瓘字瑩中，南劍州人也〔一〇〕。舉進士甲科，爲湖州書記。久之，用蔡卞薦，召爲太學博士，遷校書郎。章惇、蔡卞主紹述之論，追貶司馬光，上謗宣仁后，人不敢輒議。瓘因對以謂：「今日以前，既往之迹便爲古。事道常然而不渝，事有弊而必變，故堯告舜，舜告禹，皆曰『若稽古』。若者，順而行之，稽則考其當否。或若或稽，必使合於民情，所以爲帝王之治。」且論天子之孝與士大夫之孝不同，哲宗感悟。

徽宗即位，除右正言。論卞修《實録》，增加王安石《實録》〔一一〕，紊神宗大典，請改修。徽宗欲開言路，首還鄒浩，而中丞安惇尚緣往事，欲格成命。瓘再上疏，力言宜召還浩，逐惇，以明黜陟。遷右司諫〔一二〕。又極論：「蔡卞假托經義，倡爲繼述，重誣神考，輕欺先帝。倡爲國是，以行其私。卞之所是，謂之國是；卞之所非，謂之流俗。尊安石而薄神考，不可爲國是。宜因其請祠，許而遣之。章惇懷異不忠，宜因其辭山陵使罷之。」又言：「惇爲山陵使無狀，致大昇轝陷於泥淖之中，露宿野次，宜罷其職。」又論修建景靈西宫不當，且言建立之地非是。又言邢恕反復，宜定其罪。

御史龔夬言蔡京罪，朝廷不以夬言爲然，夬將去位。瓘上疏言：「紹聖以來，七年間五逐言者，皆與京異議。今夬以言京又將罷去，殆非祖宗獎厲言官之意。」皇太后已歸政，瓘上疏謂：「外戚向宗良兄弟與侍從希寵之士交通，使物議籍籍，謂皇太后至今與政也。」罷監揚州糧料院，改知無爲軍。瓘責之日，方袖疏論蔡京，而命下，於門外繳四奏，並明宣仁誣謗、修《實録》、建西京等事。徽宗密遣人賜瓘黄金百兩，由是京罷。召還，除著作郎，遷右司員外郎。又以書抵曾布，論《日録》及國用事，以爲尊私史而壓宗廟，緣邊費而壞先政〔一三〕。布怒，罷知秦州〔一四〕，尋主管冲祐觀，除名編管袁州，移廉州，又移郴州①，監中嶽廟。坐其子正彙上書，逮繫開封獄，安置通州。始，瓘所辨《日録》事，著《尊堯集》，議者以爲言多詆誣。編管②台州，移楚州居住以卒，年六十五〔一五〕。靖康元年，贈右諫議大夫。

瓘篤學有識，志不苟合。居喪孝。初，蔡卞知其才，待之加禮，瓘不肯附麗，恬於進取。雖諸公交薦，迨居言職，所疏姦惡，雖所舉不避也。嘗曰：「彼則舉爾所知，此則爲仁由己。」識者重其言。瓘既力言京不可用，用之

①郴州：朱校本、繆校同，覆宋本、四庫本作「彬州」，誤。
②管：覆宋本、四庫本作「置」。

必爲腹心患，悉如其言。瓘有詞辨，通《易》數，言天下治忽多驗，自號了翁云。子正彙、正同。

陳祐字純益，陵井監人也。舉進士。元符三年，擢爲利州路常平。尋除右正言，遷右司諫。祐言：「林希於紹聖初掌書命，草呂大防、劉摯、蘇轍、梁燾等制，皆務求合章惇之意，至有『老姦擅國』之語。陛下頃用臣言，褫其職，自大名移揚州。而希謝表，具言所撰告皆出於先朝。大抵姦人毀敗善類，事成則攄己所憤，事敗則歸過於君。至如過失未形而訓辭先具，安得爲責人之名？歷辨詆誣而上侵聖烈，安得爲死節之義？不一二年，致位樞近，豈忠臣哉？而希忿躁不平，尚敢謝章慢上不敬，此而可忍，孰不可忍？」希再降知舒州。

祐又言：「元祐人才，誠爲可用。今紹聖人材比肩於朝，而元祐臣僚纔十數人，輒攻擊不已，是朝廷之上，公然立黨也[一六]。」既又上言曰：「臣聞惟辟作福，惟辟作威，威福之行，權綱所在，爲人臣者蓋無與。臣切聞陛下有所除擢，而大臣往往執奏，事寢不行，至有留身沮格成命者，豈所謂公事公言者哉？臣願陛下力行裁抑，無使權柄下移，則朝廷之福也。」以論事切直，出通判滁州。蔡京用事，編管歸州，遇赦放還而卒。

龔夬字彥和，瀛州人也。舉進士，爲太僕寺主簿，遷監察御史。建言：「元豐中，察官各兼言事，乞令監察御史兼掌論議，益廣言路。」丐外，通判相州，尋知洺州。

徽宗立，召爲殿中侍御史。論章惇、二蔡之罪，章十上。因言修《五朝寶訓》，乞令不可增損，變亂事實以濟姦說，時議韙之。黨事興，削籍編管化州。稍牽復而卒[一七]。

任伯雨字德翁，眉州眉山人也。父孜，字遵聖，以問學氣節雄鄉閭，名聲與蘇洵相上下，仕至光祿寺丞。其弟伋，字師中，亦知名，嘗通判黄州，最後知瀘州。當時所謂大任、小任者也。

伯雨邃於經術，文力雄健。舉進士，調清江簿，知雍丘縣，召爲大宗正丞，除左正言。首上疏言：「章惇身爲上宰，久擅朝柄，迷國罔上，毒流搢紳。自哲宗疾勢彌留，中外恟懼，惇當引天下大義以繫人心，以安國勢。乃乘倉卒，輒逞異意，逆天咈人，輕亂名分，睨睥萬乘，不復有臣子之恭。」又言：「天下國家，莫大名分。法若不嚴，禍起不測。幸而太后聖明，睿策先定，折其姦謀。向使惇計得行，不知置陛下、太后於何地？陛下貸惇不誅，則天下大義不明，大法不立，生覬覦之心，長奸邪之志，危疑之幾，不可勝防矣。」章八上，惇貶雷州。

又論：「蔡卞之惡，有過於惇。公然誣詆，欲廢宣仁聖烈皇后。又因哲宗之疑似非辜，廢元祐皇后，犯上不道。」又言：「使哲宗有欲黜太皇太后之謗，廢皇后之惡，編管諫官之失，投殛忠良之譏，皆卞倡之，惇行之。今若不正典刑，殆無以明哲宗之德，彰陛下友愛之仁。」卞亦尋竄。

建中靖國改元，當國者欲以「中」爲名，調和元祐、紹聖。伯雨奏曰：「人材固不當分黨與，然自古未有君子小人雜然並進可以致治者。蓋君子易退，而小人難退，二者並用，終於君子盡去，小人獨留。唐德宗坐至播遷之禍，建中乃其即位改元號，不可不爲鑒戒。」

時議欲西北專用武臣典郡，伯雨謂：「李林甫在相位，惡儒臣以邊功入相，遂奏乞用武臣，其後致禄山之亂，此何以異也？」又論邊帥生事，失與國心，乞棄湟鄯之地，以安邊息民。會有赤氣之異，時欲建火星觀以禳之，伯雨不可，曰：「聖人修德以弭災，未有祈禳而消變。《洪範》以五事配五行，説者謂視之不明，則有赤眚、赤祥。乞攬權綱，專威福，使皇明赫赫，事至必斷，則乖氣異象化爲休祥矣。」

蔡京爲翰林學士承旨，交結内侍，伯雨極論其罪。又論堂除猥衆，侵吏部員闕，内降稍多，或恐詐傳敕命，引漢唐季世鴻都賣爵、墨敕斜封以爲戒。王覿除御史中丞，仍兼史官，伯雨謂：「史院係宰相監修，今中丞爲屬，恐非所以重風憲，遠嫌疑。」已而覿除翰林，伯雨復論曰：「學士爵秩位序皆在中丞上，今覿爲之，是諫官論事，非特朝廷不行，適足以爲人遷官也。」尋出知虢州。

崇寧初，二蔡在東西府，以黨論編管通州，徙儋州。以星赦移道州，以①八寶赦提點明道宮。卒，年七十三〔一八〕。

伯雨性剛鯁，持論勁正。爲諫官僅半載，所上一百八疏〔一九〕，皆係天下治體，號《讜草》云。子象先、申先。

張庭堅字才叔，廣安軍人也。舉進士，爲《春秋》博士、樞密院編修官，坐送諫官鄒浩免官。徽宗即位，召對，除著作佐郎，遷右正言。

庭堅入諫垣，議論忠鯁，嘗上疏曰：「近世之論孝者，必曰法。法者，紹復神考，然後爲孝。於其父有違戾，不孝莫大焉。夫前後異時，法亦隨變，而欲纖悉紹復於神考，則法將弊於偏。要之，久必有不便於民而召怨者。民怨則辱先烈，如此而謂之孝，可乎？司馬光因時變革，以便百姓，不爲無補於國；陳瓘執義論諍，以去小人，不爲無益於宮禁。瓘實士論與之，光則人心歸之。請還陳瓘，以慰士論；盡復司馬光贈官，以悦人心。」又奏：「竊聞士大夫多以繼志述事勸陛下者，臣恐復有營私之人，又欲正其名以自售，曰紹復先烈非臣等不可。引用私黨，蔽隔賢俊，假名曰繼述，而實自肆焉。」又奏：「今遠略之耗於内者，棄不以爲守，則兵可息；特旨之重於法者，删不以爲例，則刑可省。」

庭堅乞用蘇軾、蘇轍，徽宗問：「安所受？」遂忤旨，除京東轉運判官，改知汝州，降通判陳州。蔡京黨議其

①以：原爲空，據覆宋本、四庫本補。

罪，削籍編管虢州，移鼎州，又移象州，内徙復州。以星變赦還里。卒，年五十七。

江公望字民表，睦州人也。舉進士。建中靖國元年，由太常博士除左司諫。

時御史中丞趙挺之與户部尚書王古等同治放欠，挺之劾古傾天下之財以爲私惠者。公望以謂：「上登極大赦，欲與天下更始，一切蠲免，豈容古以私意能傾天下之財。」上疏曰：「人君所以知時政之利病、人臣之忠邪，無若諫官、御史之爲可信也。患聞知之不博也，故聽以風聞，雖事有不實，聞無不言。至若挾情肆誣，快私忿，罔上聽，陛下不可以不察也。臣聞挺之與古論事每每不合，屢見言氣，懷不平之心，有待而發。俚語有之『官事私讎』，此小人之所不爲，而挺之安爲之，豈忠臣乎？」公望諫諍有體，朝野稱爲得人。

已而上疏曰：「哲宗固孝於神考矣，持紹述之論，牢不可破，輔政非其人，以媚於己爲同，忠於君爲異。一語不合時學，必目①爲流俗；一談不侔時事，必指爲横議。借威柄以快私隙，必以亂君臣父子之名分以感動人主，故民力困竭，國用匱迫，天下爲之騷然，泰陵不得盡繼述之美。元祐人材皆出於熙寧、元豐培養之餘，遭紹聖竄逐之後，凋疏零落，所餘無幾矣。神考與元祐之臣，其先非有射鈎斬袪陰私之隙也，先帝信仇人而黜之。陛下若立元祐爲名，必有元豐、紹聖爲之對也。有對則諍興，諍興則黨朋立矣。陛下改元詔旨，亦稱『思建皇極，嘉靖庶邦』，蓋嘗端好惡以示人，本中和而立政，皇天后土，實聞此言。陛下欲渝此言，其如皇天后土何？」

蔡王似府史語言指斥徽宗，送大理寺驗治。公望恐浸淫及於蔡王，上疏極言其事，語在《蔡王世家》〔二〇〕。疏奏，出知淮陽軍〔二一〕。未幾，召入爲左司員外郎，除直龍圖閣、知壽州，以言者落職。蔡京用事，公望與任伯雨

①目：四庫本同，覆宋本作「自」。朱校本：「自：抄作『因』，疑當作『目』。」

等俱坐貶，編管南安軍。遇赦得歸而卒。

臣稱曰：諫有二，諷與直而已。諷則銷患於未然之前，而直則進言於已行之後。故忠臣碩士之遇明主也，或千慮一失之間，則必因事以諷。而明主受其言，故不勞而成功博。不幸人君爲讒邪所蔽，而忠臣碩士睹行事之乖違與用人之失當，則言必激切，冀以動寤上意。而讒邪之人乃誣以訕上，忠臣碩士所以多不免於竄逐者，以此。觀浩等用直諫貶，言雖屈於一時，道則伸於後世，名聲卓卓，至今在人耳目。彼讒①之人，豈不犬馬是愧哉！

【箋證】

〔一〕字志完：《實録·鄒司諫浩傳》（《名臣碑傳琬琰集》下卷一九）作「字至完」。《道鄉先生文集》卷一〇《懷老成》詩自稱「平樂流人鄒至完」，又時人文集及筆記亦稱「鄒至完」，而史志多作「志完」。

〔二〕二者必居一於此：「二者」前，鄒浩《諫哲宗立劉后疏》（《道鄉先生文集》卷二三）有「若不與賢妃争寵而致罪，則不立妃嬪以遠嫌，亦有仁祖故事存焉」。《事略》删去「不立妃嬪以遠嫌」一則而言「二者」，似不妥。

〔三〕遷司諫：《宋史》卷三四五《鄒浩傳》作「遷左司諫」。《太平治迹統類》卷二四載元符三年十一月「左司諫鄒浩爲起居舍人」，《實録·鄒司諫浩傳》作「遷左正言、左司諫」，則《事略》當脱「左」字。

〔四〕歷吏部兵部侍郎：《宋史》本傳作「遷兵、吏二部侍郎」，《實録·鄒司諫浩傳》作「遷吏部、兵部侍郎」，疑《宋史》本傳所載遷官

①「讒」前，繆校有「邪」字。

次序誤。

〔五〕凡六年而卒：《實録·鄒司諫浩傳》：「政和元年三月，宣德郎、直龍圖閣鄒浩卒。」

〔六〕晝字丞君：《宋史》卷三四五《鄒浩傳》附《田晝傳》作「晝字承君」，《墨莊漫録》卷四、《澗泉日記》卷上、《容齋三筆》卷一一多稱「田晝承君」，《事略》「丞」當作「承」。

〔七〕卒於治所年四十五：《墨莊漫録》卷四：「崔鶠德符、陳恬叔陽皆戊戌生，田晝承君、李豸方叔皆己亥生，並居潁昌陽翟，時號戊己四先生，以爲許黨之魁也，故諸公皆久廢之。」據此，田晝當生於嘉祐四年己亥（一〇五九），崇寧二年（一一〇三）卒於淮陽。

〔八〕蜀人：《宋史》卷三四六《常安民傳》作「邛州人」，是。

〔九〕卒年七十：《宋史》本傳：「政和末卒，年七十。」

〔一〇〕南劍州人：《宋史》卷三四五《陳瓘傳》作「南劍州沙縣人」，是。

〔一一〕增加王安石實録：《宋史》本傳：「瓘嘗著《尊堯集》，謂紹聖史官專據王安石《日録》改修《神宗史》。」陳瓘《四明尊堯集序》云：「昔紹聖史官蔡卞，專用王安石《日録》以修《神考實録》。」舒仁輝《〈東都事略〉與〈宋史〉比較研究》第二四四頁認爲「『實録』當爲『日録』之誤」，是。

〔一二〕遷右司諫：《宋史》本傳作「遷左司諫」。元陳宣子編《陳了翁年譜》（《宋人年譜叢刊》第六册）載元符三年九月「除右司諫」，疑《宋史》本傳「左」當作「右」。

〔一三〕「又以書抵曾布」一段：《續通志》卷三五九《陳瓘傳》校記：「按：曾布專主紹述，取王安石熙寧間所著《日録》以爲依據，故瓘言有『尊私史而壓宗廟』云云，見《東都事略》。瓘不爲布所餌，而力詆其奸慝，最爲大節所繫。《宋史》本傳不爲明著，僅附見《陸佃傳》中，今爲增纂。」

〔一四〕罷知秦州：《宋史》本傳作「出知泰州」，《陳了翁年譜》作「信宿，隨有海陵之命，遂自右司員外郎出知泰州」。舒仁輝《〈東都事略〉與〈宋史〉比較研究》第二四四頁認爲「『秦州』應爲『泰州』之誤」，是。

〔一五〕年六十五：《宋史》本傳：「宣和六年卒，年六十五。」《陳了翁年譜》載「宣和六年二月，公卒於楚州」，又載「仁宗嘉祐二年四月，生於循州官舍」，自嘉祐二年（一〇五七）生至宣和六年（一一二四）卒，則當享年六十八，與《事略》《宋史》本傳異。

〔一六〕彈劾林希與論元祐黨二奏，《事略》統載之於「尋除右正言，遷右司諫」時，未加甄別。《宋史》卷三四六《陳祐傳》載爲右正言時論元祐人才，遷右司諫後彈劾林希，與《事略》先後順序相反。考《國朝諸臣奏議》卷七六載《論不可去元祐之黨疏》，末注「元符三年十一月上，時爲左司諫」，《通鑑長編紀事本末》卷一二〇載右正言陳祐初劾林希於元符三年十一月癸亥（一日），再劾於建中靖國元年二月甲寅（即《事略》所載彈章），時爲右司諫。據此，則《宋史》本傳不誤，而《事略》失其順序。

〔一七〕稍牽復而卒：《宋史》卷三四六《龔夬傳》：「政和元年卒，年五十五。」

〔一八〕卒年七十三：《宋史》卷三四五《任伯雨傳》：「宣和初卒，年七十三。」

〔一九〕爲諫官僅半載所上一百八疏：《宋史》本傳載於出知虢州前，且云：「大臣畏其多言，俾權給事中，密諭以少默即爲真。伯雨不聽，抗論愈力，且將劾曾布。」《續通志》卷三五九《任伯雨傳》校記：「伏讀《通鑑輯覽》御批：任伯雨半歲而上百八疏，無論傷於躁妄，即實有不能緘默之勢，亦安得如許忠謀讜論而言之悉中時弊耶？至於君子小人，本由事後論定，當其時，誰甘自居小人者？乃不實指其行事若何，而但以進賢退佞，空言辨語不已，徒見有黨同伐異之害。」

〔二〇〕語在蔡王世家：參見本書卷一七《世家五・楚王似》。

〔二一〕「蔡王似府史」一段，《宋史》卷三四六《江公望傳》云：「蔡王似府史以語言疑似成獄，公望極言論救，出知淮陽軍。」《續通志》卷三六〇《江公望傳》校記：「按《宋史・宗室傳》：蔡王似，徽宗弟也。府史語言指斥，公望恐及王，故疏中有『勿以無根之言加諸至親』云云。本傳所載，於事未甚明晰，附識。」

東都事略卷第一百一

列傳八十四

蔡京字元長，興化軍仙遊人也。舉進士，爲錢塘尉。入爲崇文院校書，改太子中允、館閣校勘。俄拜考功員外郎，擢起居郎，出使遼，還，拜中書舍人。與弟卞對掌書命，以龍圖閣待制知開封府。元豐末，命侍禁中議所立，京附蔡確，貪定策之功，乃陰戒劊子執刀入，欲斬宰相王珪。會珪言上自有子，乃止。司馬光秉政，改免役法，復行差役法。京於五日内，差役殆遍，詣政事堂白光。光曰：「使人人奉法如君，何患法之不行？」於是臺諫言其尹京，挾邪壞法，出知成德軍，徙瀛州，加寶文閣直學士、知成都府。諫官范祖禹論京不可用，乃改江、淮、荆、浙發運使，又改知揚州。歷鄆州、永興軍，遷龍圖閣直學士、知成都府。

紹聖初，召還，權户部尚書。章惇復變役法，置司講議，久不决。京謂惇曰：「取熙、豐舊法施行之爾，何以講爲？」惇然之，雇役遂定。卞拜右丞，以京爲翰林學士兼侍讀、修國史，除户部尚書。時左正言孫諤論役法差、雇之弊，京言：「諤以爲弊者，蓋非今日，乃前日之弊。前日之弊，謂熙寧、元豐也，則元祐變法是矣，此臣所不忍聞也。」諤緣是罷諫職。

文及甫獄起，京究治，以及甫與邢恕書謂劉摯有大逆不道之謀，京鍛鍊其事，乃言：「司馬光、劉摯、吕大防交通中人陳衍之徒，躐取高位，變先帝已成之法，廢受遺顧命元臣，以翦陛下腹心羽翼。前日姦黨雖已竄逐，而姦謀逆節蓋未白於天下也。臣幸被詔旨，詢究本末，得其情狀。其無君之惡，同司馬昭之心；擅事之迹，過趙高指鹿之罪。所有陳衍，罪在不赦。」衍於是坐死，衍蓋宣仁后殿内臣也。惇、卞遂欲追廢宣仁后，皇太后、皇太妃皆争之，哲宗乃已。而劉摯、梁燾同時死於貶所，皆錮其子孫。王巖叟、范祖禹、劉安世復遠竄①。

京幾執政矣②，曾布知樞密院，密言：「卞備位丞轄，京不可以同升。」進翰林學士承旨〔一〕。徽宗即位，罷爲端明殿學士兼龍圖閣學士、知太原府。皇太后詔令京畢史事，留不行。數日〔二〕，諫官陳瓘論其交通近習，瓘坐逐。京亦出知永興軍，徙江寧府，頗鞅鞅，遷延不之鎮。御史陳次升、龔夬交論其惡，奪職，提舉洞霄宫。明年，復龍圖閣直學士、知定州。

崇寧元年，改大名府。韓忠彦與曾布交惡，謀引京自助，復用爲翰林學士承旨兼侍讀、修國史。鄧洵武③朋附京，進《愛莫助之圖》以獻〔三〕，徽宗遂决意用京。忠彦罷，擢拜尚書左丞，遂代布爲尚書右僕射兼中書侍郎，進拜左僕射兼門下侍郎。

京起於逐臣，一旦得志，遂陰托紹述之柄，箝制天下。用熙寧條例司故事，即都省置講議司，自爲提舉。悉用其黨爲僚屬，取政事之大者，如宗室、冗官、國用、商旅、鹽澤、賦調、監牧，每一事輒以三人主之。凡所設施，皆於此乎出。用馮澥、錢遹之議，復廢元祐皇后。罷貢舉法，令郡縣悉放三舍考選，置辟雍外學於城南，以待四方之士。又推方田於天下。榷江、淮七路茶，官自爲市。盡更鹽鈔法，凡舊鈔皆勿得用，富商巨賈按所賫持或爲縉錢數十萬，至變爲流丐，有赴水及縊死者。南開黔中，築靖州；西收青唐，奪湟川、鄯、廓。又取牂牁、夜郎地，以爲平、允、從三州。而内侍童貫始用事，擢領節度使。凡内侍寄資一切轉行，祖宗之法，蕩然無餘。鑄當十大

①「竄」下，繆校有「矣」字。
②幾：繆校同《宋史》卷四七二《蔡京傳》作「覬」。矣：繆校作衍文。
③「鄧洵武」前，繆校有「徽宗有意修熙、豐故事，起居舍人」十三字。

錢，小民耆利，亡命犯法者紛紛。章楶子綎，以私鑄置之法，黥配海島。侍御史沈畸坐治綎獄失意削官，羈管者六人〔四〕。陳瓘子正彙，亦以上書竄海上。威福在手，道路以目。累遷司空，封嘉國公。

於時元祐羣臣貶逐死徙略盡矣，京第其罪狀兩等，以司馬光爲首，指爲元祐姦黨。請於徽宗，而刊諸石，寘文德殿門。又自書爲豐碑，頒之天下。初，徽宗以日食下詔書，言者頗論熙寧、紹聖之政，於是又籍范柔中以下，以爲上書邪等。凡名在兩籍者，皆錮其子孫，不得官京師及至近甸。

當是時，四方承平，帑庾盈溢，京倡爲豐、亨、豫、大之説，視官爵財物如糞土，累朝所儲，大抵掃地矣。徽宗嘗出玉琖、玉卮以視輔臣，曰：「朕欲用此於大宴，可乎？」京曰：「臣昔使虜，見有玉盤琖，皆石晉時物，指以夸臣，謂南朝無此。今用之上壽，於禮無嫌。」徽宗曰：「朕此器久已就，深懼人言，故未用爾。」京曰：「事苟當於理，多言不足畏也。陛下當享太平之奉，區區玉器，何足道哉！」京之不能納忠，類如此。

五年，彗出西方，其長竟天。徽宗震懼，仆所立姦黨碑①，罷京爲開府儀同三司、安遠軍節度使、中太一宫使，封魏國公。大觀元年，復爲左僕射兼門下侍郎。以南丹州莫氏納土，拜太尉。徽宗受八寶，拜太師。三年，復以中太一宫使罷，遂致仕。猶提舉修《哲宗實録》，改封楚國公。四年，彗復出奎、婁間，御史石公弼②與張克公論京罪，貶太子少保，語在《石公弼傳》〔五〕。京遂出居杭州，復太子少師。

政和二年，復太師，召還，賜第京師。京奏：「已蒙恩召還，而前宰相張商英尚③譴遠方。臣與商英神宗朝

①「碑」前，繆校有「寘文德門」四字。
②石公弼：「石」原作「右」，據下文及覆宋本、四庫本改。
③尚：原作「上」，據覆宋本、四庫本改。

同時遭遇，舊人無幾，乞放逐①便。」識者以京爲不情。未幾，落致仕，令三日一至都堂治事，徙封魯國公。

初，國朝之制，凡詔令皆中書門下議，而後命學士爲之。至熙寧間，有内降手詔，是不由中書門下共議〔六〕，蓋大臣有陰從中而爲之者，議者已非之矣。至京則又作御筆手詔焉。京益專政，患言者議己，故作御筆密進擬，而丐徽宗親書以降出也。違御筆，則以違制坐之，以壞封駁之制，事無巨細，皆托而行焉。至有不類上札者，而羣下皆莫敢言。又更定三公、三孤之官，改左、右僕射爲太宰、少宰，廢尚書令，自稱公相，總治三省。追贈王安石、蔡確皆爲王。堂後吏不復立額，有身兼十餘奉者。侍御史黄葆光疏論之，即貶昭州。

用故省吏魏伯芻提舉榷貨務，令作泛料關子百萬緡進，徽宗大喜，持以示左右曰：「此太師所與我奉料也。」擢伯芻至徽猷閣待制。京又言於徽宗，以爲内外泉貨所積爲五千萬，和足以廣樂，富足以備禮，於是立明堂，鑄九鼎，修方澤，建道宫，作《大晟樂》，製定命寶。任孟昌齡爲都水使者，鑿大伾三山，回引河流，作天成、聖功二橋，大興工役，無慮數十萬。兩河之人，愁困不聊生矣。

石公弼、張克公之論京惡也，京憾之不置。徽宗覺之，用克公爲吏部尚書，凡七年。京嘗令御史察吏部稽違事，毛舉細故，以爲克公罪。徽宗命削侍郎以下官，勿問尚書。公弼知襄州，因論牙校轉般破産事，户部侍郎陳彦文言其詆毁先烈。京慮徽宗見公弼姓名必庇之，但泛言乞責襄州官吏，遂以散直安置台州。又欲以宫室求媚，召童貫輩五人，諷以禁中逼側之狀。貫輩聽命，乃盡徙内酒坊諸司及兩軍營等於他所。五人者各視其力所底，爭以侈麗相誇尚②。於是崇大宫室苑囿，改建延福宫，浸淫及於艮嶽③矣。七年，進封陳、魯國公，不拜。

①逐：覆宋本、四庫本作「還」。
②尚：原作「上」，據覆宋本、四庫本及《宋史》本傳改。
③艮嶽：原作「良嶽」，據覆宋本、四庫本及《宋史》本傳改。

京子攸、儵、翛①，孫行，皆至大學士，視執政。絛尚帝女，他至侍從者又十人〔七〕。厮役皆至大官，妾媵封夫人，尚方②賚予無虚日。輕舟小輦，鳴鑾七幸，命坐賜酒，略用家人禮。京表謝，有「主婦獻壽，請釂而肯從；稚子牽衣，挽留而不却」之語，殊以爲榮遇焉。

宣和二年，京再致仕。居四年，又起領三省事，五日一朝，細務免僉書。京至是四入相，年老目昏，不能事事，悉决於子絛。絛時爲龍圖閣直學士兼侍讀，威福自恣，多引其賓客置要官，建議創式貢司於宣和庫，括四方之幣，空府藏所有以實之，以爲天子私財。超拜其婦兄韓梠爲户部侍郎。白時中、李邦彦爲相，皆不能堪，先白罷絛侍讀以撼京。京尚未有引去意，徽宗召童貫，使詣京諷之致仕。貫既宣旨，京泣曰：「上何不容京數年？必有相讒譖者。」貫曰：「不知也。」京不得已，草奏請罪。徽宗降制，復令致仕。在位僅數月，而絛以太保領樞密院事。

欽宗即位，諫臺論京誤國滔天之罪〔八〕，責授秘書監、分司南京，連貶慶遠軍節度副使，衡州安置，徙韶州，又徙儋州。其子孫皆褫職，分徙遠郡。惟絛尚武德帝姬，以駙馬都尉特免竄，换深州防禦使。京行至潭州而卒〔九〕，年八十。

京資險詐，侈靡無度，竭四海九州之力以自奉。徽宗雖寵用之，然亦屢起而屢仆。京每聞其將退，必見徽宗，叩頭求哀，無復有大臣廉耻事。北事之萌也，京首倡之。燕山之役〔一〇〕，攸實在行，而京送之以詩，戒其起釁，冀事之不成，得以自釋也。暮年，即家爲府，諂佞干進者伺候其門，輸貨僮僕③以得美官者，不可勝數。綱紀法

---

①攸：繆校作「翛」，且云：「按：翛乃卞之子。」儵：覆宋本、四庫本作「絛」。
②尚方：原作「上方」，據覆宋本、四庫本及《九朝編年備要》卷二九改。
③僕：覆宋本、四庫本作「伩」。錢校：「『伩』似本『伖』字。剜改作古奴字。」「元益案：此條亦係勞氏補校。」

度，於是大壞，卒爲宗社之禍云。弟卞，子攸、翛。

卞字元度，與京同舉進士，調江陰簿，王安石以子妻之。張璪薦其才，召爲國子監直講，遷博士，除集賢校理、崇政殿説書，尋同知諫院，爲起居舍人。召試中書舍人，遷給事中。

哲宗即位，除禮部侍郎。使契丹還，請外，以龍圖閣待制知宣州，改江寧府，歷揚、廣、越、潤、陳五州。紹聖初，召爲中書舍人，遷翰林學士兼侍講、實録院修撰，拜尚書右丞，遷左丞。卞有辭辨，貌柔順而中險，與章惇、安惇締交，起史禍以中范祖禹、趙彦若、黄庭堅，興同文館獄以陷劉摯、梁燾、王巖叟、劉安世等，斥逐元祐之臣，禁錮其子孫，時號二蔡、二惇云。

徽宗立，御史龔夬、諫官陳瓘、任伯雨皆論卞過，以資政殿學士知江寧府。伯雨又言：「惇、卞公然誣詆，欲廢宣仁聖烈皇后，又因疑似非辜廢元祐皇后，犯上不道。」於時言者又論：「卞懷諼迷國，醜正背公，援近姦回，竊據要利。己所不喜，指爲邪朋，撰造謗語，傾陷正直，擯斥流放，禍及子孫，慘刻之風，寖以成俗。」遂落職，提舉洞霄宮、太平州居住。

未幾，御史陳次升言：「哲宗皇帝責任執政，卞造朝奏對，不迪之以先王之典，而迪之以殘忍殺害之事。巧計既行，凶焰益熾，竊弄威福，專報恩讎。有譽安石之美者，登之顯要；有議安石之短者，置之深罪。其所進用，若非妻黨之小人，即是門下之姦吏。更倡迭和，相倚爲重，毒流天下，卞實啓之。」又諫官張庭堅亦言：「惇、卞盗權先朝，爲天下害。卞以陰險謀之，惇以凶悍行之。」遂責少府少監、分司南京、池州居住。提舉崇禧觀，尋知大名府、揚州。

兄京爲相，復資政殿學士，召爲中太一宮使兼侍讀，尋拜知樞密院事。徽宗問：「鄯、湟可復不？」卞對曰：「可復。」問：「誰可將？」對曰：「王厚①可。」徽宗從之，遂復鄯、湟。童貫除陝西制置使，卞奏：「貫本無所長，朝廷乏人，何至遂用宦者？他日誤邊計者，必貫也。」以資政殿大學士出知河南府。

逾年，知江寧。過闕，留爲醴泉觀使兼侍讀。大觀中，除觀文殿學士、知壽春府。言者論其尊禮妖人張懷素，降資政殿學士、提舉太清宫。俄起知鎮江府，拜昭慶軍節度使、知大名府，繼知揚州，召爲中太一宫使兼侍讀。遷開府儀同三司，移鎮鎮東。卒，年六十〔一一〕。贈太傅，謚曰文正。子儵、仍，當京用事時，寅緣僥幸，致身侍從。靖康元年，悉竄湖南。

攸字居安，京長子也。元符末，監在京裁造院〔一二〕。徽宗爲端王，每退朝，攸適趨局，遇諸塗，必下馬拱立，以俟王過。王以問左右，言其爲蔡承旨②子，心獨善之。及即位，寖有寵，遷鴻臚寺丞。

崇寧三年，除秘書郎，俄以直秘閣提舉醴泉觀，加集英殿修撰〔一三〕。明年，拜顯謨閣待制，進直學士。京罷相，攸亦以龍圖閣學士兼侍讀。初置宣和殿，命攸爲學士。明堂成，以攸與討論，陞爲大學士，遂拜淮康軍節度使。徽宗將斥去京，用中書舍人王安中爲御史中丞，使劾京。攸時直宣和殿，通籍禁庭，聞其事，亟入宫請間，爲父扣頭懇請，徽宗乃已。徙安中爲翰林學士，京復安職。

其後，權勢日相軋，輕薄者互煽摇以立門户，由是父子遂爲仇敵。攸别賜第，嘗詣京，京方與客語，使避之而呼攸入。甫就席，遂起握父手，爲切脈狀，曰：「大人脈執舒緩，體中得無有疾乎？」京曰：「無之。」攸曰：「禁

①「王厚」下，繆校有「高永年」三字。
②承旨：原作「丞旨」，據覆宋本、四庫本改。

中適有公事，不得留。」遂去。客切窺得其事，以問京，京曰：「君不解此，此輩欲以吾①疾罷我也。」居數日，京果致仕。又以季弟絛鍾愛於京，數白徽宗請殺之。徽宗曰：「太師老矣。」不許，但削絛官。

攸歷開府儀同三司、鎮海軍節度使，拜少保。進見無時，益用事，便辟走趨，或塗抹青紅，雜倡優侏儒，多道市井淫媟詼浪之語。妻宋氏亦出入禁省，子行領殿中監。方是時，徽宗留意道學，攸因倡爲異聞，謂有珠星璧月、跨鳳乘龍、天書雲篆之符，爭與方士林靈素之徒證神變事，於是神霄、玉清之祠遍天下矣。

童貫伐燕，以攸爲河東、河北宣撫副使。攸謂功業可力②致，入辭之日，指徽宗二寵嬪曰：「臣成功還，乞以是見賜。」徽宗笑而弗責也。比涿、易二州降，進少傅，判燕山府。王師入燕，以功進少師，歸領樞密院事，封英國公。

王黼將罷相，徽宗欲相之。既而用白時中、李邦彥，而拜攸太保、燕國公。及將謀内禪，親書「傳位東宮」字以授邦彥，邦彥却立不敢承。時中輩在側，徽宗躊躇，以付攸。攸退，屬其客給事中吳敏，敏即約李綱共爲之〔一四〕，議遂定。

靖康元年，攸從徽宗南下，言者或云將遂復辟於鎮江。敏爲言，乞令陪扈還京師，以功贖過。徽宗既還，攸責太中大夫，提舉明道宮。繼貶節度副使、永州安置，徙潯、雷二州，又移萬安。欽宗必欲誅之，命御史陳述即所在斬之。攸死，年五十〔一五〕。

①輩：繆校作「兒」。吾：繆校作衍文。
②力：四庫本作「立」。

儵，京次子也，亦以恩倖至保和殿大學士。欽宗受禪之初，正有虜患，儵輒條上陝西募兵之策，自請行。又欲勸欽宗西幸。欽宗將以爲永興帥，會報虜破濬州，徽宗倉卒南出，兄攸忌儵或成功，即托徽宗旨，請以儵知鎮江府。既而有復辟之謗，與攸俱被誅。

臣稱曰：蔡京之姦惡，大類王莽。莽之竊國，命也。制井田，更錢幣，造明堂，起辟雍，建靈臺，班時令，以誑耀其君，卒移漢祚①。京爲相，大抵亦用此術，馴致夷狄交侵，天下大亂。卞造謗興獄，誣害忠良，以罔上欺下。攸孽子倿臣，誅死宜哉。

【箋證】

〔一〕進翰林學士承旨：《宋史》卷四七二《蔡京傳》作「但進承旨」，有「但」字較勝。

〔二〕數日：《宋史》本傳作「逾數月」。據《通鑑長編紀事本末》卷一二〇載「翰林學士承旨蔡京以端明殿學士兼龍圖閣學士知太原府」在元符三年三月乙酉，《國朝諸臣奏議》卷三五載陳瓘《上徽宗論蔡京交結外戚》於「元符三年九月」，則《事略》「數日」當爲「數月」之誤。

〔三〕進愛莫助之之圖以獻：《愛莫助之之圖》，《宋史》本傳作「《愛莫助之圖》」。

〔四〕侍御史沈畸坐治綖獄失意削官羈管者六人：《宋史》本傳作「御史沈畸等用治獄失意，羈削者六人」，《事略》「沈畸」下當有「等」字。

---

①漢祚：繆校作「漢之宗祚」。

〔五〕語在石公弼傳：《石公弼傳》，見本書卷一〇五。

〔六〕是不由中書門下共議：《宋史》本傳無「是」字。

〔七〕他至侍從者又十人：「又十人」，《九朝編年備要》卷二九作「二十餘人」。

〔八〕諫臺論京誤國滔天之罪：《宋史》本傳及《三朝北盟會編》卷三九、《靖康要録》卷三並載侍御史孫覿等論京父子姦惡誤國，疑《事略》「諫臺」當作「臺諫」。

〔九〕京行至潭州而卒：《建炎以來繫年要録》卷一靖康元年七月「乙酉，蔡京南遷，至長沙而死」。汪琬《東都事略跋》卷中：「京既死，門人吕姓者爲作誌銘，有云：『天寶之末，姚、宋何罪？』文人下筆，乃無耻喪心如此，雖曲爲粉飾，何益於京？京之名在天下，東坡所謂蛆蠅糞穢也，正可與李林甫配耳。」

〔一〇〕燕山之役：汪琬《東都事略跋》卷中：「《傳》末『燕山之役，攸實在行，而京送之以詩，戒其啓釁，冀不成，得以自釋』云云。考《北征紀實》，京送詩云：『老慣人間不解愁，封書寄與淚横流。百年信誓當深念，三伏修途好少休。目送旌旆如昨夢，身非帷幄若爲籌。緇衣堂下清風滿，好好歸來醉一甌。』徐達上聽，讀之，乃曰：『好。改作「六月王師好少休」也。』《庚谿詩話》亦載此。予謂蔡氏父子分立門户，攸之宣撫，或不出京意。《揮麈録》亦言徽宗有意北征，蔡元長、鄭達夫不以爲然，惟王黼、蔡攸贊成之。」

〔一一〕卒年六十：《宋史》卷四七二《蔡京傳》附《蔡卞傳》：「政和末，謁歸上冢，道死，年六十。」

〔一二〕元符末監在京裁造院：「元符末」，《宋史》卷四七二《蔡京傳》附《蔡攸傳》作「元符中」。下文既言「徽宗爲端王」，則當在元符三年正月以前，大約在元符二年，則《事略》言「元符末」，不確。

〔一三〕加集英殿修撰：《宋史》卷四七二《蔡京傳》附《蔡攸傳》作「集賢殿修撰」。

〔一四〕敏即約李綱共爲之：汪琬《東都事略跋》卷中：「《靖康傳信録》：『金人敗盟，予夜過吴敏家，曰：「事急矣，非傳位東宫，使招徠豪傑，何以克濟？」敏曰：「監國可乎？」予曰：「不可。唐肅宗建號之議，不出於明皇，後世惜之。」敏翼日求對，具道所以，且言：「李某之論，蓋與臣同。」有旨召赴都堂，遂上劄子。』云云，而内禪始決，與此《傳》絶異。按：陳少陽《登聞檢院第三疏》言傳位事，止云『贊勷之力，吴敏有焉』，並無一辭及忠定。後一月，又爲忠定伏闕，亦不及此事。又按靖康元年九月九日《安置吴敏手詔》略云：『蔡攸自知罪惡，不免引敏爲給事中，宣制入玉華閣。』閣乃禁中深密之地，非外臣所得至，攸意欲留腹心之人，伺察動静。且入玉華閣之日，乃在降旨建牧之次日，攸詐傳敏有定策功，其姦僞締構如此。然則敏之贊勷，亦未爲的也，蓋適逢其會耳。善乎富韓公之言曰：『此輩何功可書。』」

〔一五〕攸死年五十：《建炎以來繫年要録》卷一靖康元年十月載：「淵聖皇帝數蔡攸罪，甲辰，與朱勔並殺之。」注云：「攸之死，《實録》無月日，附於九月壬申責萬安之後。」

東都事略卷第一百二

列傳八十五

趙挺之字正夫，密州諸城人也。舉進士，爲登州教授，通判德州。召試館職，除集賢校理〔一〕，遷監察御史。

初，挺之在德州，希意行市易法。黄庭堅監德安鎮，以謂①鎮小民貧，不堪誅求。及挺之召試，蘇軾曰：「挺之，聚斂小人，學行無取，豈堪此選。」至是，挺之劾奏軾草麻有云「民亦勞止」，以爲誹謗先帝。軾上章自辨。既而諫官奏故相蔡確作詩訕上，而御史不以言，挺之謫通判徐州，徙知楚州。

入爲國子司業，遷太常少卿，擢禮部侍郎。哲宗祔廟，翰林學士曾肇等議遷宣祖，挺之言：「有天下，事七世，謂考廟而上。本朝至英宗始備七廟之數，以僖祖爲太祖，以順祖而下六廟爲三昭三穆。太祖之廟，百世不毁，昭穆親盡則遷。故神宗即位，則遷順祖；哲宗即位，則遷翼祖。上與哲宗皆神考之子，則宣祖豈復可遷？」門下侍郎李清臣是其議，議乃定。

除御史中丞，言：「祖宗朝用侍從之臣，無内外輕重之異。昔李嶠請選近臣分典大州，而韋嗣立請先行。本朝張知白爲從官，亦乞分臺閣之臣出守，而知白因請自行。願稍增重外職，且使近臣少習治民。」遷吏部尚書，拜尚書右丞，歷左丞、中書門下侍郎。

①謂：四庫本作「爲」。

時蔡京爲相，挺之屢陳其姦惡，遂拜右僕射兼中書侍郎〔二〕。居數月，除觀文殿大學士、中太一宫使。會彗見西方，其長竟天，徽宗震怒，謂挺之曰：「蔡京所爲，皆如卿言。」京免相，挺之復爲右僕射。始，京在崇寧初首興邊事，用兵連年，不息一日。徽宗臨朝，諭輔臣曰：「朝廷不可與夷狄生隙，釁端一開，兵連禍結，生民肝腦塗地，豈人君愛民之意哉？」挺之退語同列曰：「主上志在愛民息兵，吾輩義當將順。」時執政皆京黨，但唯笑而已。京復相，挺之再除觀文殿大學士、佑神觀使。未幾而卒〔三〕，年六十八。贈司徒，謚曰清憲。

張商英字天覺，蜀州新津人也。兄唐英，字次公，舉進士，爲歸州理掾，數上書論天下事。英宗時，首上書戒上以無顧私親，稍擢御史裏行。早卒。唐英有史材，嘗著《仁宗政要》《宋名臣傳》《蜀檮杌》行於世。

商英少受學於唐英，中進士第，調通川①簿。章惇薦其才，召對，除光禄寺丞，權檢正中書禮房公事，加太子中允、監察御史裏行〔四〕。是時，神宗厲精政事，廷臣片②言悟意者，驟見進用。商英上疏曰：「陛下即位以來，更張改造者數十百事。其最大者三事也，一曰免役，二曰保甲，三曰市易。三者得其人，緩而講之則爲利；非其人，急而成之則爲害。臣願陛下與大臣宜安静休息，擇人而行之。苟一事未③已，一事復興，雖使禆諶適野而謀，墨翟持籌而算，終莫見其成也。昔舜用禹治水，稷播穀，皋陶典刑，益掌山澤，契敷五教，垂共百工，若④多事，然舜行此數事，而静以終之，故曰：『夫何爲哉。』今朝廷行舜之所以有爲，而未行其所以無爲，此臣所以拳

①通川：四庫本作「通州」，誤。
②片：原作「斥」，據覆宋本、四庫本改。
③未：覆宋本、四庫本作「不」。
④「若」上，繆校有「始」字。

拳爲陛下道也。」

會臺勘劫盜李則，從輕定罪，有詔糾察鞫之。商英言：「此出大臣私意，願陛下收還主柄，自持威福，使臺諫爲陛下耳目，無使胥遷爲兩府耳目，則天下幸甚。」神宗爲停其獄。商英乃言樞密院黨庇博州親戚失入死罪，及縱院吏犯法。於是樞密使副文彦博、吴充、蔡挺全府乞出，神宗難之。降光禄寺丞，監荆南鹽麴商税。

元豐中，除館閣校勘。商英曾薦舒亶可用，至是，亶知諫院，商英以其壻王潙之①所業托之，亶立繳奏，坐監鄂州漢川鎮酒税〔五〕。八年，以太常丞召。

哲宗立，除開封府推官。時朝廷稍更新法之不便於民者，商英上書言：「『三年無改於父之道，可謂孝矣。』今先帝陵土未乾，即議更變，得爲孝乎？」除河東路提點刑獄，移河北西路轉運副使，徙淮南。

紹聖元年，以右正言召，遷左司諫。商英觀望時政，謂蘇軾論合祭天地非是，指吕大防、梁燾、范祖禹爲姦，以司馬光、文彦博爲負國，言吕公著不當謚正獻，甚者至以宣仁后比吕、武。始，商英在元祐時作《嘉禾頌》，以文彦博、吕公著比周公；又作文祭司馬光，極其稱美。至是，乃追論其罪，其詭譎不常如此。

時來之邵爲其②子娶蓋氏，以蓋漸爲蓋氏義男，規其財産。商英疏論之，之邵出知蔡州。商英移左司郎中〔六〕。會知開封府王震言商英遣人與蓋漸害之邵，坐謫監襄州酒税〔七〕。起知洪州，除江、淮、荆、浙發運使〔八〕，召爲工部侍郎。

徽宗立，除中書舍人，以龍圖閣待制爲河北路都轉運使。爲言者論列，落職知隨州。召爲户部侍郎，遷翰林

①王潙之：原作「王爲之」，據覆宋本、四庫本及《長編》卷三〇八、《宋史》卷三五一《張商英傳》改。
②爲其：原倒，據覆宋本、四庫本乙。錢校有元益案：「此條亦係勞氏補校。」

學士〔九〕。崇寧初，除尚書右丞，遷左丞。時蔡京爲相，商英與京在神宗朝爲檢正，雅有契好，及是同在廟堂，議事多不合。商英言京姦邪，有「身爲相國，志在逢君」等語，臺臣以爲非所宜言〔一〇〕，謫知亳州，入元祐黨籍。京罷相，削籍知鄂州。京復相，以散官安置歸州，量移峽州。大觀四年，京罷相，除龍圖閣學士、知杭州。過闕賜對，奏曰：「神宗修建法度，務以去大害、興大利而已。今誠一一舉行，則盡紹述之美。法若有弊，不可不變，但不失其意足矣。」除資政殿學士、中太一宫使，尋除中書侍郎，拜右僕射。久旱，彗出天心，是夕大雨，彗不見。徽宗①喜，親書「商霖」字以賜之。

商英爲相，務更蔡京事，而減省用度。内侍楊戩提舉後苑作有勞，除節度使。商英不可，曰：「祖宗法，内侍皆寄資，無至團練使者。有大勳勞，則別立昭宣使、宣慶使②以寵之，未聞建節鉞也。」戩銜之。御史中丞張克公劾商英陰揺先烈，政和元年，罷爲觀文殿大學士、知河南府，尋落職知鄧州，再謫汝州團練副使、衡州安置。俄以通奉大夫提舉崇福宫，復觀文殿學士，又復觀文殿大學士。卒，年七十九〔一一〕。贈少保。欽宗即位，特贈太保。

商英學浮圖法〔一二〕，自號無盡居士。其進本熙、豐，蔡京强置黨籍中。天下既共惡京，而商英與京異論，以故天下翕然推重云。

何執中字伯通，處州龍泉人也。舉進士，爲台州推官。久之，爲國子監教授。以經術醇深，除太學博士、諸王府記室，遷侍讀〔一三〕。徽宗即位，拜寶文閣待制、提舉萬壽觀，遷中書舍人，歷兵部侍郎，遷尚書。

①徽宗：原作「哲宗」，據覆宋本、四庫本及《宋史》本傳改。
②宣慶使：覆宋本、四庫本作「寧慶使」，誤。《宋史》本傳作「宣政諸使」，《實録・張少保商英傳》作「昭宣、宣政、宣慶等使」，可證底本不誤。

初，徽宗即位，日食正陽之月，詔求直言，應詔上書者數千①人。蔡京爲相，忌惡正士，因此以除去異己者，使其腹心②之黨考定之。分邪正二等，以同己者爲是，異己者爲非，列置黨籍。執中亦言：「上書邪等人，豈可令到闕以見君哉？仕而在京者，亦當斥去。」京用其言。辟雍成，執中請開學殿，使都人士女縱觀，士論貶之。崇寧四年，爲尚書左丞〔一四〕。大觀元年，遷中書門下侍郎。三年，拜特進、左僕射〔一五〕。太學生陳朝老上書謂：「陛下即位以來，五命相矣。有若韓忠彦之庸懦，曾布之姦贓，趙挺之之惷愚，蔡京之跋扈，今復相執中。彼執中何爲者邪？是猶以蚊負山也。」陳瓘著《尊堯集》，有旨來取，執中請治其罪。鄧洵武、蔡薿陰助之，瓘由是再貶。

政和二年，加司空，進少傅。三年，改太宰，加少師，封榮國公。六年，以太傅就第，朝朔望。於是徽宗曰：「自相位得謝，古難其人，本朝數十年無此事。」執中曰：「唯張士遜以太傅、鄧國公就第。」徽宗曰：「當時恩禮恐未必爾。」其眷遇如此。

執中性謹畏，嘗戒邊吏無生事，節浮費，惜人才，寬民力，每爲徽宗言之。自以由攀附恩致位宰相，雖居富貴，未嘗忘貧賤時，斥緡錢萬置義莊，以贍宗族。薨，年七十四〔一六〕。贈太師、清源郡王，謚曰正獻。子正同。

鄭居中字達夫，開封人也。舉進士，除真定府教授。紹聖初，爲太學正，遷博士。徽宗即位，爲大宗正丞，擢禮部員外郎，除起居舍人，召試中書舍人、直學士院。坐事出知和州，又知潁州，復召爲中書舍人，遷給事中，除

①千：朱校本同，覆宋本、四庫本作「十」。
②腹心：四庫本作「心腹」。

翰林學士。

大觀元年，拜同知樞密院事。以貴妃親嫌除資政殿學士、中太一宮使。逾年，知院事。貴妃正位中宮，復請避位，除觀文殿學士、中太一宮使。政和三年，再知院事，累官特進。六年，拜少保、太宰兼門下侍郎。自張商英罷相，京復當國，益變亂法度，居中在右府，每爲徽宗言之。至是爲相，四方欣然望治。丁母憂，即詔起復。八年，以西師奏功，除少傅。懇求終喪。服除，拜威寧軍節度使、佑神觀使，封崇國公。宣和二年，權領樞密院事。未幾，爲真。進少師，徙封宿國公。四年，封燕國公。

初，遼國叛臣李良嗣來歸，陳滅燕之策。徽宗遣使女真，與之結約，夾攻遼國，收復燕雲。蔡京、童貫主其事，時居中爲相，力陳不可。又謂京曰：「朝廷議夾攻大遼，此出李良嗣欲快己意爾。公爲大臣，國之元老，不能守兩國盟約，輒造事端，誠非廟算。且本朝與遼國通好百五十年，兵不識①刃，農不加役，漢、唐和戎，未有如我宋之盛。公何以遽興此舉？公今若導上棄約復燕，無乃不可乎？」京曰：「上厭歲幣五十萬之多，故有此意。」居中曰：「漢世和②單于，歲尚③給一億九十萬，西域七千八百八十萬，與本朝孰爲多乎？漢永初中，諸羌反十四年，當時用兵用財二百四十億。永初後，復經七年，用八十萬億。公豈不是思乎？」京曰：「上意已決，其可沮乎？」居中曰：「使百萬生靈肝腦塗地，公實爲之。」由是北議亦稍寢。

其後女真數犯遼國，遼國之兵屢敗，國勢危蹙。王黼爲相，力主其事，欲舉兵以應之。以童貫、蔡攸爲宣撫使副，總師以出，居中復以爲不可。王師既出，撫定燕山，居中進太保。薨〔一七〕，贈太師、華原郡王，謚曰文正。子

①識：原作「試」，據覆宋本、四庫本改。
②和：原作「初」，形近而訛，據《三朝北盟會編》卷一改。
③尚：原作「上」，據覆宋本、四庫本及《三朝北盟會編》卷一改。

脩年、億年。

劉正夫字德初，衢州西安人也。舉進士，爲真州教授，遷太學博士。徽宗即位，除左司諫。時方治蔡邸獄，正夫入對，徽宗語及之。正夫引漢淮南厲王死蜀道，文帝深悔，以感悟徽宗，遂緩其獄。擢起居舍人，召試中書舍人，侍講邇英，遷給事中。徽宗謂正夫曰：「知卿在元符之末，甚有紹述之意。」正夫曰：「臣孤遠疵賤，荷先帝教養深厚，不敢自棄，然區區徒有其心而已。陛下今紹述先志，並施行政事，臣願陳力其間。」徽宗可之。除禮部侍郎。

彗見，詔求直言，正夫條時政十餘事，大略重名器、輕賦斂、戢干戈、節賜予、選人材、惜民力、鑒祖宗成憲、謹持盈守成之道，徽宗嘉納之。除翰林學士，出知河南府，召拜工部尚書。時顯恭皇后在殯，北使入見，欲如平時用樂，文移倨慢。正夫館伴，折以大義。大觀三年，拜尚書右丞，遷中書侍郎。陝西行夾錫大錢，物價翔踴，百姓告病。正夫論其弊，即日罷之。

徽宗稍厭蔡京紛更，思欲裁損，以寬民力，命鄭居中爲太宰，正夫爲少宰。未幾得疾，除安化軍節度使、開府儀同三司致仕。明日，落致仕，移鎮安靜，充中太一宮使，封康國公。行有日，徽宗賜詩寵之。疾作，卒於道〔一八〕，年五十六。贈太傅，謚曰文憲。

自正夫去位，王黼爲相，誤國召亂，以禍天下。余深、白時中、李邦彦輩相繼竊位，皆鄙夫患失之徒云。

臣稱曰：宰相得其人，則天下治；非其人，雖當平世，斯亂之階也。自崇、觀以來，宰秉歸於蔡京，挺之雖能知京之姦，而莫能誰何。商英繼京，乃反京政，而無益於事。至如執中之固位，正夫之取容，是果可以責其相業者哉？天下之禍，固不自己而作，然亂階亦有以稔成之也。居中謂兵禍不可結，盟誓不可渝，是矣。而卒與攸、黼輩同受燕山之獎，何哉？於虖！所謂大臣者，「以道事君，不可則止」，若居中，謂之具臣可也。

【箋證】

〔一〕除集賢校理：《宋史》卷三五一《趙挺之傳》作「爲秘閣校理」。《長編》卷三九三元祐元年十二月「庚寅，朝奉郎畢仲游、趙挺之並爲集賢校理，承議郎行軍器監丞孫朴、承議郎行太學博士梅灝、奉議郎張舜民、奉議郎禮部編修貢籍趙睿並爲秘閣校理」，疑《宋史》本傳誤。

〔二〕「時蔡京爲相」一則，《宋史》本傳云：「時蔡京獨相，帝謀置右輔，京力薦挺之，遂拜尚書右僕射。」與《事略》異。

〔三〕未幾而卒：《宋史》卷二〇《徽宗紀二》載大觀元年三月「癸丑，趙挺之卒」。

〔四〕監察御史裏行：《宋史》卷三五一《張商英傳》作「以檢正中書禮房擢監察御史」，《長編》卷二三一熙寧五年三月丁酉載「權檢正中書禮房公事張商英爲太子中允、權監察御史裏行」，《實録·張少保商英傳》（《名臣碑傳琬琰集》下卷一六）作「熙寧五年，加太子中允、監察御史裏行」。據此，《宋史》本傳「監察御史」後當補「裏行」二字。

〔五〕坐監鄂州漢川鎮酒税：《宋史》本傳作「以爲事涉干請，責監赤岸鹽税」。《長編》卷三〇八元豐三年九月庚午作「詔商英落館閣校勘，監江陵府江陵縣税」，《實録·張少保商英傳》作「以爲事涉干請，坐監鄂州漢川鎮酒税，改荆南江陵縣赤舞市鹽茶税」。考康熙《荆州府志》卷三六載「赤岸市在（江陵縣）城東一百二十里」，疑《實録·張少保商英傳》「赤舞」爲「赤岸」之誤。

〔六〕商英移左司郎中：《宋史》本傳作「徙左司員外郎」，《實録·張少保商英傳》作「（紹聖）二年，遷左司郎中」，《皇宋十朝綱要》卷一三紹聖二年八月庚辰條作「左司郎中張商英以交關蓋漸獄事，責監襄州酒税」。疑《宋史》本傳「左司員外郎」當作「左司郎中」。

〔七〕坐謫監襄州酒税：《宋史》本傳作「責監江寧酒」，《實録·張少保商英傳》作「謫監襄州酒税，改監江寧府税」。

〔八〕除江淮荆浙發運使：《宋史》本傳作「爲江、淮發運副使」。《實録·張少保商英傳》云：「（紹聖）四年，除江、淮、荆、浙等路發運副使。入覲，除直龍圖閣。未幾，以太常少卿召，未見，除集賢殿修撰、江淮荆浙等路發運使。」考《通鑑長編紀事本末》卷一三一《張商英事迹》載：「（紹聖）四年閏二月戊申，權知洪州、朝請郎張商英爲江、淮、荆、浙等路發運副使。十月己亥，江、淮、荆、浙發運副使張商英加直龍圖閣。元符元年十二月丁丑，張商英爲集賢殿修撰、江淮荆浙等路發運使。」據此，則《事略》不誤，而《宋史》本傳漏書「荆浙」二字。

〔九〕召爲户部侍郎遷翰林學士：《宋史》本傳云：「崇寧初，爲吏部、刑部侍郎，翰林學士。」《事略》繫「遷翰林學士」於崇寧前，與《宋史》異。《實録·張少保商英傳》云：「建中靖國元年，以户部侍郎召，改吏部、刑部，爲翰林學士。」《通鑑長編紀事本末》卷一三一《張商英事迹》載「（建中靖國元年）十二月辛丑，降授朝奉大夫、知隨州張商英權户部侍郎」，「乙卯，商英權吏部侍郎」，「崇寧元年四月丙戌，爲翰林學士。八月己卯，爲尚書右丞。二年四月癸丑，張商英爲尚書左丞」。據此可知，《事略》蓋從《實録》誤載「爲翰林學士」於崇寧元年前。

〔一〇〕臺臣以爲非所宜言：《桯史》卷七《嘉禾篇》：「王稱作《東都事略》，載張罷左丞，以言蔡京姦邪，有『自爲相國，志在逢君』等語，臺臣以爲非所宜言而謫之。考之史牒，蓋專坐此篇，稱書誤甚。當因其異同之迹，而遂從傳疑，其實非也。」汪琬《東都事略跋》卷中：「《桯史》謂商英罷左丞，專坐《嘉禾頌》，而指《事略》爲誤，其實不然。蓋商英既劾蔡京，御史臺承京風旨，特借此頌爲名耳。又言頌中儗司馬文正於周公，亦非也。按頌作於元祐二年十月，商英爲轉運使。是時文正殁已逾年矣，文忠烈、吕正獻當國，宜以《事略》之言爲正。」

〔一一〕卒年七十九：《宋史》本傳：「宣和三年卒，年七十九。」《實録·張少保商英傳》：「宣和三年十一月壬午，觀文殿大學士、通奉大夫、提舉西京嵩山崇福宫張商英卒。」

〔一二〕商英學浮圖法：汪琬《東都事略跋》卷中：「《傳》末『商英學浮屠法』云云。按《避暑録話》：天覺受法兜率悦，歷詆江西諸老宿。後天覺浸顯，諸老宿略已盡。後來庸流傳南學者，乃復推天覺，稱『相公禪』。近歲遂有爲長老開堂承嗣天覺者，前此未有，執利之移人，此曹亦然也。又子瞻有言曰：『稷下之盛，胎驪山之禍；太學生萬人，兆黨錮之冤。本、秀二僧，皆以口耳區區，奔走王公，洶洶都邑，安得而不敗。』云云。今之爲浮屠者，分門户，附要津，視前宋時尤甚，衣拂記莂，了不足重輕。噫，吾立見其敗矣。《春渚紀聞》謂天覺爲李長者後身，殆以其佞佛故耳。使此事果不誣，則長者不免墮落矣。」

〔一三〕遷侍讀：《宋史》卷三五一《何執中傳》作「轉侍講」。《長編》卷五〇三元符元年十月癸未載「記室參軍何執中爲諸王府侍講」，卷五二〇元符三年正月徽宗即位後「諸王府侍講何執中」遷一官，爲「提舉萬壽觀兼侍講」。據此，《事略》「侍讀」當爲「侍講」之誤。

〔一四〕爲尚書左丞：《宋史》本傳作「拜尚書右丞」，校點本認爲「當作『尚書左丞』」，是。據《宋史》卷二一二《宰輔表三》，崇寧四年鄧洵武爲尚書右丞，何執中爲左丞，本書卷一〇《徽宗紀》崇寧四年二月甲寅亦載「何執中尚書左丞」。

〔一五〕拜特進左僕射：《宋史》本傳作「遂代爲尚書左丞」，校點本認爲「『尚書左丞』當作『尚書左僕射』」，是。《宋史》卷二一二《宰輔表三》及本書卷一〇《徽宗紀》並作「尚書左僕射」，亦可爲證。

〔一六〕薨年七十四：《宋史》卷二一《徽宗紀三》政和七年十一月「丙申，何執中卒」。

〔一七〕薨：《宋史》卷三五一《鄭居中傳》：「入朝，暴遇疾歸舍，數日卒，年六十五。」卷二二《徽宗紀四》宣和五年六月「戊申，鄭居中卒」。

〔一八〕疾作卒於道：《宋史》卷二一《徽宗紀三》政和七年九月「乙未，劉正夫卒」。

東都事略卷第一百三

列傳八十六

張康國字賓老，維揚人也。初入太學，俊譽藹然。舉進士，爲兖、饒二州教授，稍遷提舉兩浙常平、福建路轉運判官。召爲左司員外郎，遷起居郎，拜中書舍人，遷翰林學士兼侍講，進承旨①。康國附蔡京以進，遂除尚書左丞。徽宗甚器重之，拜知樞密院事。

先是，西北邊帥②辟官，或任非其重③。康國嘆曰：「並塞尤當擇人，誠得人，邊鄙無患。奈何欲私所厚善乎？」終於位，年五十四〔一〕。贈開府儀同三司，謚曰文簡。

劉逵字公達〔二〕，隨州隨縣人也。舉進士。哲宗時，爲太常博士、國子司業。徽宗即位，爲衛尉少卿，拜中書舍人，遷給事中。時建言者以元符末復元祐黨人太優，朝廷再籍之，而頗有闊略者。御史中丞錢遹論黨人疑有姦，下兩省議。逵以遹言爲非，除户部侍郎，遷兵部尚書。崇寧四年，拜同知樞密院事。明年，除中書侍郎。

時蔡京罷相，國柄逵主之，於是言者論逵，謂其「乘間抵巇，盡取陛下崇寧以來繼述緝熙美意良法，不問大小

①承旨：原作「丞旨」，據覆宋本、四庫本及《宋史》卷三五一《張康國傳》改。
②北：原作「比」；帥：原作「師」，並據覆宋本、四庫本及《宋史》本傳改。
③重：繆校及《名賢氏族言行類稿》卷二五作「人」。

輕重而盡廢之。陛下立教養升貢之法，而逵乃腹非竊議，稽留旬浹，不即奉行；陛下息邪説以正人心，而逵取爲元祐學術者；陛下疾朋黨以示好惡，而逵進係黨人之子者；陛下罪詆誣以尊宗廟，而逵擢上書邪等者；陛下勤繼述以昭先烈，而逵用改更熙、豐法令者。陛下擢用之，不二三年間，致位輔弼，於逵厚矣。逵乃若此，豈不負陛下哉？」遂罷知亳州①。京復相，又責鎮江軍節度副使、安州居住，移襄州、泰州。起知杭州，除資政殿學士、醴泉觀使。卒，年五十〔三〕。

朱諤字聖與，秀州華亭人也。舉進士高第，調忠正軍推官，稍遷太常丞，擢殿中侍御史，遷侍御史，除給事中、御史中丞。上言：「天縱陛下將大有爲，手詔屢下，比以十數。其惻怛願治之意，雖《詩》《書》所載，堯、舜三代之用心，無以尚此。然奉行之吏，或安於苟簡，或懷二三，擅②置不行，則德意善政，無由下達。請分遣使者刺舉諸道，有受令而不行及行令而不盡者，如古留令、虧令之罪，重爲譴罰，則令行而朝廷尊矣。」

欽聖憲肅皇后服除，前此，徽宗以禁樂未講朝會之禮，至是諤言：「帝出乎震，相見乎離。離者，帝與萬物交通之時。古者以仲夏視朝，其説載於《月令》。令行於唐甚備。本朝太祖建隆、太宗興國皆行之。宜敕有司，以五月會朝。」時壽星數見，諤言：「《禮記·月令》，八月中氣日在軫，是月命有司享壽星於南郊。願增崇其禮，以致人主萬壽之意。」進侍讀，除兵部尚書，改禮部。

時議者以南郊熟牲以鑊，非古禮，欲易用鼎。諤曰：「周公大祭祀，則大宗伯省牲鑊，非古禮乎？」大觀初，

①亳州：原作「毫州」，據覆宋本、四庫本及《宋史》卷三五一《劉逵傳》改。
②擅：繆校及《宋史》卷三五一《朱諤傳》作「柅」。

爲尚書右丞，逾月卒〔四〕。贈光禄大夫，謚曰忠靖。

謂始以科第有時名，而附會蔡京以進。初名紱，以黨籍中有同姓名者，遂改今名云。

林攄字彦振①，福州長樂人也〔五〕。以父任調無錫簿，爲敕令所删定官〔六〕，通判濠州。蔡京爲相，置講議司，辟攄爲財賦檢討，除屯田員外郎，遷右司員外郎。時議遣使察訪諸道，以攄使河北。陛辭，言河北利害數事，因留不遣，擢起居舍人。俄遷中書舍人、翰林學士。

當是時，朝廷用兵西方，遼人遣使爲請，命攄報聘。攄至虜廷，盛氣言曰：「夏羌數寇邊，罪在不赦。北朝屢遣使勸和，當俟其服，然後可副勸和之意。」虜廷君臣皆不答。及辭，虜主欲爲夏人求復進築城砦，攄曰：「北朝往日夏人不庭，亦嘗取唐隆鎮，今還之乎？」虜不勝其忿。既還館，給以宣旨，使降階跪受，實以國書授之。攄引故事，不從，因詆之曰「蕃狗」，虜主曰：「大宋，兄弟之邦；臣，吾臣也。今辱吾左右，與辱我同。」欲致之死。在廷恐兆釁，皆泣諫止。於是留攄在館三日，絶供餉水，泉汙不潔，以飢渴困辱之。既行，無燕餞贈賄。使還，朝廷不以攄生事爲罪，乃除禮部尚書。遼人以書言於朝，遂以龍圖閣直學士出知潁州。

未幾，召爲開封尹，除兵部尚書，拜同知樞密院事，改尚書左丞，遷中書侍郎。顯恭皇后崩，徽宗成服舉哀，衛士猶服色衣，有司疑之。攄遽判服紫繡袍。明日對，引故事：「宰臣、宗室之喪，皇帝掛服苑中②，衛士服紫繡袍。今於中宮何疑？」議者非之。

①振：原作「福」，據繆校、錢校改。錢校：「《宋史》『攄字彦振』，『福』字似因下『福州』字而誤，此宋本原誤。」「元益案：此條亦係勞氏補校。」今按：宋人筆記、文集皆稱「林彦振」，而無稱「林彦福」者，故從校本改。

②掛服苑中：覆宋本、四庫本作「持服殿中」。

集英殿賜進士第，攄當臚傳，有姓甄而呼爲「堅」，名盎而呼爲「怏」者，徽宗指曰：「卿誤邪？」攄不謝，言者論其不學無術，倨傲不恭，失人臣禮，謫知滁州。言者不已，提舉洞霄宫。久之，復資政殿學士，知揚、鄆二州，進觀文殿學士，拜慶遠軍節度使。復以人言罷，提舉明道宫。卒，年五十九〔七〕。贈特進。

攄爲人很愎，既退居，買田湖州，歲荒，租不時入，責幹吏備償。吏訴於朝，爲士論所耻。靖康元年，以攄蔡京死黨，追貶爲節度副使。

管師仁字元善，處州龍泉人也。舉進士，爲滄州教授，又爲廣親、睦親宅教授。通判澧州，知建昌軍。召對，除右正言。徽宗親政，師仁言事詳緩不迫，徽宗多聽納。遷左司諫、起居郎，遂拜中書舍人，遷給事中，爲工部侍郎，進吏部。久之，遷刑部尚書，以樞密直學士知揚州，徙定州。

時承平日久，邊備不修，而虜使再至，爲羌請地。朝廷以備邊委師仁。師仁至，則下令增繕城防，僚吏駭然，莫知所爲。師仁默計，皆有程度，一日舉衆十餘萬，不日而成。其他戰守之具，無不飭備，而人無知之者。召爲吏部尚書。未幾，拜同知樞密院事。以疾罷爲資政殿學士、佑神觀使。卒，年六十五〔八〕。

侯蒙字元功，高密人也。舉進士。爲文簡古，有西漢風。崇寧初，爲監察御史，進殿中侍御史。蒙上疏陳十事：去冗官，容諫臣，明嫡庶，别賢否，絶倖求，戒濫恩，寬疲民，節妄費，戚里毋與政，閹寺無假之權。徽宗嘉納之。遷侍御史。

西夏寇邊，高永年死於虜。徽宗怒，親書五路帥臣劉仲武等十八人姓名，命蒙制勘於秦州。既行，拜給事中。蒙至，仲武等囚服聽命。蒙謂曰：「君等皆侯伯，不敢以獄事辱，第言其實。」案未上，除御史中丞。蒙因上言曰：「漢武之殺王恢，不如秦穆之赦孟明。子玉縊而晉侯喜，孔明斃而蜀國輕。虜既殺吾一都護，而將臣十八人由之而死，是自戕其支體，欲身之不病，其可得乎？」徽宗即日赦仲武等。蒙還，遷刑部尚書，進户部。

大觀中，拜同知樞密院事，遷尚書左丞。政和二年，除中書侍郎。張商英爲相，御史中丞蔡嶷力詆其私事，商英丐罷，且辨其誣。有旨與嶷辨。蒙曰：「商英雖有罪，宰相也。蔡嶷雖言官，從臣也。今使之廷辨，豈不有傷國體哉？」徽宗然之。尋出知亳州，旋除資政殿學士、提舉崇福宫。

於時宋江寇京東，蒙上書陳制賊計曰：「宋江以三十六人橫行河朔〔九〕，京東官軍數萬，無敢抗者，其材必過人。不若赦過招降，使討方臘以自贖，或足以平東南之亂。」徽宗曰：「蒙居閒不忘君〔一〇〕，忠臣也。」起知東平府，未赴而卒〔一一〕，年六十八。贈開府儀同三司。

馮熙載字彦爲，衢州西安人也。舉進士，爲弋陽尉，旋除秘書省正字，遷著作佐郎、起居郎、中書舍人。由大司成拜翰林學士，遷承旨①，不閲旬，除尚書左丞。逾年，遷中書侍郎。

方是時，王黼爲相，熙載與之共事，多不協。言者論其不省墳墓，遂罷，以資政殿學士知亳州，尋提舉洞霄宫。起知福州，引疾，再領宫祠。卒，年四十九〔一二〕。

臣稱曰：自愛莫助之之説行，而孽京由是用事，小人之勢遂熾，「立乎人之本朝」者，莫非小人也。其進悉以詆毁元祐、紹述先烈爲言，如是者幾三十年。而執政之中，獨一劉逵用主元祐而黜，彼豈誠然

①承旨：原作「丞旨」，據四庫本改。

者哉？烏虖！小人之急售其才，而耆利不已，終以亂天下者，自古蓋亦多矣。而崇、觀、政、宣之間，爲特甚焉。於斯時也，賢人君子擯廢不用，甘鏟采以自珍者，可勝道哉，可勝道哉！

【箋證】

〔一〕終於位年五十四：《宋史》卷二〇《徽宗紀二》大觀三年春三月「壬申，張康國卒」。

〔二〕字公達：《宋史》卷三五一《劉逵傳》作「字公路」，《鐵圍山叢談》卷三亦稱「劉公路逵」，而《乾道臨安志》卷三、《宋宰輔編年録》卷一一等多作「公達」。蓋逵字公達，一字公路。

〔三〕卒年五十：《宋會要輯稿》儀制一一之五載「資政殿學士、中大夫劉逵，（大觀）四年十一月，贈光禄大夫」。

〔四〕爲尚書右丞逾月卒：《宋史》卷三五一《朱諤傳》作「大觀元年，拜右丞。居三月卒。」卷二一二《宰輔表三》：「朱諤自吏部尚書除中大夫、尚書右丞」在大觀元年三月丁酉，又載：「六月己亥，尚書右丞朱諤卒。」則《事略》「逾月卒」，不確，當從《宋史》。

〔五〕福州長樂人：《宋史》卷三五一《林攄傳》作「福州人，徙蘇」。

〔六〕爲敕令所删定官：《宋史》本傳作「攄用蔭至敕令檢討官」。檢《宋史》卷一六一《職官志一》「提舉修敕令」下設詳定官、删定官，無檢討官，《宋史》本傳誤。

〔七〕卒年五十九：《宋會要輯稿》儀制一一之五：「觀文殿大學士、宣奉大夫林攄，（宣和五年）六月十一日，贈特進。」

〔八〕卒年六十五：《宋會要輯稿》儀制一一之五：「資政殿學士、中大夫管師仁，大觀三年六月贈正奉大夫。」《宋宰輔編年録》卷一二載管師仁於大觀三年四月戊寅同知樞密院事，六月甲戌朔罷，「執政僅兩月，引疾乞罷，而有是命，尋卒」。

〔九〕宋江以三十六人横行河朔：「河朔」，《宋史》卷三五一《侯蒙傳》作「齊、魏」。

〔一〇〕蒙居閒不忘君：「居閒」，《宋史》本傳作「居外」。蓋《事略》載蒙上書在提舉崇福宮時，故云「居閒」；而《宋史》不載提舉崇福宫，而謂上書於知亳州時，故云「居外」。經余嘉錫考證，「《宋史》誤」（見舒仁輝《〈東都事略〉與〈宋史〉比較研究》第二四七頁轉引）。

〔一一〕未赴而卒：《宋會要輯稿》儀制一一之五：「資政殿學士、光禄大夫侯蒙，宣和三年三月，贈開府儀同三司。」

〔一二〕卒年四十九：《宋會要輯稿》儀制一一之八：「資政殿學士、通議大夫馮熙載，（宣和）五年二月，贈金紫光禄大夫。」

東都事略卷第一百四

列傳八十七

姚兕字武之，隴干人也[一]。父寶，爲隴干巡檢，戰没，以兕爲右班殿直。熙寧中，西鄙進築，兕爲巡檢，以功稍遷左藏庫副使。夏人舉國入寇，環慶保障皆被圍。兕駐荔原堡，引兵出據險要，又張疑兵諸山上，使賊不得散掠境内。間出奇擊之，賊稍却。明日，益兵來攻甚急，兕乘高而射，凡三百餘發，皆應弦而斃。指裂流血，而射不已。更遣其子雄率精騎出，自執旗從城上麾之。賊不敢當，即引而西攻大順城。兕復往援，城又獲全。慶卒叛，兕以親兵守西門，賊不得入。且諭以大義，賊感泣羅拜。

熙河用兵，以兕策應，攻破河州。大酋木征聚兵於郎家山，兕又破之。鬼章陷景思立於踏白城，諸兵皆欲以兵直前，兕請先破撒宗城。用其言，一舉而克，遂破踏白諸羌，以報思立之役。以功累遷皇城使。

交趾寇邊，師次富良江，賊以輕艦度兵合戰，兕與諸將帥精兵鏖擊之，賊不得登者盡擁江中。以功領雅州刺史。瀘南乞弟叛，兕以功領忠州團練使，俄爲環慶路馬步軍副總管，改鄜延。

哲宗即位，拜東上閤門使，移熙河。鬼章據洮州，諜言青唐欲將兵由講珠梁會於洮，合寇我疆。兕自河州率兵破六逋宗城，夜遣驍將縱火講珠梁。明日，青唐兵①至，不得遂②洮州之援，鬼章就擒[二]。遷四方館使，再移

---

①「兵」上，繆校有「援」字。
②「遂」下，繆校有「渡」字。

環慶，進通州團練使，改涇原總管，移鄜延路。卒，年六十七〔三〕。贈忠州防禦使。

兕幼孤，事母孝。學兵法，戰未嘗敗。輕財樂施，老不廢書。好顔真卿書，曰：「吾慕其人耳。」弟麟，子雄、古①，俱仕節度使。

麟字君瑞，以父寶死事，補三班借職，稍遷左侍禁。王韶取熙河，知麟材可用，用爲熙河管界巡檢。復河州，爲諸軍先，以功遷内殿承制。韶大會諸將飲幕下，而露骨山降羌叛。報至，韶目麟曰：「破敵者飲此。」麟欣然盡巵酒，擐甲馳去。食未竟，斬數百級②還報。韶大喜，舉軍盡驚。從定岷山，又爲諸軍先。

木征塞河州路，攻香子城，急命麟往戰。將先鋒田瓊殿次牛精谷〔四〕，瓊欲速進，麟曰：「此險疑有伏，吾固緩以圖之。遽前，必墮計中。」瓊不聽，勉與俱入，伏果發，瓊遂戰没。麟獨格殺數十人，身被數創，督戰益急。士益用命，卒解香子城圍，通河州路。積遷左藏庫使。

從李憲討鬼章，以功遷皇城使。從復洮州，擢涇原路兵馬鈴轄兼知德順軍。以師援李憲，兵爲前軍。兵③十餘萬，鋒鋭甚，麟謂其副曰：「賊衆我寡，將迎擊之。且以臨④大軍之聲，必濟。」即馳騎中軍告急。憲進兵，麟繼使人聲言：「姚公已破賊。」衆聞歡趨。麟度憲不遠，鼓而出戰，方酣，大軍沓至，大破之，賊潰走。拜西上閤門使、英州刺史，爲秦鳳路馬步軍副總管，改環慶路。

①古：覆宋本、四庫本作「右」。《宋史》卷三四九《姚兕傳》作「古」。
②級：原作「給」，據覆宋本、四庫本改。
③「兵」前，繆校有「賊」字，是。
④以臨：四庫本作「臨以」。

王師問罪西夏，麟與劉昌祚皆爲涇原行營總管〔五〕，聽高遵裕節制，而以兵會於靈武。賊十萬餘扼我師，麟引兵以出，大破之，遂以師抵靈武，爲諸道先。數日，遵裕至，方議攻城。麟先登，矢石下如雨，氣益振，城且拔。會班師，麟復以涇原兵爲後軍，賊追躡，慷慨激厲，士衆争出死力，卒全師而還。是役也，涇原軍入爲前，出爲殿①，戰嘗爲最，而麟實將之。諸將得罪，例降皇城使、永興軍路鈐轄。

初，遵裕與昌祚有隙，凡軍事輒沮止，以故不濟。後昌祚言：「靈武不克，實受制，非戰之罪。」朝廷問麟是非，麟曰：「首至靈武，昌祚之功。城不能取，皆臣之罪。」人以此多之。復爲涇原路鈐轄。初復蘭州，麟以功復故官，爲副總管。

時夏人請蘭會之地，麟奏書以謂②：「夏人逐其君，王師是征。今秉常不廢，即爲順命，可因以息兵矣。獨蘭會不可與，願召諸將帥，飭邊備，示進討之形，以絶其望。」朝廷是其議。兵出殺胡平，而夏人兵壓境。麟屯兵瓦亭，賊逼静邊。麟將兵以待，賊至，邀擊之，賊遁去。召爲龍神衛四廂都指揮使，累拜馬軍副都指揮使、建武軍留後。紹聖中，出帥③涇原，召拜殿前副都指揮使、武康軍節度使、殿前都指揮使〔六〕，改鎮建雄，徙定武。卒，年六十八〔七〕。贈太尉。

麟風貌瑰特，美鬚髯，不妄笑語。喜司馬兵法，爲將沈毅多奇策，有功不自矜伐。持軍紀律明，下樂爲之用。事兄兕盡禮，兄弟並立功，聲蓋一時云。

①入爲前出爲殿：繆校作「徑爲前，入爲殿」。
②謂：覆宋本、四庫本作「爲」。
③帥：朱校本同，覆宋本、四庫本作「師」，誤。

折可適字遵正，其先與魏道武俱起雲中，號代北著姓。郭逵帥鄜延，見之曰：「真將種也。」薦之，試藝廷中，爲鄜延路經略司準備①差使，擢知寧、岷、環、蘭四州，再知鎮戎軍。

章楶帥太原，築石門峽好水川，檄可適守鎮戎。時熙河、秦鳳、環慶三路兵會，涇原之師無慮三十萬，聽命於楶。楶以總管王文振爲統制，以可適爲前軍而副之。前軍遇敵求援，可適請文振益兵，發熙河卒二千人〔八〕，失道，盡赴坑谷死。文振懼，歸罪可適，劾其擅興違節制，奪十三②官而罷。楶請留之，乃以可適權第十三將〔九〕。

羌統將嵬名阿埋③、監軍昧勒都逋，皆西夏用事首領，朝廷密詔圖之。會二酋以放牧爲名，窺伺境上。可適因請出兵，銜枚夜襲之，俘其家屬部族三千餘人，簿所得十餘萬計。其地即天都山也，可適請以秋葦川爲砦，南牟爲州。詔名砦曰臨羌，州曰西安，而以可適知州事。

累遷明州觀察使、涇原路副都總管。帥④請以兵直據靈州，徽宗召問可適，可適曰：「易取難守，計當先稍侵其地以弱之，俟吾籓籬已固，委輸無阻，而後可圖也。」進武安軍留後，知渭州〔一〇〕，拜淮康軍節度使。召爲佑神觀使，復帥涇原。卒，年六十一〔一一〕。子彥質。

郭成〔一二〕，德順軍中安堡人也。初以應募爲弓箭手，累級補都指揮使。討河州踏白城部族有功，換西頭供

---

①準備：原作「淮備」，據錢校及李之儀《折公墓誌銘》改。
②三：繆校作「五」。
③羌：原作「差」，據《長編》卷五〇四元符元年十二月壬辰注引《折可適傳》改。埋：原作「理」，據繆校及《折公墓誌銘》、《宋史》卷二五三《折德扆傳》附《折可適傳》改。
④「帥」下，繆校有「臣」字。

奉官。從征交趾、瀘南，轉内殿承制。

元豐中，大合五道兵趨靈武，成將涇原選鋒。賊守漫哆隘以拒王師，成出奇奮擊之。至靈武，有番酋乘馬馳突，統制劉昌祚曰：「孰能爲我取此虜乎？」成即躍馬斬其首以還，昌祚大奇之。爲涇原第十副將，以杖部將坐免。

熙河、秦鳳、環慶、涇原之師，進築平夏城，置第十將以戍之〔一三〕。章楶謂諸將曰：「新邊控扼，誰可付者？」皆曰：「非郭成不可。」遂用之，駐平夏。虜既失地利，乃縱兵圍成，成隨機應變①。已而援兵大集，陞統制。成乃與折可適議曰：「賊新敗衄，若乘勢深入，可以大獲。」帥以萬騎付之，分道而進，即帳中擒其大酋嵬名阿埋②、昧勒都逋，以功遷引進使、雄州防禦使、涇原路鈐轄，轉客省使。卒，年五十六〔一四〕。

成姿貌豐偉，襟度坦然，撫養孤窮，疏財好施，名振西鄙云。子浩。

劉仲武字子文，秦州成紀人也。姿③雄偉，以材武補官，數從軍，與吐蕃力戰有功，積官至禮賓使，爲涇原路第一將。

夏人欲犯天聖砦，主帥諜知舉事日，檄仲武會諸將兵於天聖，約曰：「過某日賊不來，即分屯去。」仲武得賊的期，乞緩分屯。主帥不悦，止留一將及仲武軍。賊果至，仲武力戰禦之，賊遁去。遷皇城使、熙河路兵馬都監。收復湟州，除東上閤門使、知河州。

①變：繆校作「之」。
②埋：原作「理」，據本書卷九七《章楶傳》及繆校、《宋史》卷三五〇《郭成傳》改。
③「姿」下，繆校有「貌」字。

李忠與骨延戰不利，吐蕃爲①王趙懷德及狼阿章聚衆數萬，勢張甚。仲武禦之，與賊相持二日，潛遣二將各五百騎直抵賊營，令之曰：「賊迎戰，勿與戰，亟還，伏兵道左。」伺二將還，賊追之，伏發，大敗其衆，斬三千級。遷四方館使、惠州刺史。收復西寧州，轉客省使、果州團練使，移知湟州，復還河州。趙懷德、狼阿章果來降。遷榮州防禦使。副高永年征西涼，賊遽至，仲武欲持重固壘，永年易賊迎戰，遂大敗。仲武引咎自劾，長流嶺表。命未下，會與夏人戰傷足，朝廷閔之，免赴貶所。未幾，爲西寧都護。

童貫宣撫陝西，議欲招誘僞王子臧征僕哥，收積石軍。積石與西寧接境，仲武詣貫計事，曰：「大兵入境，賊窮走夏國，路由西寧，可掩捕。若降，可招納。或深入巢穴，可乘其便。河橋功力，卒未易辦②，可預具。若稟命待報，則失幾會，奈何？」貫許以便宜。臧征僕哥果欲降，丐一子爲質。仲武即遣子錫往，而河橋亦成。仲武以兵度河，挈僞降王以歸。貫掩其功，止録河橋之勞，仲武終不自言。

徽宗遣使持金醆賜先得積石軍招納降王者，使者訪其實，以醆授仲武。召對，徽宗曰：「高永年失律，以不用卿言。招納降王，撫定河南，皆卿力也。」仲武謝。問：「幾子？」曰：「九子。」徽宗悉命以官，以錫爲閤門祇候。復知西寧州，移渭州，召爲龍神衛四廂都指揮使，帥涇原，移帥秦鳳。以功累遷保静軍承宣使、步軍都指揮使〔一五〕、熙河涇原都統制。

夏人寇震武，仲武却之，除瀘川③軍節度使。以老請祠，提舉明道宫。未幾，再帥熙河。以疾卒〔一六〕，年七十三。徽宗聞訃，嘆曰：「吾失長城矣。」謚曰威肅。九子，錫、錡最知名。

---

①爲：當作「僞」。

②辦：原作「辨」，據四庫本及《宋史》卷三五〇《劉仲武傳》改。

③瀘川：覆宋本、四庫本作「瀘州」，誤。

趙隆〔一七〕，秦州成紀人也。以勇敢應募，從王韶收復熙河，四遷爲三班借職。

姚麟嘗與虜戰，被重創，曰：「吾渴欲死，得水可活。」有泉近虜營，隆潛往，納衣泉中。賊覺，隆急持濡衣，且戰得歸，裂取水以飲麟，麟得活。嘗從李憲討賊，數有功。討①鬼章也，河外諸羌皆以兵應鬼章，隆率衆先至，斧其橋。鬼章失援，擒之。

除涇原第九將。與夏人戰平夏川，功爲多。移熙河路兵馬鈐轄。師出邈川，隆將前軍擊賊，賊走保三城，逐北，遂降之，復鄯、廓兩州。夏人寇涇原，詔熙河深入分其兵，無令專得東向。師至鐵山，隆先登，士皆殊死戰，賊解。召見，徽宗曰：「鐵山之戰，卿力也。」

童貫與隆論燕雲事，隆極言其不可。貫曰：「君②與此，當有異拜。」隆曰：「武夫豈敢干爵禄以敗祖宗百餘年之盟好乎？異時釁生，雖萬死不足以謝天下。」貫知不可奪，明日白徽宗，除知西寧州。時又有邊將劉延壽者，過太原，帥臣方經營燕雲，以問延壽。延壽以「可伐不可守，可守不可久，矧祖宗盟誓一旦敗之，恐有不測之變」，帥甚忌之。隆與延壽雖武士，甚有精識。

隆至西寧，羌豪懾伏，悉籍其户三萬六千，願比内地。從熙河帥劉法討賊，隆以奇兵擣之，虜大潰，遂城鎮武〔一八〕。遷温州防禦使，爲馬步軍副總管、捧日天武四廂都指揮使。卒，贈鎮潼軍節度使〔一九〕。

①「討」上，繆校有「王師之」三字。
②「君」下，繆校及《宋史》卷三五〇《趙隆傳》有「能」字。

和詵字子美，濮州鄄城人也。以蔭補三班奉職，爲河北副將，累轉内殿崇班、知嵓嵐軍。稍遷西上閤門使、知雄州，改右武大夫、威州刺史。詵因上制勝强遠弓式，施行之，弓能破堅於三百步外，邊人號爲「鳳皇弓」。轉拱衛大夫、榮州防禦使，遷中侍大夫、相州觀察使。

時女真數犯契丹，童貫帥師巡邊，至高陽關，召詵問以計策。乃言：「南北兄弟之國，誓好百有餘年。今師出無名，宜按兵觀釁，戒諸將無妄動。」貫謬然，乃命詵兼統制，副种師道。詵還瓦橋，貫亦至，而前軍統制楊可世入虜境而敗。詵勸師道斬可世以徇，師道不從，引軍宵遁。詵亦徒行亂兵間，逾宿入雄州，虜師至城下而還。貫奏詵不從節制，責豪州①團練副使、筠州安置〔二〕。徽宗亦詔貫班師。

會耶律淳死，蕭太后立，朝廷復詔貫毋歸。及收復燕京，肆赦，以詵初議不戰，獨不放②還。後數月，蕭幹出盧龍，攻破景州，又敗常勝軍於石門鎮，陷薊州，寇掠燕城，人情恟恟，有謀棄燕者。徽宗於是思詵言，召還，復正奉大夫、宣州觀察使。卒，年六十七〔三〕。贈安化軍承宣使。

【箋證】

〔一〕隴干人：《宋史》卷三四九《姚兕傳》作「五原人」。

〔二〕「夜遣驍將」至「鬼章就擒」：《宋史》本傳作「夜斷浮橋，援兵不得度，遂擒鬼章」，較簡明。《續通志》卷三六二《姚兕傳》校記謂《事略》「拜東上閤門使」至「鬼章就擒」一段，「較《宋史》本傳明晰」。

〔三〕卒年六十七：《宋會要輯稿》儀制一一之二八：「通州團練使姚兕，紹聖元年十二月，贈忠州防禦使。」

①豪州：繆校作「濠州」。
②放：覆宋本、四庫本作「赦」。

〔四〕將先鋒田瓊殿次牛精谷：《長編》卷二四三熙寧六年三月丁未載：「（二月丙申）侍禁田瓊部弓箭手七百餘人救援，至牛精谷，及其子永吉皆戰死。」注：「熙寧五年，朝廷新復鎮洮。明年，（苗）授以兵從王韶爲先鋒，破香子城，進拔河州。賊退圍香子城，以迎歸師，韶遣裨將田瓊救之，鬭死。」不及姚麟。且《長編》所載先鋒爲苗授，田瓊爲裨將，與《事略》不同。

〔五〕麟與劉昌祚皆爲涇原行營總管：《宋史》卷三四九《姚兕傳》附《姚麟傳》作「以涇原副總管從劉昌祚出戰」，《長編》卷三一七元豐四年十月壬戌「詔李憲已總兵東行，涇原總管劉昌祚、副總管姚麟見統兵出界」，據此則姚麟當爲涇原副總管。且《事略》下文亦稱「復故官爲副總管」，此作「皆爲涇原行營總管」，蓋誤。

〔六〕殿前都指揮使：《宋史》本傳云「徽宗立，進都指揮使」，《長編》卷五二〇元符三年正月戊子載「殿前副都指揮使、武康軍節度使姚麟爲建雄軍節度使、殿前指揮使、檢校司空」，《事略》「殿前都指揮使」前當補「徽宗立進」四字，不當與紹聖中遷官連書。

〔七〕卒年六十八：《宋會要輯稿》禮四一之五一：「定武軍節度使、檢校司徒、殿前都指揮使姚麟，崇寧四年二月，輟三日。」又禮四一之二〇：「（崇寧四年）八月，幸殿前都指揮使姚麟第臨奠。」

〔八〕發熙河卒二千人：《宋史》卷二五三《折德扆傳》附《折可適傳》作「熙州兵千人失道盡死」，李之儀《折公墓誌銘》（《姑溪居士後集》卷二〇）云：「再約文振發熙河兵。熙河兵驕而貪功，主將不能制，即報曰：『已發二千矣。』偶失道，盡赴坑谷死。」《事略》從《墓誌銘》，敍其事稍詳。

〔九〕乃以可適權第十三將：「十三將」，《宋史》本傳作「十二將」，《長編》卷四九九、卷五〇一同，且云：「涇原路增置第十二將，以折可適、曲克權將副。」《折公墓誌銘》及《長編》卷五〇四元符元年十二月壬辰注引《折可適傳》均作「第十三將」，「三」或爲「二」之誤。

〔一〇〕知渭州：《宋史》本傳作「知衛州」，《折公墓誌銘》云：「乃以公爲涇原路經略安撫使、馬步軍都總管、知渭州。……在鎮二年，拜淮康軍節度使。」且《宋史》本傳下文云「復以爲渭州」，可知「衛」當爲「渭」之誤。

〔一一〕卒年六十一：《折公墓誌銘》：「到鎮四月，感疾，遂告老。未報，而以十月二十九日薨，享年六十一，乃大觀四年也。」

〔一二〕郭成：《宋史》卷三五〇《郭成傳》及王之望《故客省使雄州防禦使涇原路兵馬鈐轄兼第十一將郭公行狀》（《漢濱集》卷一五）並謂郭成字信之，《事略》闕其字。

〔一三〕置第十將以戍之：「第十將」，《郭公行狀》作「第十一將」，《事略》當脱「一」字。

〔一四〕卒年五十六：《郭公行狀》：「崇寧元年春三月，命諸將合力築綏戎、懷戎二堡，而命公獨以本將兵城合流平。會天大雪，督工不息，暴露得疾，歸。四月一日，卒於平夏城，享年五十有六。」

〔一五〕步軍都指揮使：《宋史》卷三五〇《劉仲武傳》作「步軍副都指揮使」。

〔一六〕以疾卒：《宋會要輯稿》儀制一一之二〇：「瀘川軍節度使劉仲武，宣和二年十月，贈檢校少保。」

〔一七〕趙隆：《宋史》卷三五〇《趙隆傳》作「趙隆字子漸」，《事略》漏書其字。

〔一八〕遂城鎮武：《宋史》本傳作「城震武」，又卷八七《地理志三》載「政和六年，進築古骨龍城，賜名震武城」，《事略》誤作「鎮武」。

〔一九〕卒贈鎮潼軍節度使：《宋會要輯稿》儀制一一之一八：「捧日天武四廂都指揮使、温州防禦使趙隆，政和八年五月，贈鎮潼軍節度使。」

〔二〇〕責豪州團練副使筠州安置：「豪州」，《宋會要輯稿》職官六九之一一、《宋史》卷三五〇《和斌傳》附《和詵傳》均作「濠州」，《三朝北盟會編》卷七則載「和詵亳州團練副使、筠州安置，侯益知濠州」。考《宋史·地理志》有「濠州」「亳州」而無「豪州」，《事略》作「豪州」，誤。

〔二一〕卒年六十七：《宋會要輯稿》儀制一一之二六載「正侍大夫、宣州觀察使和詵，宣和六年正月」，不贈官。

東都事略卷第一百五

列傳八十八

徐勣字元功，宣州南陵人也。舉進士，調吳江尉、桂州教授，知建平縣，爲越王等宮大小學教授。召對，除王府記室。

徽宗即位，除寶文閣待制，提舉醴泉觀兼侍讀，爲中書舍人，修《神宗正史》。勣言：「元祐史官范祖禹等多主司馬光記事，至紹聖之際，蔡京兄弟又用王安石《日①録》，各爲之説。正史所以久不成書者，良由史官好惡異同也。今史臣修正史，謂宜悉取當時輔相之家記録，以參較得失，則一代大典可信矣。」

時紹聖黨與尚在朝用事，人懷異意②，以沮新政。徽宗一日與勣論擇相之難，且曰：「朕欲相范純仁、韓忠彦，如何？」勣曰：「陛下得人矣。」忠彦入相，紹聖黨與以次斥去，惟蔡京結宦寺爲助。徽宗未有逐京意，命勣與京校正《五朝寶訓》。勣耻與京同職，力辭，因奏曰：「京姦惡也。唐德宗用盧杞，致建中之亂，陛下不可不察。」會諫官陳瓘、任伯雨等論京罪，京始去。

除給事中，爲翰林學士。上疏言六事：一曰時要，二曰任賢，三曰求諫，四曰選用，五曰破朋黨，六曰明功

①日：朱校本、繆校同，覆宋本、四庫本作「目」，誤。
②意：覆宋本、四庫本作「議」，繆校作「意」。

罪，以指陳當時之弊。時議者謂熙、豐法行之歲久，當稍修補其弊以便民。曾布初以爲然，已而乃言：「熙、豐萬世之法，不可改。」力陳紹述之説。徽宗以問勣，勣曰：「陛下之意，得非欲兩存乎？」徽宗曰：「然。」勣曰：「天下之事有是有非，朝廷之人有忠有佞，若不考其實，姑務兩存，臣未見其可也。」又問：「棄湟州何如？」勣曰：「棄不毛之地，以省歲用億萬計，誠便也。」勣因曰：「願陛下自今無惑小人之言，妄興邊事。無邊事則朝廷之福，有邊事則臣下之利。」徽宗以爲然。以母喪免，服除，以蔡京不悦，提舉靈仙觀，入元祐黨籍。

久之，知江寧府、太平州。召對①，徽宗問曰：「卿久於外，下民疾苦，宜以告朕。」勣曰：「事固未易勝言，惟茶鹽法爲最苦。茶鹽取息太深，故私販者十百爲羣，被甲荷戈，白晝公行。若聚而爲盜，則可憂。舊法，官榷②鹽，州縣常有三年之積，賈人沿邊入中糧草，鈔法流行。今許通京，則州縣無積，鈔法遂壞。又綱運般米無欠折，以搬鹽酬之。今無般鹽，則米綱亦壞。」徽宗曰：「爲國用不足故也。」勣曰：「生財有道，理財有義，用財有法。今國用不足，在陛下明詔有司，推講而力行之。」徽宗稱善。欲留勣，勣不可，遂以龍圖閣直學士留守南京，以疾除顯謨閣學士致仕。卒，年七十九〔一〕。贈資政殿學士。

始，勣與何執中俱爲王府記室，勣獨挺挺守正，執中有愧焉。不至大用，天下惜之。

陳師錫字伯脩，建陽人也。舉進士，爲昭慶軍節度掌書記，知臨安縣，召爲監察御史。會詔進士習律，師錫言：「方今以經術造士，不當以刑名之學亂之。」出知淮陽軍〔二〕。

①對：朱校本同，覆宋本、四庫本作「問」，誤。
②榷：原作「推」，據覆宋本、四庫本改。

提點開封府界諸縣鎮事。建言：「銓法，用舉者遷陞，而監司、刺史歲有定額。今請托者類多益數，而寒畯有不足之患。請爲限約，均所不及，以廣人才。」將領有苛慘失士心者，因大閱，羣卒讙譟，將吏相視，莫知所爲。師錫馳至軍，按閱如初，推爲首者致之法，劾其將削籍，人皆嘆服。而密院以事不先啓，罷知解州，入爲考功員外郎，知宣州，移蘇州。

徽宗即位，召爲殿中侍御史。與陳瓘論列蔡京之罪，不見聽，遂求罷。出知滑州，罷爲提點靈仙觀。以元祐黨籍謫監衡州酒税，遇赦，監潭州①南嶽廟。會有妄言宫掖事得罪者，語連及師錫，削官貶郴州。累赦復官。卒，年六十九。

石公弼字國佐，越州新昌人也。舉進士，調衛州司法參軍、漣水丞，知廣德縣，爲宗正寺主簿，擢監察御史、殿中侍御史。公弼言：「敕令②删定官、寺監丞簿，皆執政近臣子弟，未有資考，不習政事，願盡罷之，以通寒儁之路。」

大觀初，除右正言，遷左司諫。太史局保章正朱汝楫冒請絹覺，既論汝楫，而有司失察者皆以中貴得不坐〔三〕。公弼謂：「矯稱詔旨，恐前後詐冒，非一汝楫而已。」由是經由僉書者，並寘其罪。

遷侍御史。時大名有强寇，吏不以聞，公弼劾監司欺隱之罪。又論蘇、杭造作局上供之盛，差船役夫騷擾之弊。除太常少卿、起居郎，遷御史中丞。蔡京以公弼不附己也，忌之，奏曰：「國朝未有由左史除中司者。」徽宗

①潭州：朱校本同。覆宋本、四庫本作「涇州」，繆校作「漳州」，並誤。
②令：覆宋本、四庫本作「今」，繆校作「令」。

曰：「公弼豈不爲御史乎？」於是京引公弼族弟娶其妻之姪，欲以親嫌罷之。徽宗曰：「外戚疏親，何用避也？」公弼首論：「人臣黨同伐異，捨大公之道，執一偏之見，此弊不除，臣恐分曹列敵，重相眄伺，隱若仇讎，非朝廷之福。其務在交私，不安分守，輕朝廷、罔公上者，臣爲執法，當爲陛下擊之。」與諫議大夫張克公交疏論蔡京罪惡，以爲：

京擅作威福，權傾中外，濫錫予以蠹國用，輕爵禄以市私恩。謂財利爲有餘，皆出誕謾；務夸大以興事，肆爲騷擾。援引小人以爲朋黨，假借姻婭布滿要塗。以至交通豪民，興置産業，役天子之將作營葺居第，用縣官之人船漕運華石。曾無尊主庇民之心，惟事豊己營私之計。名爲祝聖壽，而修塔以壯臨平之山勢；托言灌民田，而决水以符興化之讖語。乃至法名「退送」，門號「朝京」。致姪俣之告變，而繆爲心疾；受孟翊之訛言，而與之官爵。趙真欲輔之以妖術，張子成竊議其姦惡。駭動遠邇，聞者寒心。此皆足以鼓惑天下，而爲害之大者也。今星文再見，昭示其意，非天警悟陛下，則人力何能爲哉？臣願陛下順民心以①奉天，體天道以用刑，暴白京罪，以釋天下之疑，以爲人臣之戒。

京罷相，以三師就第。公弼論列不已，京遂致仕，公弼亦除兵部尚書兼侍讀，以樞密直學士知揚州，移襄州，改述古殿直學士。

京再相，户部侍郎陳彦文言公弼奏襄州牙校轉般損壞官物，破蕩家業，爲詆毁先烈。京恐徽宗知公弼姓名，止云「襄州官吏」，乞竄責。遂爲秀州團練副使、台州安置。未幾，以皇太子赦提舉崇道觀。卒，年五十五。公弼始名公輔，後賜今名云。

①以：原脱，據四庫本及繆校補。錢校：「『奉』上疑有『以』字，或『奉天』二字衍。」

張克公字介仲，耆之曾孫也。舉進士。大觀初，擢監察御史，遷殿中侍御史、起居舍人、右諫議大夫。因星變與石公弼交疏蔡京罪惡，京遂致仕。政和初，爲兵部侍郎，遷御史中丞。論張商英十罪，商英罷相。二年，爲吏部尚書兼侍講。卒，贈資政殿學士。

克公敢言事，無所回避。既論罷蔡京，京復相，克公屢求去，而徽宗不許。京忌之，復不得進，爲尚書者凡七年〔四〕。

黄葆光字元暉，歙州黟縣人也。少孤，刻志於學。崇寧初，以朝廷遣使航海，撫諭高麗，使副辟之以行，補官，調齊州司理參軍。近臣薦其材，召爲太學博士，遷校書郎，又遷監察御史、左司諫，言事切直。俄爲符寶郎，擢侍御史。

會歸明①人李良嗣撰《北夷録》《平夷書》，規進用，命以秘書丞。葆光上疏論五不可，大略謂：「良嗣以凶黠忿鷙之資，犯夷虜不原之罪，亡命沙漠，免死而已。安作《平夷》等書，萬一語泄，致生嫌疑，爲患不細。秘書省，圖書之府，以醜虜爲之，有累國體。」時三省、密院，史員猥雜，葆光言：「非元豐舊制。今奉入則越從班，品秩則幾執政，輕蔑名器，蠹耗國用，無敢誰何。吏强官弱，未有如此。」徽宗嘉②納之。於是非元豐法所載，一切罷去。省太農、太府之費，月計數萬。

①歸明：覆宋本、四庫本作「歸遼」。繆校作「歸明」，注云：「按歸明、歸正，均指北人來降者。」
②嘉：原作「加」，據朱校本、錢校改。

又言：「承平日久，人心易侈，比年朝廷每有施設，率以稱職加轉。乞凡酬奬、減年之類，並依格令。」又言：「中外不知遵守成憲，任情曲法，一有奏請，率引例破條，或直行陳乞。遂其所欲，則恩歸私室，否則怨歸公上。翫習既久，人無忌憚。」又言：「君尊如天，臣卑如地。剛健者，君之德也，而其道不可屈；柔順者，臣之常也，而其分不可亢。苟致屈以求合，則是傷仁，非所以馭下也；苟矯亢以求伸，則是犯分，非所以尊君也。」徽宗命近臣讀其奏於殿中。

自崇寧後，增置兼①局，廩給無度。葆光屢論其弊，徽宗命蔡京裁定。京專恣，乃陽請一切廢罷，以激怒士大夫，朝論果沸。葆光言：「如禮制局詳議官至七員，檢討至十六員，製造局至三十餘員，豈無一二可以裁定，上副明天子之意邪？」

他日因入對，徽宗以旱乾爲念，葆光退而上疏曰：「陛下德足以動天，恩足以感人，而憂勤祇慄，檢身致治，無所不至，而不能感召和氣，此臣之所以不能無疑也。臣嘗仰觀天意，俯察人言，旁考古今君臣相與之際，求其所以致陰陽之變者，然後喟然嘆曰：人君有屈己逮下之心，而人臣無歸美報上之意者，能致陰陽之變；人君有慈惠惻怛之心，而人臣無柔順欽承之意者，能致陰陽之變。陛下恭儉敦樸，以先天下，師臣蔡京侈大②過制，非所以明君臣之分；陛下以紹述爲心，京所行乃背元豐之法；陛下隨宜損益，追崇先烈，京强悍自專，不肯上承德意。兼太宰鄭居中、少宰余深依違畏避，不能任天下之責。此天氣下而地不應，大臣不能尚德以應陛下之所求者如此。」疏入，罷知立山縣。未幾，即昭州安置。宣和中，以職方員外郎召，未至，主管太平觀，知處州，進直

①兼：繆校作「监」，誤。

②大：原作「天」，據覆宋本、四庫本及《宋史》卷三四八《黄葆光傳》改。繆校作「泰」。

秘閣。卒，年五十八〔五〕。

葆光天資剛正，尚氣節，善論事。會文切理，不爲横議所移。方蔡京權勢震赫，臺諫不敢言，獨出力排之，時議推重云。

崔鶠字德符，潁州陽翟人也。舉進士，爲鳳州司户參軍、筠州推官。徽宗以日食下詔求直言，鶠上書以爲：

陛下有忠不能明，有邪不能去，此陛下之闕失也。臣竊怪陛下左右之臣，有指元祐之臣以爲姦黨者，此必邪人也。故宰相司馬光，陛下左右以爲姦，而天下皆曰忠；今宰相章惇，陛下左右以爲忠，而天下皆曰姦。此何理也？

光歷事四朝，以忠信直諒聞於華夏，危言正色，奮不顧身，雖古名臣，無以遠過。而謂之姦，是欺天下也，是欺後世也。夫一人可欺也，天下不可欺也，天下後世不可欺也。至如惇者，狙詐險賊，臣不能盡知，特怪天下士大夫呼曰「惇賊」。貴極宰相，人所具瞻，天下以名呼之，又指以爲賊，豈非以其孤負主恩，玩竊國柄，忠臣痛憤，義士不服，故賤而名之，又指其實而號之以賊。京師語曰：「大惇小惇，殃及子孫。」謂惇與御史中丞安惇也。

夫日者陽也，爲君，爲君子；食之者陰也，爲臣，爲小人。日有食之，臣侵君，小人勝君子也。弭災之道有三：一曰擇人，二曰因民，三曰從時。惟陛下畏天威，聽明命，獨運乾剛①，大明邪正，毋違經義，毋鬱民心，則天意解矣。

①剛：四庫本作「綱」。

徽宗覽而善之，以爲相州教授。

蔡京得政，條列元符上書人，分正分邪，各有三等，取同己者爲正，異己者爲邪。鷗入邪等，停所居官。久之，調績溪令，以病免歸。始居汝州之郟城，閉門屏處十餘年，人無貴賤長少，悉尊師之。宣和末，通判寧化軍。朝廷悟其賢，召爲殿中侍御史。既至而欽宗即位，徙右正言，即上章乞斬蔡京以謝天下，爲萬世亂臣賊子之戒。

諫議大夫馮澥上章言事，鷗論其失曰：

澥言熙寧、元豐之間，士無異論，太學之盛也。此姦言也。昔王安石用事，除去異己之人，當時名臣如富弼、韓琦、司馬光、吕公著、吕誨、吕大防、范純仁等，咸以異論斥逐。布衣之士，誰敢爲異乎？士擕策負笈，不遠千里，遊於學校，其意不過求仕宦耳。安石著《三經》之説，用其説者入官，不用其説者黜落，於是天下靡然雷同，不敢可否。陵夷至於今大亂，此無異論之效也。

又曰：

崇、觀以來，博士先生狃於黨與，各自爲説。附王氏之學，則詆毁元祐之文；服元祐之學，則詆①誚王氏之説，尤爲欺罔。自蔡京用事，以軍伍之法馭士人，大小相制，内外相轄。一容②異論居其間，則累及上下學官，以黜免廢錮之刑待之。於斯時也，博士先生其敢誚王氏之學乎？澥之欺罔，於是可見。欺罔之言公行，則實是隱矣。

累章極論，一時翕然推重。會以疾求致仕，乃以直龍圖閣提舉崇福宮，未及拜而卒〔六〕。

①詆：繆校作「譏」。
②容：繆校作「有」。

鷗有古學，爲文雄深，作詩清峭，學者稱之。

【箋證】

〔一〕卒年七十九：《宋會要輯稿》儀制一一之七：「寶文閣直學士、太中大夫徐勣，宣和六年十一月贈資政殿學士、正議大夫。」

〔二〕出知淮陽軍：《宋史》卷三四六《陳師錫傳》「出知宿遷縣」，宿遷爲淮陽軍屬縣。

〔三〕論朱汝楫事：《宋史》卷三四八《石公弼傳》作「太史保章正朱汝楫冒奉得罪，而内侍失察者皆不坐」，《續通志》卷三六一《石公弼傳》校記：「按《東都事略》云……語較《宋史》本傳明晰，附識於此。」

〔四〕爲尚書者凡七年：《宋史》卷三四八《張克公傳》作「居吏部六年，卒」。原作「二年」。按《宋史》卷三四八《張克公傳》云「居吏部六年卒」。據《宋會要輯稿》儀制一一之八載：「朝散大夫、吏部尚書張克公，（政和）八年正月，贈資政殿學士、太中大夫。」則張克公蓋卒於政和八年。自政和二年爲吏部尚書，至八年蓋經七年，故《事略》云「七年」。《宋史》言「六年」，蓋舉其實歷年數。

〔五〕卒年五十八：《事略》《宋史》本傳不載卒年，據《淳熙新安志》卷七載，葆光宣和四年知處州，「閲二歲，除直秘閣，再任，疾將革，聞蔡京罷，喜動顔色。没之夕，家未有繪象，索之民間，得百餘本」。「閲二歲」當爲宣和六年，其年十二月蔡京落致仕、領三省事，至七年四月罷領三省事、致仕（並見《宋史》卷二一二《宰輔表三》）。《淳熙新安志》既言「聞蔡京罷，喜動顔色」，則黄葆光當卒於宣和七年四月以後，享年五十八，當生於熙寧元年（一〇六八）。

〔六〕乃以直龍圖閣提舉崇福宫未及拜而卒：《靖康要録》卷九：「（靖康元年七月）二十三日，右正言崔鷗除龍圖閣，差管勾西京崇福宫。以疾病屢乞休致，故有是命。」《宋史》卷三五六《崔鷗傳》云：「乃以龍圖閣直學士主管嵩山崇福宫，命下而卒。」則崔鷗當卒於靖康元年七月。又《墨莊漫録》卷四載：「崔鷗德符、陳恬叔陽皆戊戌生。」戊戌當嘉祐三年（一〇五八），是爲崔鷗生年。

東都事略卷第一百六

列傳八十九

王黼字將明，開封祥符人也。爲人有口辨，才疏儁而寡學術，極智巧便佞。舉進士，調相州司理參軍。宰相何執中薦之，除秘書郎〔一〕，進符寶郎，遷左司諫。

張商英爲相，寖失徽宗意。徽宗召蔡京於錢塘，遣中使賜以玉環。黼揣知徽宗之意，數條奏京政事，且劾商英去位。京復相，頗得①其助己也，擢爲左諫議大夫、給事中、御史中丞，自校書郎至是不兩歲。

俄兼侍讀，入翰林爲學士。鄭居中與京不合，而數薦其才。京以黼爲叛己，甚怒，徙爲户部尚書，將以財用不給爲黼罪。已而班直禁衛賚賜不如期，詣左藏鼓譟。黼聞之，即詣庫揭榜，期以某月某日，皆相顧散去。京計不行，還爲翰林學士。黼本名甫，徽宗更爲黼。進承旨，丁父憂。閲五月，起爲宣和殿學士，提舉上清寶籙宫，錫②第在昭德坊旁，即許將宅。黼倚中人强奪之，子弟出怨言，白晝逐之使去，聞者爲之不平。復爲翰林學士承旨③。政和八年，除尚書左丞，遷中書侍郎。宣和二年，拜少宰〔二〕。由通議大夫超八官爲特進，自國朝以來命相未有也。

①得：四庫本及《宋史》卷四七〇《王黼傳》作「德」。錢校：「『得』，疑當作『德』。」

②錫：四庫本作「賜」。

③承旨：原作「丞旨」，據覆宋本、四庫本及《宋史》本傳改。

蔡京既致仕，黼於是悉反其所爲，奏罷方田，汰堂吏，毁辟雍及鹽、算學，減横行、遥郡奉入之半，并會要、六典等局，諸路茶鹽鈔法不復比較，上户科配一切蠲之，當時聲稱翕然。而黼既得位，乘高勢而爲邪，多蓄子女玉帛以自奉。徽猷閣待制鄧之綱妾有美色，因過外舍，黼使人誘而奪之，反以爲之綱罪，竄諸嶺南，朝士畏之側目。黼遷居賜第，凡供張什器，徽宗命悉仰給縣官，導以教坊樂，又宴其家屬以落之。遂以少保爲太宰，稍襲京故迹，專以燕享爲事。御史中丞陳過庭初拜職事，上言乞盡罷冗官以御前使唤爲名者，京西轉運使張汝霖乞罷進西京華果，黼上章劾之，兩人皆以散官徙遠郡。

睦州寇方臘起，提點刑獄張苑言於朝，黼方鋪張太平，惡聞有外寇，不以實告上，而責苑張皇生事。賊遂不可制，至陷破六州。朝廷遣師討之，又數月乃定。黼以功進位少傅，又拜少師。

遼人李良嗣不得志於其國，亡來歸我，言遼可取，若能遣使結女真與共圖之，則石晉所割燕雲之地可復也。徽宗以問大臣，鄭居中、鄧洵武皆以爲不可，獨黼是其計，以身任之，曰：「中國與遼雖爲兄弟之邦，然百餘年間，彼之所以開釁慢我者多矣。且兼弱攻昧，武之善經也。今如此置弗取，則女真獨强，吾不免事之，中原地恐非復我有也。」

黼鋭於成①[三]，於三省置經撫房，專治邊事，不復以關密院。括天下丁夫，計口出算，謂之免夫錢，凡得錢六百二十萬億[四]。已而童貫伐燕無功，厚賂女真，得其空城並所得支郡，即率百寮詣文德殿稱賀。徽宗解玉帶賜之，拜太傅，封楚國公。黼以爲帝王盛德大業，宜表出以示萬世，固乞上尊號。徽宗曰：「此神宗皇帝所不敢受也。」却不許。

①「成」下，繆校有「功」字。

初，黼既得國秉，念無以中上意，牢其寵，乃奏置應奉司，遂自領之，而以梁師成副焉。近①則外臺耳目之司，遠則郡縣牧宰之屬，皆責以供辦。於是殊方異物，四面而至，鉛松怪石，珍禽奇獸，美鏐和寶，明珠大貝，通犀琴瑟，絶域之異充於内囿，異國之珍布於外宫。凡入目②之色，適口之味，難致之瑰，違時之物，畢萃於燕私。極天下之費，率歸於應奉，奪漕輓之卒以爲用，而户部不敢詰。四方珍異，悉入於二人之家，而入尚方者才什一。每陪扈曲宴，至爲俳優鄙賤之伎，以獻笑取容。

時欽宗在東宫，鄆王楷有寵，遂有奪適之意。欽宗長子諶先已封崇國公，黼言於欽宗，以爲皇孫不可以同皇子，召宫臣耿南仲至第，令代東宫奏辭諶官，蓋黼欲以是撼東宫也。

徽宗待③遇日隆，恩數異於他相，名其居閣爲「得賢治定」，爲書「載賡堂」「寵光亭」以下凡七榜〔五〕。有玉④芝産堂柱，徽宗幸其第，置宴觀之。梁師成與黼連牆，穿便門往來，黼以父事之，每折簡必稱爲「恩府先生」。徽宗過之，始悟其交結狀，由是黼眷稍熄⑤。乃拔白時中、李邦彦共政，以分其權。六年，以太傅致仕，而猶領應奉司。

欽宗即位，貶爲崇信軍節度副使、永州安置，籍其家。開封尹聶山與黼有宿怨，黼至雍丘之輔固村，爲盜所殺〔六〕，山取其首以獻。

黼美風姿，面如傅粉，鬚髮與目中精色盡金黄，張口能自納其拳。本以何執中汲引，及居言責，却⑥疏執中

①近：原作「外」，據覆宋本、四庫本改。
②目：原作「耳」，據覆宋本、四庫本改。
③待：原作「特」，據覆宋本、四庫本改。
④玉：原作「王」，據覆宋本、四庫本改。
⑤熄：覆宋本、四庫本作「息」，繆校作「熄」。
⑥却：覆宋本、四庫本作「即」。

罪以白徽宗，請罷之，欲使蔡京專當國政。徽宗不可而止。遭時得君，承京之後，其爲姦惡又甚於京。內連梁師成，外徇童貫，覆滅遼國，招挑金人，皆黼之罪也。子閎、孚、儁。孚職至待制、修撰，後亦削籍，家徙於吴云。

朱勔，平江人也。父冲，本閭閻賤微，家貧落魄，庸①於人。梗悍不馴，氐罪至徒囚②，亡之旁縣，乞貣③以求活。遇異人，以黑鐵數條、方書一編授之，曰：「毋久客此，將歸大而家。」冲還里中，視故金④有光，鬻⑤之，乃金也。以其貲按所授方設肆市藥，未幾，遠近翕然稱之，買者輻輳，家遂爲富。修蒔園區，結遊客，譽者亦廣⑥。始，蔡京居錢塘，過吴，欲建經藏於梵室，聞冲有幹決，呼諉之。才兩月而成，京陰器其能。及召還，冲謁道左，丐以勔從行。是時，徽宗頗垂意華石，於是薦之，命以官。令語其父，密取浙中珍異以進。其初才致黄楊三四本〔七〕，徽宗已嘉之，後歲歲稍增加，然不過二三貢，貢不過五七品。童貫握兵，京以勔托，使階邊功以升。貫見之喜，始廣供備以媚上，舟艫相繼，號曰「華石綱」。凡延福宫、艮嶽諸山，皆仰之。一時應奉，天下皆不及也。累遷合州防禦使，提舉惠民河公事，專置應奉局於平江，指内帑爲囊中物。每一發取輒數十百萬，外計所蓄，雖封樁⑦禁錢，無問名色，悉取之。

①庸：四庫本作「傭」。
②囚：覆宋本、四庫本作「因」。
③貣：覆宋本、四庫本作「貸」。
④金：覆宋本、四庫本作「鐵」。
⑤鬻：原作「粥」，粥同「鬻」，下文「鬻恩毁法」作「鬻」。兹據覆宋本、四庫本改，下「賣鬻妻子」同改。
⑥譽者亦廣：繆校作「致往來稱譽」。
⑦樁：覆宋本、四庫本作「椿」。錢校：「『椿』當作『樁』。」

監司徐鑄、王安道〔八〕、王仲閎等濟其惡，空竭縣官經常以爲應奉，類以億巨萬計。而所貢之物，豪奪漁取，毛髮不償諸民。搜巖剔藪，幽隱不置。一華一木，曾經黃封，護視不謹，則加大不恭罪。人有嘉木奇卉，皆①指爲不祥，惟恐芟去之不速。民一與此役，中人之家悉破産，至賣鬻妻子以供其須。斸山輦石，程②督慘峭，雖江湖不測之淵，力不可致者，百計出之，至名曰「神運」。遏截諸道運綱，旁羅賈舟，舟揭所貢暴其上，連檣接艣，日夜不絶，篙工、柂師陵轢郡縣，人以目相謂，不敢誰何。廣濟卒四指揮盡以充輓士，猶不給。蔡京始患苦之，言於徽宗，願抑其太甚。徽宗亦病其擾，乃禁用糧綱船，戒伐冢藏，毀室廬，毋得加黃封帕蒙人園囿，凡十餘事。獨留勔與蔡攸聽入貢，餘進奉悉罷。自是勔小戢。不兩歲，愈甚於初，吴民不聊生矣。

方臘起，以誅勔爲名，諸郡響應。童貫出師，承上旨盡罷去華石進奉綱。徽宗亦黜勔父子弟姪之在職者，民大悦。寇平，勔仍得志，怙權恃勢，父子各立門户，聲焰熏灼，賄賂紛紜成市。衺人穢夫，争候門下，肆狎昵，因以求劇職要官，躐進至侍從者，袂相屬也。有不附己，即旋踵罷去，時謂東南爲③小朝廷。

徽宗末年，陰約閹寺之姦，稍誅數人，以殺其勢。勔因得入其訾，力排梁師成，寖爲徽宗所親倚，出入禁闥，進見不避嬪御。伐燕之役，謂勔有功，自慶遠軍承宣使進寧遠軍節度使、醴泉觀使。前後槃結固寵二十年，鬻恩毁法，昔所未有。即私室建神霄殿，奉御容其中，監司、郡邑吏每朔望皆拜庭下。又托輓舟，募兵數千，擁以自衛。第舍擬宫省，名園別墅甲吴郡。服膳器用逼玉④食，而華緻過之。輿臺賤隸，腰金纍使者，充牣其門。子汝

①皆：覆宋本、四庫本作「者」，屬上。
②程：原作「稍」，據覆宋本、四庫本改。
③爲：繆校作衍字。
④玉：覆宋本作「王」。

賢、汝功，姪汝楫、汝舟①，擢皆承宣、觀察使〔九〕，汝翼直龍圖閣，天下爲之扼腕。欽宗即位，削其官，放歸田里。既而羈管循州，籍其家。尋賜死〔一〇〕，子孫徙湖南。

與勔同時有李彥者，亦以恩倖積官至翊衛大夫、安德軍承宣使。宣和間，嘗括民田，按行河北、京東西，所至州郡，倨坐黃堂，而使監司、郡守列侍，其凶焰如此。奪民常產，重斂租課，官吏無敢違忤。當時謂勔結怨於東南，彥結怨於西北云。欽宗即位，暴其罪，賜死〔一一〕，仍籍其家。

臣稱曰：天下之禍，未有不由小人而成者也。觀王黼以奇技淫巧爲身謀，朱勔專以華石爲享上，小人誤國之罪，擢其髮不足以數也，然亦孰②知其禍之至於此哉？於虖！華清盛而羯胡起，華陽成而狄難興。由古迄今，致亂召寇，若出一軌，可不痛哉！

方京師之失守也，蜀僧祖秀嘗親睹所謂華陽宮者，記其事云：

政和初，天子命作壽山、艮嶽於禁城之東陬，詔閹人董其役。舟以載石，輿以輦土，驅散軍萬人築岡阜，高十餘仞。增以太湖、靈壁之石，雄拔峭峙，功奪天造。石皆激怒觝觸，若踶若齧，牙角口鼻，首尾爪距，千態萬狀，殫奇盡怪。輔以蟠木、瘿藤，雜以黃楊，對青，蔭其上〔一二〕。又隨其旋斡之勢，斬石開徑，憑險則設磴道，飛空則架棧閣，仍於絶頂增高樹以冠之。搜遠方珍材，盡天下蠹工絶技而經始焉。

①舟：原作「身」，據覆宋本、四庫本及《靖康要録》卷四改。
②孰：原作「熟」，據覆宋本、四庫本改。

山之上下，致四方珍禽奇獸，動以億計。猶以爲未也，鑿地爲谿澗，壘石爲隄捍，任其石之性，不加斧鑿，因其餘土，積而爲山。山骨皷露，峰稜如削，飄然有雲姿鶴態，曰飛來峰。高於雉堞，翻若長鯨，腰徑百尺，植梅萬本，曰梅嶺。接其餘岡，種丹杏鴨脚，曰杏岫。又增土疊石，間留隙穴，以栽黄楊，曰黄楊巘。築修岡以植丁香，積石其間，從而設險，曰丁嶂。又得赬石，任其自然，增而成山，以椒蘭雜植於其上，曰椒厓。接衆山之末，增土爲大坡，徙東南側柏，枝幹柔密，揉之不斷，華華①結結，爲幢蓋鸞鶴蛟龍之狀〔一三〕，動以萬數，曰龍柏坡。循壽山之西，移竹成林，復開小徑至數百步。竹有同本而異幹者，不可紀極，皆四方珍貢，又雜以對青。竹十居八九，曰班②竹麓。又得紫石，滑淨如削，面徑數仞，因而爲山，貼山卓立。山陰置木櫃，絶頂開深池，車駕臨幸，則驅水工登其頂，開閘注水而爲瀑布，曰紫石壁，又名瀑布屏。從艮嶽之麓，琢石爲梯，石皆温潤淨滑，曰朝真磴。又於洲上植芳木，以海棠冠之，曰海棠川。壽山之西，别治園囿，曰藥寮。其宫室臺榭，卓然著聞者，曰瓊津殿、絳霄③樓、萼緑華堂。

築臺高九仞，周覽都城，近若指顧。造碧虚洞天，萬山環之，開三洞爲品字門，以通前後苑。建八角亭於其中央，榱椽窗楹，皆以馬腦石間之。其地琢爲龍礎，導景龍江，東出安遠門，以備龍舟幸東、西擷景二園。西則溯舟造景龍門，以幸曲江池亭。復自瀟湘江亭開閘，通金波門，北幸擷芳苑。隄外築壘衛之，瀕水蒔絳桃、海棠、芙蓉、垂楊，略亡隙地。又於舊地作埜店麓，治農圃，開東西二關，夾懸巖，磴道隘迫，石多峰稜，過者膽戰股栗。凡自苑中登羣峰，所出入者，此二關而已。又爲勝遊六七，曰躍龍澗、漾春陂、桃華閘、

①華華：繆校作「葉葉」。
②班：覆宋本、四庫本作「斑」。
③霄：原作「宵」，據覆宋本、四庫本及《雲谷雜記》卷三改。

雁池、迷真洞。其餘勝迹，不可殫①紀。工已落成，上名之曰華陽宫。

然華陽大抵衆山環列，於其中得平蕪數十頃，以治園圃，以闢宫門。於西入徑廣於馳道，左右大石皆林立，僅百餘株，以神運、昭功、敷慶、萬壽峰而名之。獨神運峰廣百圍，高六仞，錫爵盤固侯，居道之中，束石爲小亭以庇之，高五十尺，御製記文，親書，建三丈碑附於石之東南陬。其餘石若羣臣入侍幃幄，正容凛若不可犯，或戰栗若敬天威，或奮然而趨，又若僂取②，布危言以示庭諍之姿。其怪狀餘態，娱人者多矣。上既悦之，悉與賜號，守吏以奎畫列於石之陽。其它軒榭庭徑，各有巨石，棋列星布，並與賜名。唯神運峰前羣石，以金飾其字，餘皆青黛而已，此所以第其甲乙者也。

乃命羣峰，其略曰朝日昇龍、望雲坐龍、矯首玉龍、萬壽老松、棲霞捫參、銜日吐月、排雲衝斗、靁門月窟、蹲螭坐師③、堆青凝碧、金鼇④玉龜、疊翠獨秀、棲煙彈雲、風門靁穴、玉秀玉竇、鋭雲巢鳳、雕琢渾成、登封日觀、蓬瀛須彌、老人壽星、卿雲瑞靄、溜玉噴玉、藴玉琢玉、積玉疊玉。叢秀而在於渚者曰翔鱗，立津涘者曰舞仙，獨踞洲中者曰玉麒麟，冠於壽山者曰南屏小峰，而附於池上者曰伏犀怒猊、儀鳳烏龍，立於沃泉上者曰留雲宿霧。又爲藏煙谷、滴翠巖、摶雲屏、積雪嶺，其間黄石仆於亭際者曰抱犢天門。又有大石二枚，配神運峯，異其居以壓衆石，作亭庇之。寘於寰⑤春堂者曰玉京獨秀太平巖，寘於蕚緑華堂者曰卿雲萬

①殫：原作「彈」，據覆宋本、四庫本及《汴京遺蹟志》卷四改。
②又若僂取：繆校作「又若傴僂」。《汴京遺蹟志》卷四作「又若傴僂趨進」，無下句「布危言以示庭諍之姿」。
③師：《汴京遺蹟志》卷四作「獅」。
④鼇：朱校本、繆校同，覆宋本、四庫本作「鼈」。
⑤寰：繆校作「環」。

態奇峰。括天下之美，藏古今之勝，於斯盡矣。善致萬鈞之石，徙百年之木者，朱勔父子也；善理百工之絶藝，辨九州之珍産者，閹人梁師成也；奉人君之耆①好，忽天下之安危者，宰執王黼輩也。

靖康元年閏十一月，大梁陷，都人相與排牆避虜於壽山、艮嶽之巔。時大雪新霽，丘壑林塘，粲若畫本，凡天下之美，古今之勝在焉。祖秀周覽累日，咨嗟驚嘆，信天下之傑觀，而天造有所未盡也。明年春，復遊華陽宫，而民廢之矣。元老大臣所爲圖、書、詩、頌、名、記，人厭之，悉斧其碑，委諸溝中。至於華木竹箭，宫室臺榭，尋爲民所薪。同宇宙而長存，獨壽山、艮嶽。以耳目之眩，蔽堯、舜之明，爲王者一尤物耳。

昔三代以變色取禍，秦、隋以奢靡致失，自書傳之作，聖賢莫不以斯二者爲先誡也。自我藝祖以上聖之資定區宇，既克孟昶，閱宫中物有寶裝溺器，遽命碎之。平劉鋹，廢媚川都，速禁采珠。蓋奢侈者，禍之媒孽，創業之君所諱也。

於虖！富有天下，美味珍服莫敢以資其身，雖土階三尺，茅茨不剪，亦知其可也。崇寧之際，恭默求治，是時非無賢能也，而蔡氏先據要途，祖宗之法去民久矣。自是崇大苑囿，結怨敵國，皆出於此。不然，一夫不臣，天下族之，彼醜裔安得而内侮之邪？

噫！天下之士，聞壽山、艮嶽者舊矣，孰親觀其興廢，復使後世憑何圖記以考之歟？因括其大略，作《華陽宫記》云。

①耆：四庫本作「嗜」。

【箋證】

〔一〕除秘書郎：《宋史》卷四七〇《王黼傳》作「薦擢校書郎」。本書下文言「自校書郎至是不兩歲」，則「秘書郎」當作「校書郎」。

〔二〕宣和二年拜少宰：《宋史》本傳作「宣和元年，拜特進、少宰」，《九朝編年備要》卷二八載「以余深爲太宰，王黼爲少宰」於宣和元年正月，《宋大詔令集》卷五八《王黼少宰加恩制》亦繫於宣和元年正月。舒仁輝《〈東都事略〉與〈宋史〉比較研究》第二四八頁謂《事略》誤「元年」爲「二年」，是。

〔三〕黼鋭於成：《宋史》本傳云：「始，遼使至，率迂其驛程，燕犒不示以華侈。及黼務於欲速，令女真使以七日自燕至都，每張宴其居，輒陳尚方錦繡、金玉、瑰寶以誇富盛，由是女真益生心。」《續通志》卷五八七《王黼傳》校記：「按：王黼令金使速至，且侈誇富盛，雖未爲得，而金之生心，畢竟不繫乎此。蓋是時會兵滅遼，宋寔自取脣亡齒寒之禍。金之生心於宋，非特金玉錦繡而已也。即待金使迂程示儉，如待遼使，亦豈能消弭後患，令金騎之不至哉？伏讀《通鑑輯覽》御批謂『史家以使至之速，張宴之侈，爲受病根由，所見怯而且迂』，誠爲千古至論。」

〔四〕凡得錢六百二十萬億：本書卷一二五《附録三》亦作「朝廷下諸路起免夫錢六百二十萬億以助之」。考《宋史》本傳作「得錢六千二百萬緡」，《建炎以來繫年要録》卷一引蔡絛《北征紀實》亦謂「遂令天下皆出免夫錢，凡六千二百餘萬緡」。疑《事略》記數有誤。

〔五〕爲書載賡堂寵光亭以下凡七榜：《宋史》本傳作「爲書亭、堂榜九」。《九朝編年備要》卷二九作「爲書『載賡堂』以下凡九榜」，《能改齋漫録》卷一二有「徽宗賜王黼第御書九碑」條載：「宣和五年十二月，徽宗賜太傅王黼私第御書載賡堂、膏露堂、寵光亭、十峯亭、老山亭、榮光齋、隱菴九碑。」雖名爲「九」而僅列其七，或爲《事略》「七榜」所由來。

〔六〕爲盜所殺：《宋史》本傳云：「山方挾宿怨，遣武士躡及於雍丘南輔固村，戕之民家，取其首以獻。帝以初即位，難於誅大臣，托言爲盜所殺。」《三朝北盟會編》卷三一引《中興姓氏姦邪録》：「靖康初，貶廣州安置，遣使斬之，時年四十八。」

〔七〕其初才致黄楊三四本：《宋史》卷四七〇《朱勔傳》作「初致黄楊三本」，《汴京遺蹟志》卷四作「初致黄楊三四本」。

〔八〕王安道：《宋史》本傳作「應安道」，《容齋續筆》卷一五、胡舜陟《再劾朱勔疏》（《胡少師總集》卷一）同作「應安道」。《事略》誤「應」爲「王」。

〔九〕擢皆承宣觀察使：《靖康要録》卷四：「吏部供到朱汝賢係慶陽軍承宣使，朱汝功係拱衛大夫、静江軍承宣使，朱汝楫係拱衛大夫、華州觀察使，朱汝翼係朝奉大夫、直龍圖閣，朱汝舟係拱衛大夫、明州觀察使。」「擢皆」，疑當作「皆擢」。

〔一〇〕尋賜死：《建炎以來繫年要録》卷一載靖康元年十月「淵聖皇帝數蔡攸罪，甲辰，與朱勔並殺之」。

〔一一〕賜死：《通鑑長編紀事本末》卷一四八靖康元年正月己巳「賜翊衛大夫、安德軍承宣使李彦死」。

〔一二〕蔭其上：《汴京遺蹟志》卷四、《古今説海》卷一一七《艮嶽記説纂》作「竹蔭其上」，有「竹」字是。

〔一三〕華華結結爲幢蓋鸞鶴蛟龍之狀：《汴京遺蹟志》卷四作「葉葉爲幢蓋鸞鶴蛟龍之狀」，《宋東京考》卷一七作「葉葉結爲幢蓋鸞鶴蛟龍之狀」。

東都事略卷第一百七

列傳九十

种師道字彝叔，世衡之孫也。年二十，以伯父諤蔭爲三班奉職，試法，易文階，爲鎮洮軍推官。諤死，故吏徐勳盜印而補人①官，事覺，詔御史問狀。勳引諤子朴爲證，師道馳至京師，上書曰：「朴蕲然哀疚，豈復有此？儻不獲免，似爲夏人報仇。」神宗即日赦朴。陝西轉運使王欽臣聞而義之，辟以爲屬。以熙州推官權同谷縣。有猾②吏訟田，彌二年不決。師道閱其牘，窮日力不可竟，然所訟止於母及兄而已。引吏前詰之曰：「母、兄，法當訟也邪？」吏遂服罪。累擢提舉秦鳳路常平，換莊宅使，知德順軍。坐嘗議役法忤蔡京意罷〔一〕，入黨籍。屏居十餘年〔二〕，始得武功大夫、忠州刺史、涇原路兵馬鈐轄、知懷德軍。師道初名建中，避年號，改爲師極，詔賜今名。

夏國議畫界，以故地爲請。師道曰：「如言故地，當以漢、唐爲正，則君之疆土益蹙矣。」徽宗召問以邊事，對曰：「先爲不可勝，來則應之，妄動生事，非計也。」童貫議欲徙內郡弓箭手以實邊，而指爲西邊所招之數。徽宗以問師道，對曰：「臣恐勤遠之功未立，而追擾先及矣。」徽宗然之。以請得提舉崇福宮。久之，復以涇原鈐

①人：朱校本作「入」。
②猾：覆宋本、四庫本作「滑」。

轄知西安州。

夏人侵近邊軍，築佛口谷爲城，率衆往平之。師初臨城，渴甚，師道指山之西麓曰：「是當有水。」命工求之，得水滿谷，夏人以爲神。遷左武大夫、康州防禦使，拜龍神衛四廂都指揮使、洺州防禦使、知渭州，節制諸道兵往城席葦平。方庀工而賊坌至，據葫蘆河，堅壁老我師。師道陳於河滸，若將決戰者，使人揚言曰：「援兵至矣。」賊方疑顧，而楊可世潛軍其後，姚平仲以精甲衷擊之，賊大潰，斬首五千級，獲橐駞馬牛萬計，其酋僅以身免，卒城而還。

又詔率陝西、河東七路之師征臧底城，期以一旬必克。既薄城下，虜守備甚飭，官軍稍怠。小校有據胡牀自休者，立斬之，尸於軍門。令諸將曰：「今日城不下，當視此。」衆股栗。既而登城，即潰去。以功進侍衛親軍馬軍副都指揮使、應道軍承宣使。以靖夏城失守，降隴州防禦使。俄以都統制與殿前劉延慶、步軍劉仲武出蕭關，夏人棄永和、割沓兩城而遁〔三〕。師及鳴沙，無所見而還，拜保静軍節度使。

童貫謀伐燕，命師道盡護諸將。師道諫曰：「今日之舉，譬如盜入鄰家，不能救，又乘之而分其室焉。師出無名，何以成事？」不聽。既過白溝，遼人軍容甚整，詬而前。王師多傷，貫亟召軍還。遼人遂至城下，使來請曰：「女真之叛本朝，亦南朝之所甚惡也。捨此不圖，而欲射一時之利，棄百年之好，結豺狼之鄰，基他日之禍，謂爲得計，可乎？使不獲已而罷歲幣，固所願也；或使歸其故疆，亦云從矣。救災恤鄰，古今通義，唯大國圖之。」貫不能對，麾使去。師道復諫「宜許之」，又不聽。密劾其助賊沮軍，宰相王黼怒，責授右衛將軍致仕，而用劉延慶代之。延慶果敗績。徽宗思其言，起爲憲州刺史、知環州。俄還保静軍節度使，復致仕。

金人南下，拜師道静難軍節度使、京畿河北路制置使，聽用便宜檄兵食。師道聞命即東，遇姚平仲以步騎三千戍燕〔四〕，遂與之俱。北至洛陽〔五〕，而斡离不已屯於京城之北矣。或止師道勿行，曰：「賊勢方鋭，盍少駐汜水，以謀萬全。」師道曰：「吾兵少，若遲回不進，形見情得，秖取辱焉。今鼓行而前，虜安能知虚實？都人知吾來，士氣自振，何憂賊矣。」欽宗聞其至，喜甚。既入見，時已與金人議和，欽宗曰：「今日之事，卿之意如何？」師道曰：「豈有孤軍深入人境，而能善其歸乎？女真可謂不知兵矣。」欽宗曰：「吾業已講好矣，奈何？」對曰：「臣以軍旅之事事陛下，餘非所敢知也。」拜同知樞密院事、京畿河北河東宣撫使。以姚平仲爲都統制，諸道兵悉隸之。

師道時被病，特命毋拜。虜使王汭素頡頏，方入對，望見師道，拜跪稍如①禮。欽宗顧師道笑曰：「彼爲卿故也。」自虜度河，京城諸門晝閉，市無薪菜，師道請啓西、南壁，聽民出入如平常。虜有過統制馬忠軍前者，忠斬其人，虜訴於朝。師道付以界旗，使自爲制，後無有敢越佚者。

會平仲之父古以昭慶軍節度使帥熙河，領兵入援。欽宗方倚師道以謀國，師道以「三鎮不可棄，城下不可戰，朝廷姑堅守和議，俟姚古來，兵勢益盛，軍中共議自遣使人往諭虜。以三鎮係國家邊面，决不可割，寧以其賦入增作歲幣，庶幾和好久遠。如此三兩返，勢須逗留半月，重兵密邇，彼必不敢遠去劫掠，孳生監糧草漸竭，不免北還。俟過河，以騎兵尾襲，至真定、中山兩鎮必不肯下，彼腹背受敵，可以得志」。而姚平仲恐功名之會歸於种氏，忌之，乃以士不得速戰有怨言達於欽宗。李綱主其議，令城外兵馬緩急聽平仲節制，師道言不見用。

平仲常從童貫平方臘有功，爲貫所抑，欽宗以其驍勇，許以成功授節度使。平仲議欲夜叩虜營，生擒斡离不，奉康王以歸。欽宗一日遣使五輩，趣師道進戰。師道言：「過春分節，乃可擊矣。」是時相距纔八日，蓋師道遲其弟師中之至也。欽宗以其緩，乃從平仲率步騎萬人入劫虜砦。平仲之未發也，虜人已知之，先事設備，故反

①如：覆宋本、四庫本作「加」。

爲所敗〔六〕。詔罷綱，師道曰：「勝負兵家之常，再擊可也。」議者難之。會太學生諫於闕下，請復綱、師道位，欽宗黽勉從之。綱復執政，而師道實未嘗去位也。

虜退，師道始罷爲中太一宫使。於是御史中丞許翰上疏，以爲不當解師道兵柄。欽宗曰：「師道老矣，難用，當使卿見之。」令相見於殿門外。師道不語，翰曰：「國家有難，詔許咨訪所疑，願公毋以書生不知兵，諭以至計。」因言平仲城下用兵之失，以感發之。師道始言：「我衆彼寡，但分兵結砦，控守要地，使之糧道不通，挫以持久，可破也。」翰深嘆息其言，復上奏：「師道智慮未衰，方時多故，而爪牙虎臣頓之散地，非計也。」未幾，拜太尉、鎮洮軍節度使，復爲河北宣撫使，駐軍滑州，實無兵從行。

師道請合關中、兩河卒，屯於滄、衛、孟、滑，豫爲防秋計。朝論以大敵甫退，不宜勞民以示弱，格不用。既而弟師中戰死於榆次，姚古敗於盤陀，朝廷震悚，召師道還，不復有委用意。太原失守，又遣李綱巡邊。次河陽，王汭來自燕，師道揣虜必大舉入寇，亟上疏請幸長安，以避其鋒。大臣以爲怯，復召還。既至，病不能見，卒於第〔七〕，年七十六。贈開府儀同三司。

閲月，虜再犯京師，比城陷，欽宗慟哭曰：「朕不用种師道言，以至於此。」始，師道勸欽宗乘其度河半擊之，不從，曰：「異日必爲後患。」故欽宗思其言，嗟痛之。後贈少保，謚曰忠①憲。弟師中。

師中字端孺。以功累擢至侍衛親軍副指揮使、房州觀察使、知邠州，徙知慶陽府。燕山之役，爲副都總管。初，斡离不之犯京師也，朝廷議割三鎮與和，質肅王樞及宰相張邦昌以行。斡离不師還，抵中山、河間兩鎮，

①忠：覆宋本、四庫本作「中」。錢校：「珀案：本書作『中』，此誤寫。蓋种師道本謚忠憲，本書誤刻作『中憲』，故糾之。」

兵民固守不肯下。肅王、邦昌及割地使等躬至城下説諭，即矢石及之而退。沿邊諸州亦然，而黏罕南陷隆德。詔師道及姚古、師中往援三鎮。以師道爲河北宣撫使，古爲河東制置使，師中副之。師中因此進兵逼金人，金人出境。黏罕之師至太原，太原亦堅壁固守。金人之兵圍之，悉破諸縣城，欲困之，使内外不相通。雖古進師復隆德、威勝，扼南北關，累出兵，有勝負，而不能解圍。於是詔師中由井陘道〔八〕，與古相犄①角。

師中進次平定軍，復壽陽、榆次諸縣。時黏罕以暑度陘，會西山之師於雲中，所留兵皆分就畜牧②。覘者以爲兵敗將歸，告於朝廷。大臣信之，從中督戰無虚日。詔書以逗留切責師中，師中曰：「逗留，兵家大戮也。吾結髮兵間，豈不知之，而忍③以此爲罪乎？」慨然赴敵，與金人戰於榆次，死之〔九〕。贈少師，謚曰莊愍。

臣稱曰：靖康之難，可不哀哉。方是時，金人之兵强於天下，所至州縣悉望風奔潰，莫有鬭者。獨師道謂虜可與戰而勝，非若鬼神之不可測，豺虎之不可禦也。故請俟其度河，扼而殲之。師道老將，其所以應機料敵者，審矣。忽其言而不用，何哉？用之則國耻可雪，而人主亦無後時之悔矣。悲夫！

劉延慶，保大軍人也。家世將家，雄豪有勇，數從西伐，屢立戰功，爲鄜延路總管，遷龍神衛四廂都指揮使，由相州觀察使拜泰寧軍留後。徽宗謂：「兩使留後，乃五代藩鎮官以親信留主後務之親④，不可循用。」易爲承

①犄：原作「倚」，據覆宋本、四庫本改。
②牧：原作「收」，據覆宋本、四庫本及《三朝北盟會編》卷七五改。
③忍：朱校本同，覆宋本、四庫本作「思」。
④親：繆校作「官」。

宣使，仍冠以軍名。延慶遂拜泰寧軍承宣使，承宣使自延慶始。

延慶破夏人成德軍，生擒賞屈並熙河招到僞王子益麻党征。加步軍副都指揮使，以功拜保信軍節度使，爲侍衛親軍馬軍都指揮使〔一〇〕。從童貫討平方臘，徙鎮三城。又從童貫、蔡攸北伐，延慶爲都統制，統兵十萬，偕郭藥師過白溝。

延慶師行無紀律，藥師扣馬諫曰：「今大軍衮①隊而行，若敵人設伏邀擊，首尾不相救應，則望塵潰散矣。」延慶不聽。行至良鄉，四軍蕭幹率精鋭迎擊，延慶與戰，敗績。延慶閉門不出，藥師曰：「四軍精兵不過萬人，今悉衆拒我，燕山必虚。藥師請以奇兵五千倍道兼進，入燕山。請令公之子三太尉以精兵五千人策應。」延慶許之，乃遣大將高世宣與藥師偕行。三太尉者，謂光世也。

藥師引兵入燕山，蕭幹以精兵三千人與藥師巷戰，而延慶渝約不遣光世。藥師無援，遂敗走，世宣死之。藥師走至涿州，延慶下砦於盧溝河南。虜分輕兵斷絶糧運，延慶亦遣其將王淵以兵數千人護餉道。虜縱兵南行，殺運糧人夫，多棄糧而遁，淵爲虜所擒，延慶遂棄大將旗鼓而走。蕭幹以兵追襲，横尸百餘里。貫、攸退保雄州，奏貶延慶爲率府率，致仕，筠州安置。

其後，光世討逋河北賊有功，延慶復拜鎮海軍節度使。金人犯京師，何㮚、孫傅、曹黼②在城上募人爲兵，以丘濬《感事詩》有郭京、劉無忌名姓，於市人中得無忌，於卒伍中得京，用爲統制。謂京能用六丁六甲法，可以生擒二酋，掃蕩餘衆。京才出，爲金人所敗，引兵南遁。延慶引西兵萬人，奪開遠門以出。至龜兒寺，爲追騎所

①衮：繆校作「拔」，《宋史》卷三五七《劉延慶傳》作「跋」。
②曹黼：繆校作「曹輔」。

殺〔一一〕。其子光國攜王黼愛妾以逃，行十餘里，亦追及之，自縊死。後光世最顯。

何灌字仲源，開封祥符人也。由武舉爲府州、黄河東岸巡檢〔一二〕。賈胡疃有水泉子，虜常越境南汲，灌慮異日爲邊患，盡折絶之。虜忿，聚兵於山，馳薄官軍。灌迎高射之，發輒中，或著崖石，皆没鏃。後三十年，虜官蕭太師者，會灌於雄州，言水泉子之戰，嘆何巡檢神射。灌曰：「灌是也。」累功遷内殿崇班，知寧化軍，徙豐州，又知滄州。以治城壁功遷引進使，知湟州。姚雄爲經略使，創墾田法，三百頃城砦，五十頃募民開耕出粟。灌曰：「墾田固良法，然民與牛皆取足其地，官田多墾，則私田必荒，是設法奪民也。」時城東決達原有閑田近千頃，灌命架邈川水溉之，悉爲沃壤，號廣利渠。徙河、岷二州，提舉熙河蘭湟路弓箭手。召對，奏曰：「趙充國云『金城、湟中穀斛八錢』，今西寧、湟、廓蓋其地也。臣前待罪湟州，引水溉城東荒田且千頃，不一月，悉爲膏腴，而人之占耕者溢於地數。况漢、唐故渠，間亦可考。若先葺渠引水，使田不病旱，則民樂就募，而弓箭手之額乃易足矣。」還至部，遂以其言行之。財半年，得善田二萬六千餘頃，應募者七千四百餘人，馬九百餘匹，爲他路最。

從童貫取震武軍，以功遷吉州防禦使、知蘭州，又以功拜廓州防禦使。童貫自涇原謀西入，賊兵大集統安城，灌率諸將擣虚直取之。會劉法敗，統安陷於虜，賊圍震武，灌解圍，猶坐逗留罷州事。起知青州，從破方臘，以功轉同州觀察使。還知易州，轉寧武軍承宣使，爲燕山府路副都總管。四軍取景園薊，灌解薊圍，復景州，斬首二千餘級，俘六百人。召還，管幹侍衛步軍司公事。

虜使來，賜射玉津園，灌以選伴射，一發破的，再發則不。虜曰：「太尉殆不能邪？」灌曰：「非不能也，以禮遜客也。」整弓復發，則又中。徽宗親酌寵勞之。除侍御親軍都虞候〔一三〕。

金人南下，朝廷出禁卒付内侍梁方平守濬州。灌謂宰相白時中曰：「金人傾國遠來，其鋒不可當。今方平領精鋭以往，京師皆疲弱也。萬一方平不枝梧，何以善後乎？曷留之，以壯根本。」詔灌迎敵，灌曰：「軍不堪戰也，儻可守禦而已。」時中不可，曰：「已召种師道領西兵三萬來會矣。」遂除灌武泰軍節度使，副師道爲都統制。未行，徽宗内禪。師道未至，命灌領兵二萬往河北，次滑州。會方平棄州南走，灌亦望風奔潰，金人遂度河，直犯京師。灌坐削官職，令前軍自效，已而復之。金人攻城，灌與之戰，軍輒散①走。灌没於陳[一四]，年六十二。言者論其守河誤國，盡褫故官，而方平坐誅。

【箋證】

〔一〕換莊宅使知德順軍坐嘗議役法忤蔡京意罷：《宋史》卷三三五《种世衡傳》附《种師道傳》作「議役法忤蔡京旨，換莊宅使、知德順軍。又謂其詆毁先烈，罷入黨籍」。折彦質《种師道行狀》（《三朝北盟會編》卷六〇）所載同《宋史》，《事略》誤。

〔二〕屏居十餘年：《宋史》本傳作「屏廢十年」，《种師道行狀》作「坐廢幾十年」。

〔三〕夏人棄永和割沓兩城而遁：「永和、割沓」，《种師道行狀》作「永利、和踏」，本書卷一二九《附録七》作「永和砦、割踏砦」。

〔四〕遇姚平仲以步騎三千戍燕：《宋史》本傳作「過姚平仲，有步騎七千」，《种師道行狀》作「會姚平仲以騎兵二千、步兵一千更戍燕山」。疑《宋史》「過」當作「遇」，「七千」當作「三千」。

〔五〕北至洛陽：《宋史》本傳同。《种師道行狀》作「比至西京」，疑《事略》《宋史》「北」當爲「比」之誤。

〔六〕故反爲所敗：汪琬《東都事略跋》卷中：「姚平仲之敗也，按《靖康傳信録》：『予時以疾給假。夜半，上遣中使降親筆，命予應

①散：覆宋本、四庫本作「敗」。

援。予具劄子辭以疾，且非素約兵，不豫備。須臾，中使三至，責以軍令。不得已，力疾，令將士詰旦出，勒兵班荆館、天駟監，分命諸將戰於幕天陂，斬獲甚衆。是夜宿城外。而平仲前一夕劫寨，所折千餘人。』又《辭知樞密劄子》，其説略同。如此，則伯紀似不與劫寨之謀矣。然是時伯紀方主兵枋，按《玉照新志》，伯紀以爲功在頃刻，令行營司屬官方允迪爲露布，有云：『臣分兵以解范瓊之圍，遣騎以助平仲之進，疾如破竹，順若建瓴。日逐温禺，已示染鍔釁鼓之狀；單于行説，將罹縶頸笞背之刑。』云云。佗如《靖康小雅》《秀水閒居録》，皆言平仲爲伯紀所遣。又陳少陽伏闕書亦言『臣等聞綱比日用兵，偶然小有不利』，少陽乃主伯紀者，亦未敢曲爲之諱也。然則二月初一日之敗，伯紀固不得辭其責，既不待罪，而又紛紛自解，得毋反爲白時中、李邦彦所笑乎？又按伯紀《乞免策應劄子》有云『近者福寧殿議用兵事，期以二月六日』云云，然則平仲之舉，殆蚤五日耳，似不可謂全不與也。又《乞外任宫觀第五劄子》論耿南仲，有云：『平仲係受宣撫司節制在臣行營司，安得而與？縱使與聞，止縁國事，豈有佗故？而南仲舉以爲罪，何也？』此劄似得其實矣。」

〔七〕卒於第：《种師道行狀》：「是年（靖康元年）十月二十九日，薨於賜第之正寢，享年七十有六。」

〔八〕於是詔師中由井陘道：《宋史》卷三三五《种世衡傳》附《种師中傳》作「於是詔師中由井陘道出師」，《事略》當補「出師」二字。

〔九〕與金人戰於榆次死之：《靖康要録》卷七靖康元年五月十二日：「王師與金人戰於榆次縣，制置副使种師中死之。」

〔一〇〕爲侍衛親軍馬軍都指揮使：《宋史》卷三五七《劉延慶傳》作「馬軍副都指揮使」。

〔一一〕爲追騎所殺：《三朝北盟會編》卷七〇靖康元年閏十一月二十七日戊午：「出城官吏軍民數萬在普安院遇金人，潰散四走，劉延慶並子光國皆被殺。」

〔一二〕由武舉爲府州黄河東岸巡檢：《宋史》卷三五七《何灌傳》作「爲府州、火山軍巡檢」。

〔一三〕除侍御親軍都虞候：《宋史》本傳作「遷步軍都虞候」，卷一六六《職官志六》載「侍衛親軍馬軍，都指揮使、副都指揮使、都虞候各一人」，《事略》「侍御」當作「侍衛」。

〔一四〕灌没於陳：《靖康要録》卷一靖康元年正月八日：「金人攻城北，武泰軍節度、河東河北路制置使兼副統制何灌死之。」

東都事略卷第一百八

列傳九十一

唐恪字欽叟，錢塘人也。四歲而孤。舉進士，調郴縣尉，移零陵令，知榆次縣，有愛在民。召對，爲提舉河東常平，徙江東轉運判官。會牂柯①獻地，命以屯田員外郎往撫諭。夷人始自②疑，衷甲以逆③之，恪盡撤④兵衛，獨將騶卒數十人往。夷人望見歡呼，投兵聽命。恪示以大義，咸感泣拜舞曰：「不圖今日得沾聖化。」以奉使稱職，入爲右司員外郎，遷起居舍人。恪言：「國家與契丹講好百有餘年，邊備益弛，宜及今無事時以漸爲之，不然，且有後悔。」徽宗曰：「卿勉爲朕行。」即以爲集賢殿修撰、河北都轉運使。會中貴人銜命，稱詔有所示〔一〕，恪噤不答，中貴人怒，歸而中以他事，降直龍圖閣、知梓州。

移陝西轉運使，未至，以右文殿修撰知滄州。滄當河下流，一日河決，水至城下，不没者三板，恪率官吏乘城救護。都水使者孟昌齡以河事至，檄郡索船與兵，恪曰：「滄極邊也，兵非有旨不可得。」昌齡怒，劾恪不能備水，城且壞。恪一不問，治水事愈力。城漏，募善没者窒之。戲下卒善没，而不時赴募，戮以徇。有鹽場正當下

①牂柯：原作「牂柯」，覆宋本、四庫本作「牂牁」，錢校：「舊鈔本依《漢書》作『牂柯』，剜改謬。」據改。按：「牂」爲「牂」之異體，下統作「牂」。
②自：繆校作「恫」。
③逆：覆宋本、四庫本作「迎」。
④撤：原作「撒」，據覆宋本、四庫本改。

流，使決之。或曰：「鹽法重，水決而壞，且得罪。」恪曰：「殺吾身而全一城，吾之願也。」命趣決之。逾宿而水去，城以得全。又上疏請止教保甲，免呈保馬，除常平逋負，復諸縣租賦，等第賑貸，以寬被水之民。報未下，悉以便宜行之，民大悦。進龍圖閣待制，徙揚州。

召拜户部侍郎。京師大水，汴且溢，或請決汴水南岸以護宫城者，恪曰：「水漲而決，是無可奈何。今決而浸之，是棄民也。」乃止。恪泛小舟，歷覽水之源委，而求所以利導之。乃決金隄，導而注之河，逾旬而水平。恪上疏曰：「水，陰類也。至犯城闕，天其或者以陰盛之漸儆告陛下乎？願垂意於馭臣鄰，遠女寵，去小人，備夷狄，以益謹天戒。」徽宗嘉納之。遷户部尚書。

宰相王黼領應奉司，上供綱卒盡爲所奪，漕運不至者殆數月。恪見徽宗言曰：「國家定都於梁，非有山河形勢以臨天下也，直仰汴渠之運，以養百萬之師耳。而宰相領應奉，勢動天下，奪漕輓之卒以爲用，户部綱運自去秋絶不至，將有匱乏之憂。以天下之力奉一人，臣子不敢憚。今珍異之物充牣大臣之家，而奉上者曾未什一，是傾天下之財爲國斂怨，臣不知所以爲國矣。」因極言黼惡，且自請罷，遂出知滁州。

盜起京東，以恪知青州。未行，除吏部尚書，又徙户部。復請外，除延康殿學士、知潭州。時方崇尚道家言，恪入辭，從容言曰：「孔子之所以爲道者，曰毋意、毋必、毋固、毋我；老氏之所以爲道者，曰去甚、去奢、去泰。今方士之言，汗漫亡稽，宜無聽用。且皆市井之庸流耳，豈足與語聖人之至道哉？」將退而留者再，大抵以節耆欲、定心志、收人材、化風俗、惜財賦、愛民力、去諛佞、奬鯁直數事，反覆言之。徙杭州。

靖康初，復以吏部尚書召，道拜同知樞密院事。既至，爲中書侍郎。言事者争論宣、政間事，恪言於欽宗曰：「革弊須以漸。今京城始開，四方聳聞新政，宜擇今日之急者先行之。而言者不惜大體，至毛舉前事，以快一時之憤，豈不傷道君皇帝之心乎？蔡京父子、王黼、童貫之徒，已從廢逐，姑可已矣。他日邊事既定，然後白道君皇帝，請下一詔書，與天下共棄之，孰曰不可？」欽宗是之。拜光禄大夫、少宰兼中書侍郎。

恪爲相，無經濟大略。於時虜騎復南下，必欲邀我割三鎮乃罷兵。恪集羣臣議，以爲當與者什九，乃從與者之議。使既行而悔之，密啓欽宗，請以親征爲名，西幸洛京，還據秦雍，以圖興復，而留太子居守。欽宗將從其議，會何㮚入見，力詆其不然，且曰：「周之失計，未有如東遷之謬者也〔二〕。」欽宗以足頓地曰：「今當以死守社稷。」拜㮚門下侍郎，而恪計不用。言者謂：「恪之智慮，但長於交結内侍而已。今國勢日急，如恪者，誠不可以備位。」遂罷爲觀文殿大學士、中太一宫使，而㮚代爲相。

京師失守，欽宗幸虜營，恪曰：「失計矣。」既而還宫。及欽宗復幸虜營，恪曰：「一之爲甚，其可再乎？」慟哭不食者累日。虜議立異姓，令吴幵、莫儔自軍前入城，取推戴張邦昌狀，唯孫傅、張叔夜不肯僉書。恪既書名，已而呼其諸子，謂曰：「吾爲大臣，而國家至此，何以生爲？」乃仰藥而死〔三〕。

何㮚字文縝，仙井監人也。舉進士第一，除校書郎，尋提舉京畿學事。召爲主客員外郎、起居舍人，遷中書舍人兼侍講。言事者論㮚宗蘇氏①，謂軾②爲鄉黨曲學，出之。未幾，除徽猷閣待制、知遂寧府，留爲御史中丞。論王黼姦邪及其黨胡松年、盧益六人〔四〕，皆罷之。黼既解政，㮚亦罷爲提舉崇福宫，起知泰州。

欽宗即位，復爲御史中丞。閲日〔五〕，入翰林爲學士，擢拜尚書右丞，遷中書侍郎。時議割三鎮，未決，會王雲自真定表言：「虜以不即割地，卻禮物，曰：『若二十日使不至，再犯闕矣。』」於是集文武百寮議於延和殿，梅

①論：繆校作「謂」。蘇氏：繆校作「蘇軾」。
②軾：繆校無此字。

執禮、孫傅、吕好問、秦檜等三十六人言不可與，自范宗尹以下七十人皆欲與之。與之者曰：「朝廷當與三鎮，今反不與，是中國失信於夷狄。不若姑且與之，縱復猖獗，則人怨神怒，師出無名，可不戰而屈也。」不與者曰：「國家更二聖，始得河東、河北，陵寢在焉。且河北，天下之四支。四支苟去，吾不知其爲人。人民、貢賦，皆其末也。況天下者，太祖之天下，非陛下之天下。陛下豈可效石晉所爲乎？」㮚持之甚堅，曰：「三鎮，國家之根本，奈何一旦棄之？況虜情變詐百出，安可保其必信？割之亦來，不割亦來，且河北之民，皆吾赤子，棄地則並其民棄之。爲民父母而棄子，可乎？」欽宗然其言，猶豫不決。時虜勢張甚，㮚請置四道都總管，以大名、河南、應天、襄陽爲治所，事得專決，財得通用，官得辟置，兵得便宜，爲禦戎計，緩急欲以羽檄召兵入衛京師。欽宗從其言。及种師道死，唐恪、耿南仲、聶昌相與言曰：「今朝廷既已繼好息民，而復調發不已，使虜人知之，大事去矣。」乃檄止陝西南道兵。金人既薄城下，獨張叔夜一軍至京師，餘無至者。方虜之再入寇也，㮚以資政殿學士知杭州，陛辭，留提舉醴泉觀。未幾，遂領開封尹。㮚建請以康王爲兵馬大元帥，統諸路兵，安集河北。除門下侍郎。翌日，唐恪罷相，改太宰、少宰復爲左、右僕射，拜㮚右僕射兼中書侍郎。

京師失守，朝廷徇虜意，遣曹輔往河北召康王。㮚請欽宗於輔衣襟屑礬書詔，以傳密旨。未幾，金人遣使致書，欲欽宗再幸其軍，議加金主徽號[六]。虜遣高尚書者持書來。高尚書奏：「陛下不必親出，姑爲書，或遣親王大臣以行，可也。」欽宗亦不欲出郊，而㮚獨以謂必須出，欽宗信之。㮚白欽宗，請以孫傅爲太子少傅，謝克家爲太子賓客，輔太子監國。時㮚自以折衝有術，對虜使歌曰：「細雨共斜風作輕寒。」左右及虜使皆失笑。明日，欽宗幸虜營，㮚從以出，遂留不遣。已而議立異姓，金人曰：「唯何㮚、李若水不得與議。」㮚在虜中，不食而死[七]，年三十九。後有自虜營還者，言㮚死狀，始贈觀文殿大學士。

臣稱曰：君子所貴乎死者，以其知死必勇也。方虜之謀廢立也，爲恪者當以大義責虜，使知中國之有人。就使不幸與禍會，亦爲得其死矣。不務出此，乃拱手聽命，非能勇也，而卒不免於死，蓋其死不足責也。㮚才疏而術浮，無圖回天下之志。使之遭時承平，從容廟堂，商古今，談治忽①，可也。而況艱難之際，倚之而謀國，豈不殆哉？於虖！陽九之厄，固天數矣。而人謀之不臧，亦有以致然，言之可爲痛哭而流涕也。

陳過庭字賓王，越州山陰人也。舉進士，爲館陶簿、澶州教授，知中牟縣，除宗子博士。何執中、侯蒙器其材，薦之，擢祠部、吏部員外郎，遷右司。使遼國還，徽宗問：「虜主苦風痺，手足不舉，及箭損二目，是否？」過庭對：「虜主無恙，目不損，恐傳之者妄也。今日急務，當安不忘危，治不忘亂，雖盟好是恃，亦宜以邊備爲念。」徽宗然之。爲右司凡四年，是時大臣各立黨，不協同列，或陰爲向背，唯過庭無所附。徽宗曰：「陳過庭，中立不倚者也。」遷太常少卿、起居舍人，拜中書舍人、禮部侍郎，擢拜御史中丞。

方臘反睦州，過庭言：「致寇者蔡京，養寇者王黼。竄二人，則寇自平。」又論：「朱勔父子，本刑餘之人，交結權近，竊取名器，賄賂狼籍，罪惡顯著，宜正典刑，以謝天下。」由是大忤權貴，罷知蘄州。未半道，責海州團練副使、黄州安置。居久之，得自便。

欽宗即位，以兵部侍郎召，復拜御史中丞，徙禮部尚書，擢尚書右丞，遷中書侍郎。時金人再犯京師，議割兩

①忽：朱校本同，覆宋本、四庫本作「亂」。

河，須大臣偕行。聶昌、耿南仲皆以事辭，過庭曰：「主憂臣辱，臣願效死。」欽宗揮涕嘆息，留不遣。及城陷，始行。二駕北狩，過庭已在河北，因留不得歸，死於燕山〔八〕，年六十。贈開府儀同三司。過庭本名揚庭，徽宗賜以今名云。

聶昌，撫州臨川人也。舊名山，字貢遠。以太學上舍釋褐，教授相州，入館爲校書郎，擢右司員外郎。故事，五房吏階官視卿、監者，遇錫宴，坐都司上。山極論之，謂名分未正，非所以禮士大夫也。徽宗是之。俄以直龍圖閣爲湖南轉運副使。

蔡京爲相，召還，由太府卿拜户部侍郎，遂爲開封尹，復爲户部侍郎。山本與王黼善，京惡黼，山爲謀所以傷之者，反爲黼所中，以徽猷閣待制出知德安府。未幾落職，提舉太平觀，又責崇信軍節度副使、衡州安置。復召還，會欽宗即位，以顯謨閣直學士知開德府。未至，除户部尚書兼領開封府事。

李綱之罷，太學生陳東及士庶十餘萬人，撾鼓伏闕下，經日不退。遇內侍輒殺之，殺三十餘人，擘裂無遺體。府尹王時雍麾之不去，山出諭旨，相率聽命而退。已而時雍乞置東等於獄，山力言其不可，遂止。復尹開封。時京師復戒嚴，欽宗謂山有周昌抗節之義，改賜名昌。遂拜同知樞密院事。入謝，力陳防秋守禦之策曰：「三關四鎮，國家藩籬也。今犬戎在內，狼子野心，一朝寒盟，何以制敵？臣願召天下兵集畿內，練禁旅之師以備出戰，堅城隍之具①以却奔衝，櫝②黄流之水以斷歸路。前有堅城，後有大河，四面有勁兵，虜或南下，墮吾網中矣。」欽宗命昌領都大提舉守禦司。

①具：原作「其」，據覆宋本、四庫本改。
②櫝：覆宋本、四庫本作「拒」，繆校作「櫃」。

虜議畫河爲界，須大臣報聘，詔以耿南仲及昌爲和議使，分割兩河。昌言：「兩河之人，勇勁忠義，如太原城守經年，隆德既破復守，人人死戰者，蓋不負祖宗二百年之澤。今一旦割以予虜，萬一不從，則臣必爲金人所執，死不瞑目矣。和議不成，臣乞以便宜遣屬官分道提勤王之師入衛。」欽宗許之。昌即日就道，行次永安軍，與虜兵遇。黏罕盛陳兵衛以見之。黏罕隨行置閤門，其舍人止昌徹傘，用榜子贊名引見國相。昌曰：「國相者，金國何官也？」舍人曰：「宰相元帥。」昌曰：「既爲宰相元帥，乃金國之臣也。昌亦南朝大臣，止當以敵國臣子客禮相見，豈有南朝大臣禮見大金臣子乎？」舍人曰：「樞密寧不畏死？」昌曰：「主憂臣辱，主辱臣死，死不足畏，節不可屈。」爭之移時，黏罕既不能奪，乃以客禮見。

虜既南行，命其太師楊天吉以千兵館昌往河東，耿南仲往河北。昌謂天吉曰：「國相待昌之還，方肯歸師。臣子之心已急，欲分遣屬官往東路，昌自行西路，會於河中，不二十日之間，此事畢矣。」天吉許之。明日，昌與其屬劉岑、滕牧分道而行，凡八日，昌至絳州。絳人不奉詔，遂見殺〔九〕，年四十九。

昌爲人疏俊，遇事敢爲，喜周人之急。然恩怨太明，睚眦必報，以喜怒用刑云。贈觀文殿大學士，謚曰榮敏〔一〇〕。

孫傅字伯野，海州人也。舉進士，歷秘書省正字、校書郎、監察御史，徙禮部員外郎，進秘書少監，擢中書舍人。

高麗入貢，傅言：「使人所過郡，調夫治舟，騷擾生事，勞費民力，以妨農時，而於中國無絲毫之益。」宰相以其所論略與蘇軾同，奏貶蘄州安置。給事中許翰謂：「傅論議偶同，以職論事而責之深，過矣。」翰亦坐黜。

靖康元年，召拜給事中兼侍讀，進兵部尚書。傅嘗上章乞復祖宗法度，欽宗問之，傅曰：「祖宗法惠民，熙、豐法惠國，崇、觀以來法惠姦。」時謂名言。拜尚書右丞，俄同知樞密院事。方虜急攻京城，傅親當矢石，日夜不少休。欽宗再幸虜營，以傅兼太子少傅、行宫留守。乘輿久不得歸，傅屢貽書請之，不報。及廢立檄書至，中外震駭，傅大慟，久之曰：「吾唯知吾君神聖，可帝中國，苟立異姓，吾當死之。」又數請車駕還闕。

明日，虜大闢南薰門，陳兵索道君、帝后、諸王、妃、主，傅獨留中宫太子不遣。密謀欲以黄金五千兩匿太子於民間，别以狀類太子者並宦者二人擊殺之，並取當死囚數人，以其首同死兒並宦者尸送虜營，告以宦者竊太子欲投軍前，都人争而擊殺之，誤傷太子，因以兵討定，斬其爲亂者。苟尚不已，欲繼之以死。越五日，無肯當之者，撫膺大慟曰：「吾太子傅，義當同死生。今主辱臣死之時，虜人雖不索吾，當從太子行。求見二酋，以義責之，庶幾萬一，然後就死。」

時方在皇城司，有子來省，傅曰：「使若勿來，而竟來邪？吾已分死國矣。」叱使速去，勿亂人意。其子亦曰：「大人以身徇國，尚何言哉？願大人力保太子。」遂以留守事付王時雍。有頃，從皇后、皇太子至南薰門，求出。守門胡人曰：「軍中唯欲得皇后、皇太子，留守何出邪？」傅曰：「主上既辱，太子復出，我宋之大臣，且太子傅也。上既不回，當以死從太子。」虜以黏罕命召之而出，不知其所終〔一一〕。後賜謚曰忠定。

張叔夜字嵇仲，耆之曾孫也〔一二〕。以蔭調蘭州録事參軍。叔夜喜論兵，而蘭州本先零故地，最爲極寒，惟恃河爲阻，每冰合，則嚴飭守備，卒介胄累月不得息。叔夜曰：「是當求其要害以守之。」於是博考山川，講求利病，上書力陳取天都之策，以謂①：「天都介於五路之間，乃西人嘯聚之區。凡欲舉兵以寇諸路，則必就彼點集，

①謂：四庫本作「爲」。

然後議其所向。以故每一聚兵，則五路不得奠枕，此當今之所宜先。」書再上，樞庭行其策，果得其地，建爲西安州。

用薦者知襄城、陳留二縣，通判潁州，知舒、海、泰三州。召對，除庫部員外郎、開封少尹，遷右司員外郎。從弟克公爲御史中丞，論蔡京罪，京銜之。至京復相，乃捃摭其細故，貶監西安州倉草場。久之，召爲秘書少監，擢中書舍人、給事中。政和之間，吏惰弗虔，凡命令之出於門下者，豫書銜於後，使先置名而徐填事目以行，謂之「空黄」。叔夜極論其弊，始立法禁。

遷禮部侍郎，以徽猷閣待制出知海州。會劇賊宋江剽掠至海，趨海岸，劫巨艦十數。叔夜募死士千人，距十數里，大張旗幟，誘之使戰。密伏壯士匿海旁，約候兵合，即焚其舟。舟既焚，賊大恐，無復鬬志，伏兵乘之，江乃降。拜徽猷閣直學士、知宣州，又知濟南府。山東羣盜競起，叔夜發精卒擊之，以功加龍圖閣直學士、知青州。於是羣盜帖息，一方晏然。

靖康初，虜騎過河，叔夜以謂：「若許講解，則胡羯必有邀求。縱之使去，後必復來，有輕中國心。乞遣精騎邀擊，及豫令河北邊鎮出兵，斷其歸路。願假臣騎兵，與諸將並力追襲。」不報。徙知鄧州。四道置帥，以叔夜爲南道都總管。叔夜帥師入援，或勸其緩行者，叔夜曰：「國家危難如此，忍顧身乎？」至尉氏，遇賊遊騎，轉鬬而前。用十一月晦至京師，叔夜入見，具陳：「唐明皇避禄山之亂，蓋嘗出幸。今賊鋒鋭甚，願駐蹕襄陽，以圖幸雍。」欽宗然之。進延康殿學士，又進資政殿學士，令提舉南道兵，守禦城上。擢拜僉書樞密院事。連四日大戰，斬其金環貴將二人。城破，叔夜被創，猶父子力戰，士皆殊死鬬，殺傷相當，然諸將無一人至者。

虜既議和，命彈壓京城事。欽宗再出郊，叔夜於太學前起居叩馬諫止，不能回。即號慟再拜，衆皆哭。欽宗回首字之曰：「嵇仲努力。」會虜詔立異姓，叔夜乞立皇太子爲君，以從民望。二酋怒，追赴軍中。至則抗論如初，不少屈。遂扈從北去，道中惟時飲湯，又不食粟。至白溝，御者曰：「過河矣。」乃矍然起，仰天大呼，遂不復語。明日卒〔一三〕，年六十三。訃聞，贈開府儀同三司，謚曰忠文。

【箋證】

〔一一〕稱詔有所示：《宋史》卷三五二《唐恪傳》作「稱詔有所市」。

〔一二〕周之失計未有如東遷之謬者也：汪琬《東都事略跋》卷中：「子瞻曰：『周之失計，未有如東遷之繆者也。』此文士從空發論耳，非必能逆料其機也。而㮚遂據此以贊欽宗，不知效死者正也，出幸者權也。种師道老將知兵，及考《北盟會編》，其遺奏有云『青、滄、衛、濟既不宿兵，無藩籬之助，欲乞大駕幸長安，以避其鋒』云云，又張叔夜亦請駐蹕襄陽。然靖康君臣不知行權，訖於戰、守、和三者皆無成局，而兩宫遂致北狩，殆子瞻一論誤之邪？胡文定公曰：『避寇而徙都，未有能復振者。周自豐鎬徙於東洛而不振，魏自安邑徙於大梁而不振，楚自渚宫徙於陳蔡而不振，劉嗣自咸陽徙於上邽而不振，赫連定自統萬徙於北地而不振，李璟自秣陵徙於豫章而不振，故中夏建都，必與俱存而不動。』此亦子瞻遺意也。」

〔一三〕乃仰藥而死：《宋史》卷二三《欽宗紀》靖康二年二月：「癸未，觀文殿大學士唐恪仰藥自殺。」《通鑑長編紀事本末》卷一四九亦載唐恪卒於癸未（二十三日），並謂「恪先事而死，識者推其節」。《建炎以來繫年要録》卷二建炎元年二月載：「癸未，金令百官拜表請立張邦昌，光禄大夫、中太一宫使唐恪既書議狀，仰藥死。」注云：「《實録》恪附傳云：『恪聞議立異姓，呼其諸子謂曰：「吾爲大臣，而國家至此，顧力不能救，獨有死耳。」乃仰藥自殺。其後張邦昌攝位，朝士貴賤多拱手臣之，獨恪先事而死，識者推其節。』王稱《東都事略》云：『恪既書名，乃仰藥死。』二書不同。按：議立邦昌在此月癸酉，恪以前宰相居城中，若不書名，金人無不詰難之理，又無由經十有餘日尚不書議狀也。夏少曾《僉言》曰：『羣臣於秘書省議推戴張邦昌，恪大慟。一少年斥恪曰：「公爲丞相，不能爲國家計事，以至於此。況平時鬻賣官爵，習蔡京不法所爲，猶厚顔赴議舉異姓，實負國家，哭之何益？」』據此，則恪亦在議中，未嘗先事而死明矣。」《三朝北盟會編》卷八三載恪死於二十七日丁亥，《靖康要録箋注》卷一五載於十一日辛未，王智勇認爲「當以《宋史》等所載爲是」(第一六四七頁)。

〔四〕論王黼姦邪及其黨胡松年盧益六人：《宋史》卷三五三《何㮚傳》作「黼及其黨胡松年、胡益等皆罷」。盧益爲王黼黨羽，《三朝北盟會編》卷一二二、卷一二九有明確記載，而胡益爲黼黨則出自《宋史》，其他事迹不詳，疑爲「盧益」之誤。

〔五〕閱日：《宋史》本傳作「閱月」。據《靖康要録》卷一載，何㮚召爲御史中丞在靖康元年正月二日，又卷二載其除翰林學士在二月八日，《事略》「閱日」當爲「閱月」之誤。

〔六〕議加金主徽號：汪琬《東都事略跋》卷中：「《宣和録》：金人索降表，使者齎草示粘罕，往返數四，皆不中。其文必要四六屬對，孫覿與吴幵相推遜，上促之曰：『事已至此，勿計空言。』於是覿、幵與㮚共成之，有云：『既煩汗馬之勞，敢緩牽羊之請。』上覽訖，謂覿曰：『對偶甚切，非卿平日嫻習，安能及此。』既而粘罕抹去『大金』二字，止稱『皇帝』，又抹去『大宋皇帝』四字，又命改易中間數語，上悉從之。嗟乎！和者，敵國之辭也。既請降矣，生之惟命，殺之惟命，奴隸而臣妾之亦惟命，尚何和議之有？貳而討之，服而舍之，此《春秋》伯主之事，豈可望諸粘罕、斡離不之徒？而㮚猶自謂折衝有術，唱歌喫酒，不亦愚乎？或謂金人佗日變計，欲立異姓，予以爲非變計也，是固其本謀也。金人雖狡，適足形宋人之愚而已。」

〔七〕不食而死：《建炎以來繫年要録》卷五建炎元年五月乙巳載：「㮚至金國，不食死，年三十九。」注云：「世傳㮚在金國，謀奉淵聖間道亡歸，事泄，金人纏以油布而焚之。今從《實録》附傳。」《續通志》卷三六四《何㮚傳》校記：「《宋史》本傳論曰：欽宗之再詣金營，㮚實誤之，一死不足償也。」

〔八〕死於燕山：《宋史》卷三五三《陳過庭傳》：「建炎四年，卒於燕山，年六十。」《建炎以來繫年要録》卷三四建炎四年六月：「資政殿大學士陳過庭薨於燕山，年六十。後謚忠肅。」

〔九〕遂見殺：《建炎以來繫年要録》卷一建炎元年正月庚子載「同知樞密院事聶昌爲絳人所殺」，注云：「去年閏月癸卯。」則聶昌當卒於靖康元年閏十一月十二日。

〔一〇〕謚曰榮敏：《宋史》卷三五三《聶昌傳》作「謚曰忠愍」。《建炎以來繫年要録》卷四三紹興元年三月癸亥：「故資政殿學士聶昌以死事贈觀文殿大學士，官子孫十人，後謚榮愍。」又卷六二紹興三年正月乙酉：「謚聶昌曰榮愍。」《宋宰輔編年録》卷一三亦作「榮愍」，《藏一話腴》外編卷下云「謚曰榮愍，見《東都事略》」。疑《事略》《宋史》並誤。

〔一一〕不知其所終：《宋史》卷三五三《孫傅傳》：「明年（建炎二年）二月，死於朔廷。」《建炎以來繫年要録》卷五建炎元年五月乙巳載：「傅北遷，年五十一，後不知所終。」

〔一二〕耆之曾孫也：《宋史》卷三五三《張叔夜傳》：「侍中耆孫也。」《建炎以來繫年要録》卷一、《宋宰輔編年録》卷一三並同《事略》。

〔一三〕明日卒：《建炎以來繫年要録》卷五載「資政殿學士、簽書樞密院事張叔夜薨」於建炎元年五月乙巳（十六日）。

東都事略卷第一百九

列傳九十二

王雲字子飛，澤州人也。舉進士，嘗使高麗，撰《雞林志》以進，擢知淮陽軍。後爲校書郎，出知簡州，爲陝西轉運副使，除兵部員外郎，遷起居舍人。不閱月，遷中書舍人。

欽宗即位，遷給事中。斡离不犯京師，朝廷議割三鎮以和。虜騎既退，遣雲使於軍前。雲自燕山還，傳道斡离不之意，以爲黏罕得朝廷所與余覩蠟書，堅云中國不可信，欲敗和約。執政以爲不然，罷爲徽猷閣待制、知唐州。

金人陷太原，始召雲再使，遷刑部尚書，許以三鎮稅賦之數。雲遣使臣至自真定，報金人已講和，不復議割三鎮，止須五輅及上尊號。又遣從吏李裕回，稱虜人索禮物，須康王來乃可成。欽宗以康王使斡离不軍，尚書左丞王寓副之。寓辭行，欽宗怒，貶新州，而以知樞密院馮澥代寓。已而，雲從吏二人馳至，言曰：「中使押車輅至長垣，今已却回，前後奉使官皆回矣。」少頃①，雲等來見康王，雲曰：「當日謂和議成，大王方可行。」澥曰：「如此，則李裕之言妄矣。」因奏雲誕妄誤國，雲乃言：「事勢中變，虜欲得三鎮而止，不然，進兵取汴都。」中外大駭，康王復還，澥亦罷政。

①頃：原作「湏」，據覆宋本、四庫本改。

於是詔集百官議三鎮棄守，言不可與者三十六人，自范宗尹以下七十人皆欲與之。何㮚謂唐恪曰：「三鎮之地，割之則傷河内之情，不割則太原、真定已失矣。不若任之，但飭守備以待。」恪唯唯。雲言：「康王英武，舊與斡离不結歡，虜人畏服。割地求和，宜命將以往。」事下外廷，耿南仲言：「河北軍前獨有親王，是偏重於斡离不，與黏罕不相稱，可止遣使告和。以王雲使斡离不，莫儔使黏罕。」欽宗曰：「卿更與少宰議。」南仲又言：「只遣王雲、李若水亦可。」欽宗令南仲諭雲。雲入對，欽宗曰：「肅王已留。今遣康王，萬一又爲所留，奈何？」雲曰：「和議既成，必無留之之理。臣請以百口保之。」欽宗用雲計，遂以康王使斡离不軍，雲以資政殿學士副之，耿延禧、高世則爲參議官。

康王自滑州過河，至濬州。守臣李仲洵者，善相人，謂延禧、世則曰：「大王，天人相也。二參議從之，皆保無他。獨王尚書，色殊不佳耳。」康王次磁州。先是，雲奉使，歸過磁，相勸二郡爲清野計，二郡從之，撤近城民舍，令運粟入城，磁人以是怨雲。宗澤爲宗正少卿，嘗論列宰相非其人，宜撫使副提兵不進，並劾雲使虜張皇賊勢，迫脅人主。雲至京師，欽宗示以澤章，雲憾之。及澤守磁，康王至，澤出迎謁，雲因責澤曰：「公前日見劾，何也？」澤曰：「如公固不足劾。大抵張皇虜勢者，天下所共疾，何獨我哉？」康王謁嘉應侯廟，雲在後，百姓遮道諫曰：「大王不可北去，肅王已爲人所誤矣。」厲聲指雲曰：「清野之人，真姦回也。」康王祠神畢，出廟門，百姓已蟻聚鼓譟。雲最後出，馬不及跨，遂見殺〔一〕。康王復南還相州。未幾，金人再犯京師。

建炎中興，贈雲觀文殿學士。雲兄霽爲講議司編修，嘗言蔡京過失，坐黜海島。後欽宗以霽從种師中解太原圍，王師敗績，霽死之〔二〕。弟雱①，靖康中，爲職方員外郎。

①雱：覆宋本、四庫本作「雱」。

臣稱曰：雲之死，在雲爲不幸，而於中興爲幸也。使雲不死，康王必至虜營。既入虜營，必爲其所留矣。康王若留，則亦必扈從二聖以去也。磁人既已殺雲，康王乃復南還，此非人謀，實天意也。故曰：雲之死，在雲爲不幸，而於中興爲幸也。

陳遘字亨伯，零陵人也。名犯太上嫌名，止稱字。第進士，調秦州司法參軍。徽宗即位，欲用爲御史，會居父喪。服除，爲廣西轉運判官。蔡京當國，以開邊自任，建平、從、允三州，亨伯上疏言：「蠻人幸安靜，不可輕擾，以兆邊釁。」京惡之，以他事罷歸。

旋知商州、興元府，入爲郎。張商英得政，遷左司員外郎，擢給事中。會商英免相，命格不下，亨伯懼，請外，以直秘閣爲河北轉運使，進直龍圖閣，移陝西。蔡京復相，亨伯爲淮南轉運使。時江淮發運使以不稱職聞，執政欲用亨伯，京曰：「職卑不足用，願更選。」徽宗曰：「可除集英殿修撰以往。」京乃不敢言。

朱勔載華石塞道，邀求無藝，官舟不得行。亨伯捕繫勔人於獄，且自劾於朝。徽宗照其忠，擢徽猷閣待制，而黥勔人於遠方。方臘起睦州，二浙用兵，以亨伯爲龍圖閣直學士、經制使。方用度百出，民無以爲命，亨伯創比較①務，及以公家出納錢量取其贏，爲「經制錢」。後翁彥國爲總制使，仿其法，又取所謂「總制錢」者，至今天下有「經總制錢」給縣官費，自此始也。賊平，遷龍圖閣學士，進延康殿學士，爲河北都轉運使，改知中山府，徙

①比較：朱校本、繆校同，覆宋本、四庫本作「此軌」，誤。錢校：「舊鈔本作『較務』，句亦不可解。尋上下文義，疑當作『創比較務』。原本訛作『此』，校者不得其解，又妄改『較』作『軌』，愈失之矣。」今按：據《宋史》卷一八五《食貨志》，創比較務者乃政和間淮南發運副使董正封。

真定、河間。宣和末，金人入寇，盛兵犯河間。亨伯悉力城守。欽宗即位，與虜約和，圍得解。加資政殿學士，積官至光禄大夫。

靖康元年，復爲真定，又徙中山。時京師再被兵，中山當虜衝，亨伯冒圍入城，爲堅守計。欽宗命康王爲天下兵馬大元帥，擢亨伯爲兵馬元帥。欽宗割兩河以賂虜，命亨伯弟光禄卿適諭旨。適臨城未言，亨伯遥語①曰：「主辱臣死，吾兄弟平居以名節自期，寧能賣國家爲囚虜乎？」適感泣，對曰：「兄但盡力，勿以弟爲念。」亨伯呼總管使盡括城中兵擊賊，以衆寡不敵辭，斬以徇。復呼部將沙振者往，振素有勇名，亦固辭。亨伯固遣之，振懼罪，潛刃入府，殺亨伯於堂中〔三〕。振既出，帳下卒譟而前曰：「大敵臨城，汝安得殺吾人？」執而捽裂之，身首無餘。城中無主，乃開門出降。虜人見其尸，曰：「南朝忠臣也。」殮而葬之。贈特進。

亨伯性孝友，爲人寬厚長者。任部刺史幾三十年，每出行部，必焚香祈天，願不逢貪濁吏。嘗薦王安中、吕頤浩、張慤、謝克家、何鑄，後皆至公輔，世以爲知人。適字至叔，由開封少尹、衛尉少卿遷光禄卿。是役也，虜執之以北，後死於雲中〔四〕。

梅執禮字和勝，婺州浦江人也。舉進士，調常山尉，爲詳定九域圖志所刪定官，遷軍器鴻臚丞、比部度支員外郎。時梁師成領後苑，有使持券來，脅部吏支錢三百萬，執禮執不與。徙吏部，遷國子司業，爲諸王宫翊善，進左司員外郎，擢拜中書舍人，遷給事中。

①語：原作「誥」，據覆宋本、四庫本及《宋史》卷四四七《陳遘傳》改。

時諸郡卒留役京師者幾百人，諸局冗占，蠹耗大農，間以役事，出入禁禦①、橫坊市，挾惡少爲姦。詔皆遣歸，而後苑獨留不遣。前此都城凡有所營繕，總領貴人多有所干請，俄有違詔干請，至請御筆行下者，執禮皆論駁②不行。

執禮與宰相王黼雅相善，宴其第③，以詩規之。黼怒，執禮力求去。會孟享原廟後至，罷爲顯謨閣待制、知蘄州，尋落職。明年，徙知滁州，復集賢殿修撰、徽猷閣待制。

欽宗即位，移知鎮江，召爲翰林學士，道除吏部尚書兼侍講。未幾，改户部。執禮入對，乞以御前錢付部，應六宫廪給，皆由度支内降，許執奏。一日，小黄門持御批至部支錢甚急，而御封不用寶。已而悟④其失，復取之，執禮不與，即具奏。明日，内夫人降秩，黄門杖配陵下。

金人犯京師，四方兵未集，執禮勸欽宗親征。時宰相沮其議，不果行。京師失守，虜酋劫質天子，責金幣無紀極，府庫空單，猶不厭其欲，遣人來取提舉官以下八人，受約束。執禮與禮部侍郎陳知質、刑部侍郎程振、給事中安扶同見，虜責以金銀不足，曰：「胡不賦於民？」四人同辭對曰：「今天子蒙塵，臣民皆願前死，雖肝腦不計也，於金繒何有哉？」顧誠亡以塞責。」虜大怒，問：「官長安在？」振恐執禮坐之，遽前曰：「皆官長也。」虜不勝其忿，於是四人者皆見殺，而其副侍御史胡舜陟、殿中侍御史胡唐老、監察御史姚舜民〔五〕、王俣各杖之百。執禮死時〔六〕，年四十九。贈資政殿學士。

---

①禦：覆宋本、四庫本作「籞」。
②駁：原作「較」，據四庫本及《宋史》卷三五七《梅執禮傳》改。
③第：原作「弟」，據四庫本及《宋史》本傳改。
④悟：原作「悮」，據四庫本及《宋史》本傳改。

程振字伯玉〔七〕，饒州樂平人也。少有俊才，未冠，遊太學，張商英、陳瓘、張庭堅、鄒浩皆器之。徽宗幸太學，振以諸生高第得官，除和州教授，留爲辟雍録，遷博士，拜太常博士，提舉京東西路學事。振奏立孟子祠，以公孫丑、萬章從祀。改京西路常平，入爲膳部員外郎、監察御史。

歷辟雍國子司業、左司員外郎，皆兼太子舍人。初見太子，言：「古者大祭祀登餕受爵，必以上嗣，既《禮經》所載，元豐彝典具存。昨上有事明堂，而殿下不與，非所以尊宗廟，重社稷。」太子矍然曰：「初無人及此者。」由是驟加獎重。

方臘亂浙右，聲摇京師，振謂宰相王黼曰：「相公宜乘此時言天下弊事，庶幾少革，以當天意，順人心。」黼不悦曰：「上且謂黼挾寇，奈何？」振知黼忌其言，不答，趨而出。然太子薦之，拜給事中。黼銜前忿，乃曰：「振資淺，且雅長詞令。」但除中書舍人。已而，馮熙載與黼不合，罷中書侍郎，黼因諷言者，以振爲朋黨，責提舉沖佑觀。明年，復集英殿修撰。

欽宗受禪，召拜吏部侍郎。嘗上言：「大臣不協，議論多駮，詔令輕改，失其事機。如金人拿兵且半年，而兵不解者，以和戰之説未一故也。裁抑冒濫，如黑白易分，而數月之間，三變其説者，蓋廟堂不能忘私，而多與其黨爲地故也。今一人言之以爲是而行，一人言之以爲非而止。或出聖斷喻度，而不暇疇咨；或用大臣偏見，而遂形播告。所以動未必善，處未必宜，乃輒爲之反汗焉，其勢不得不爾也。」

及聞虜寇河北，力請合諸路兵，掎角擊之，以牽其勢。且曰：「彼猖獗如此，陛下猶欲守和議，而不使之少有所懲創乎？」欽宗是其言而不能盡用也。除開封尹。時捕得亡命卒數千人，振請充入步軍司而除其罪。步軍司請論如法，振曰：「方多事時，一日而殺數千人，可乎？」力争之，由是得不誅。遂爲刑部侍郎。虜邀天子幸其營,求金不已。振被命督輸,與梅執禮等四人同死之〔八〕,年五十七。

初,振在西掖,王黼以客沈積中帥河朔,欲覘虜圖燕。振語積中,當思異時覆族之禍。積中至部,首以書謝振,盛言其不可之狀,振以告諸朝。及左遷,童貫、蔡攸卒生邊釁。振天姿和厚,有醞藉,至論事,則挺然不可回奪。

方徽宗崇尚道家之説,振至東宮,從容及之,曰:「周公作《鴟鴞》之詩,孔子①以爲知道,其言不過『逮②天之未陰雨』『綢繆牖户』而已。老子著《道經》,亦曰『爲之於未有,治之於未亂』。蓋老氏與孔子合者如此。今不固根本於無事之時,而徒争目前之功,非二聖人意。」他日,太子爲徽宗道之,徽宗以爲然,頗欲去③健羨,疏左右近習之人。而宦寺楊戩方大興宮室,懼不得肆,因讒家令楊馮以爲將輔太子幸非常。徽宗震怒,執馮誅之,而太子之言亦廢。及靖康中,振尹京府,言利者頗離間兩宮。振善於調護,由是無纖介之疑。既死,人皆出涕。後贈端明殿學士。同時死者陳知質、安扶,失其傳〔九〕。

司馬朴字文季,丞相光兄里之孫也。少喪母,育於外祖范純仁。紹聖初,黨議起,父宏坐上書論辨得罪,純仁亦坐救黨人責永州,目疾失明,客至必令朴導以見。時方七歲,進揖應對如成人,客皆驚嘆。以純仁遺恩補官。

宏死,朴年十七,徒跣護柩還,人稱其孝。調晉寧軍士曹參軍。通判不法,轉運使王似諷朴伺其過,朴不可,

①孔子:原作「礼子」,據覆宋本、四庫本及汪藻《程公神道碑》改。
②逮:四庫本及《程公神道碑》作「迨」。
③欲去:繆校作「嘆美」。

曰：「守貳爲長官，使下吏得陷之，不唯亂常，人且不食吾餘矣，死不敢奉教。」似賢而薦之。

靖康初，黨禁解，同判西京國子監，召爲虞部員外郎，遷右司。金人再犯京師，以朴使虜。虜酋①斡离不問其家世，朴曰：「大父丞相。」酋喜曰：「大賢之後也。」甚加禮，乃吐腹心，諭以亟割地講和，以間黏罕。朴兩往返，以虜情語執政，促其議。而任事疑不決，朴争甚苦。已而城陷，欽宗思其言，亟召對，以爲兵部侍郎。朴請復使虜帳，及兩宫北狩，又貽書酋長，請立趙氏。虜憚之，挾以北去。其後虜欲用之，朴不可，竟握節而死〔一〇〕。朝廷知其忠，特贈兵部尚書。

李熙靖字子安，常州人也〔一一〕。舉進士，調海州司理參軍。中詞學兼茂科，爲太學正，遷辟廱博士。以父老求便親，除提舉淮東學事。既命下，乃得河東，而爲淮東者，臧祐之也。蓋省吏取祐之賂，輒易之。大臣疑焉，吏以誤告。客有得其情者，訹熙靖使言，熙靖曰：「事君不擇地，吾豈敢發人之私，求自便乎？」宰相聞而賢之，白於徽宗，留爲兵部員外郎。未幾，以憂去，還爲右司員外郎。

王黼爲相，立應奉司，又立經撫房於中書，他執政皆勿得與。熙靖數爲言：「應奉之職，非宰相事也。今樞密院及諸省兵房皆足以治疆事，經撫房何爲者哉？」黼怒，積四年不遷。黼罷，由太常少卿拜中書舍人，以徽猷閣待制知洪州。

閲兩月，復以故官召，入對，首言：「燕雲初定，宜戒不虞。願飭帥臣修武備。」徽宗曰：「《詩》所謂『迨天之未陰雨，徹彼桑土，綢繆牖户』者，此也。」熙靖進曰：「孔子云：『爲此詩者，其知道乎？』能治其國家，誰敢侮

①酋：原作「囚」，據下文及覆宋本、四庫本改。

之？陛下勳高往古，願爲無疆之計。」徽宗甚嘉之。俄兼侍講。

徽宗既已内禪，行幸江、浙，欽宗以熙靖主管龍德宫，改顯謨閣待制、提舉醴泉觀，宫僚如故。徽宗待之甚厚，數召與燕語，嘗曰：「去年内禪之事，外人以爲吴敏功，殊不知出我至誠，不由人言，建牧之意可見矣。我無此意，人言且滅族，誰敢哉？或謂吾傳位，與唐睿宗上畏天戒，乃爲之。吾有此意者數年矣。」熙靖因賀曰：「陛下不以天下累其心，過古帝王遠甚。」

明年，兩宫北狩，張邦昌攝國，熙靖即移病。邦昌令權直學士院，力拒之，至以憂憤廢食，疾且篤。故人訪之，熙靖泣數行，則曰：「百官何日再朝天乎？」翌日遂卒〔一二〕。後贈端明殿學士。

譚世勣字彦成，長沙人也。舉進士，教授郴州。又中詞學兼茂科，爲秘書省正字。於時蔡京得政，以其子攸提舉學館，而宦者梁師成貴幸，諂事者皆是也。獨世勣不附阿，更①六年不得遷。京罷，他宰相有惜之者，始遷司門員外郎。又三年，遷吏部員外郎。

蔡京復相，逐不附己者，提點上清太平宫。復用爲郎，遷少府監，擢中書舍人。世勣以重命令、惜名器、廣言路、吝賜予、正上供、省浮費六事以獻，爲當路者所疾，罷爲徽猷閣待制、知婺州。未行，復留。

徽宗内禪，幸江、浙，欽宗遣執政奉迎，以世勣副之。還，提舉醴泉觀，專掌龍德宫。請辨正國史謗宣仁之語，追述欽聖復瑶華之位，大享神祖，仍用富弼侑食，釋奠先聖不當以王安石從祀。

是歲，彗出東方，大臣有謂：「此乃夷狄將衰，非中國憂也。」世勣面奏：「垂象可畏，當修德應天，不宜惑諛

①更：覆宋本、四庫本作「諛」，屬上。

說。」遷給事中兼侍讀。内侍有喧争殿門者，罪止贖金，世勣即疏駁，劾以不恭。因言：「童貫輩初亦甚微，小惡不懲，馴致大患。」疏入，近習皆側目。何㮚建言分天下爲四道，各置都總管。世勣曰：「裂天下付四人，而王畿所自治者，纔十六縣爾，獨無不掉之虞乎？」大拂㮚①意，改禮部侍郎。

時虜騎駸駸南牧，爲城守備甚急，世勣曰：「守邊爲上策；今邊不得守，守河則畿甸自固，中策也；巡幸江、淮，會東南兵四面扞虜，下策也。」既而河上無守兵，虜乘虚得度，盡斂士卒入城。世勣又言：「遣京畿大將秦元，以所統保甲分四砦，直國門，使兵勢連屬，首尾相援，即虜不敢逼。」孫傅深然之，又格於㮚議。虜邀車駕，世勣凡再扈從出城，遂留虜帳。徐以十害説用事者，大略言南北講解之利，詞意忠激，虜人聳聽。及邦昌僭位，令直學士院，世勣堅卧不起。邦昌知不可奪，乃已。卒，年五十四〔一三〕。贈端明殿學士。

方王氏學盛行，世勣雅不喜，或問之，曰：「説多而屢變，無不易之論也。」識者韙之。

【箋證】

〔一一〕遂見殺：《三朝北盟會編》卷六四載「磁人殺王雲」於靖康元年十一月二十一日壬午。

〔一二〕王師敗績霽死之：本書卷一二及《靖康要録》卷七並載种師中戰死於靖康元年五月十二日丁丑，王霽蓋同時戰死。

〔一三〕殺亨伯於堂中：《建炎以來繫年要録》卷二載建炎元年二月「丁亥，資政殿學士、知中山府陳亨伯爲步將沙振所殺」。

〔一四〕後死於雲中：《宋史》卷四四七《陳遘傳》：「後十年，死於雲中。」《建炎以來繫年要録》卷九〇紹興五年六月丁巳：「故光禄少卿陳適贈右文殿修撰，例外官其家一人。適，亨伯弟也。靖康末，奉詔割中山地，亨伯以大義遣之。金挾適去，後卒於燕山。」據

①㮚：朱校本同，覆宋本、四庫本作「其」。

此，則陳適當卒於紹興五年。

〔五〕監察御史姚舜民：「姚舜民」，《宋史》卷三五七《梅執禮傳》作「姚舜明」，《三朝北盟會編》卷八三、《靖康要録》卷一六、《建炎以來繫年要録》卷二、《九朝編年備要》卷三〇等均作「姚舜明」，《事略》誤「明」爲「民」。

〔六〕執禮死時：《三朝北盟會編》卷八三繫執禮等四人死於靖康二年二月二十四日，《靖康要録》卷一六、《建炎以來繫年要録》卷二、《宋史全文》卷一五繫於二月二十五日乙酉，汪藻《程公（振）神道碑》（《浮溪集》卷二四）亦作「二十五日」，當以「二十五日乙酉」爲是。

〔七〕字伯玉：《宋史》卷三五七《程振傳》作「伯起」。汪藻《程公神道碑》（《浮溪集》卷二四）作「字伯玉」。《容齋續筆》卷四：「政和中，禁中外不許以龍、天、君、玉、帝、上、聖、皇等爲名字，……程振字伯玉，改曰伯起。」

〔八〕與梅執禮等四人同死之：《程公神道碑》：「公冒死直前，卒與禍會，寔靖康二年二月二十五日也，得年五十有七。」

〔九〕同時死者陳知質安扶失其傳：《宋史》本傳：「同時死者禮部侍郎陳知質，失其傳；給事中安扶，附見父安燾傳。」

〔一〇〕竟握節而死：《宋史》卷三〇《高宗紀七》紹興十三年九月「庚午，以兵部侍郎司馬朴死節，贈兵部尚書，賜其家銀絹」。

〔一一〕常州人：《宋史》卷三五七《李熙靖傳》作「常州晉陵人」，是。

〔一二〕翌日遂卒：《宋史》本傳：「明日遂卒，年五十三。」《建炎以來繫年要録》卷三載「顯謨閣待制、提舉醴泉觀李熙靖卒」於建炎元年三月乙卯。

〔一三〕卒年五十四：《建炎以來繫年要録》卷四載「尚書禮部侍郎兼侍讀譚世勣卒」於建炎元年四月庚午。

東都事略卷第一百十

忠義傳九十三

《語》曰：「無求生以害仁，有殺身以成仁。」而孟子亦謂：「所欲有甚於生者，則捨生而取義。」信哉！蓋死者，人之所難，而得其死者，尤難也。世治則忠義之士全其榮名，世亂則忠義之士其節乃見。主憂臣辱，義在必死，不以禍福動其心，不以死生易其守，此誠烈丈①夫也哉。烏虖！祖宗以來，忠義之士以身徇國者，非無其人，僅有之而已，蓋逢治世也。若夫靖康之難，則守死仗節之士見矣，此所謂板蕩識忠臣者歟？

劉平字士衡，開封祥符人也。父漢凝，官至崇儀使。平爲人剛直任俠，善弓馬，讀書强記。舉進士，爲無錫尉，知鄢陵、南充二縣。以父喪解官，道出興州〔一〕，有賊遮道劫之，平引弓射殺三人，餘遂遁去。寇準奇其材，薦之，起爲殿中丞、知瀘州。

平在南充時，夷人入寇，平攝州事，率土豪擊走之。及平復至，夷人畏服。代還，通判潁州，召爲監察御史。數上疏論事，爲丁謂所惡。久之，得三司鹽鐵判官，除殿中侍御史、陝西轉運使。仁宗即位，遷侍御史。

①丈：原作「大」，據覆宋本、四庫本改。

初，真宗知其才，將用之矣，丁謂曰：「平，將家子，知兵。若使將西北，可以制戎狄。」章獻皇后思謂言，换尚衣庫使、知邠州〔二〕，稍遷慈州團練使〔三〕。平謂：「元昊居服僭竊，且叛矣，宜備之。」轉温州防禦使，遷邕州觀察使、步軍都指揮使〔四〕、静江軍留後。元昊反，平上疏曰：

五代以來，中國多事，唯制西戎似有策焉。於此之時，中國未嘗進一騎一兵遠屯塞上，特任土豪，付以州邑，是以邊陲無事。其後大臣不能遠慮，徙朔方李彝興、靈武馮繼業於内地，自此靈、夏漸敝，中國十年之中，兵民交困矣。

靈武既失守，趙德明懼問罪，願備藩臣，朝廷即以靈、夏兩鎮授之。今元昊僭逆，復與唃厮囉結，此乃天亡之時也。臣請招致山界洪、宥等州土豪，授以職名，給以金帛，使勇者貪於禄，富者貪於安，不期月而人心自定。或授唃厮囉以靈武，使逼元昊河外族帳。復出鄜延、石州蕃漢步騎，收河西部族，招其酋帥，其衆離貳，則以大軍進討，以所得城邑而封之。

元昊不過竄身河外一窮寇爾，若朝廷貸元昊之罪，臣恐北狄謂朝廷養兵百萬，不能制一小戎，有輕中國之心。然亦須議守禦之長計，請召夏竦、范雍與兩府大臣議攻取策，令邊臣遵守。

疏奏不報。而元昊盛兵攻保安軍，自土門路入寇。延帥范雍以書召平，至保安與石元孫合。平趣土門，既又有告賊兵趣金明，圍延州。雍復召二將還軍救延州，平督騎兵先發，步卒繼進。夜至三川口西十里營，令騎兵先趣延州奪門。詰朝，步兵未至，元孫與平還逆之。行二十里遇兵，與皆①行，至三川口遇賊，與戰。平左耳、右脛皆中流矢。戰少卻，鄜延駐泊都監内臣黄德和引兵先走。平轉鬬三日，賊問：「主將所在，何不降？」平使人應之

①皆：四庫本作「偕」。

曰：「狗賊不降，我何降也？」以衆寡不敵，與元孫俱被執。平不復食，數罵曰：「狗賊，我頸長三尺，何不速殺我！縛我何之乎？」遂見殺[五]，年六十八。

德和既遁，輒誣平降賊。詔以兵圍其家，命殿中侍御史文彦博即河中府置獄，遣知同州龐籍往訊焉，具得其實。遂釋其家，德和坐腰斬。賜平家信陵坊第一區，贈忠武軍節度使兼侍中。平諸子唯季孫有聞。

季孫字景文。少篤學，能詩文。蘇軾知杭州，時季孫以左藏庫副使爲兩浙兵馬都監。軾薦其才，除知隰州，仕至文思副使以卒。軾時爲兵部尚書，哀季孫之死，奏言：「季孫篤志好學，博通史傳，工詩能文，輕利重義，練達軍政。至於忠義勇烈，有平之風。性好異書、古文、石刻，所得禄賜盡於藏書之費。季孫既死，家無甔石，妻子寒餓，行路傷嗟。臣實與季孫相知，既哀其才氣如此，又哀平以忠義死事，聲迹相接，四十年間，而子孫淪替，不蒙收録，豈朝廷之意哉？欲望優與賻贈，以振其妻子朝夕飢寒之憂，亦使人知忠義死事之子孫，雖跨歷歲月，朝廷猶賜存恤，於勸奬之道，不爲小補。」軾之言如此，則季孫之賢可知矣。

任福字祐之，開封人也。初補衛士，由殿前諸班六遷至遥郡刺史。元昊反，除莫州刺史，知隴州，又知慶州。與諸將攻元昊白豹城，以功拜龍神衛四廂都指揮使、賀州防禦使。

計議涇原邊事，適安撫使韓琦行邊，趣涇州，聞元昊閱兵折薑，會謀入寇，遂以兵萬八千人命福統諸將擊賊，以耿傅參軍事，桑懌爲先鋒，涇州駐泊都監王珪、武英各以所部兵從福節制。琦授福以方略，俾諸將并兵合勢，自懷遠城趣德勝砦，至羊牧隆城，出賊之後。如未可戰，則據險設伏，待其歸然後邀擊之。

福等既就道，琦又重戒之。福引輕騎數千，與賊戰於張家堡。賊僞北，桑懌引騎趣之，福亦踵其後。會暮，合軍屯好水川。福等追奔三日，至籠竿城北遇賊，距羊牧隆城五里，諸將因前接戰。桑懌先戰没，福繼之，珪及武英而下皆陷焉。福未死，前有小校劉進者，勸福自免。福曰：「吾以死報國也。」因揮四刃鐵簡，挺身決鬬，遂死之〔六〕，年六十一。贈武勝軍節度使兼侍中。

王珪者，開封人也。年十九，應募爲親從官，遷殿前第一班，擢禮賓副使、涇州駐泊都監。

元昊寇鎮戎軍，珪將以三千騎爲先鋒，自瓦亭至師子堡，賊圍之數重。珪奮擊，多獲首級。乘間叩鎮戎軍，請益兵，不許，止縋糧與之。士卒既飽，珪語之曰：「兵法，以寡擊衆必在暮。我兵少，乘其暮，可得志也。」乃馳入。賊一將以鎗直其胸，傷右臂，珪左手以杵碎其脛〔七〕。又一將復以鎗進，珪挾其鎗，運鞭擊死之。虜驚，遂引去。

是歲，改涇原都監。明年，從任福大入好水川，連鬬三日，諸將俱没。珪乃東望再拜曰：「非臣負國，力不能也，獨有死報爾。」乃復入戰，擊殺百人，目中飛矢而卒〔八〕。鎮戎之戰也，珪以所得二鎗植山上。珪既死，邊人即其所爲立廟焉。

珪通陰陽術數，好水之戰，自知不得還。將行，謂其家人曰：「可速去，無爲虜所仇也。」及虜攻瓦亭，果求其家人，如其言。贈金州觀察使。

有子光祖〔九〕，以珪恩補供奉官。淯井夷人入寇，光祖爲梓夔路鈐轄，合都監王宣討之，賊遂棄去。茂州土蕃圍茂州，據雞棕關，以内侍王中正經畫，命光祖策應。光祖招納餘族，全雞棕關〔一〇〕，會中正於茂州，乃歸。瀘州蠻乞弟圍安夷砦羅箇牟村，王宣死之。宣所將兵潰，光祖至江安，潰者悉歸於光祖。尋從韓存寶取夷勞口，時久雨，士卒暴露，賊保巢穴。光祖説存寶進軍落共城，又進軍梅嶺。賊以數萬出駐落箇棧，存寶亟止光祖，但與對壘，而按兵不動。既而賊遁去，存寶遽班師。神宗以存寶逗留，遣步軍都虞候林廣代之。光祖曰：「不得乞弟，患未艾也。」廣至，因入其巢穴，求乞弟不得，焚掠蕩盡，退營落共、江門等砦。光祖以功遷四方館使，遂置瀘南沿邊安撫使，命知瀘州以領之。

遷客省使、嘉州刺史，爲涇原路副總管，改河東，徙定州。卒，年六十七。

武英者〔一一〕，太原人也。父密，爲左侍禁，與契丹戰，死之。以英爲三班借職，積功遷内殿承制、環慶路都監。破元昊之衆於白豹城，以功遷禮賓副使。從任福戰於好水川，死之〔一二〕，贈邢州觀察使。

桑懌者，開封雍丘人也。善用劍及鐵簡，有智略，謹畏常若不足。少舉進士，不中。嘗遭大水，有粟二廩，將以舟載之，見民走避溺者，遂棄其粟而載之，皆得不死。後徙居汝、潁間，諸縣多盜，自請補耆長。獨提一劍以往，殺獲殆盡，旁縣因之無盜。轉運奏其事，授郟城尉〔一三〕，徙澠池，改右班殿直，爲永安巡檢。羣盜聞桑殿直來，皆遁去。

宜州蠻叛，殺海上巡檢，官軍不能制。因命懌往，盡殺之。得閤門祗候，推其功於己上者。或譏其好名，懌曰：「若欲避名，皆不可爲也。」益自信。遷西頭供奉官，爲廣南駐泊都監〔一四〕，遷内殿崇班、鄜延路兵馬都監。逾月，徙涇原，屯鎮戎軍。好水之戰，死之〔一五〕，贈解州防禦使。

耿傅者〔一六〕，字公弼。祖昭化，爲蜀州司户參軍。盜據城，欲脅以官，昭化罵賊，不屈而死。傅以蔭補官，後以將作監丞知永寧縣，通判儀州，徙慶州，爲任福行營參軍。

山外之戰，諸將嘗戒傅少避賊鋒，而傅愈前，指顧自若。及賊騎大至，武英又勸傅曰：「君非主兵者，奈何欲與英俱死也？」傅作書遺福，戒以持重。未幾，福戰没，傅亦死〔一七〕。

或謂福之敗由傅督諸將稍急，韓琦得其書上之。尹洙亦作《閔忠》《辨誣》二篇。《閔忠》曰：

甚哉，世人謀其身之周也。山外之戰，諸將以力死，明白不可欺。或者咎其失計，且不與其死。噫！趨利以違節度，其失計信然。秉義不屈，奈何不與其死也？

忠義，世之所高；死，人之所難。以甚難之節，負至高之名，苟與之，則已當蹈之矣，惡所以謀其身哉？善謀其身者不然，必非之曰：「喪兵沮威，雖死，吾弗與。」然後享其富、保其生爲無愧。爲身之謀，豈不周乎？

寇讎在境，師兵在行，欲其以保功，難乎哉？烏虖！喪兵沮威以取死，豈諸將心邪？亦不幸而已。爲國家者，無使謀其身者終其幸，死義者重不幸，則節士勸矣。

《辨誣》曰：

山外之役，參軍事耿傅在行。戰合，虜騎益至，或以傅文吏，無軍責，勸其避去。傅不顧，被數創，死於陣。

或誣之曰：「傅督諸將進，與大憝卒遇，敗，傅致也。」後得傅與諸將書，戒以持重，慮爲虜誘，此豈督諸將進邪？

宋興八十載，文吏死事者，或以城守之責，或不幸與禍會，其死義一也。至如臨大敵不懾，與驍雄之士争致其命，如傅比者亦鮮。悲夫！謀既不用，又從之死，猶不免於誣。爲誣者，豈喜於立異邪？惡夫爲忠邪？

洙文既出，其謗遂止。朝廷贈傳右諫議大夫。

馬遂，開封人也。初補散直，爲北京指使。王則反於貝州，遂聞之，中夜叱咤，晨興詣留守賈昌朝，請與行陳。命持榜招降，則盛服見之。與坐，遂諭以禍福，則不答。時張得一侍賊側，目之不應。遂扼其喉〔一八〕，擊之流血，而左右無助者。賊徒驍捷卒石慶斷其一臂，遂詬之曰：「妖賊，吾恨不斬女萬段。」即見殺〔一九〕。事聞，仁宗嗟嘆久之，贈遂宮苑使。後獲石慶，付其子，使剖心以祭之。

孔宗旦，魯人也〔二〇〕。爲邕州司户參軍。初，儂智高潛聚衆溪洞，而邕州有白氣起郡庭，仍①江水暴溢。宗旦以爲兵象，策智高必反，以書告郡守陳珙，珙不聽。後智高反，破横州，宗旦遣其家屬往依桂州，曰：「吾有官守，不得去，無爲俱死也。」既而破邕州，宗旦被執。賊有用之之意，宗旦怒曰：「賊，女今立死，吾豈可汙邪？」慢罵不已，遂見殺〔二一〕。贈太子中允。

曹覲〔二二〕，建州人也，故贈諫議大夫脩古之姪。脩古爲諫官，有直名。無子，以覲爲嗣，而奏以官。累遷太子中舍、知封州。

①仍：覆宋本、四庫本作「傍」，誤。曾鞏《與孫司封書》（《元豐類藁》卷一五）云：「皇祐三年，邕有白氣起廷中，江水横溢。」可證。

儂智高反，覲以州無兵備，募敢死五百人以守城。而隣城有爲避賊計者，遂紿以書曰：「賊止期得邕、貴而已，豈肯離巢穴遠來邪？」覲以爲然，乃縱所募去。而賊至，又勸使之走。覲叱之曰：「吾家以忠義自持，吾豈苟生者邪？」俾妻子逃匿民間，自佩郡印，與兵馬監押陳曄率州兵百餘人禦賊。力不勝，遂爲賊所執。以郡印授二卒，使懷去。覲不食三日〔二三〕，賊諭欲用之，覲叱曰：「犬彘敢爾邪？」遂見殺〔二四〕。封州之人爲覲立廟，歲時祀之。朝廷贈覲太常少卿。

趙師旦字潛叔，稹之姪也〔二五〕。以稹蔭補官，累至右贊善大夫〔二六〕、知康州。

儂智高既破邕州，師旦遣人覘賊，還報曰：「諸州長吏皆棄城去矣。」師旦曰：「女亦欲吾去邪？」即斬以徇。而賊將及城下，因語妻子曰：「留此俱死，無益也。」令避難山谷間。明日，賊大至，州兵止三百人。師旦與兵馬都監馬貴力戰，矢盡，還坐堂上。智高麾兵鼓譟而入，師旦大罵曰：「朝廷負若何事，乃敢反邪？大兵且至，戮爾無遺類矣。」智高怒，與貴俱見殺。師旦死時，年四十三〔二七〕。賊既去，州人爲立祠。

師旦之妻，生子數日而避賊，棄之草中。後三日猶不死，取而育之。朝廷贈師旦光禄卿。

蘇緘字宣父〔二八〕，泉州晉江人也。舉進士，爲南海簿。廣州領市舶司，每海商至，選官閱實貲貨，其商酋皆州里右姓，至則陵轢官府，以客禮見主者。緘以選往，有大商樊氏入見，遽陞階就榻，緘捕繫杖之。樊氏訴於州，州將召緘，責以專決罰。緘曰：「主簿雖卑，邑官也；舶商雖富，部民也。部民有罪，而邑官杖之，安得爲專？」州將慰諭遣之。

爲陽武①尉。有劇賊黑李二者，官莫能捕，緘獨馳馬追斬之。府尹賈昌朝曰：「儒者乃爾勇邪？」累遷秘書丞、知英州。

儂智高反，圍廣州。緘蒐部兵，募壯勇，合數千人赴難，委州事於提點刑獄鮑軻②。緘以功換供備庫副使[二九]，爲廣南東路都監。緘襲賊，至邕州金城砦。余靖督諸將進戰，官軍失利。主將陳曉先退[三〇]，坐斬。緘貶房州司馬，後以著作佐郎監越州稅，知崇仁縣，復供備庫使、知廉州。坐擅斬失火軍士，降潭州都監，徙知鼎州。

交趾謀入寇，以緘爲皇城使、知邕州。緘伺得其實，以書抵知桂州沈起，起不以爲意。及劉彝代起，交人果大舉，衆號八萬，抵海岸。未旬日，陷欽、廉二州，破邕之四砦。緘聞賊且至，嬰城以守。州民震驚，將竄逃者，緘曰：「女輩逃將安之？惟堅壁固守，以待外援，可坐勝。」乃出官帑及私財示之，曰：「吾兵械已具，蓄聚不乏。今與女約，有一人敢出，吾當先並其孥斬之。」時大校翟績陰欲出奔，緘斬以徇，由是上下聽命。

賊圍城，緘日夜勞苦士卒，禦敵以神臂弓，仆賊殪象，不可勝計。於是城中人心益固。緘初求救於彝，彝遣都監張守節往援，守節逗留不即行。緘又遣人持蠟書告急於提點刑獄宋球，以便宜督守節兵行。守節皇恐，遽移屯大夾嶺，回保崑崙關。猝遇賊，一軍皆覆。賊百計攻城，緘隨機以應之。賊計已盡，欲引去，而知外援不至。會有能土攻者，教賊囊土數萬，向城山積，頃刻高數丈。賊衆登土囊以入，城遂陷。緘猶領傷卒馳騎戰愈厲，而

①陽武：原作「武陽」，據《宋史》卷四四六《蘇緘傳》及卷八五《地理志一》改。《古今事文類聚》外集卷一五載「蘇緘移開封府陽武尉」，斬黑李二，爲府尹賈昌朝稱賞事，與本書所載相合。而陽武乃開封府屬縣，可知《事略》「武陽」二字誤倒。

②鮑軻：原作「鮑何」，而《宋史》本傳及《涑水記聞》卷一三、《長編》卷一七三、《太平治迹統類》卷一〇等均作「鮑軻」，《事略》蓋誤刻作「鮑何」。參舒仁輝《〈東都事略〉與〈宋史〉比較研究》第二五二頁考證改。

力不敵，乃曰：「吾義不死賊手。」乃還州治，闔門聚家屬三十有六人，皆自殺，藏尸於坎，縱火自焚〔三一〕。賊至，求尸皆不能得，乃殺吏卒、土丁、居民五萬餘人，以百首爲一積，凡五百八十餘積，並欽、廉所殺，無慮十萬餘人。邕被圍凡四十二日，而下無叛者。緘憤沈起、劉彝致寇，又不救患，欲上疏論之，屬道梗不通，乃榜其罪於市，冀朝廷得聞知焉。神宗哀緘死，贈奉國軍節度使，謚曰忠勇。

彭汝方字宜老，汝礪之弟也。以蔭補太廟齋郎，後知衢州。時方臘陷歙、睦、杭，而衢介於三郡之間，賊勢張甚，兵力寡弱，衆皆奔潰。汝方與郡僚段處約守孤城〔三二〕，城陷，罵賊而死，年六十一〔三三〕。贈龍圖閣直學士。

詹良臣字唐公〔三四〕，嚴州遂安人也〔三五〕。晚以累舉恩得官，爲縉雲尉。方臘起青溪，聲摇江、淮。賊犯處州，良臣曰：「捕盜，吾職也。」率弓兵數十人往禦之，爲賊所執。賊欲降之，良臣罵曰：「女輩何敢反？往年李順反，戮於蜀；王倫反，戮於淮南；王則反，戮於河北。同惡無少長，棄市，尸爲狗鼠食。女輩何敢反？」賊怒，割其肉，使自啖之。良臣且吐且罵，至死不絶聲，見者爲隕涕。死時年七十二〔三六〕。賊平，徽宗聞而愍之，官其二子〔三七〕。

【箋證】

〔一〕以父喪解官道出興州：《宋史》卷三二五《劉平傳》作「祠汾陰，遷本寺丞。還，路由安州」，《隆平集》卷一九作「以父喪解官，還任安州」。

〔二〕知邠州：《續通志》卷三四六《劉平傳》「汾州」校記：「按《東都事略》作『邠州』。考《宋史・地理志》，汾州屬河東路，邠州屬陝西路，丁謂言使將西北，應是邠州。」

〔三〕稍遷慈州團練使：「慈州」，《宋史》本傳及《長編》卷一一二並作「忻州」。

〔四〕步軍都指揮使：《隆平集》卷一九同。《宋史》本傳作「步軍副都指揮使」。按《長編》卷一二七康定元年四月丁未載「贈步軍副都指揮使、静江軍留後劉平爲忠武節度使兼侍中」，則《隆平集》《事略》作「都指揮使」或誤。

〔五〕遂見殺：《宋史》本傳作「遂與元孫皆被執」，又云：「其後降羌多言平在興州未死，生子於賊中。及石元孫歸，乃知平戰時被執，後没於興州。」劉平是戰死抑或被俘，宋人聚訟紛紜，《事略》與《宋史》亦各執一端。舒仁輝《〈東都事略〉與〈宋史〉比較研究》第二五一頁博引衆證，認爲降敵之説「未必可信，至云劉平生子賊中更不可信」。本書卷五《仁宗紀》康定元年春正月乙亥載：「元昊圍延州，劉平、石元孫與賊戰於三川口，王師敗績，平死之。」與本傳戰死説吻合，故置諸《忠義傳》。

〔六〕遂死之：《長編》卷一三一載任福及其子懷亮戰死於慶曆元年二月癸巳。

〔七〕珪左手以杵碎其脛：「脛」，《隆平集》卷一九、《宋史》卷三二五《王珪傳》及《長編》卷一二八並作「腦」，《事略》誤作「脛」。

〔八〕目中飛矢而卒：《長編》卷一三一載王珪戰死於慶曆元年二月癸巳。

〔九〕有子光祖：《宋史》卷三五〇《王光祖傳》：「王光祖字君俞。」

〔一〇〕據雞棕關：「棕」，《宋史》本傳及卷八九《地理志五》並作「宗」，是。

〔一一〕武英：《宋史》卷三二五《武英傳》：「武英字漢傑。」

〔一二〕從任福戰於好水川死之：《長編》卷一三一載武英等戰死於慶曆元年二月癸巳。

〔一三〕授郟城尉：《長編》卷一〇五天聖五年十月戊寅載「以開封府進士桑懌爲衛南尉」，注云：「《國史・桑懌傳》並用歐陽修所爲文。據《實録》，天聖五年十月，懌初得衛南尉，非郟城也。今但從《實録》。附傳亦誤以衛南爲郟城，蓋因歐陽文耳。」

〔一四〕爲廣南駐泊都監：《宋史》卷三二五《桑懌傳》作「廣西駐泊都監」。

〔一五〕好水之戰死之：《宋史》本傳作「與任福遇敵於好水川，力戰而死」，《長編》卷一三一載桑懌等戰死於慶曆元年二月癸巳。

〔一六〕耿傅：《長編》《九朝編年備要》《建炎以來繫年要録》《宋史全文》等或作「耿傳」，當爲傳刻之異。《宋史》卷三二五《耿傅傳》校記〔六〕以「傅」爲是，是。

〔一七〕傅亦死：《長編》卷一三一載任福、耿傅等戰死於慶曆元年二月癸巳。

〔一八〕遂扼其喉：《宋史》卷四四六《馬遂傳》：「遂將殺則，而無兵仗自隨。時張得一在側，遂欲其助己，目得一，得一不動。遂奮起，投梧抵則，扼其喉。」《長編》卷一六二所載同《宋史》。《事略》於此段記載删削過度，致語意不明，「其」似指張得一，不確，疑「其」爲「則」之誤。

〔一九〕即見殺：《長編》卷一六二慶曆八年閏正月庚子載「(王)則自反至敗，凡六十五日」，閏正月戊申載「贈馬遂爲宫苑使」，又載其聞王則反即請命入貝州，則其「見殺」當在慶曆七年十二月。

〔二〇〕魯人：《隆平集》卷一五作「兖州人」。

〔二一〕遂見殺：《長編》卷一七二載「儂智高破邕州」、孔宗旦被害於皇祐四年五月乙巳朔。

〔二二〕曹覲：《宋史》卷四四六《曹覲傳》：「曹覲字仲賓。」

〔二三〕覲不食三日：《宋史》本傳及《長編》卷一七二俱作「覲不食者兩日，探懷中印章授其從卒」，而《事略》同《隆平集》卷一五，以郡印授從卒在「不食三日」之前，所載略異。

〔二四〕遂見殺：《長編》卷一七二皇祐四年五月辛酉載「知封州、太子中舍曹覲死之，……時年三十五」。

〔二五〕稹之姪也：《宋史》卷四四六《趙師旦傳》作「樞密副使稹之從子」。《事略》《宋史》並言以稹蔭補官，而王安石《贈光禄少卿趙君墓誌銘》(《臨川先生文集》卷九四)云「君用叔祖蔭試將作監主簿」，又載其「曾祖諱晟」「祖諱和」「考諱應言」，又尹洙《趙公墓誌銘》（《河南先生文集》卷一三）載稹「考晟贈太師」，則稹當爲師旦叔祖。《事略》「稹之姪」下脱「孫」字，《宋史》本傳「從子」當作「從孫」。

〔二六〕右贊善大夫：《宋史》本傳及《贈光禄少卿趙君墓誌銘》、《長編》卷一七二並作「太子右贊善大夫」，是。

〔二七〕師旦死時年四十三：《宋史》本傳作「師旦遇害時，年四十二」，《贈光禄少卿趙君墓誌銘》亦作「年四十二」，《事略》「三」當爲「二」之誤。《長編》卷一七二皇祐四年五月壬戌載「智高入康州，知州太子右贊善大夫趙師旦、監押右班殿直馬貴死之」。

〔二八〕字宜父：《宋史》卷四四六《蘇緘傳》作「字宣甫」。江粢《蘇忠勇公祠記》（《全宋文》卷三〇三六）作「字宜父」。蔡襄《端明集》卷八有《宋君輔許當世陳彦謙蘇宣甫自遠還鄉上元同飲》詩，强至《祠部集》卷七有《贈蘇宣甫》詩，蘇頌《蘇魏公文集》卷六有次韻和叔父宣甫詩數首。舒仁輝《〈東都事略〉與〈宋史〉比較研究》第二五二頁認爲「以『宣甫』爲是」，是。

〔二九〕緘以功換供備庫副使：《宋史》本傳同，與下文「始還副使」相合。然本書下文言「復供備庫使」，而《長編》卷一七三皇祐四年八月辛卯載「知英州、秘書丞蘇緘爲供備庫使」，九月丙辰載「供備庫使蘇緘、禮賓副使蕭注並爲廣南東路都監兼管勾東西兩路賊盜事」，《宋會要輯稿》職官六一之二一亦載：「四年八月，以知英州、秘書丞蘇緘爲供備庫使。方賊圍廣州，緘率丁壯修完州城，設守拒，又領兵屯廣州北邊村以控賊路，故特賞之。」據此，則蘇緘以功遷供備庫使，而《事略》《宋史》誤作「副使」。

〔三〇〕主將陳曉先退：「陳曉」，《宋史》本傳作「陳曙」，本書避英宗諱改「曙」作「曉」。

〔三一〕縱火自焚：《長編》卷二七二熙寧九年正月庚辰載「交賊陷邕州，蘇緘死之」。

〔三二〕段處約：《宋史》卷三四六《彭汝礪傳》附《汝方傳》作「段約」。洪咨夔《彭忠毅謚敕跋》（《平齋集》卷一〇）所載同《事略》，疑《宋史》脱「處」字。

〔三三〕年六十一：覆宋本、四庫本作「年七十一」，《宋史》本傳作「年六十六」。《宋史》卷二二《徽宗紀四》載「守臣彭汝方死之」於宣和三年正月。

〔三四〕字唐公：《宋史》卷四四六《詹良臣傳》作「字元公」。《淳熙嚴州圖經》卷一、《名賢氏族言行類稿》卷三四、《翰苑新書》後集下卷四等作「字唐公」。

〔三五〕嚴州遂安人：《宋史》本傳作「睦州分水人」，卷八八《地理志四》載宣和三年改睦州爲嚴州，遂安、分水並爲屬縣。雍正《浙江通志》卷二四〇載詹良臣墓在遂安靈巖。

〔三六〕死時年七十二：《九朝編年備要》卷二九載詹良臣死於宣和二年十一月。

〔三七〕官其二子：《宋史》本傳作「官其子孫二人」。《淳熙嚴州圖經》卷一云：「官其子孫三人。時長子大方已仕矣，後終於簽書樞密院事。」

東都事略卷第一百十一

忠義傳九十四

傅察字公晦，孟州濟源①人也。從曾祖曰②堯俞，有③傳〔一〕。察爲人端重，有特操。舉進士。蔡京欲妻以子④，察力拒之。爲青州司法參軍，歷永平、淄川丞〔二〕。久之，除太常博士，遷吏部員外郎。

宣和七年，接伴金使。時金人已渝盟，察至燕山，聞斡离不入寇，或勸其毋遽行，察曰：「銜命以出，聞難而止，若君命何？」遂行。至境上，遇斡离不領兵至，金人曰：「見太子當拜。」察曰：「太子雖貴，人臣也，當以賓禮見，何拜爲？」斡离不怒曰：「汝主失信，吾興師南向，海上之盟不可恃也。」察曰：「皇帝與金國講好，信使往來，項背相望，何謂失信？太子干盟而動，意何所爲乎？」虜左右促使拜，白刃如林，察曰：「死則死耳，豈有俱人臣而輒拜者？」或抑捽使伏地，察植立，衣冠顛頓，終不屈。斡离不怒曰：「爾乃不拜我耶？」麾令去。

察知不免，謂其下曰：「虜脅我以拜，我義不辱，我死必矣。我父母老，素鍾念我，聞之必大戚。若等得脱，

①濟源：原作「濟原」，據《宋史》卷四四六《傅察傳》、卷八五《地理志一》，並參舒仁輝《〈東都事略〉與〈宋史〉比較研究》第二五三頁改。《事略》蓋從晁公休《傅公行狀》作「濟原」。

②曰：繆校作衍字。

③「有」字上，繆校有「自」字。

④子：繆校作「女」。

幸記我言，以告吾親，知我死國，少解其無窮之悲也。」左右盡泣。既次燕山，遂見殺，年三十七〔三〕。聞者哀之。贈徽猷閣待制。

蔣興祖①，之奇之孫也。以蔭調饒州司録事。方臘之起，放兵四出，興祖白郡守，糾吏士，輯戰具，盜不敢謀。

後知陽武縣，金人入寇，犯京師，道出陽武。或勸興祖使避之，興祖曰：「吾世受國恩，義不圖全，此吾死所也。」監兵有與賊通者，斬以徇。虜騎來攻，興祖敗之而去。明日，虜益濟師，不敵，遂死之〔四〕，年四十二。贈朝散大夫，官其二子。

張確字子固，邠州宜禄人也。舉進士。建中靖國初，上書言十事，乞誅大姦，退小人，進賢能，放禁錮，起老成，擢忠鯁，息邊事，修文德，廣言路，容直諫。言皆切至，遂坐上書邪甚〔五〕，列黨籍。

宣和中，召至京師。屬方臘起青溪，勢張甚，確上言：「此皆王民也，但庸人擾之耳。陛下下哀痛之詔，省不急之務，敢有以華石淫巧供上者死。務在撫綏②，則旬浹之間，必可殄滅矣。」宰相王黼怒，出爲通判杭州，攝睦州。確以方略授諸將，賊由是遂敗。歷知坊、汾、解三州，徙隆德府。

金人入寇，圍太原，確累言：「河東，天下根本，安危繫焉。無河東，豈特秦不可守，汴亦不可都矣。臣所領

①蔣興祖：「蔣」原作「將」，據覆宋本、四庫本及《宋史》卷四五二《蔣興祖傳》改。
②務在撫綏：繆校作「撫綏脅附」。

隆德城壁，百年未嘗修築，將兵又皆戍邊，無以待敵。若得秦兵萬人〔六〕，足以抗賊。不然，無策矣，惟以死報陛下也。」書數十上，皆不報。

明年春，虜兵至，確方率厲①士民，乘城拒守，勉以忠義，有謀欲自東城潰圍出，且采確意所鄕者，確怒叱曰：「確守土臣，當以死報國。頭可斷，腰不可屈也。」城陷，猶率衆鏖戰，遂死之〔七〕。欽宗贈確述古殿學士，召見其子窓〔八〕，慰撫之曰：「汝父，今之巡、遠也。」斂容嘆息者久之。

朱昭字彥明，府州府谷人也。初浮沉班行，人無知者，後爲震威城監押。會城主闕，攝其事。金人陷忻、代，逾石嶺關，圍太原。凡戍邊士卒皆入援，夏人乘虛入寇，河外諸城悉望風褫氣，遂至震威。昭募蕃漢士，得鋭卒千餘人，夜縋兵分數隊，身先士卒，驅衆直薄賊。賊軍驚亂，城上鼓譟，兵民悉鋭乘之，多所斬獲。

震威距府州三百里，最爲孤遠，諸城既先下，賊怒獨不得昭，遂約金人并力來攻。降將有與昭故人者，語之曰：「天下事已矣，忠安所施？」昭曰：「食人之禄，死人之事。女既背義偷生，不異犬彘，尚敢以言誘我乎？今日，我惟有死耳。」因大駡，矢石亂下，賊衆散走。

然賊晝夜攻城不止，後二日，城有攻摧處。昭智思出入，禦之皆得法，衆莫不悯懼。已而下城，坐於聽事，召諸軍議曰：「城且破，妻子不可爲賊汙。女等幸先殺我家，出城血戰，勝則迤邐西圖大功，不勝則暴骨吾境内，大丈夫平生事畢矣。」因盡殺其家人，納之井中。部將賈宗望母過前，昭呼曰：「媪，我鄉人也，吾不欲手刃，請自入井。」媪從之。而軍士有家屬在城中者，亦皆自殺之。昭因謂其衆曰：「我與女輩俱無累矣，儻我先死，女有

①厲：朱校本同，覆宋本、四庫本作「屬」，誤。

得脱者，願馳至府谷言我今日事。」

會部落子陰與賊通者，告之曰：「朱昭與其衆各殺其妻子，將出戰。人雖少，皆死士也。」賊大恐，以利啖守陴者，果得登城。昭知之，勒軍士於通衢接戰，自暮達旦，尸填街不能行，遂於城所摧處躍馬出，馬蹶墮城壕中。賊兵四集，雷譟曰：「得朱將軍矣！」賊始欲生致〔九〕，昭瞋①目仗劍，無一人敢向者。既知不可得，矢争發，昭罵賊而死〔一〇〕，年四十六。

昭在震威，能與士卒同甘苦，以是士心感奮。凡被圍百日，而城陷云。

張克戩字德祥，耆之曾孫也。以廕爲三班借職，復舉進士，知河間縣，又知吴縣。治有聲，擢衛尉寺丞。初，克戩從弟克公爲御史中丞，嘗論蔡京罪，京由是罷政。及再相，修怨於張氏，克戩遂坐廢。逾年，起知祥符縣。久之，知廣德軍，提舉京畿常平。陛辭，留爲庫部員外郎，出知汾州。

金人陷燕山，長驅而南，分兵寇太原。太原距汾二百里，虜酋黏罕者，遣其部將銀朱孛堇來攻，縱兵四掠。外援不至，勢日孤危，克戩畢力捍禦，晝夕不少懈。以守城功，初加直秘閣，進直龍圖閣，除右文殿修撰。太原陷，汾益危，克戩召令軍民曰：「太原既陷，吾固知亡矣。然義不忍負朝廷，辱父祖，累子孫，不與此城同終始，無以明吾節。」衆皆泣對曰：「公，父母也，願盡死。」

克戩募士間道走京師，上章曰：「自太原失守，汾日受攻，願陛下哀憐孤城勢不可久，急遣軍馬倍程以來，救護一城生靈之命。」不報。自太原陷，汾拒守蓋逾月矣。一日，諸酋列城下，指呼督取降書。克戩臨陴，大罵不絶

①瞋：朱校本同，覆宋本、四庫本作「瞑」，誤。

口。砲中一酋，立死。翌日，金人攻城益急，城從西北隅壞。賊既入，克戩朝服南向，焚書拜舞，乃自引決〔一一〕。其家死於難者凡八人。事聞，贈延康殿學士，謚曰忠確。

郭滸，德順軍人也。虜犯涇原，滸爲涇原路第八副將。時守將皆附賊，獨滸義①不屈，謝病去。守將惡之，傳致其罪下之獄，意脅之與俱從僞。滸奮呼曰：「大丈夫今得死矣，終不能受汙夷狄。顧爾等負國，叛逆大惡，天地鬼神所不容。吾雖死，誓不爾貸，當求治爾於地下耳。」衆愧其言，即見殺。

朱友恭，西安人也。爲涇原第一副將，麾下兵扞虜華亭，數敗虜。會衆大集，友恭赴敵力戰，爲所得。渭州守將既從僞，誘以甘言，友恭不從，更詆毀之。守將不勝忿，遂見殺。

霍安國，失其爵里。金人以我渝三鎮之約也，再興師入寇。黏罕破太原，至懷州。時安國以右文殿修撰知懷州，乃遣人說諭：「黏罕令與皇帝議，將三關四鎮、歲增幣二百萬，女說與皇帝，我且留軍懷、澤之間以待。」安國以黏罕之語聞，不報。黏罕大怒，曰：「女南國無信如此，一任州主忠孝，出戰亦得，守城亦得。」虜日夕攻城不已。

城陷，黏罕使蕃官傳令問不肯降者。安國曰：「霍安國是宋朝守臣，率衆不降。」又問通判林淵等，同對曰：「某等與守臣一體，皆不肯降。」黏罕抑令拜降，安國曰：「安國是大宋之臣，不敢負趙天子。」即見殺〔一二〕。

①義：繆校作「久」。

明年，贈安國延康殿學士。

李涓字浩然，崇矩①之後也。以蔭爲右班殿直，召試中書，易文階，爲撫州司録事，遂知崇陽縣。金人犯京師，欽宗以羽檄召天下兵入援。鄂所部縣七，崇陽當發三千人，涓所募纔六百，鋭然欲奮。或謂涓：「盍徐之以須衆集。」涓曰：「事急矣，當持一信報天子，爲東南倡。」而所部多市人，不能軍。涓出家錢買牛酒激犒，召令之曰：「我知力不敵，無奈受國恩，唯直死耳。若曹知法乎？失將則死，非人自爲戰，萬分無一生理。鈞之一死，死國揚名，男子不朽事也。」衆皆泣。即日引而東，過蔡。虜之遊騎犯蔡州，涓與戰，頗殺其騎。涓亦被創，猶大呼，叱左右負己以戰，遂死之〔一三〕。士死者什之七。朝廷録其忠，贈以員外郎，官其三子②。

劉韐字仲偃，建州崇安人也。舉進士，調豐城尉，改隴城令，治甚有聲。王厚帥熙，辟狄道令，提舉陝西平貨司。時西寧等州屯兵多，竭六路轉輸不給。韐至，延致蕃酋，以金帛易粟，就以贍軍，公私便之。累擢中大夫、集英殿修撰，陝西轉運使。

六路大舉，鄜延帥劉法戰没，夏人乘勝攻圍震武③。韐攝帥事，出奇兵敗之，圍遂解。夏人來言：「國主願納款謝罪。」人疑其詐，韐謂：「兵興累年，中國尚不能支，況小邦乎？此情實也，何疑哉？」即受其使。因密疏以

---

①崇矩：原作「崇炬」，據覆宋本、四庫本及本書卷二五《李崇矩傳》改。

②「官其三子」下，繆校有「後長子頗深忠義，諳韜略，屢爲朝廷建大功，華夏亦心服其爲人。詔遷左驃騎，治西戎，軍民咸悦，悦其恩威互用。凡朝廷賞賚，悉散士卒，故所在治聲彰著」，注云：「程全脱。」

③震武：原作「震威」，據《宋史》卷四四六《劉韐》及李邴《劉韐墓誌銘》，並參舒仁輝《〈東都事略〉與〈宋史〉比較研究》第二五三頁改。

聞，朝廷許其自新，而西邊以安。

進徽猷閣待制、知越州。方臘陷杭州，杭、越阻一水，越大震，官吏多遁去。或具舟請行，韐曰：「吾守臣也，當與城存亡。」不爲動。韐乃令富者出財，壯者出力，葺壘練兵，爲①戰守備。賊陷衢、婺二州，至越城下。韐麾衆出戰，賊大潰，横尸滿路，自是不敢犯境。温、台、明亦賴越以全。拜述古殿直學士。

童貫、蔡攸爲河北、河東宣撫使，韐參議軍事，以接納山後九州之民。師出兩月，韐始至，而种師道軍馬已爲虜所潰。韐意邊報不實，見師道計事。師道曰：「虜勢尚盛，而燕人未有應者。恐邊臣誕謾，誤國計。」韐曰：「師出無名，必難成功。」即馳白二帥，請班師。既不可，則獨論列燕、薊不可得狀，設得之，屯兵置吏費不訾，必重困中國。已而邊報②果不實，遂班師，次莫州。

會虜主死，郭藥師以涿州來附，朝廷促進兵。韐執前議不可，移知真定府。金人以燕歸於我，召韐歸京師。郭藥師入朝，韐曰：「藥師，叛虜也，謂宜賜第厚廩留之。」不報。以顯謨閣學士知建州，改福州，進延康殿學士。始，韐過闕，或謂韐見御史中丞有所請，遂落職，提舉鴻慶宫。未幾，知荆南府。河北盗起，命韐帥真定。韐至境，盗悉平。郭藥師請馬益其軍，韐曰：「空内郡馬，付一降虜，非計也。」

時金人謀③入寇，韐密治城守，以虞變。虜長驅嚮京師，朝廷議和，令諸郡以公私金帛犒虜。韐不可。虜引兵圍城，治梯衝，示欲攻擊。韐以强弩射之，虜遂退。拜資政殿學士，韐積官至銀青光禄大夫。初，虜圍京師，既而爲城下之盟。虜既退，而援兵至，用事者乘士民之憤，奏遣數大將分道而北，蓋將北攝燕、薊，西解太原之圍。

①爲：原作「馬」，據覆宋本、四庫本及《劉韐墓誌銘》改。
②報：原脱，據上文「韐意邊報不實」及《劉韐墓誌銘》補。
③謀：原作「請」，據覆宋本、四庫本及《劉韐墓誌銘》改。

韐以亟戰怒敵爲非。既而种師中、姚古悉出戰，遇敵而潰①。欽宗急於解圍，拜韐河北、河東宣撫副使。太原陷，以韐爲宣撫使。俄召入覲，時虜已度河，遊騎薄城。韐以謂城大難守，兵弱難戰，不若遣援師以紓②目前之急，徐爲後圖。乃除京城四壁守禦使。宰相以韐嘗言不可輕戰，鐫五官，落職宮祠。

已而京師陷，欽宗出郊，虜聞其名，必欲得之，宰相始遣韐往。虜命其僕射韓正館之，正謂韐曰：「國相知君名，今欲用君矣。」韐曰：「偷生以事二姓，死不爲也。」正又謂韐曰：「車駕再出郊，軍中議立異姓，今已革命，則兵連禍結。不若北去取富貴，無徒死。」韐仰天大呼曰：「有是乎？」歸召其親信，謂曰：「國破主遷，乃欲用我，我當以死報國耳。」取筆書片紙曰：「金人不以予爲有罪，而以予爲可用。夫正女不事二夫，忠臣不事兩君。況主憂臣辱，主辱臣死，以順爲正者，妾婦之道，此予所以必死也。」付其下持歸報諸子，即沐浴更衣，酌卮酒，以衣條自縊死〔一四〕。

燕人嘆其忠，相與菆於壽聖院之西岡上。及金③人北去，始就殮。凡八十日矣，顔色如生，觀者異焉。朝廷褒其忠，盡復舊官職，仍贈資政殿大學士。

韐爲人莊重寬厚，在陝西，雖爲童貫所知，與其軍事，而能死國難，議者不以前失所從掩其忠。子子羽、子翼。

李若水字清卿，洺州曲周人也。擢上舍第，爲元城尉，調平陽府司録、濟南府教授，除太學博士。蔡京復當

①「潰」下原有「之」字，覆宋本挖作空。按《劉韐墓誌銘》云「姚古、种師中往援，兩軍敗績」，則「之」字當衍，據覆宋本、四庫本删。
②援：繆校作「使緩」；紓：朱校本、四庫本、繆校同，覆宋本作「糾」，誤。
③金：原作「餘」，據覆宋本、四庫本及《劉韐墓誌銘》改。

國，老而耄，事一出於子絛。少宰李邦彦欲謝病去，若水曰：「大臣以道事君，不可則止。去就之義，當決之於上前，詎可奄奄以病退哉？」

靖康初，爲太常博士〔一五〕。金人犯京師，欽宗割三鎮以和。既而入賦以贖三鎮，以若水爲之使，除著作佐郎。若水見黏罕於太原，黏罕遣王汭與偕來。十一月還朝，閒二日，虜騎南牧。遣馮澥使於虜，若水副之。至中牟，會守河兵亂，相驚以虜至，左右駭顧，謀取間道去。若水謂澥曰：「戍卒宵潰，公不可效之。若水死不避也。」遂由故道行，日一奏京師，言：「虜寇且至，宜選將練兵，褒有功，勸戰士，修城郭，飭守備，以待其來。和議必不可諧也。」至懷州，遇金人館伴劉思、蕭慶，言已遣使京師，請以河爲界。因隨其軍行，至京之西境，而聞耿南仲、聶昌出使割地界矣。

黏罕至京城外，獨遣澥同慶入城，請與皇帝相見，議盟誓，不從。又請與道君相見，亦不從。但許宰相、親王出。後數日，遣兩執政、兩宗室分使虜軍。黏罕自冒矢石，督攻甚急。城陷，虜召若水。若水出見之，二酋曰：「令何相公來計事，不則縱兵城中矣。」遂入見欽宗，時獨何㮚、孫傅、梅執禮、秦檜並宦者數人在左右，若水具傳虜人語，乃遣㮚行。明日，又命濟王及陳過庭偕往。㮚還言二帥請與道君相見，欽宗曰：「朕當自往耳，豈可使道君皇帝蒙塵哉？」明日，欽宗幸虜營，留三日而還。擢禮部尚書，若水力辭，乃改吏部侍郎兼權開封尹。

二年，虜遣使以書來，言曰：「農務方興，將歸矣。徽號事當面議，請皇帝出郊。」遂以明日出，若水扈從。既而虜遣蕭太師者易御服，若水忿怒，持欽宗而泣曰：「陛下不可易服。」虜命數人曳以去，復大呼曰：「吾君華夏真主，狗輩敢無禮耶？」虜擊之幾死，遂掖至青城門廡下。蕭太師者數來勸，勉曰：「事已耳，終無可奈何，曷若順從國相之意乎？」若水嘆曰：「天無二日，若水寧有二主哉？」其僕隸亦來慰解曰：「侍郎父母春秋高，兄弟衆，奈何？」若水叱曰：「忠臣事君，有死無貳，吾終不復顧家矣。雖然，吾親老，女若歸，勿遽言，恐傷吾親，意令兄弟輩徐徐言吾死國也。」

又旬日，黏罕召若水議立異姓。若水曰：「道君皇帝爲生靈計，罪己内禪。主上仁孝恭儉，未有過失，豈可輕議廢立？」黏罕曰：「趙皇失信，安得爲無過？」若水曰：「若以失信爲過，則女乃失信之尤者。」乃歷數其過曰：「女伐人之國，不務全安生民，徒掠金帛子女以自豐，肆爲封豕長蛇，黷貨無厭，女真一劇賊。」罵不已。黏罕令曰：「擁之去。」反顧罵益甚。至郊壇側，謂其下謝寧曰：「我爲國死職耳，並累若等也。」監軍曰：「吾爲公釋此人使歸，公能從我乎？」若水復罵不已，遂見殺〔一六〕，年三十五。建炎初，詔褒其死節，贈觀文殿學士，謚曰忠愍。

若水臨死，爲歌詩一首，其卒章曰：「矯首問天兮，天卒不言。忠臣效死兮，死亦何愆。」人聞而悲之。若水初名若冰，欽宗賜以今名〔一七〕。無子，以兄之子爲後云。

臣稱曰：若水之忠節，凜凜如此，而或者以勸欽宗出郊爲其疵病。此與唐巡、遠守睢陽，而罪其分城而守者，亦何以異？臣於若水，非敢必其無此也，置而弗録者，蓋欲全其名而重其死爾。然則，欽宗之出郊，是豈若水之心哉？《春秋》爲賢者諱，故於若水亦云。

吴革字義①夫，廷祚七世孫也。金人犯京師，革自關中帥師勤王，度河北去，分兵圍遼州，革以所部解圍。太原陷，革以閤門宣贊舍人使黏罕軍，計議邊事。革責其貪利敗約，氣勁語直，黏罕愧服。

①義：原作「乂」，係避宋太宗名諱改字，據繆校及《宋史》卷四五二《吴革傳》回改。

使還，欽宗問割地與不割利害，革曰：「北人有吞箭之誓，入寇必矣。乞起陝西兵馬，爲京城援。」遂令革使陝西召兵。纔出城，虜騎已逼。會南道軍馬至，遂同總管張叔夜入城。欽宗巡幸南壁，革乞奪路赴陝西。叔夜固留革爲統制，革屢乞出城下砦，使虜騎不敢近，且通東南道路。又①密奏：「乞選日諸門並出兵，分布期會，爲正兵，爲牽制，爲衝突，爲尾襲，爲應援，可一戰而勝。」欽宗不能用也。虜騎登城，革率兵策應，手射殺執黑旗者十許人，部曲皆散。

欽宗有詔出郊，嘆曰：「天文帝坐甚傾，大駕其可出乎？」乃見何㮚曰：「大駕若出，必墮虜計。」㮚不聽。既而欽宗出郊，又請於孫傅、張叔夜，欲因事到軍前計議。革言三事：一、車駕還內；二、虜酋歸國；三、革死軍前。不報。及徽宗、妃后、王姬、宮嬪盡出城，革白孫傅曰：「道君業已出，乞力留皇后、皇太子。」明日，引見皇太子，革頓首言：「二帝出郊，必未回。願殿下堅避，以固國本。」傅曰：「何辭以拒之？」革爲畫計。乃於啓聖院置局，名賑濟所，募士就食。一日之間，至者萬計，革陰以軍法部勒。

時康王爲兵馬大元帥，遣人以蠟彈由間道告急於濟州，及約在外將相擁兵近城，内外相應，夾攻賊砦，圖還二帝。復遷居同文館，附者益衆，多兩河忠勇之士。既而傅及叔夜皆赴軍前，虜人立張邦昌之議益急。革欲誅范瓊等數十人，乃分兵約日期，以三月八日内外合軍。部勒既定，須以發前二日，有班直甲士數百人，排闥至革寢，曰：「邦昌以七日受册，請起事。」革以衆不可奪，披甲上馬。時已黎明，比行至咸豐門，四面皆瓊兵。瓊遣人紿革入帳下，詐若與同謀者，革遂見殺〔一八〕。革就死，顔色不變，極口詆罵，凜然不屈。

革資忠勇，天文、地理、人事、兵機無所不通。死之日，知與不知，皆爲出涕。

①又：原作「文」，據覆宋本、四庫本及《三朝北盟會編》卷六六改。

【箋證】

〔一〕有傳：《傅堯俞傳》，見本書卷九〇。

〔二〕歷永平淄川丞：《宋史》卷四四六《傅察傳》同。晁公休《傅公行狀》（《忠肅集》卷下）作「知洺州永年縣丞」、「改通直郎、知淄川縣丞」。《宋史》卷八六《地理志二》洺州屬縣無永平，《事略》《宋史》「永平」當爲「永年」之誤。

〔三〕遂見殺年三十七：《傅公行狀》：「公以元祐四年己巳十一月十六日生。……宣和七年乙巳十月，借宗正少卿、接伴大金國賀正旦大使。時年三十有七。……十二月七日，……燕山遂失守。明日，侯彦等聞金人相與言曰：『昨日大使在軍中，望見藥師戰勝，有喜色，虜藥師劫取，已殺矣。』」

〔四〕遂死之：《宋史》卷二三《欽宗紀》靖康元年正月辛巳載：「金人陷陽武，知縣事蔣興祖死之。」

〔五〕遂坐上書邪甚：《宋史》卷四四六《張確傳》作「遂列於上籍」。據《宋會要輯稿》職官六八之一載元符三年臣僚章疏姓名，分「邪上尤甚」「邪上」「邪中」「邪下」數等，張確名列「邪中」。《事略》謂「邪甚」、《宋史》稱「上籍」均不確。

〔六〕若得秦兵萬人：《宋史》本傳作「若得秦兵十萬人」。

〔七〕遂死之：《宋史》卷二三《欽宗紀》靖康元年二月乙卯載：「陷隆德府，知府張確、通判趙伯臻、司録張彦遹死之。」

〔八〕召見其子悫：「悫」，《宋史》本傳作「寔」。

〔九〕賊始欲生致：「生致」下，《宋史》卷四四六《朱昭傳》有「之」字，《新安文獻志》卷四朱弁《上朱昭等忠義奏疏》有「昭」字。《事略》蓋脱「昭」字。

〔一〇〕昭駡賊而死：朱弁《上朱昭等忠義奏疏》：「昭大駡而絶，時年四十六。……被圍實在乙巳冬十有二月，其死之月，即靖康元年夏四月二日也。」

〔一一〕乃自引決：《靖康要録》卷一一靖康元年十月八日載：「金人陷汾州，守臣張克戩死之。」《三朝北盟會編》卷五七載「張克戩死」於十月十日壬寅，而本書卷一二載於十月庚子（七日）。

〔一二〕即見殺：《宋史》卷二三《欽宗紀》載「金人陷懷州，霍安國、林淵及其鈐轄張彭年、都監趙士詝、張諶皆死之」於靖康元年閏十一月甲午（三日）。本書卷一二《欽宗紀》同。《三朝北盟會編》卷六一載於十一月六日丁卯，《靖康要録》卷一四亦載懷州城破於「十一月初」，則《宋史》及本書《欽宗紀》所載或爲聞報日期。

〔一三〕遂死之：《宋史》卷四四七《李涓傳》：「靖康元年，……遂死焉，年五十三。」《九朝編年備要》卷三〇載「虜犯蔡州，知鄂州崇陽縣李涓死之」於靖康二年正月。

〔一四〕以衣絛自縊死：李邴《劉韐墓誌銘》（《全宋文》卷三八二四）：「明年（靖康二年）正月，……以衣絛自經，時十六日也。……公享年六十有一。」

〔一五〕靖康初爲太常博士：《宋史》卷四四六《李若水傳》作「靖康元年，爲太學博士」。李浚《靖康忠愍曲周李公事迹》（《全宋文》卷四八六三）：「靖康元年夏，再除太學博士。待闕間，差權太常博士。」

〔一六〕遂見殺：《三朝北盟會編》卷八一載「尼堪唤吏部侍郎李若水等議立異姓事，若水罵詈，同王履死之」於靖康二年二月二十一日辛巳，《靖康忠愍曲周李公事迹》所載略同。

〔一七〕欽宗賜以今名：汪琬《東都事略跋》卷下：「《傳》中『若水初名若冰，欽宗改賜今名』。按《北盟會編》，上初見公名曰若冰，猶言弱兵也，兵不可弱，故改之。又按《隆平集》，太祖嘗問樊若冰名出何典記，對曰：『臣慕唐倪若冰，故名焉。』上笑曰：『可改名知古。』蓋惡聲近弱兵云。與此絶相類。」

〔一八〕革遂見殺：《三朝北盟會編》卷八四靖康二年三月六日丙申載：「統制官、宣贊舍人吴革謀起兵救駕，范瓊左言誘執革，革死之，並斬其子及使臣百餘人。」

東都事略卷第一百一十二

循吏傳九十五

自唐季以來，王政不綱，天下以戰争爲事。五代之際，民失耕桑之業，天既厭之矣。藝祖受命，知民疾苦，故自即位以來，勸農之詔屢下，由是斯民欣然有樂生之意，而治民之吏率皆有循良之風。太宗繼承，守而勿失，真宗、仁宗，德澤深厚。於斯時也，吏皆以平易近民爲政，招懷流亡，導達溝洫，趙尚寬、高賦治有異效，最先褒寵，以風天下。至熙寧中，神宗留意民事，興農田水利，使者四出，冠蓋相望，而争以功利進。較其績效，非若尚寬輩孜孜愛民、勞來不倦之爲愈也。噫！以功利爲愛者，其澤淺；以道德爲養者，其澤深。國家治尚忠厚，廉平之吏，代不乏人。今獨摭其以循吏稱者，著於篇。

程羽字仲遠〔一〕，深州陸澤人也。少好學，舉進士，爲陽穀①簿，歷虞鄉、醴泉、新都三縣令，有善政。開寶中，擢著作郎，出知興州，改興元府。

太宗爲開封尹，以羽爲判官。太宗②即位，拜給事中，知開封府。未幾，出知成都府。爲政寬簡，蜀人便之。

①陽穀：原作「揚穀」，據覆宋本、四庫本及《宋史》卷二六二《程羽傳》改。

②太宗：繆校作「及」。

以兵部侍郎致仕。卒，年七十三〔二〕。贈禮部尚書。

羽性淳厚，莅①事循謹，太宗稱其長者。曾孫珦。

珦字伯温，朝廷録羽後，以爲郊社齋郎。嘗知襲、鳳、磁、漢四州，爲政尚慈恕，積遷至太中大夫。卒，年八十五〔三〕。子顥、頤，見《儒學傳》。

王明字如晦，魏郡成安人也。舉進士不中，藥元福爲原州刺史，又爲陳州防禦使，明皆在幕下。元福耆殺，明勸之以寬，多所全宥。元福領建雄軍節度使，移鎮陝州，以明爲掌書記，歷清平、鄢陵二縣令。

明在鄢陵，公廉愛民。是時天下新定，法禁尚寬，吏多受民賂遺，歲時皆有常數，民亦習之，莫或知其非也。明爲令，以故事有所獻饋，明曰：「令不用錢，可人致數束薪蒭水際，令欲得之。」民不諭其意，得數十萬。明取以築隄道，由是民無水患。久之，召爲左拾遺，遷右補闕，出爲荆湖轉運使。

王師征嶺南，明爲隨軍轉運，以功擢秘書少監、廣南轉運使。王師征江南，以明爲黄州刺史。江南平，以明知洪州。太宗即位，召爲右諫議大夫、三司副使。詔分三司，各命使，遂以明爲鹽鐵使。遷給事中，改光州刺史、知并州，拜禮部侍郎，知真定府。召還，卒，年七十二〔四〕。

陳靖字道卿，興化軍莆田人也。陳洪進納土，遣靖至京師，授陽翟簿，稍遷直史館，遷太常博士。

①莅：覆宋本、四庫本作「涖」。錢校：「舊鈔本作『莅』。」

時太宗務興農事，令有司議均田之法。靖以爲其法未可卒行，且請：「以樞密副使、三司使爲租庸使，或兼屯田制置之名，仍擇三司判官或朝官知事者二人副之。始於兩京東西千里，檢責荒地及逃田，而官籍之，募人佃耕。其室廬、耕牛、農具、糧種，請州郡斥賣臧①罰無用之物，使營辦之，不足則給以庫錢。其所耕也，定爲十分，從制置所給印紙，令州縣勸農分殿最三等。凡縣管墾田，一歲得課三分，二歲六分，三歲九分，爲下最；一歲四分，二歲七分，三歲十分，爲中最；一歲九分[五]，未及三歲盈十分，爲上最。其最者，令佐與免選或超資；殿者，即增選折②資。每州通以諸縣田爲十分，視最③而行功罪。候數歲，盡罷官④莊田、屯田，悉以賦民，然後量人授田，度地均税，約井田之制爲定法，以頒行四方。」太宗曰：「秦滅井田，經界廢而兼并之民起，至今使貧富不均而天下困，朕欲復古而未能也。前言此利害者衆矣，惟靖所言與朕意合。」下其議三司，以靖爲京西勸農使。而鹽鐵使陳恕與靖議不同，罷之，出知婺州。

真宗即位，復列前所論勸農事上之，又言：「國家禦戎西北，而仰食東南⑤，食不足則誤大計。請自京東、西及河北諸州大行勸農之法，以殿最州縣官吏，歲可省江、淮漕百餘萬。」靖復請刺史行春，縣令勸耕，孝悌力田賜爵，立伍保以檢察姦盜，籍遊逸之民而役作之。議下三司，卒不果行。

爲江南轉運使。自李氏横賦於民者，凡十七事，號曰沿納。國朝因之，而民困不能輸。靖極論其弊，詔爲罷

---

①臧：覆宋本、四庫本作「贓」。
②折：繆校及《宋史》卷四二六《陳靖傳》作「降」。
③「最」上，繆校及《宋史》本傳有「殿」字，是。
④官：繆校作「在官田」。
⑤南：原作「西」，據朱校本、繆校及《宋史》本傳改。錢校：「『西』字疑當作『南』。」

其尤甚者。歷京西、京東轉運使，知蘇、越、建、泉等州，官至左諫議大夫，以秘書監致仕。卒，年七十八〔六〕。

靖好學，頗通古今利害事。在太宗、真宗朝，多建言，於農事爲尤詳。然當時以爲泥古，難盡行也。

薛顔字彦回，河中萬泉①人也。舉《三禮》及第，爲嘉州司户參軍。端拱初，知雲安軍。真宗即位，知渝、閬二州，代丁謂爲峽路轉運使。始，孟氏據蜀，徙夔州於東山，據險以抗王師，而民不以爲便。顔爲復其故城，民用便之。

徙廣南、河東、陝西路，浮橋歲爲河水所敗，顔即北岸疏上流爲支渠，以順水怒，又以溉其下舄鹵之田，而民利之。坊州募人鍊礬，而其後課益重，至有破産被繫而不能償者。顔以爲罷坊礬則晉礬當大售，乃奏罷之，已而果然。徙河北，歷知河陽、揚、杭、徐三州〔七〕，又知江寧、河南府，累遷至給事中。徙應天府，又徙耀州，以光禄卿分司西京。卒，年七十三〔八〕。

邵曄字日華，其先京兆人也，家於桂陽。舉進士，爲邵陽簿、連州録事參軍〔九〕。州將楊全誣部民十三人爲劫盗〔一〇〕，欲寘之死，曄察其枉，不肯書牘，白全願劾其②實再繫獄。按驗得實，民由是獲免，全坐廢。曄代還，引對，太宗謂曰：「爾能活吾平民，深可嘉也。」賜錢五萬，命使廣南采訪刑獄。累遷工部員外郎，爲淮南轉運使。又使交趾，曄上《邕州至交州水陸》爲四圖以進。坐所舉非其人免官。

---

①萬泉：原作「萬全」，據本書卷九〇《趙瞻傳》「移萬泉令」及《宋史》卷二九九《薛顔傳》、卷八七《地理志三》、劉攽《薛公神道碑》改。

②其：繆校衍字。

大中祥符初，起知兗州，又爲江浙荆湖發運使，改右諫議大夫、知廣州。城瀕海，每蕃船及岸，常苦颶風，曄鑿内壕通舟，颶不爲害。及卒〔一一〕，廣人懷其惠，多灑泣者。

方曄之病也，朝廷以陳世卿代之。世卿，南劍州人，亦良吏也。廣南計口買鹽，人以爲害，世卿奏免之。於是廣人歌曰：「邵父陳母，除我二苦。」世卿官至秘書少監。

張綸字公信〔一二〕，潁州汝陰人也〔一三〕。嘗舉進士不中，補三班奉職，稍遷閤門祗候，爲益、彭、簡等州巡檢使〔一四〕，擢荆湖提點刑獄。

辰州溪洞蠻寇邊，以綸知辰州。綸至，築蓬山驛路，賊不得通，方①遁去。又修新興砦，鑿井道泉以便民。徙渭州，又徙鎮戎軍。蠻復寇邊，爲辰、澧、鼎州緣邊巡檢安撫使，諭蠻酋以禍福，使修貢，仍令還所掠民。綸遣官與之盟，刻石於境上。

天禧中，爲江淮發運副使。居二歲，增米八十萬。復置鹽場於杭、秀、海三州，增歲課百五十萬。疏五渠，導太湖入於海，復租米六十萬。開長蘆西河，以避覆州②之患。又築高郵北漕河隄二百里，旁錮以巨石，爲十閘以洩横流。又修復泰州捍海堰，因命兼權知泰州。堰成，復逋户三千③六百，民爲立生祠。累遷東上閤門使，歷知泰、滄、瀛州，拜乾州刺史。再知滄州，徙潁州。卒，年七十五〔一五〕。

①方：《宋史》卷四二六《張綸傳》作「乃」。
②州：覆宋本、四庫本及《宋史》本傳作「舟」，是。
③三千：《宋史》本傳及《宋故乾州刺史張公神道碑銘》並作「二千」，是。

崔立字本仁〔一六〕，許州長葛人也〔一七〕。祖周度，仕周爲兗州節度判官。方慕容彦超反，周度責以大義，爲其所殺。

立舉進士，爲果州團練推官。有軍卒三人雇舟載官物而斂衆，州將重致之法。立察其情，以爲罪止杖，奏聞。代還，知臨清縣，徙安豐。境有期塘〔一八〕，下溉民田數千頃〔一九〕，間因大水塘壞，立帥工徒全築之，其後遂不復決。嘗知江陰軍，開横河①六十里以通舟楫，人以爲便。又知兗州，歲大歉，募人出穀數十萬石以賑救之〔二〇〕，故境内無有流民。積官至給事中、知濠州，以工部侍郎致仕。卒，年七十五〔二一〕。

立淳謹，喜論事。方朝廷講禮文之事，士大夫争獻贊頌，立獨言：「水發徐、兗，旱連江、淮，無爲有烈風，金陵有大火，是天所以戒驕矜也。而中外多士上雲露、草木、禽蟲諸物之常瑞，此何足爲治道言哉？願詔史官，勿復紀録。」立事真宗、仁宗，前後凡上四十餘事，多見施用②云。

趙尚寬字濟之，安仁之子也。初補秘書省正字，嘗知忠州，以考課第一知唐州。時議者言唐土曠民稀，賦不足以充役，請廢爲縣。朝廷下其議，尚寬非之。乃按視圖記，得召信臣故迹。益發卒復三大陂、一大渠，皆溉田萬餘頃〔二二〕。又教民自爲支渠數十，轉相浸灌。而四方之民來者雲集，尚寬復請以荒田計口授之，及貸民官錢買耕牛。比三年，廢田盡爲膏腴，增户萬餘。尚寬勤於農政，治有異等之效。仁宗聞而嘉之，下詔褒焉。仍進秩賜金，再留尚寬在唐，民畫像祠之。

①横河：原誤作「寅河」，覆宋本、四庫本作「黄河」，據繆校及《宋史》卷四二六《崔立傳》、韓琦《崔公行狀》改。
②用：繆校作「行」。

始，王安石作《新田》詩以美之。其詞曰：

離離新田，其下流水。孰知其初，灌莽千里。
其南背江，其北逾淮。父抱子扶，十百其來。
其來僕僕，鏝我新屋。趙侯劭之，作者不飢。
歲仍大熟，飽及雞鶩。僦船與車，四鄰出穀。
今遊者處，昔止者留。維昔牧我，不如今侯。
侯來適野，不有觀者。稅於水濱，問我鰥寡。
侯其來矣，三歲於茲。誰能止侯，我往來之。

後蘇軾自蜀之京師，道過唐，亦爲作《新渠》詩五章。其詞曰：

新渠之水，其來舒舒。溢來其野，至於通衢。
渠成如神，民始不知。問誰爲之，邦君趙侯。
新渠之田，在渠左右。渠來奕奕，如赴如湊。
如雲斯積，如屋斯溜。嗟唐之人，始就秔稌。
新渠之民，自淮及潭。挈其婦姑，或走而顛。
王命趙侯，宥我新民。無與王事，以訖七年。
侯謂新民，爾既來止。其歸爾邑，告爾鄰里。
良田千萬，爾擇爾取。爾耕爾食，遂爲爾有。
築室於唐，孔碩且堅。生爲唐民，飽鬻與饘。

死葬於唐，祭有雞豚。天子有命，我惟爾安。

尚寬既去，高賦繼爲守，亦被褒詔。朝廷推原初功，復進尚寬一官，以直龍圖閣知梓州，積官至司農卿以卒〔一三〕。詔賜錢五十萬。

高賦字正臣，中山人也。父尹，右衛將軍。賦以父任爲右班殿直，復舉進士，改奉禮郎，四遷太常博士，累至太常少卿，遷光禄卿，特拜秘書監，加直龍圖閣，進集賢院學士。歷知真定縣，通判劍州、成德軍、邢州、石州，知慶成軍、衢、唐、滄、潞、蔡、廬、郢七州，提點陝西、河東路刑獄，同判太常寺。最後守郢，丐①閒，提舉崇福宮。請老，以通議大夫致仕。

衢民好巫鬼，毛氏、柴氏二十餘家，世蓄蠱毒，與人忿争，輒毒之。賦守衢，命禽捕，伏辜者數人，蠱毒遂絶。其守唐也，賦以唐土曠民寡，税入至薄，乃取圖籍考之。自唐乾元時，領縣七，户四萬二千六百四十有四。歷五代之亂，及本朝承平，今領縣四，户六千一百五十有五。乃相其川原，曰：「是皆沃壤可闢，而人力不至，與棄之無異。」募兩河流移之民，計口與田。比賦罷，增户萬一千三百八十，給田三萬一千三百二十八頃，而山林榛莽之地皆爲良田，歲益税二萬二千二百五十七，作陂堰四十有四。詔曰：「召、杜南陽，世稱循吏，其亡久矣，朕尚思之。卿招懷飢流，墾闢荒梗②，繕修陂堨③，績效具昭④。前人之良，何以遠此？」賦再治唐凡五歲，與前守趙尚

①丐：覆宋本作「沔」。錢校：「舊鈔本作『丐閒』。丐閒者，求宫觀閒職，即提舉崇福宫是也。校者誤以『閒』爲『間』字，遂臆改作『沔』，謬甚。」
②梗：原作「埂」，據覆宋本、四庫本及《臨川先生文集》卷四七《賜知唐州光禄卿高賦獎諭詔》改。
③堨：覆宋本、四庫本作「堰」，繆校及范祖禹《高公墓誌銘》作「堨」。
④昭：原作「招」，據覆宋本、四庫本及《臨川先生文集》改。

寬皆蒙褒詔。賦自直龍圖閣至集賢院學士，悉以墾闢之功也。

賦嘗言：「二府大臣或僦舍委巷，散處京城，間有第宅，亦公私非便，宜仿前代丞相府於端門前列置大第，俾執政居之。」又言：「國家置提點刑獄司，蓋欲平反獄訟，使民不寃。今諸路多止一員，兼河渠、農政、常平、賊盜、兵甲，而刑書繁多，省閱不給。若委之吏，則爲大弊。請逐路置檢法官，以專平讞疏駁。」事多施行。退居襄陽，卒，年八十四〔二四〕。

賦爲人剛嚴，内實平恕，所居皆有善政。吏民紀之，衢、唐二郡民爲立生祠云。

許遵字仲塗，泗州人也。舉進士，爲錢塘尉，又爲鄱陽、四會令，悉意民事。遵讀律知法，擢大理寺詳斷官，知長興縣。會縣有水災，民多流徙，遵募民出米賑濟，終以無患。益興水利，溉田甚博，邑人載其便利，刻於碑。爲審刑院詳議官，選知宿州，徙登州。

有婦人阿雲謀殺夫而自承者，遵按法因犯殺傷而自首者，得免所因之罪，仍科故殺傷法，而敕有因疑被執、招承減等之制，即以按狀聞於朝。其意以謀爲①殺之因，所因得首，合從原減，今若塞其首原之路，則有司一切按而殺之，非是。事下百官議，而王安石力主遵說，時論莫能奪。

尋判大理寺。熙寧間，出知壽州。未幾，再判大理寺。請知潤州，又請提舉崇福宮，尋致仕。卒，年八十一〔二五〕。

①謀爲：覆宋本、四庫本作「爲謀」。

魯有開字元翰，本青州壽光人也。從父宗道，仁宗朝參知政事，始居亳，後徙京師。有開事親以孝聞，好《禮》學，通《左氏春秋》。以從父宗道恩授秘書郎、知韋城縣。曹、濮有劇賊入境，聞有開爲政，相戒曰：「魯公去，乃可來。」因遁去。知確山①縣，獨治一大姓能撼邑事者，縣遂無事。興廢陂，溉民田數千②頃，飛蝗不入境。富弼謂有開有古循吏風，薦之。

守金州。有蠱毒獄，坐死幾十人，有開曰：「欲毒人，衷謀之可矣，安得若是衆者？」訊之果誣。時方旱，獄決而雨。知南康軍，時熙寧行新法，代還，宰相王安石問：「江南新法如何？」有開曰：「法新行，未見其患，其在它日也。」安石不悦，除通判杭州。

後知冀州。河決小吴，水不至城下數里。有開議增築護城隄，人皆謂：「初無水患，何以勞役爲？」有開曰：「當備未然。後水至而民不病，計之上也。」卒成之。明年，河決水至，以有備，州以無患。朝廷遣使安撫河北，冀州民遮使者言有開治效，擢拜膳部郎中。以事免，起知信陽軍，復知冀州。卒，年七十五。

【箋證】

〔一〕字仲遠：《宋史》卷二六二《程羽傳》作「字沖遠」。《太宗皇帝實録》卷三〇、程大昌《程公羽世録》(《新安文獻志》卷六二上)、《名賢氏族言行類稿》卷二八均作「字沖遠」，疑《事略》誤。

〔二〕卒年七十三：《宋史》本傳：「雍熙元年卒，年七十二。」《太宗皇帝實録》卷三〇太平興國九年七月己巳載「兵部侍郎致仕程羽

①確山：覆宋本、四庫本誤改作「霍山」，繆校及《宋史》卷四二六《魯有開傳》亦作「確山」。
②千：覆宋本、四庫本作「十」，誤。

卒」,「年七十三」。

〔三〕卒年八十五：程頤《先公太中家傳》(《河南程氏文集》卷一二)：「景德三年丙午正月二十三日，生於京師泰寧坊賜第。……元祐五年正月十三日，以疾終於西京國子監公舍。」

〔四〕卒年七十二：《宋史》卷二七〇《王明傳》：「(淳化)二年卒，年七十三。」

〔五〕一歲九分：《宋史》卷四二六《陳靖傳》作「一歲五分」。

〔六〕卒年七十八：《長編》卷九九乾興元年十月己亥載：「左諫議大夫、集賢院學士、知泉州陳靖爲秘書監致仕。」弘治《興化府志》卷三六：「靖嘗遜宅爲興化軍治，居於橄欖巷，即今陳宅是也。致仕後，天聖三年，進潁州郡開國伯，年七十八，卒。熙寧元年，諫臣以靖《勸農奏議》進呈，神宗嘉奬，贈尚書左僕射。」

〔七〕歷知河陽揚杭徐三州：《宋史》卷二九九《薛顔傳》作「歷知河陽、杭徐州」。劉攽《薛公神道碑》(《彭城集》卷三六)云「遷司封郎中，徙知河陽，更揚州」，「遷公太僕少卿、知杭州」，「遷光禄少卿、知徐州」，則《宋史》漏書「揚」字。

〔八〕卒年七十三：《薛公神道碑》：「天聖三年七月十五日，終於家，年七十三。」

〔九〕連州録事參軍：《宋史》卷四二六《邵曄傳》作「知蓬州録事參軍」。《九朝編年備要》卷四亦作「蓬州」，是。

〔一〇〕州將楊全誣部民十三人爲刼盗：《宋史》本傳：「時太子中舍楊全知州，性悍率蒙昧，部民張道豐等三人被誣爲刼盗，悉寘於死。」《九朝編年備要》卷四載其事云：「初囚三人，被誣爲刼盗，……録事參軍邵曄察其枉，不署牘，白知州楊全乞別鞫之。」《事略》作「十三人」及稱楊全爲「州將」，與《宋史》及《九朝編年備要》異。

〔一一〕及卒：《宋史》本傳：「俄遘疾卒，年六十三。」《長編》卷八〇大中祥符六年五月乙卯載：「知廣州邵曄疾甚，朝議擇人代之。丙辰，授世卿秘書少監、知廣州。」《資治通鑑後編》卷三〇載「廣州言知州、右諫議大夫邵曄卒」於大中祥符七年七月壬辰。

〔一二〕字公信：《宋史》卷四二六《張綸傳》同，而范仲淹《宋故乾州刺史張公神道碑銘》(《范文正公集》卷一一)作「字昌言」。

〔一三〕潁州汝陰人：《隆平集》卷一九作「棣州人」，《宋故乾州刺史張公神道碑銘》作「汝陰人」。

〔一四〕爲益彭簡等州巡檢使：《宋史》本傳作「益、彭、簡等州都巡檢使」，《宋故乾州刺史張公神道碑銘》作「遷益、簡路都巡檢使」，《事略》當脱「都」字。

〔一五〕卒年七十五：《宋故乾州刺史張公神道碑銘》：「時景祐紀號之二載也。明年孟春庚寅，啓手足於正寢，享年七十有五。」

〔一六〕字本仁：《宋史》卷四二六《崔立傳》、韓琦《崔公行狀》(《安陽集》卷五〇)作「字本之」。

〔一七〕許州長葛人：《宋史》本傳作「開封鄢陵人」，《崔公行狀》作「本貫開封府鄢陵縣儀鳳鄉鳳凰里」。

〔一八〕境有期塘：「期塘」，《宋史》本傳及《崔公行狀》並作「期斯塘」，是。

〔一九〕下溉民田數千頃：《崔公行狀》作「民失灌溉之利者殆千餘家」，後言：「邑有利港者，舊溉民田數千頃。」

〔二〇〕募人出穀數十萬石以賑救之：《宋史》本傳作「募富人出穀十萬餘石振餓者」，《崔公行狀》作「又募里豪出粟數十萬斛以哺餓者」。《事略》《宋史》蓋本之《行狀》而各有改動。

〔二一〕卒年七十五：《崔公行狀》：「公神色不少變而終，君子以爲達性命，時慶曆三年十一月三日也。」

〔二二〕益發卒復三大陂一大渠皆溉田萬餘頃：《宋史》卷四二六《趙尚寬傳》作「益發卒復三陂一渠，溉田萬餘頃」。《長編》卷一九二所載同《事略》。

〔二三〕積官至司農卿以卒：《長編》卷二四〇熙寧五年十一月辛亥：「梓州言：知州、司農卿、直龍圖閣趙尚寬卒。賜錢五十萬，以尚寬有功於民故也。」

〔二四〕卒年八十四：范祖禹《集賢院學士致仕高公墓誌銘》(《范太史集》卷四三)：「元祐七年冬十月戊寅，以疾終，享年八十有四。」

〔二五〕卒年八十一：《長編》卷四一一元祐三年五月庚午「中散大夫許遵卒」注：「許遵以此月二十四日卒。」

東都事略卷第一百十三

儒學傳九十六

太祖皇帝受天眷命而帝天下，大業初基，日不暇給。即位之始，首幸國學，謁款先聖，加①飾祠宇，親製文贊，尊師重道，如恐弗及。儒學復振，實自此始。至於真宗，幸曲阜，奠孔林，謂近臣曰：「唐明皇襃先聖爲王，朕欲加謚爲帝，可乎？」或言：「尼父，周之陪臣。周止稱王，不當加以帝號。」遂增上至聖之名。方是時，儒學之臣講論經義，學校之士挾策受業，文治粲然，雖漢、唐之盛，未之聞也。慶曆中，仁宗鋭意於治，乃下詔郡縣修舉學政，於是天下學士靡然鄉風，良由上之所以勸善明，是以化行而俗美，比隆三代，其庶幾乎！神宗尊六經以作人材，崇三舍以興庠序，自是以來，文學之士咸精於勤，焕乎其可述者也。若大夫而卿相師傅，以儒效見之行事者，自如本傳。次而專誦習以友教士大夫者，則具之於此焉。

聶崇義，河南洛陽人也。少舉《三禮》，善《禮》學，通經旨。漢乾祐中，爲國子《禮記》博士，校定《公羊春秋》。

①加：繆校作「整」。

周顯德中，遷國子司業兼太常博士。世宗將禘於太廟，言者以宗廟無祧主，不當行禘祫之禮。崇義援引魏、晉以來故事，以爲當行。且言：「祭者是追養之道，以時移節變，孝子感而思親，故薦以首時，祭以仲月，間以禘祫，序以昭穆，乃禮之經也，非謂宗廟備與未備也。」世宗從其議。又詔崇義參定郊廟器玉，崇義因取《三禮圖》再加考正，至國初①上之。未幾，崇義卒，《三禮圖》遂行於世。

崇義爲學官，掌禮儀，世推其該贍云。

郭忠恕字恕先，洛陽人也。善屬文及書史小學，通九經，七歲舉童子②。漢湘陰公鎮徐州，辟爲從事。與記室董裔争事，謝去。周太祖召爲《周易》博士。

國初，與監察御史符昭文争忿朝堂，貶乾州司户，遂不仕。太宗聞其名，召爲國子監主簿，令刊定歷代字書。忠恕縱酒肆言時政，頗有謗讟。語聞，配流登州，至齊州臨清[一]，謂部送吏曰：「我逝矣。」因掊地爲穴，度可容面，俯窺焉而卒。藁葬道左，後數月，故人欲改葬，但衣衾而已。

忠恕所定《古文尚書》並《釋文》[二]，並行於世。

王昭素，開封酸棗人也。少篤學，有志行，鄉人有訟，不之官府而詣昭素，昭素爲之辨析，無不敬伏。昭素博通九經，及著《易論》三十三篇[三]。

---

①初：繆校作「朝」。

②「童子」下，繆校有「及第」二字。

太祖召命講《易》，因訪以民事。昭素所言，誠實無隱，太祖益嘉之。又問治世養身之術，昭素曰：「治世莫若愛民，養身莫若寡欲。」太祖重其言，書於屏風間。拜國子博士，後卒於家，年八十九。參知政事李穆而下，有聞於時，皆其門人也。子仁著，亦有潛德。

孔維字爲則，開封雍丘人也。以九經及第，爲國子《周易》博士，遷《禮記》博士。使高麗，王治問禮，維以君臣父子之道、升降等威之序爲對，治大悦，稱之曰：「吾今日復見中國之夫子也。」

累擢國子司業，上書請禁原蠶以利國。馬樂史奏曰：「陛下降明詔，有事於籍田，而禁蠶之制又下，豈不相戾哉？」維復上疏曰：「《周禮·夏官·司馬》職禁原蠶者，爲傷馬也。《月令》仲春祭馬祖，季春享先蠶，爲馬祈福謂之馬祖，爲蠶祈福謂之先蠶，是蠶與馬同其類爾。蠶重則馬損，氣感之然也。臣謂依《周禮》禁原蠶爲當。」太宗是其言，拜國子祭酒。卒，年六十四〔四〕。

維，儒者，爲人躁競，寡廉退之風。嘗校定《五經疏義》，臨終，以未畢爲恨云。

李覺字仲明，青州益都人也。舉九經，起家爲將作監丞、通判建州，遷知泗州，轉秘書丞。孔維薦覺學行，遷《禮記》博士。嘗使交州，其酋長謂曰：「此土山川之險，中州人乍歷之，豈不倦乎？」覺曰：「國家提封萬里，列郡四百，地有平易，亦有險固，此一方①何足云哉？」使還，遷國子博士。

太宗幸國子監，顧見講坐，左右言覺方聚徒講書，太宗即令覺對御講。覺曰：「陛下六飛在御，臣何敢輒陞

①一方：繆校作「特一耳」。

高坐？」太宗令有司張帟幕，設別坐，詔覺講《周易》之《泰卦》。覺因述天地感通、君臣相應之旨，太宗甚悦。加直史館，命覺詳校羣經及《春秋正義》。改判國子監，遷司勳①員外郎。卒，年四十六。

覺性强毅而聰敏，數上書言時事，述養馬、漕運、屯田三事甚詳備，深爲太宗所喜獎。又嘗效韓愈《毛穎傳》作《竹穎傳》，竹穎者，謂矢也。

崔頤正，開封雍丘人也〔五〕。與弟偓佺並舉進士、明經，頤正爲高密尉，孔維薦其名，以爲國子直講判監。李至言：「先校定諸經音疏，尚多訛謬，博士杜鎬、直講崔頤正、孫奭皆博貫九經，請令刊正。」太宗從之。咸平初，真宗召頤正日赴御書院説《尚書》，至十卷。以老致仕，仍充直講，改國子博士。三年卒，年七十九。

偓佺自連江尉，李至奏爲直講。太宗嘗問：「四皓中一先生，或言姓②『用』字加撇，或云加點，果何如？」偓佺曰：「昔秦時程邈纂隸書，訓如僕隸之易使也。今字與古或異。臣聞『刀』下『用』爲『権』音，兩點下『用』爲『鹿』音，『用』上一撇一點，俱不成字。」太宗然之。其後，真宗幸國子監，召偓佺説《尚書》，真宗甚善之。卒，年七十九〔六〕。嘗纂《帝王手鑑》十卷。

孔宜字不疑，兖州曲阜人也。蓋孔子四十四世孫。

①勳：覆宋本、四庫本及《宋史》卷四三一《李覺傳》作「門」。
②姓：原作「性」，據覆宋本、四庫本及《宋史》卷四三一《崔頤正傳》附《偓佺傳》改。

孔子生鯉，鯉生伋，伋生白，白生求，求生箕，箕生穿，穿生謙。謙生鮒，以弟子襄爲嗣〔七〕，值秦難，藏其家書於屋壁。襄生忠，忠生武，武生延年及安國。延年生霸，號褒成君。霸生福，福生房。房生均，封褒成侯。王莽敗，失國，世祖復封均子志爲褒成侯。志生損，襲爵，徙封褒亭侯。損卒，子曜①嗣。曜卒，子完②嗣，無子，以弟之子羨襲爵，魏時封宗聖侯。羨生震，晉時徙封奉聖亭侯。震生嶷，嶷生撫，撫生懿③。懿生鮮，宋時襲封奉聖侯。鮮生乘，後魏封爲崇聖大夫。乘生靈珍，靈珍④襲爵，改封崇聖侯。靈珍生文泰，文泰生渠，北齊改封恭聖侯，後周追封孔子爲鄒國公，以渠襲封。渠生長孫，隋封長孫爲鄒國公。長孫生嗣哲，改封紹聖侯。嗣哲生德倫⑤，唐封褒聖侯。德倫生崇基，襲侯。崇基生璲之，明皇詔追謚孔子爲文宣王，改封褒聖侯璲之襲文宣公。璲之生萱，襲封。萱生齊卿，齊卿生惟晊⑥，惟晊生策⑦，自璲之至策五世，並襲封文宣公。策生振，振生昭儉。自策至昭儉三世，歲給封絹，以供祀享。昭儉生光嗣，光嗣生仁玉，後唐時襲文宣公，至周時爲曲阜令。

宜，仁玉子也。乾德中，詣闕上書，述其家世，詔以爲曲阜簿，襲封文宣公。未幾，通判密州。太宗北征，受詔督軍糧，涉巨馬河溺死〔八〕，年四十六。

子延世，字茂先，以父死爲曲阜簿，改曲阜令，襲封文宣公。詔轉運使、兗州長吏待以賓禮。卒，年三十八。

①曜：原作「皭」，據《宋史》卷四三一《孔宜傳》及《後漢書》卷七九上《孔僖傳》改。下同改。
②完：原作「元」，據《宋史》本傳及《孔氏祖庭廣記》卷一「二十代完」改。
③懿：原作「穀」，據《宋史》本傳及《孔氏祖庭廣記》卷一「二十五代懿」改。下同改。
④靈珍：按文例應爲衍文，《宋史》本傳無此二字。
⑤德倫：原作「聽倫」，據下文及覆宋本、四庫本、《宋史》本傳改。
⑥惟晊：原作「惟防」，據《宋史》本傳及《闕里志》卷二「三十八代惟晊」改。下同改。
⑦惟晊生策：原作「惟防生榮」，據《宋史》本傳及《孔氏祖庭廣記》卷一「三十九代策」改。下三「策」同改。

延世子聖佑①，真宗東封泰山，幸曲阜，謁孔子廟，行酌獻之禮。又幸孔林，觀其墓，加謚孔子爲至聖文宣王，追封孔子父叔梁紇齊國公、母顔氏魯國夫人、妻亓官氏②鄆國夫人，擢聖佑爲奉禮郎，襲封文宣公，知仙源縣。後改名佑。

佑卒〔九〕，以宗愿襲封，知仙源縣。宗愿距孔子四十七世矣〔一〇〕。

仁宗封孔子後爲衍聖公，哲宗時改爲奉聖公，徽宗時復以爲衍聖公云。

臣稱曰：司馬遷敍《孔子世家》，止十餘世。孔宜，聖人之後也，得其譜系，參以舊史③，述歷代紹襲褒崇之典，詳且備焉。斯所謂能世其家者哉。

穆脩字伯長，汶陽人也〔一一〕。師事陳摶，而傳其《易》學。少豪放，舉進士，調海州理掾〔一二〕。脩恃才，嘗忤監郡者，由是捃摭其罪，坐削籍，隸池州。遇赦，敍潁州文學參軍，故當時呼之曰「穆參軍」。初，丁謂與脩有布衣舊，脩每輕之。謂既顯官，而脩尚未仕，相遇於漢上，一揖而去，謂銜之。真宗嘗問侍臣：「穆脩有文，公卿何以不薦？」謂對曰：「脩行不逮文。」乃已。

脩老而益貧，家有唐《韓柳集》〔一三〕，鏤板鬻於京師。有儒生數輩，輒取閱。脩謂曰：「先輩能讀得一篇，當以一秩爲贈。」自是經年無售者。明道初，脩卒〔一四〕，年五十四，識者哀憐之。

---

①聖佑：《宋史》卷四三一《儒林傳一》作「聖祐」，《孔氏祖庭廣記》卷一作「四十六代聖佑」。

②亓官氏：原作「上官氏」，據覆宋本、四庫本改。

③「舊史」下，繆校有「訂訛考異」四字。

方是時，學者從事聲律，未知爲古文，脩首爲之倡。其後尹源與其弟洙始從之學古文，又傳其《春秋》學。

李之才字挺之，青州人也。倜儻不羣，師事穆脩。舉進士，爲孟州司户參軍、共城令〔一五〕。時邵雍築室蘇門山百丈源之上〔一六〕，布衣疏食。之才聞雍苦志好學，自造其廬，問雍曰：「子何所學？」雍曰：「爲科舉進取之學。」之才曰：「科舉之外，有義理之學，子知之乎？」雍曰：「未也，願受教。」之才曰：「義理之外，有物理之學，子知之乎？」雍曰：「未也，願受教。」之才曰：「物理之外，有性命之學，子知之乎？」雍曰：「未也，願受教。」於是雍傳其學。

之才後爲殿中丞、僉書澤州判官以卒〔一七〕。澤人劉羲叟晚出其門，受歷法，亦爲名士。《易》學唯雍得之。初，華山陳摶讀《易》，以數學授穆脩，脩授之才，之才授雍；以象學授种放，放授許堅，堅授范諤昌云〔一八〕。堅，廬江①人也。

周堯卿字子餘〔一九〕，其先汝陰人也，後徙居荆州之南〔二〇〕。堯卿警悟强記，以學行知名。舉進士，歷連、衡二州司理參軍、桂州司録，知江安〔二一〕、寧化二縣，提點刑獄楊紘②入境，有被刑而耘苗者，紘就詢其故，對曰：「貧以利故爲人直其枉，令不我欺而我欺之，我又何怨？」紘至邑，以所聞薦之。後通判饒州，積官至太常博士。慶曆間，范仲淹舉經行可爲師表，未及用而卒〔二二〕，年五十一。

---

①廬江：原作「盧江」，據《宋名臣言行録》前集卷一〇「（种）放授廬江許堅」及《宋史》卷八八《地理志四》改。

②紘：原作「紘」，據覆宋本、四庫本及《宋史》卷四三二《周堯卿傳》改。下二「紘」同改。

始，堯卿年十二喪父，憂戚如成人，見母氏則抑情忍哀，不欲傷其意。母異之，謂族人曰：「是兒愛我如此，多知孝養矣。」卒能以孝養志，如母之言。其於昆弟，尤篤友愛。執母喪，倚廬三年，席薪枕塊，雖疾病不飲酒食肉。既葬，慈烏百數銜土集壠上，人以爲孝感所致。堯卿爲人簡重不校，有慢己者，必厚爲禮以愧之。居官禄雖薄，必以周宗族朋友，罄而後已。

爲學不惑傳注，問辨思索，以通爲期①。其學《詩》，以孔子所謂「《詩》三百，一言以蔽之，曰思無邪」，孟子所謂「説《詩》者，以意逆志，是爲得之」，考經指歸，而見毛、鄭之得失。曰：「毛之傳欲簡，或寡於義理，非一言以蔽之也；箋欲詳，或遠於情性，非以意逆志者也。是可以無去取乎？」其學《春秋》，由左氏記之詳，得經之所以書者，至三《傳》之異同，均有所不取。曰：「聖人之意，豈二致耶？」

讀莊周、孟軻氏之書，曰：「周善言理，未至於窮理。窮理則好惡不謬於聖人，孟軻是已。孟善言性，言性未至於盡己之性。能盡己之性，則能盡物之性，而與天地參，其唯聖人乎？天何言哉？性與天道，子貢所以不可得而聞也。昔宰我、子貢善爲説辭，冉牛、閔子、顔淵善言德行，孔子曰：『我於辭命，則不能也。』惟不言，故曰不能而已，蓋言生於不足者也。」其講解議論皆若是。

堯卿長於毛鄭《詩》、《左氏春秋》，有文集二十卷，《詩》《春秋説》各三十卷。

代淵字仲顔[二三]，永康人也[二四]。舉進士，爲清水簿，不赴，退居青城山，以著書爲樂。積遷太常丞，致仕。田況自蜀還朝，復以淵所著《周易旨要》二十卷上之，朝廷優轉祠部員外郎，然終不樂仕[二五]。

①以通爲期：繆校作「以求其旨」。

胡瑗字翼之，泰州如皋人也〔二六〕。瑗爲人師，言行而身化之，使誠明者達，昏愚者厲，而頑傲者革。故其爲法嚴而信，爲道久而尊。自景祐、明道以來，學者有師，惟瑗與孫復、石介三人。

瑗以布衣召見論樂，拜校書郎，嘗爲湖州學官。慶曆四年，建太學於京師，有司請下湖州，取瑗教學之法以爲則，召爲諸王宮教授，以疾免。已而以太子中允致仕〔二七〕。

皇祐中，召至京師議樂，歲餘，爲光禄寺丞、國子監直講，遷大理寺丞。嘉祐中，遷太子中允，充天章閣侍講。已而又以病不能朝，復以太常博士致仕。東歸之日，太學之諸生與賢士大夫送之東門，執弟子禮，路人嗟嘆以爲榮。卒，年六十七〔二八〕。

瑗所議樂，多變古法。其樂制，以一黍之廣爲分以制尺，其律經①三分四釐六毫四絲，其圍十分三釐九毫三絲，其聲比舊樂下半律。又鍾磬大小，一以黄鍾爲率焉。

孫復字明復，晉州平陽人也。少舉進士不中，居泰山之陽，學《春秋》，著《尊王發微》，不惑傳注，不爲曲説以亂經。其言簡易，於諸侯、大夫功罪以考時之盛衰，而推見王道之治亂，得於經之本義爲多。魯多學者，自石介而下，皆以弟子事之〔二九〕。

復年四十，家貧不娶，丞相李迪將以弟之子妻之，復疑焉。介與羣弟子進曰：「公卿不下士久矣，今丞相不以先生貧賤，而欲托以子，是高先生之行義也。先生宜因以成丞相之賢名。」於是乃許。孔道輔爲人剛直嚴重，

---

①經：《宋史》卷四五八《胡瑗傳》作「徑」。

聞復之風，就見之。介執杖屨侍左右，魯人由是始識師弟子之禮。

范仲淹、富弼言其道德經術宜在朝廷，召拜校書郎、國子監直講。徐州人孔直温以狂謀捕治，其家①得詩，有復姓名，坐貶虔州商税。徙監泗水税，又徙知長水縣，僉書應天府判官，通判陵州。翰林學士趙槩等上言：「孫復行爲世法，經爲人師，不宜棄之遠方。」乃復以爲直講。居三歲而卒〔三〇〕，年六十六。仁宗命其門人祖無擇就其家録其書十有五篇〔三一〕，藏於秘閣云。

石介字守道，兖州奉符人也。世爲農家，舉進士甲科，爲鄆州觀察推官、南京留守推官。御史臺辟主簿，未至，以上書論赦罷不召。秩滿，爲鎮南軍掌書記、嘉州軍事推官〔三二〕。以内外難②去官，垢面跣足，躬耕徂徠之下，葬五世之未葬者七十喪。服除，召入國子監直講。

是時，兵討元昊久無功，海内重困。仁宗奮然思欲振起威德，宰相吕夷簡以疾罷歸第，夏竦罷樞密使，章得象、晏殊爲相，賈昌朝參知政事，用杜衍爲樞密使，范仲淹、韓琦、富弼樞密副使，王素、歐陽修、余靖、蔡襄同時爲諫官，所以求治之意甚鋭。介躍然喜曰：「此盛德事也，雅頌吾職，其可已乎？」乃作《慶曆聖德詩》。其詞曰：

於維慶曆，三年三月，皇帝龍興，徐出闈闥。晨坐太極，晝開閶闔。躬攬英才，手鋤姦蘖。大聲渢渢，震搖六合。如乾之動，如雷之發。昆蟲蹢躅，怪妖藏滅。同明道初，天地嘉吉。

初聞皇帝，戚然言曰：予祖予父，付予大業。予恐失墜，實賴輔弼。汝得象、殊，惇重微密。君相予久，

①「其家」上，歐陽修《孫明復墓誌銘》有「索」字。

②難：覆宋本、四庫本作「艱」。

予嘉乃績。君仍相予，笙鏞斯協。昌朝儒者，學問該洽。與予論政，傅以經術。汝貳二相，庶績咸秩。惟汝仲淹，汝誠予察①。太后垂簾，湯沸火熱。汝時小臣，危言巇嶫。爲予司諫，正予門闑。爲予京兆，壁于②讒說。賊叛於夏，汝往式遏。六月酷日，大冬積雪。汝寒汝暑，同於士卒。予聞辛酸，汝不告之。予晚得弼，予心尉③悅。弼每見予，無有私謁。以道輔予，弼言深切。予不堯舜，弼自笞罰。諫官一年，奏疏滿篋。侍從周歲，忠力僅竭。契丹忘義，檮杌饕餮。敢侮大國，其辭慢悖。弼將予命，不畏不懾。卒復舊好，民得食褐。沙磧萬里，死生一節。視弼之膚，霜剥風④裂。觀弼之心，煉金鍛鐵。寵名大官，以酬勞竭⑤。弼辭不受，其志莫奪。惟仲淹、弼，一夔一卨。天實賴予，予其敢忽。並來弼予，民無瘥札。

曰衍汝來，予之黄髮。事予二紀，毛秃齒豁。心如一兮，率履不越。遂長樞府，兵政毋蹷。予早識琦，琦有奇骨。其器魁櫑，豈視居楔。其人渾璞，不施剞劂。可屬大事，敦厚如勃。琦汝副衍，知人予哲。

惟修惟靖，立朝巘巘。言論磥砢，忠誠特達。禄微身賤，其志不怯。嘗詆文臣，亟遭卑黜。萬里歸來，剛氣不折。屢進直言，以補予闕。素相之後，含忠履潔。昔爲御史，幾叩予榻。至今諫疏，在予箱匣。襄雖小官，名聞予徹。亦嘗獻言，箴予之失。剛守粹慤，尚⑥修儔匹。並爲諫官，正色在列。予遏汝言，汝無鉗舌。

---

①汝誠予察：繆校作「程作『誠子藥石』」。

②于：《宋史》卷四三二《石介傳》及《徂徠石先生全集》卷一作「予」，是。《事略》所録，於原文多有改動，不一一出校。

③尉：覆宋本、四庫本作「慰」，《宋史》本傳及《徂徠石先生全集》作「弼」。

④風：覆宋本、四庫本作「膚」，繆校作「風」。

⑤竭：《宋史》本傳及《徂徠石先生全集》作「渴」，當是。作「竭」與前「忠力僅竭」重疊。

⑥尚：繆校及《宋史》本傳作「與」。

皇帝明聖，忠邪辨别。舉擢俊良，掃除妖魃。衆賢之進，如茅斯拔。大姦之去，如距斯脱。上倚輔弼，司予調燮。下賴諫諍，維予紀結。左右正人，無有邪孽。予望太平，日不逾浹。皇帝在位，二十二年。神武不殺，其默如淵。聖神不測，其動如天。賞罰在手，不失其權。恭己南面，退姦進賢。知賢弗易，非明弗得。去邪惟艱，惟斷乃克。明則不惑，斷則不忒。既明且斷，惟帝之德。羣下踧踖，重足屏息。交相語曰，惟正惟直。毋作側僻，皇帝汝殛。諸侯危栗，墮玉失舄。交相告語，皇帝神明。四時朝覲，謹修臣職。四夷走馬，墜鐙遺策。交相告語，皇帝神武。解兵修貢，永爲屬國。皇帝一舉，羣臣慴①焉，諸侯畏焉，四夷服焉。臣願皇帝，壽千萬年。

詩出，孫復謂介曰：「子禍始於此矣。」夏竦見而銜之。

介在太學，以師道自居，弟子從之者甚衆，太學之興，自介始。直講歲餘，用杜衍薦，拜太子中允。又用韓琦薦，乃直集賢院，通判濮州。卒，年四十一〔三三〕。

介既卒，夏竦欲以奇禍中傷富弼，指介以起事，謂其詐死而北走契丹矣，請發棺。仁宗察其誣，得不發。介所著文章，其斥佛老時文則有《怪説》《中國論》，其戒姦臣宦女則有《唐鑑》②，行於世。

【箋證】

〔一〕至齊州臨清：《宋史》卷四四二《郭忠恕傳》作「至齊州臨邑」。考《宋史·地理志》，臨邑屬濟南府（卷八五），而臨清屬大名府

①慴：原作「攝」，據覆宋本、四庫本及《徂徠石先生全集》卷一改。
②女則有唐鑑：繆校作「宦等論二十餘卷，皆人所不能言，亦人所不敢言者」。

（卷八六），齊州即濟州，政和六年升爲濟南府。《事略》「臨清」當爲「臨邑」之誤。

〔二〕忠恕所定古文尚書並釋文：《宋史》本傳作「所定古今《尚書》並《釋文》」。王應麟《漢藝文志考證》卷一：「後周郭忠恕定《古文尚書》並《釋文》，本朝開寶五年，别定《今文音義》，與《古文》並行。」

〔三〕及著易論三十三篇：《宋史》卷四三一《王昭素傳》作「及著《易論》二十三篇」。《宋史》卷二〇二《藝文志一》著録「王昭素《易論》二十三卷」，《玉海》卷三六亦稱「開寶王昭素《易論》」爲「三十三卷」或「三十三篇」，《長編》卷一一亦作「三十三篇」。《宋史》本傳「二十三」當爲「三十三」之誤。

〔四〕卒年六十四：《宋史》卷四三一《孔維傳》：「淳化初，兼工部侍郎。二年卒，年六十四。」

〔五〕開封雍丘人：《宋史》卷四三一《崔頤正傳》作「開封封丘人」。

〔六〕卒年七十九：《宋史》本傳載頤正及其弟偓佺均咸平「三年卒，年七十九」，當誤。《麟臺故事》卷二中載「國子監直講崔偓佺」等於咸平四年九月表上《重校定七經疏義》，可證《宋史》之誤。

〔七〕以弟子襄爲嗣：《宋史》卷四三一《孔宜傳》作「以弟子騰爲嗣，騰字子襄」。考《史記·孔子世家》云「鮒弟子襄」，「子襄生忠」，而《漢書·藝文志》顔師古注引《家語》云「孔騰字子襄」，則《事略》「子襄」及下文「襄生忠」之「襄」並當改作「騰」，而《宋史》「弟子騰」當删「子」字。

〔八〕涉巨馬河溺死：《宋史》本傳：「雍熙三年，王師北征，受詔督軍糧，涉拒馬河溺死。」《闕里志》卷二「四十四代宜」：「雍熙二（當作三）年，太宗北征，受詔督軍餉，涉巨馬河卒，年四十六。」《長編》卷二七雍熙三年五月庚午載「殿中丞孔宜亦隨軍督芻粟，溺於巨馬河」，則孔宜當卒於雍熙三年。巨馬河即淶水，《長編》《宋史》多作「拒馬河」，《清一統志》卷一〇云：「自宋以來，始總號巨馬爲白溝。又按《水經注》《元和郡縣志》《太平寰宇記》諸書皆作『巨馬』，後人加手傍作『拒馬』。相傳劉琨拒石勒於此，得名。」

〔九〕佑卒：《宋史》卷四三一《儒林傳一》：「後改名佑，遷太子中舍，卒年三十。」《孔氏祖庭廣記》卷一「四十六代聖佑」載「年十一，景德四年八月十九日，賜同學究出身」，則生於至道三年（九九七）。而《闕里志》卷二、《闕里文獻考》卷七並載其「九歲授同學究出身」，大中祥符元年「年十一，賜衣緑」，則生於咸平元年（九九八）。又載其「終於太子中舍，卒年三十五」，則當卒於宋仁宗明道元年（一〇三二），與《宋史》所載「卒年三十」異。

〔一〇〕宗愿距孔子四十七世矣：按《孔氏祖庭廣記》卷一、《闕里志》卷二、《闕里文獻考》卷七並載宗愿爲佑堂弟，當爲孔子「四十六代孫」，《鷄肋編》卷中載崇寧三年《復封衍聖公制》亦稱「宜改封至聖文宣王四十六代孫宗愿爲衍聖公」。《事略》「四十七」當爲「四十六」之誤。

〔一一〕汶陽人：《宋史》卷四四二《穆修傳》作「鄆州人」，張峋稱「挺之（李之才）聞道於汶陽穆修伯長」（《全宋文》卷二〇〇九），晁説之云「明逸授汶陽穆參軍修伯長」（《嵩山文集》卷一六《傳易堂記》）。汶陽在宋不設縣，而泛指汶水一帶，唐宋之際常代指鄆州，如《册府元龜》卷五七云「但緣我襲取鄆州，自我得汶陽以來」即是，《明一統志》卷二三徑稱穆修爲「鄆州汶陽人」，似不確。

〔一二〕調海州理掾：《宋史》本傳作「調泰州司理參軍」。蘇舜欽《哀穆先生文》（《蘇學士文集》卷一五）、祖無擇《河南穆公集序》（《龍學文集》卷八）均作「泰州司理參軍」，《事略》蓋誤「泰州」爲「海州」。

〔一三〕家有唐韓柳集：《哀穆先生文》作「後得柳子厚文」。

〔一四〕明道初脩卒：《哀穆先生文》作「穆伯長以明道元年夏客死於淮西道中」，《河南穆公集序》作「明道元年秋九月，終於家」。《宋史》本傳作「明道中卒」，不確。

〔一五〕孟州司户參軍共城令：《宋史》卷四三一《李之才傳》及晁説之《李挺之傳》（《嵩山文集》卷一九）並作「衛州獲嘉縣主簿、權共城令」，「再調孟州司法參軍」。《事略》從邵伯温《易學辨惑》作「孟州司户」，且置於「共城令」前，似誤。

〔一六〕蘇門山百丈源：《宋史》本傳作「蘇門山百源」，晁説之《李挺之傳》、邵伯温《易學辨惑》等均同，《事略》蓋衍「丈」字。

〔一七〕僉書澤州判官以卒：《宋史》本傳云：「暴卒於懷州官舍，慶曆五年二月也。」晁説之《李挺之傳》云：「暴卒於懷州守舍，時友人尹子漸守懷也，實慶曆五年二月。」

〔一八〕《易》學授受一節，《宋史》本傳作「修之《易》受之种放，放受之陳摶」，《續通志》卷五四〇《李挺之傳》校記：「按《東都事略》云……據此，則修之《易》實受之陳摶，非得於种放也，與《宋史》所載異。」汪琬《東都事略跋》卷下：「《貴耳集》：陳摶以《先天圖》傳种放，放傳穆修，修傳李之才，之才傳邵雍。放又以《河圖》《洛書》傳許堅，堅傳范諤昌，諤昌傳劉牧。修又以《太極圖》傳周敦頤，敦頤傳二程。與此《傳》稍異，然録中所述原流，亦未甚分曉，豈《太極圖》與《河圖》《洛書》或皆出自希夷邪？如此，則宋世理學諸儒，悉當以摶與种放、穆修爲宗，其有功聖道不小。後儒極力推重周、程，絶不泝其由來，何也？」」按朱子《太極通書後序》二篇，前篇云『此圖決非种、穆所及』，後篇自注云『是説之傳，固有端緒，至於先生，然後得之於心』云云，蓋非不知其由來，特諱其出於陳、种耳。《困學紀聞》：『譙天授之學得於蜀曩氏夷族，袁道潔之學得於富順監賣香薛翁，故曰學無常師。』知此則周子《太極圖説》雖出自之才及陳、种，不必諱也。」

〔一九〕字子餘：《宋史》卷四三二《周堯卿傳》及歐陽修《太常博士周君墓表》（《歐陽文忠公集》卷二五）並作「字子俞」。《困學紀聞》卷一五：「歐陽公爲《周君墓表》云『篤行君子，孝於其親，友於其兄弟』，而集缺其名與字。周益公考之《春陵志》，乃周堯卿字子俞。《東都事略》有傳，其行事與《墓表》合，而字子餘，未知《事略》據何書而立傳也。」《四庫全書考證》卷六三「《名賢氏族言行類稿》卷三十一『周堯卿字子俞』」：「原本『俞』訛『餘』，據《宋史》改。」《事略》「餘」亦當爲「俞」之誤。

〔二〇〕後徙居荆州之南：《宋史》本傳及《太常博士周君墓表》均作「道州永明人」，是。

〔二一〕知江安：《宋史》本傳及《太常博士周君墓表》均作「知高安」。

〔二二〕未及用而卒：《太常博士周君墓表》：「通判饒州，未行，以慶曆五年六月朔日卒於朝集之舍，享年五十有一。」

〔二三〕字仲顔：《宋史》卷四五八《代淵傳》作「字蘊之」，《宋會要輯稿》選舉三四之三七、《隆平集》卷一五作「字仲顔」。

〔二四〕永康人：《宋史》本傳：「本代州人，唐末避地導江。」《宋會要輯稿》選舉三四之三七作「永康人」，《隆平集》卷一五作「永康軍人」。

〔二五〕然終不樂仕：《宋史》本傳：「晚年日菜食，巾褐山水間，自號虚一子。長吏歲時致問，澹然與對，略不及私。嘉祐二年九月，有疾，召術士擇日，云『丙申吉』，頷之，是日沐浴而絶。」

〔二六〕泰州如皋人：《宋史》卷四五八《胡瑗傳》作「泰州海陵人」。歐陽修《胡先生墓表》（《歐陽文忠公集》卷二五）作「如皋」，注「一作海陵」。

〔二七〕已而以太子中允致仕：「太子中允」，《宋史》本傳及《胡先生墓表》並作「太子中舍」，是。

〔二八〕卒年六十七：《胡先生墓表》：「以（嘉祐）四年六月六日卒於杭州，享年六十有七。」

〔二九〕自石介而下皆以弟子事之：汪琬《東都事略跋》卷下：「《聞見録》：張堯封從明復學於南京，其女子常執事左右。堯封死，入禁中爲貴妃，寵遇第一，數遣使致禮於明復，明復閉門拒之終身。此視獻定州紅磁器及鐙籠錦者，賢否何如？《傳》中不宜逸去。」

〔三〇〕居三歲而卒：歐陽修《孫明復墓誌銘》（《歐陽文忠公集》卷二七）：「居三歲，以嘉祐二年七月二十四日以疾卒於家，享年六十有六，官至殿中丞。」

〔三一〕就其家録其書十有五篇：《宋史》卷四三二《孫復傳》作「就復家得書十五萬言」，《孫明復墓誌銘》作「就其家得其書十有五篇」。

〔三二〕爲鎮南軍掌書記嘉州軍事推官：「鎮南軍」，歐陽修《徂徠石先生墓誌銘》（《歐陽文忠公集》卷三四）作「某軍」；「推官」，《宋史》卷四三二《石介傳》及《徂徠石先生墓誌銘》並作「判官」。

〔三三〕卒年四十一：《徂徠石先生墓誌銘》：「以慶曆五年七月某日卒於家，享年四十有一。」

東都事略卷第一百十四

儒學傳九十七

李覯字泰伯，盱江人也〔一〕。以文章知名，通經術，四方從學者常數百人。素不喜孟子，以爲孔子尊王，孟子教諸侯爲王。嘗試制科，六論不得其一，曰：「吾書未嘗不讀，必《孟子注疏》也。」擲筆而出。人爲檢視之，果然。終不中第。

泰伯有富國强兵之學，著《禮論》《易論》《明堂書》行於世。以海門簿召赴太學説書以卒〔二〕。其所爲文十七卷，號《退居類藁》〔三〕，嘗自述曰：「天將壽我與？所爲固未足也。不然，斯亦足以藉手見古人矣。」時以其言爲然。

蘇洵字明允，眉州眉山人也。數舉進士、賢良〔四〕，不中。當至和、嘉祐間，與其二子軾、轍至京師，歐陽修得洵書二十篇，大愛其文辭，以爲賈誼、劉向不過也。以其書獻諸朝，公卿士大夫争傳之。其二子同舉進士，又同登制科。一日，父子隱然名動京師，而蘇氏文章遂擅天下。一時學者皆尊其賢，學其文以爲師法。以其父子俱知名，號爲「老蘇」。

修既上其書，得召試，而洵不就，除試校書郎。是時，王安石名始盛，歐陽修勸洵與之遊，而安石亦願交於洵。洵曰：「吾知其人矣，是不近人情者，鮮不爲天下患。」乃作《辨姦》一篇，其文曰：

事有必至，理有固然。惟天下之静者，乃能見微而知著。月暈而風，礎潤而雨，人人知之。人事之推移，理勢之相因，其疏闊而難知，變化而不可測者，孰與天地陰陽之事？而賢者有不知其故，何也？好惡亂其中，而利害奪其外也。

昔者山巨源見王衍，曰：「誤天下蒼生者，必此人也。」郭汾陽①見盧杞，曰：「此人得志，吾子孫無遺類矣。」自今而言之，其理固有可見者。以吾觀之，王衍之爲人，容貌、言語固有欺世而盜名者，然不忮不求，與物浮沈，使晉無惠帝，僅得中主，雖衍千百，何從而亂天下乎？盧杞之姦，固足以敗國，而不學無文，容貌不足以動人，言語不足以眩世，非德宗之鄙暗，亦何從而用之？由是言之，二公之料二子，亦容有未然②也。

今有人口誦孔、老之言，身履夷、齊之行，收召好名之士、不得志之人，相與造作言語，私立名字，以爲顏淵、孟軻復出。而陰賊險很，與人異趣，是王衍、盧杞合而爲一人也，其禍豈可勝言哉？夫面垢不忘洗，衣垢不忘澣，此人之至情也。今也不然，衣臣虜之衣，食犬彘之食，囚首喪面而譚《詩》《書》，此豈其情哉？凡事不近人情者，鮮不爲大姦慝，豎刁、易牙、開方是也。以蓋世之名，而濟其未形③之患，雖有願治之主，好賢之相，猶舉而用之，則其爲天下患，必然而無疑者，非特二子之比也。

孫子曰：「善用兵者，無赫赫之功。」使斯人而不用也，則吾言爲過，而斯人有不遇之嘆，孰知禍之至於此哉！不然，天下將被其禍，而吾獲知言之名，悲夫！

後十年而安石用事，其言乃信。洵既命以官，會太常修纂建隆以來禮書，乃以爲文安簿，與項城令姚闢同修《太

---

①汾陽：覆宋本改「汾」作「汶」，繆校作「汾」。錢校：「『汶』當作『汾』，此宋本原誤。」「元益案：此條亦係勞氏校補。」今按：底本原作「汾」。

②未然：四庫本及張方平《文安先生墓表》（《樂全集》卷三九）作「未必然」。

③形：原作「刑」，據覆宋本、四庫本及《文安先生墓表》改。

常因革禮》。

仁宗山陵，事從其厚，公私騷然。洵言於韓琦曰：「昔華元厚葬其君，君子以爲不臣。與其取厚葬之名，曷若建薄葬之議。上以遂先帝恭儉之德，下以紓百姓目前之患，内以解華元不臣之譏①。」琦謝之，爲省其過甚者。禮書既成，未報而洵卒〔五〕，年五十八。英宗聞而哀之，特贈光禄寺丞。有文集二十卷、《謚法》三卷。

洵晚而好《易》，曰：「《易》之道深矣，汩而不明者，諸儒以附會之説亂之也。去之，則聖人之旨見矣。」作《易傳》，書未成而卒。

王回字深父，福州候官②人也。惇行孝友，質直平恕，造次必稽孔、孟所爲，而不爲小廉曲謹，以求名譽於世。嘗舉進士中第，爲衛真簿。於事有所不合，稱病自免，久之不肯仕。在廷多薦之者，命知南頓縣。會卒，年四十二〔六〕。有文集二十卷。

回經術粹深，王安石、曾鞏與爲深交〔七〕，而當時之士亦以爲，雖漢之儒林不能過也。

周敦頤字茂叔，舂陵人也〔八〕。初名惇實。始以蔭爲將作監主簿〔九〕，調南安軍司理參軍。南安囚，法不當死，轉運使欲深治之。敦頤争不勝，投其告身以去，曰：「如此尚可仕乎？殺人以媚人，吾不爲也。」轉運使感悟，囚卒不死。

①譏：覆宋本、四庫本作「議」。
②候：覆宋本、四庫本作「侯」。

後爲通判永州〔一〇〕，用呂公著薦，擢廣南東路轉運判官，移提點刑獄。以病求知南康軍，病且劇，上南康印，分司南京。敦頤酷愛廬阜，買田其旁，築室以居，號曰濂溪。卒，年五十七〔一一〕。

敦頤倡明道學，程珦嘗與爲友。珦之二子顥、頤，聞敦頤論道，遂厭科舉之業，慨然有求道之志。敦頤嘗著《通書》行於世。子燾，爲寶文閣待制。

張載字子厚，長安人也。學古力行，篤志好禮，爲關中士人所宗，世所謂横渠先生者也。少時喜談兵，年十八〔一二〕，以書謁范仲淹。仲淹責之曰：「儒者自有名教可學，何事於兵？」因勸學《中庸》。載感其言，益窮六經，至釋、老書無不讀。與程顥、程頤講學。舉進士，爲祁州司法參軍、雲巖令。

呂公著言載與弟戩有古學，神宗召見，問以治道，對曰：「爲政不以三代爲法者，終苟道也。」除崇文檢書〔一三〕。它日見王安石，問以新政所安，答曰：「公與人爲善，則人將以善歸公。如教玉人琢玉，則有不受命者矣。」以疾求去，遂築室南山下，敝衣疏食，專精治學。其大意以爲：「知人而不知天，爲賢人而不爲聖人，自秦、漢以降，學者之大敝也。」故其學尊禮貴德，安命樂天。時有以爲難者，載持其論不變也。從其學者，皆備弟子之禮，其家昏喪葬祭，率用先王之意，略以今禮行之。

召還，同知太常禮院，議禮於有司，又不合，復以疾請歸，道病卒〔一四〕。其門人欲謚爲明誠，中子以謚議質諸程顥，顥以問司馬光，光以書復顥曰：「子厚平生用心，欲率今世之人復三代之禮者也。《郊特牲》曰：『古者生無爵，死無謚。』爵謂大夫以上也。《檀弓》記禮所由失，以謂士之有誄，自縣賁父始。子厚官比諸侯之大夫，則宜謚矣。然《曾子問》曰：『賤不誄貴，幼不誄長，禮也。』唯天子稱天以誄之，諸侯相誄猶爲非禮，况弟子而誄其師乎？孔子之没，哀公誄之，不聞弟子復爲之謚也。今諸君欲謚子厚，而不合於古禮，非子厚之志。與其以陳文範、陶靖節、王文中子、孟貞曜爲比，其尊之也，曷若以孔子爲比乎？惟伯淳折衷之。」載著《正蒙》一書，行於世。弟戩。

戩字天祺，少孤，質性莊重。舉進士，爲閿鄉簿，知金堂縣。誠心愛人，既去而人思之。熙寧初，以太常博士召爲監察御史裏行。每進對，必陳古道，務引大體，不舉苛細。上疏論王安石變法非是，乞罷條例司及追還提舉常平使者，不報。並劾曾公亮、陳升之、趙抃依違不能捄正。及韓絳代升之領條例司，戩上言：「絳左右徇從安石，與爲死黨，遂參政柄。李定邪諂，自幕官擢臺職。陛下惟安石是信，今輔以絳之詭隨，臺臣又得李定之比，繼繼①其來，芽蘖漸盛，臣豈敢愛死而不言哉？」又言：「吕惠卿刻薄辯給，假經術以文飾姦言，附會安石，惑誤聖聽，不宜勸講君側。」章數十上。最後言：「今大惡未去，橫斂未除，不正之司尚存，無名之使方擾，臣自今更不敢赴臺供職。」又詣中書爭之，聲色甚厲。曾公亮俛首不答，王安石以扇掩面而笑。戩曰：「戩之狂直，宜爲參政所笑，然天下之人笑參政者，亦不少矣。」遂稱疾，家居待罪。出知公安縣，監鳳翔府司竹監。卒，年四十七〔一五〕。

程顥字伯淳，西洛人也。父珦，太中大夫。顥舉進士，爲鄠縣簿，又調上元簿、晉城令。吕公著爲御史中丞，薦爲監察御史裏行。前後進説甚多，大要以正心窒欲、求賢育才爲先。神宗嘗使推擇人材，顥所薦十數人，而以張載與其弟頤②爲首。嘗言人主當防未萌之欲，神宗拱手曰：「當爲卿戒之。」

①繼繼：覆宋本、四庫本及《宋史》卷四二七《張載傳》附《張戩傳》作「繼續」。
②頤：原作「子」，據覆宋本、四庫本及程頤《明道先生行狀》《實録·程宗丞顥傳》改。

時王安石日益信用，顥每進見，必陳君道，以至誠仁愛爲本，未嘗及功利。安石寖行其説，顥意多不合，事出必論列，數月之間，章數十上。尤極論者：輔臣不同心，小臣與大計，公論不行，青苗取息，諸路提舉官多非其人，京東轉運司剥民希寵，興利之臣日進，尚德之風寖衰。凡十餘事，以言不行求去，除京西提點刑獄。復上章請罷，改僉判鎮寧軍，監西京洛①河竹木務，知扶溝縣。坐囹圄因逸鄰邑者，罷監汝州酒税〔一六〕。哲宗立，召爲大宗正丞。未行而卒，年五十二〔一七〕。

始，顥從周敦頤論學，故其言曰：「道之不明，異端害之也。古之害近而易知，今之害深而難辨。昔之惑人也，承其迷暗；今之入人也，因其高明。自謂之窮神知化，而不足以開物成務；名爲無不周遍②，而其實乖於倫理。雖云③窮深極微，而不可以入堯、舜之道。天下之學，非淺陋固滯，則必入於此。自道之不明也，邪誕怪異之説競起，塗生民之耳目，溺天下於污濁，雖高才明智，膠於見聞，醉生夢死，不自覺也。是皆正路之蓁蕪，聖門之蔽塞，闢之而後可以入道。」

神宗嘗問顥曰：「王安石何如人也？」顥曰：「安石博學多聞則有之，守約則未也。」又問：「是聖人否？」顥曰：「《詩》稱周公『公孫碩膚，赤舄几几』，聖人蓋如此。安石剛褊自任，聖人豈然哉？」顥有經濟之術，不幸早死。太師文彦博表其墓曰「明道先生」云。弟頤。

頤字正叔。以經術爲諸儒倡，四方從之遊者甚衆。哲宗即位，司馬光、吕公著上其行義於朝，授汝州團練推

①洛：覆宋本、四庫本作「路」，繆校作「洛」。
②遍：原作「偏」，據覆宋本、四庫本及《實録·程宗丞顥傳》改。
③云：覆宋本、四庫本作「於」。

官、西京國子監教授，頤力辭。又以爲校書郎，召至京師，除崇政殿説書。

頤上疏曰：「帝王之學，大略謂習與智長，化與心成。今士大夫善教其子弟者，亦必延名德端方之士與之處，使薰陶成性。以陛下春秋之富，雖睿聖得於天稟，而輔養之道不可不至。大率一日之中，接賢士大夫之時多，親寺人宫女之時少，則自然德器成就。乞擇賢士入侍勸講，凡左右扶持嬪御内臣，並選四十以上厚重小心者。侈麗之物不接於目，淺俗之言不入於耳，歲月積久，必能養成聖德。」又謂：「經筵，臣僚侍者皆坐，講者獨立，於禮未安。乞令坐講，見主上重道之心。」

頤在經筵，以師道自居，每侍講，色甚莊，繼以諷諫。頤聞哲宗在宫中盥而避蟻，因講罷，請曰：「有是乎？」哲宗曰：「然。誠恐傷之耳。」頤曰：「推此心以及四海，帝王之要道也。」神宗未除喪，冬至，百官表賀[一八]。頤上疏以謂：「節序變遷，時思方切，恐失居喪之禮，無以風化天下。乞改賀爲慰。」故事，盛暑罷講，至中秋復講。頤奏：「朝廷置勸講之官，輔導人主，豈可闊疏如此？今講讀官五員，皆兼要職，獨臣不領他官，近復差修國子監太學條例，是乃無一人專職輔導者。」

一日，頤赴講。會哲宗瘡疹，不坐已累日。頤退詣宰臣，問曰：「上不御殿，知否？」曰：「不知。」頤曰：「上疾而宰相不知，可爲寒心。」翌日，宰相以頤言奏，遂詣問疾。於是左諫議大夫孔文仲言頤，以爲騰口間亂，遂罷職，監西京國子監。父喪，服除，尋以直秘閣判西京國子監[一九]，主管崇福宫。紹聖中，黨論興，頤坐追官、涪州安置。元符末，放還。崇寧初，復判西京國子監，屏居伊闕山。數年卒[二〇]，年七十五。

學者尊之，稱爲「伊川先生」。其門人游酢、謝良佐、吕大臨、楊時，皆著名於世。有《易傳》六卷、文集二十卷，諸經解説未成編者，附於集。

臣稱曰：《中庸》之書，孔氏之心學也。自孟軻死，不得其傳焉。宋興，洪儒間①出，以經術名世者蓋多矣。至二程氏，乃始推原正心誠意之旨，以續千古之絕學，其有功於聖人之道者耶？使學者能探賾索隱，以窺其奥，斯盡善矣；而洒不求其本，而循其末，言性理則蕩而爲浮虚，慕誠敬則流而爲矯僞，聖人心學之妙，豈有是哉？今之學者，欲探程氏之秘而求所謂正心誠意者，當以是而思之。

顔復字長道，先師兖公四十八世孫也。父太初，字醇之，爲東魯名儒。嘗爲國子監直講，出爲臨晉簿，最後掌南京學以卒，年四十餘。

嘉祐中，訪有道之士，京東部使者以復應詔，命爲校書郎、知永康縣〔二一〕，召拜國子監直講。久之，擢太常博士。言士民禮樂不立，請降彝制。又乞詔禮官考正祀典。遷吏部員外郎。孔宗翰乞尊奉孔子祠，復因上五議：一曰專其祠饗，二曰優其田禄，三曰復其廟幹，四曰司其法則，五曰訓其子孫。朝廷多從之。

元祐中，爲起居郎兼侍講，請擇經行之儒補諸縣教官，處士於學，考其志業，不由教官保任，不得與貢舉、升太學。召試中書舍人，兼權國子祭酒。言：「太學諸生有誘進之法，獨教官未嘗旌別，似非嚴師勸士之道。」以天章閣待制充國子祭酒。卒，年五十七〔二二〕。子岐。

龔原字深父〔二三〕，處州遂昌人也。舉進士，調潁州司法參軍。神宗朝，爲國子監直講。哲宗即位，爲國子監丞，遷太常博士。

①洪：繆校作「鴻」；間：原作「門」，據覆宋本、四庫本改。

會議秦悼王之後應襲封者，原曰：「禮立嫡長而襲以嫡，尊正統也。今秦王嫡絶，立庶自合禮。」令議夏至親祀北郊，原曰：「合祭非禮也，願罷合祭。」改徐王府記室，加秘閣校理，出爲兩浙轉運判官。紹聖初，召爲國子司業，遷秘書少監，改起居舍人，權中書舍人，以集賢殿修撰知潤州。

徽宗即位，入爲秘書監兼侍講，遷給事中。初，哲宗崩，大臣引開寶故事，謂上當服齊衰期。原上疏言：「三年之喪，自天子至於庶人，一也。」出知南康軍，改壽州、揚州，召爲工部侍郎，移兵部，除寶文閣待制、知廬州①。陳瓘彈蔡京，原坐與瓘友善，落職，和州居住。起知亳州，命下而卒，年六十七。始，原力學，以經術尊敬王安石，始終不易也。有文集七十卷，《易傳》《春秋解》《論語》《孟子解》各十卷〔二四〕。

游酢字定夫，建州建陽人也。兄醇，與酢俱以文行知名。酢初受業於程顥，顥知扶溝縣，以道學爲己任，酢爲掌②其事，由是問學益進。又事程頤，頤器之。舉進士，爲蕭山尉，除博士，僉判泉州。召爲監察御史，尋知河州〔二五〕，又知濮陽軍〔二六〕，歷舒、濠二州。卒，年七十一〔二七〕。有《中庸義》《易説》《二南義》《語》《孟》新解各一卷〔二八〕，文集一卷。

王當字子思，眉州眉山人也。幼好學，不治章句，博覽古今，所取惟王佐大略。嘗謂：「三公論道經邦，燮理

①廬州：原作「蘆州」，據覆宋本、四庫本及《宋史》卷三五三《龔原傳》改。
②掌：原作「堂」，據覆宋本、四庫本改。

陰陽，鎮①撫四夷，親附百姓，皆出於一道。其言之雖大，其行之甚易。」嘗舉進士不中，退居田野間，嘆曰：「士之居世，苟不見其用，必見其言。」遂著《春秋列國名臣傳》五十卷，人競傳之。

元祐中，蘇轍以賢良方正薦之，廷對，慷慨不避權貴，策入四等，調龍遊尉。蔡京知成都府，舉爲學官，當不就。其後京相，而當不復仕矣。卒，年七十二。

當於經學尤邃《易》與《春秋》，皆爲之傳，得聖人之旨居多。又有《經旨》兩卷、《史論》十二卷、《兵書》十二篇。

陳暘字晉之，福州人也。兄祥道，字用之，元祐中爲太常博士、秘書省正字。其學深於禮，著《禮書》一百五十卷，又有《詩》《書》解傳於學者。暘紹聖中中制舉。徽宗即位，除太學博士，遷正字。祥道既著《禮書》，暘亦著《樂書》，貫穿詳備，遷太常丞、禮部員外郎〔二九〕。

時有用京房二變四清論樂者，暘曰：「五聲十二律，樂之正也。二變四清，樂之蠹也。二變以變宮爲君，四清以黃鍾爲君。事以時作，因②可變也，而君不可變。太簇、太呂、夾鍾，或可分也，而黃鍾不可分。豈古人所謂尊無二上之旨哉？」遷鴻臚太常少卿，擢禮部侍郎，以顯謨閣待制罷，提舉洞霄宮〔三〇〕。卒，年六十八〔三一〕。有《樂書》二十卷、《禮記解義》十卷、《孟子解義》十四卷、《北郊祀典》三十卷。

①鎮：原作「填」，據覆宋本、四庫本改。

②因：繆校及《宋史》卷四三二《陳暘傳》作「固」，是。

【箋證】

〔一〕盱江人：《宋史》卷四三二《李覯傳》作「建昌軍南城人」，是。宋郡縣無盱江建置，因盱水流經南城，故時人每以盱江代指建昌軍（治南城），而稱李覯爲「盱江李氏」「盱江先生」。

〔二〕以海門簿召赴太學説書以卒：據《直講李先生年譜》（《宋人年譜叢刊》第二册），李覯任海門簿、太學説書在嘉祐三年，次年八月卒於家，年五十一。

〔三〕號退居類藁：汪琬《東都事略跋》卷下：「按：歐陽公盛時，諸文士皆出其門，又善范文正。文正最推服泰伯，而歐陽公從無一語及之。《全集》中止有《與李覯賢良》一柬，亦寒暄常語耳，頗不解其故。獨朱仲晦有云：『老蘇父子自《戰國策》來，皆從小處起議論，故歐陽公喜之。李不輭怗，不爲所喜。』理或然也。然予愛泰伯文簡質，猶有唐人遺風。自曾、蘇各闢門徑，而文體始大變矣。竊嘗謂曾、蘇之文非古文，如泰伯《退居類稾》、温公《傳家集》，拙多於巧，樸勝於華，乃古文也。」

〔四〕數舉進士賢良：《宋史》卷四四三《蘇洵傳》作「舉進士，又舉茂材異等」，歐陽修《故霸州文安縣主簿蘇君墓誌銘》（《歐陽文忠公集》卷三四）：「舉進士，再不中。又舉茂材異等，不中。」《事略》言舉賢良，不確。

〔五〕未報而洵卒：《故霸州文安縣主簿蘇君墓誌銘》：「書成，方奏未報，而君以疾卒，實治平三年四月戊申也。」

〔六〕會卒年四十二：王安石《王深父墓誌銘》（《臨川先生文集》卷九三）：「其卒以治平二年七月二十八日，年四十三。」《事略》從《隆平集》卷一五作「年四十二」。

〔七〕王安石曾鞏與爲深交：《宋史》卷四三二《王回傳》不言與王、曾深交，而云：「回在潁川，與處士常秩友善。」考《王深父墓誌銘》言回父「葬潁州之汝陰，故今爲汝陰人」，《長編》卷二二二熙寧四年四月甲戌載「試將作監主簿常秩爲右正言」，注引林希《野史》，亦備載王回與常秩、歐陽修交往事，又言「秩之學本出於回」，而《事略》不載其事。

〔八〕春陵人：《宋史》卷四二七《周敦頤傳》作「道州營道人」。許毓峰《周濂溪年譜》（《宋人年譜叢刊》第三册）：「春陵乃唐興縣，其地與營道爲鄰。考先生先墓在春陵，先生亦嘗自題云『沿牒歸春陵鄉里展墓』（《淡山巖題名》），故知傳著其貫，而《東都事略》則用其先墓所在之古鄉名。」此説不確，蓋唐宋人言春陵多指道州，所謂「道州即古之春陵」（《詁訓柳先生文集》卷四二《贈江華長老》詩注）是也。

〔九〕始以蔭爲將作監主簿：《宋史》本傳作「以舅龍圖閣學士鄭向任，爲分寧主簿」。度正《濂溪先生周元公年表》（《宋人年譜叢刊》第三册）：景祐三年「奏補試將作監主簿」，康定元年「從吏部調洪州分寧縣主簿」。

〔一〇〕後爲通判永州：《宋史》本傳不載通判永州事，而載通判虔州及熙寧初知郴州。朱熹《濂溪先生事實記》（《晦庵先生朱文公文集》卷九八）載「通判虔州事，改永州，權發遣邵州事。熙寧初，用趙清獻公、吕正獻公薦，爲廣南東路轉運判官」，《周元公年表》載自虔移永在嘉祐八年，治平四年秋攝邵州事，熙寧元年擢廣東運判。吕公著薦狀尚稱「虞部員外郎、通判永州軍事周惇頤」（《周元公集》卷六），《宋史》言「熙寧初知郴州」，當誤。

〔一一〕卒年五十七：《濂溪先生事實記》：「時趙公再尹成都，復奏起先生，朝命及門而先生卒矣。熙寧六年六月七日也，年五十有七。」《周元公年表》載其「生於天禧元年，終於熙寧六年」。

〔一二〕年十八：《宋史》卷四二七《張載傳》作「年二十一」。樓鑰《范文正公年譜》（《宋人年譜》第一册）載謁范仲淹於康定元年，並引吕大臨《横渠先生行狀》爲據。清武澄《張子年譜》（清同治間刻《張子全書》本）考證云：「《行狀》云『當康定用兵時，先生年十八，慨然以功名自許，上書謁范文正公』，又云『先生卒於熙寧十年，享年五十有八』，考熙寧十年距康定元年共三十七年，則當康定時先生乃二十一歲，而《行狀》云『年十八』，則不當在康定時；在康定時，則不當云『年十八』，自相矛盾，其失不辯而明。」歸曾祁《横渠先生年譜》（《宋人年譜叢刊》第四册）更博引詳考以證「年十八」之誤，可參看。

〔一三〕崇文檢書：《宋會要輯稿》禮四四之一五、《長編》卷二八一、《宋史》本傳及吕大臨《横渠先生行狀》（《伊洛淵源録》卷六）並作「崇文院校書」。

〔一四〕道病卒：據《長編》卷二八三張載「亟罷歸」在熙寧十年七月乙卯，《横渠先生行狀》云：「是年冬，謁告西歸。十有二月乙亥，行次臨潼，卒於館舍，享年五十有八。」

〔一五〕卒年四十七：呂大臨《張御史行狀》（《伊洛淵源録》卷六）：「以熙寧九年三月朔旦，感疾卒，享年四十有七。」

〔一六〕罷監汝州酒税：《宋史》卷四二七《程顥傳》作「責監汝州鹽税」，程頤《明道先生行狀》（《河南程氏文集》卷一一）、《實録・程宗丞顥傳》（《名臣碑傳琬琰集》下卷一一）並作「監汝州酒税」。

〔一七〕年五十二：《宋史》本傳作「年五十四」。《明道先生行狀》：「未行，以疾終，元豐八年六月十五日也，享年五十有四。」《實録・程宗丞顥傳》作「未行，以疾終，年五十二」，又載「元豐八年五月丁丑，承議郎、新除宗正寺丞程顥卒」，按是年五月癸巳朔，無丁丑日，而六月丁丑爲十五日，可證《行狀》不誤，而《實録》誤「六」爲「五」。《事略》從《實録》作「年五十二」，亦誤。蓋程顥生於明道二年（一〇三三），若顥享年五十二則當生於景祐元年（一〇三四），反後其弟一年生，顯誤。

〔一八〕百官表賀：頤在經筵與蘇軾交惡，爲宋學一大關節，《事略》闕載，今附著於此。《東都事略跋》卷下：「《伊川年譜》注：侍御史呂陶言：明堂降赦，臣寮稱賀訖，兩省欲往奠司馬光。是時程某言：『子於是日哭，則不歌。豈可賀赦了，却往弔喪？』坐客難之曰：『即不言歌則不哭，弔喪於禮無害。』蘇某遂以鄙語戲程某，衆皆大笑。結怨之端，自此始。竊謂哭則不歌，蓋爲餘哀未忘也；歌則不哭，其指安在？以此詮釋聖傳，謬誤良多。伊川失言，宜慚謝坐客之不暇，何怨之有？平心考之，伊川涵養，似不及明道。邇來諸學者，或優伊川而劣明道，非篤論也。陳氏《樂書》謂：『弔日不樂，斯須之喪也；忌日不樂，終身之喪也。』可謂善讀《論語》及《禮記》者矣。」又：「按《東坡集・杭州召還乞郡狀》『臣素疾程頤之姦』云云，子瞻於是失言矣。然吾謂使孔、孟若在，必有所以大服子瞻之心，不當徒用議論相攻擊也。賈易出伊川之門，乃指摘《山光寺》絶句以爲訕謗，欲陷子瞻於惡逆，則近乎險矣。賢者報復，固應爾邪？子瞻之論曰：『君子小人雜居而未決，爲君子計者，莫若深交而無爲。苟不能深交而無爲，則小人倒持其柄，而乘吾隙。』其論非不善也。然而當此之時，諸君子各以其類自分爲黨，日夜忿争詬鬭，以君子攻君子，而不知章惇、蔡京之徒已睥睨其後也。卒之小人復用，而洛、蜀、朔三者皆盡矣，豈不惜哉。」又：「賈易劾子瞻法外刺配顔巽兩男，乞放令自便。按：子瞻在杭，已經上奏自劾，奉旨放罪久矣。易毛舉細過至此。《老學庵筆記》：顔巽者放後，豪猾益甚，以藥塗鹽鈔而用，既毀抹，賂主者浸洗之，藥盡而鈔不傷。佗不法尤衆，有司稍按治，輒曰：『某官乃元祐姦黨蘇某親舊，觀望害我。』公形狀牒，雖監司、郡守得其牒，亦畏縮解縱乃去。然則易之劾子瞻，公邪私邪？左袒奸民，排沮士大夫，亦可嘆也。」

〔一九〕尋以直秘閣判西京國子監：汪琬《東都事略跋》卷下：「《王公繫年録》：三省進呈伊川服除，欲與館職、判檢院。簾中以其不靖，令只與西監。又《道山清話》：哲宗御講筵，手折一柏枝。伊川爲講官，奏曰：『方春萬物發生，不可非時折毀。』哲宗急擲於地，終講不樂。宣仁聞之，嘆曰：『怪鬼壞事。』《元城語録》亦云：『老先生聞之不悦，謂門人曰：「使人主不欲親近儒生，正爲此等人也。」』又《清話》：伊川在講筵，阻召江西僧元某。罷講，即遺書兩省、諫垣，謂豈可坐視不救，於是稱病。太皇夜遣使傳旨云：『皇帝既伏不是，説書且看先朝面。』明日蚤參既出，又明日講畢，上曰：『前日所召僧，已令更不施行。』越數日講次，又陳奏梁武帝事，且請觀《武帝紀》，又欲摭要上之。上曰：『想是如此，卿必不妄言。』云云。據此，則伊川去國，殆屬自取。大人格君心之非，未必爾也。按《范太史家傳》奏救伊川，略謂：『草茅之人，一旦入朝，與人相接，不爲關防。而言者謂頤大姦大邪，貪黷請求，奔走交結。又謂頤欲以故舊傾大臣，以意氣役臺諫，皆非實也。』此奏似最持平。後來朱仲晦専咎子瞻，極口指摘，得毋太褊邪？張端義曰：『君子不黨，如伊川見道之明，未能免焉。』」

〔二〇〕數年卒：《實録·程侍講頤傳》（《名臣碑傳琬琰集》下卷二一）：「大觀元年九月庚子，通直郎程頤卒。」

〔二一〕知永康縣：《宋史》卷三四七《顔復傳》作「知永寧縣」。

〔二二〕卒年五十七：《長編》卷四四二元祐五年五月庚午：「中書舍人顔復爲天章閣待制、國子祭酒，翌日卒。」

〔二三〕字深父：《宋史》卷三五三《龔原傳》作「字深之」。宋人稱「龔深父」「龔深之」者均有之。

〔二四〕易傳春秋解論語孟子解各十卷：《宋史》卷二〇二《藝文志一》載「龔原《續解易義》十七卷，又《易傳》十卷」「《周禮圖》十卷」「《論語解》一部（卷亡）」，卷二〇五《藝文志四》載「龔原《孟子解》十卷」，著録《周禮圖》而無《春秋解》，俟考。

〔二五〕尋知河州：楊時《御史游公墓誌銘》（《楊龜山先生集》卷三五）作「出知和州」，《宋史》卷四二八《游酢傳》云「歷知漢陽軍、和舒濠三州」，游智開《游定夫先生年譜》（《宋人年譜叢刊》第五册）崇寧元年「出知和州」。《事略》「河州」當爲「和州」之誤。

〔二六〕又知濮陽軍：《宋史》本傳作「歷知漢陽軍」，《御史游公墓誌銘》作「知漢陽軍」，《游定夫先生年譜》政和元年「兩乞再任，知漢陽軍」。《事略》「濮陽」當爲「漢陽」之誤。

〔二七〕卒年七十一：《御史游公墓誌銘》：「宣和五年五月乙亥，以疾終於正寢，享年七十有一。」

〔二八〕語孟新解各一卷：《御史游公墓誌銘》作「《論語》《孟子》雜解各一卷」。

〔二九〕禮部員外郎：《宋史》卷四三二《陳暘傳》作「駕部員外郎」，《通鑑長編紀事本末》卷一三二崇寧元年九月己丑「太常丞陳暘爲駕部員外郎、講議司參詳官」。《宋會要輯稿》禮二五之六六載「（崇寧）二年十一月十七日，禮部員外郎陳暘奏」，《宋史》卷一〇〇《禮志三》載「崇寧初，禮部員外郎陳暘言」，卷一二八《樂志三》載「（崇寧）二年九月，禮部員外郎陳暘上所撰《樂書》二百卷」，《皕宋樓藏書志》卷一一經部宋刊本「《三山陳先生樂書》二百卷」條有「敕宣德郎、守尚書禮部員外郎陳暘」之語，則作「禮部員外郎」當爲有據。

〔三〇〕提舉洞霄宫：《宋史》本傳作「提舉醴泉觀」。

〔三一〕卒年六十八：《宋會要輯稿》儀制一一之九載「朝議大夫、顯謨閣待制陳暘，（政和）七年正月贈通議大夫」。

東都事略卷第一百十五

文藝傳九十八

烏虖！文章之難，真難其人哉，抑亦與時而盛衰乎？三代遠矣，漢之賈誼、董仲舒、司馬遷、相如、王褒、劉向、揚雄，皆足以垂世立教，后世爲不可及已。自漢以來，文章沿六代餘習。至唐王、楊、盧、駱、燕、許之流，亦可以名家矣，而文終以不振。獨一韓愈，以六經之文爲諸儒倡，李翺、皇甫湜和之，而文章遂還西京之舊。宋興，聖聖相授，禮樂法度視漢唐爲過之，而文章承五季之餘，亦不過稱王禹偁之獨步，與劉、楊①而已。然絺章繪句，豈足以臻斯文之極摯與？暨歐陽修以高明博大之學興起斯文，大章短篇，與《詩》《書》《春秋》相表裏。自是臨川以王氏爲宗，南豐以曾氏爲重，眉山以蘇氏爲師，而文章之傳，於今爲盛。信乎，與時而盛衰也。於虖！由漢迄今，振斯文於將墜者，唐有韓愈之功，宋得歐陽子之力，夫豈偶然也哉。

趙鄰幾字亞之，鄆州須城②人也。少好學，能屬文，作《禹别九州賦》，凡萬餘言。

①劉楊：覆宋本、四庫本作「楊劉」。
②須城：原作「項城」，據《宋史》卷四三九《趙鄰幾傳》、卷八五《地理志一》改。

周顯德初舉進士，爲校書郎，歷許、宋從事。太平興國初，爲直史館，遷左補闕、知制誥以卒〔一〕。鄰幾爲文，慕徐、庾、王、楊、盧、駱之體，屬對精切。及掌誥命，頗不達體要，常欲進唐武宗以來實録。有《會昌以來日歷》二十六卷、文集三十卷〔二〕、《六帝年略》一卷、《史氏懋官志》五卷，並他書五十餘卷。

韓溥，長安人也，唐宰相休之後。少俊敏，善屬文。舉進士，累歷幕府，召爲監察御史，三遷户部員外郎〔三〕，知華州，同判靈州，轉司門郎中以卒。

溥博學，善持論，詳練臺閣故事，多知唐朝氏族。與人談，娓娓可聽，號爲「近世肉譜」，縉紳頗推之。

鄭文寶字仲賢，始仕南唐，爲校書郎，以文知名。李煜歸朝後，爲廣文館生①。舉進士，爲修武簿，稍遷著作佐郎，知潁州。召拜殿中丞，爲陝西轉運使。

時朝廷討李繼遷，文寶屢自環慶部糧越旱海入靈武，乃言：「羌戎以池鹽與邊民易穀麥，會饋輓趨靈武，爲繼遷所掠，議禁青白鹽，許商人販安邑、解池鹽於陝西，以濟民食。官獲其利，而戎鹽益困，則繼遷可不戰而屈矣。」用其策，而商人販兩池鹽少利，多取他徑出唐、鄧、襄、汝間，邀善價，吏不能禁，關隴民至無鹽以食。太宗知之，悉除其禁。

文寶嘗以金帛誘繼遷酋長嵬囉嵬悉〔四〕，俾圖繼遷，而許②以刺史。嵬囉嵬悉以告繼遷，繼遷上表請罪。太

①生：朱校本同，覆宋本、四庫本作「坐」，誤。
②許：覆宋本作「計」，四庫本作「許」。錢校：「舊鈔本作『許以』，此刊本之誤。」

宗雖怒之，而不罪也。既而文寶復請禁鹽，邊民冒法抵罪者甚衆。太宗怒，貶藍田令〔五〕。

繼遷陷清遠軍，真宗召文寶問以計策，文寶請棄靈州。時方遣王超援靈武，即以文寶爲隨軍轉運使，徙河東。繼遷攻圍麟州，文寶乘傳晨夜赴之，遂解麟州之圍。寇準謂其熟西事，復以爲陝西轉運使，徙河東、京西，官至兵部員外郎。卒，年六十一〔六〕。

文寶好談方略，以功名自任，而術頗疏。然以詩名家，多警句，善篆工琴。有文集二十卷、《談苑》十卷〔七〕、《江表志》三卷。

吴淑字正儀〔八〕，潤州人也〔九〕。幼有俊才，韓熙載、潘佑皆以文章著名江左，一見淑，深加器重，曰：「吴正儀，中林之蘭蕙也。」因問以唐太宗、杜淹論樂異同，淑曰：「志氣未動，則聲能致和；哀樂既形，則樂乃思變。」熙載、佑嘆曰：「足以探禮樂之情矣。」

淑在江南，舉進士擢高第，補丹陽尉。久之，直内史。從李煜歸朝，以近臣薦，召對，充史館，編修《太平御覽》《文苑英華》《太平廣記》〔一〇〕。遷秘閣校理，修起居注，官至職方員外郎。卒，年五十六〔一一〕。有文集二十卷〔一二〕。子遵路。

遵路，少穎異，其舅陳彭年以遠器許之。舉進士，天聖三年，以太常博士爲秘閣校理、同知禮院。時章獻明肅皇后稱制，人無敢議政事得失。遵路條時事上之，忤章獻意，因出知崇州〔一三〕。累遷尚書司封員外郎、開封府推官，加直史館，爲淮南轉運使〔一四〕。知洪州，入修起居注。

元昊反，遵路請復民兵，乃受詔河東料簡民兵。除天章閣待制、知開封府。馭吏嚴肅，諸縣無追逮。以不阿權附貴，出知宣州。上《陝西御戎要略》二十篇，徙爲陝西都轉運使，遷龍圖閣直學士、知永興軍。卒，年五十六〔一五〕。

遵路厚重寡言，篤於風義。居母喪，廬墓側，疏食終制。嘗采古今治亂，著《皇典》數百卷，未訖而終。家無餘貲，友人范仲淹分奉周之。

樂史字子正，撫州宜黄①人也。母夢異人令吞五色珠而生史。史有文辭，初仕江南爲秘書郎，歸朝舉進士，得佐武成軍。史上書言事，擢著作佐郎、知陵州。獻《金明池賦》，召爲三館編修，遷著作郎、直史館。轉太常博士，知許、黄二州〔一六〕，又知商州。史所至不修謹，以賄聞②，遂分司西京。積官至職方員外郎。卒，年七十八〔一七〕。

史嘗編《寰宇記》二百卷，與其他雜編又四百九十餘卷，自爲文百卷。子黄目。

黄目字公禮。舉進士，爲伊闕尉，知壽安縣。上書言邊事，真宗召對，除直史館、知浚儀縣。數上書言事，真宗頗嘉其好古。歷度支、鹽鐵判官，遷太常博士、京西轉運使。父卒，詔起復。使契丹還，爲廣西轉運使，改陝西。

陳堯咨知永興，好以氣陵黄目。黄目求解職，不許。堯咨多縱恣不法，詔黄目察之。堯咨求罷職，徙知鄧

---

①宜黄：原作「宜春」，按《宋史》卷八八《地理志四》宜春屬袁州，撫州有宜黄縣，據《隆平集》卷一四、《宋史》卷三〇六《樂黄目傳》，並參舒仁輝《〈東都事略〉與〈宋史〉比較研究》第二六四頁考證改。

②聞：原作「文」，據覆宋本、四庫本改。

州。入判三司，逾月，拜兵部員外郎、知制誥，遷右諫議大夫、知開封府。仁宗爲皇太子，拜給事中兼左庶子，坐事左遷左諫議大夫、知荆南府。復爲給事中，徙潭州。代還，知審官院，以病改通進銀臺司兼門下封駁事。求外任，得知亳州。卒，年六十五。

黄目性深沉，爲吏以静勝，飾以文雅。有文集五十卷、雜編六十卷〔一八〕。

夏侯嘉正字會之〔一九〕，江陵人也。少有儁才，舉進士，歷官至著作佐郎。嘗使巴陵，作《洞庭賦》，徐鉉見而奇之。太宗知其名，召爲右正言、直史館兼直秘閣。卒，年三十七。

羅處約〔二〇〕，蜀人也〔二一〕。舉進士，爲臨涣①簿，再遷大理評事，知吴縣。王禹偁與爲倡酬，人多傳誦。處約與禹偁召至京師，太宗自定題以試之，以禹偁爲右拾遺，處約爲著作郎，皆直史館。處約有詞采而急於進用。未幾而卒〔二二〕，年三十三。有集十卷，王禹偁爲之序。

李建中字得中，其先京兆人也。幼好學，以文遊京師。王祐延譽於石熙載〔二三〕，熙載厚待之。舉進士甲科，爲岳州録事參軍，遷潭州茶場，歷通判道、郢二州，轉太常博士。言事者多以權利進，建中表陳時政利害，序王霸之略。太宗嘉之，召對便殿。會建中坐公累降監在京榷易②院，蘇易簡與太宗論文士，因及建中，太宗亦素知

①臨涣：覆宋本、四庫本作「臨溪」。
②榷易：朱校本同，覆宋本、四庫本作「權易」，誤。錢校：「舊鈔本作『榷易』」。

之，命直昭文館，改直集賢院，出爲兩浙轉運副使，歷通判河南府，知曹、解、潁、蔡四州。

建中性簡静，風神雅秀，恬於榮利。乞西京留司御史臺，愛洛中風土，遂居之。官至工部郎中，判太常寺。卒，年六十九〔二四〕。

建中善書札，行筆尤工，草、隸、篆、籀、八分俱妙。好古勤學，多藏古器名畫。有集三十卷。

路振字子發，永州祁陽人也。唐相巖之四世孫。巖以貶死嶺外，子孫因避地湖、湘間，遂居焉。振幼穎悟，十歲聽誦《陰符經》，裁百言而止。父使終業，振曰：「百言演道足矣。」父異其對。舉進士，試《卮言日出賦》，獨振知所出，而文亦典贍，太宗嘉之。以爲大理評事、通判邠州，徙徐州。代還，直史館，遷太子中允、知濱州。一日，虜騎至城下，兵少民相恐。衆謂振文士，而戰禦方略非所長也，環聚而泣。振乃親撫之，諭以「虜盛不可與争鋒，吾當堅壁以守」。數日，虜引去。知河中府，徙鄧州，入爲國史編修官。大中祥符初，遷左司諫、知制誥。文詞温麗，深尉①物論。卒，年五十八〔二五〕。

振淳厚無臧否，恂恂如也。作詩有唐人風，有文集二十卷。又嘗采五代九國君臣事作世家、列傳，行於世〔二六〕。

崔遵度字堅白，本江陵人也，後徙淄州〔二七〕。純介好學，舉進士，調和川②簿，擢著作佐郎，遷殿中丞、知忠

①尉：覆宋本、四庫本作「慰」。「尉」爲「慰」之古字。

②和川：覆宋本、四庫本作「和州」，誤。

州。李順攻忠州，遵度領兵背城而戰，賊逾堞以入，遵度不能城守，貶崇陽令。大中祥符初，同修起居注。真宗東封，進博士。祀汾陰，爲左司諫。

遵度掌右史十餘載，立殿墀上，常退匿楹間，慮爲上所見，其恬於勢利如此。善鼓琴，深得琴中趣，嘗著《琴箋》，世以爲知言。仁宗爲壽春郡王，與張士遜並爲王友。仁宗封昇王，爲諮議參軍。仁宗爲皇太子，遷左諭德。卒，年六十七〔二八〕。仁宗以其故宫僚也，特贈工部侍郎。

石延年字曼卿，宋城人也。少以氣自豪，讀書不治章句，獨慕古人奇節偉行非常之功，視世俗屑屑，無足動其意者。自顧不合於時，乃一混以酒，然好劇飲大醉，頹然自放。

嘗舉進士不中，真宗推恩，三舉進士，得奉職，耻不就。張知白素奇之，謂曰：「母老乃擇禄耶？」乃就遷殿直，改太常寺太祝，知金鄉縣，通判乾寧軍。還爲校理，遷太子中允。章獻明肅皇后臨朝，延年上書請還政天子。

自契丹通中國，德明盡有河西，而臣屬遂務休兵，養息天下，然内外弛武三十年矣。延年上書，請爲二邊之備，不報。已而西方用兵，始思其言，召見，稍用其説，籍河北、河東、陝西之民，得鄉兵數十萬。延年奉使籍兵河東，既而聞邊欲以鄉兵扞賊者，笑曰：「此得吾粗也。夫不教之兵，勇怯相①雜，若怯者見敵而動，則勇者亦牽而潰矣。今或不暇教，不若募其敢行者，則人人皆勝兵也。」又嘗請募人使唃厮囉、回鶻，舉兵攻西夏，仁宗亦嘉納之。

延年視世事蔑若不足爲，及聽其施設之方，雖精思深慮，不能過也。其爲文章勁健，稱其意氣。卒於京

①相：原作「侗」，據覆宋本、四庫本及《宋史》卷四四二《石延年傳》、歐陽修《石曼卿墓表》改。

師〔二九〕，年四十八。

延年既知名當世，而飲酒過人。有劉潛者，與延年爲酒敵，常於京師過王氏酒樓，對飲終日，不交一言。王氏以爲異人，奉之甚謹。二人飲噉自若，傲然不顧，至夕相揖而去。明日，喧傳王氏酒樓有二酒仙來飲。久之，乃知劉、石也。

潛爲平陰令，母卒，潛抱母一慟而絶，其妻復撫潛大號而死。時人傷之，曰：「子死於孝，妻死於義，孝義之事，集於一家。」

蘇舜欽字子美，易簡之孫而耆之子也。以父任爲太廟齋郎，復舉進士，稍遷大理寺丞〔三〇〕。爲人倜儻不羈，尤長於古文、歌詩、行草，士大夫收之，以爲墨寶。

舜欽數上書言朝廷之事，范仲淹薦其才，得集賢校理，監進奏院。用故紙祠神會賓客〔三一〕，爲御史所糾，坐除名。時王質守陝，聞之嘆曰：「子美之才如此，士大夫不爲天子惜之，可傷也。」舜欽既廢，居蘇州，買水石作滄浪亭以自適。後二年，得湖州長史以卒，年四十〔三二〕。

初，杜衍愛舜欽之才，以女妻之。衍爲宰相，以直道自任，言者因舜欽以及衍，故衍遂罷政事。歐陽修與舜欽友善，既哀其死，又爲序其文云。兄舜元，字才翁，仕至轉運使，亦知名。

梅堯臣字聖俞，宣城人也。世以詩名，堯臣遂以詩聞天下。始以蔭補齋郎，王晦叔見其文，嘆曰：「二百年無此作矣。」嘉祐元年，翰林學士趙槩等言於朝曰：「梅堯臣經行修明，願得留與國子諸生講論道德，作爲雅頌，以歌詠聖化。」乃得國子監直講，官至都官員外郎。嘗奏其所撰《唐載》二十六卷，多補正舊史闕謬，乃命編修

《唐書》。書成，未奏而卒〔三三〕，年五十九。

堯臣學長於《詩》，爲《小傳》二十卷。有文集四十卷，注《孫子》十三卷〔三四〕。歐陽修論其詩曰：「世謂詩人①少達而多窮，蓋非詩能窮人，殆窮者而後工也。」堯臣以爲知言。

同時有張先子野、刁約景純，皆有文名，而逸其事。

江休復字鄰幾，開封陳留人也。與尹洙、蘇舜欽遊，舉進士，調藍田尉〔三五〕，遷殿中丞。召試，充集賢校理。當慶曆時，小人不便大臣執政者，欲以事去之。舜欽，宰相杜衍壻也，以祠神會飲得罪，一時知名士皆被逐。休復坐落校理，監蔡州商稅。久之，自通判廬州復集賢校理，出知同州，提點陝西路刑獄，累遷刑部郎中，修起居注。卒，年五十六〔三六〕。

休復善著書，嘗作《神告》一篇，言：「皇嗣，國大事也。臣子以爲嫌而難言，或言而不見納，故假神告，冀感悟。」休復爲人，外若簡曠，而内行修飾。其爲文章淳雅，尤長於詩。善隸書，喜琴奕飲酒。與人交，久而益篤云。

章望之字表民，浦城人也。好學有文，用從父得象蔭爲校書郎，監杭州茶庫。逾年，辭疾去。舉賢良，得象在相位，以嫌扼②之，遂不復仕。浮遊江湖，犯艱苦以營衣食，不③自悔。歐陽修、韓絳、吴奎、劉敞、范鎮同薦其才，除僉書建康軍節度判官，不赴。又除知烏程縣，趣令受命，固辭，遂以光禄寺丞致仕。

①人：原脱，據四庫本及歐陽修《梅聖俞墓誌銘》補。
②扼：繆校作「避」。
③「不」上，繆校有「毫」字。

王令字逢原，廣陵人也。生五歲而孤，二十八而卒〔三七〕。王安石誌其墓曰：

烏虖！道之不明邪，豈特教之不至也，士亦有罪焉。烏虖！道之不行邪，豈特化之不至也，士亦有罪焉。蓋無常產而有常心者，古人所謂士也。士誠有常心，以操聖人之說而力行之，則道雖不明乎天下，必明於己；道不行於天下，必行於妻子。內有以明於己，外有以行於妻子，則其言行必不孤立於天下矣。烏虖！以予之昏弱不肖，固亦士之有罪者，而得友焉。始予愛其文章，而得其所以言；中愛其節行，而得其所以行；卒予得其所以言，浩浩乎其將沿而不窮也。得其所以行，超超乎其將追而不至也。烏虖！今棄予而死矣，悲夫！

今有《廣陵集》十卷行於世。

文同字與可，梓州梓潼人也。舉進士，稍遷太常博士、集賢校理，知陵州，又知洋州，最後知湖州。同以文學名，操韻高潔，畫筆尤妙。嘗與崔公度同爲館職。元豐三年，京師傳同一夕沐浴冠帶，正坐而逝〔三八〕。公度聞之，遽起驚曰：「公度昨別與可州南，殊無言。將別，意倏然，云：『明日復來乎？與公畫。』而公度意不在畫也。明日再往，與可復曰：『與公畫。』則左右顧，恐有聽者。公度方悟，與可將有言，而公度謬以『話』爲『畫』也。與可因曰：『吾聞人不妄語者，舌可過鼻。』即吐其舌，三疊之如餅狀，引之至眉間。公度大驚。今傳其死，不妄矣。」

同既死，蘇軾以文哭之曰：「孰能敦德秉義，如與可之和而正乎？孰能養民厚俗，如與可之寬而明乎？孰能爲詩與楚詞，如與可之婉而清乎？孰能齊寵辱得喪，如與可之安而輕乎？」同號石室先生，有《丹淵集》四十卷行於世①。

楊傑字次公，無爲人也。少有名於時，舉進士。元豐中，官太常者連數任，一時禮文之事，傑與討論。嘗奏請四后升祔，以爲：「孝惠賀后、淑德尹后、章懷潘后皆祖宗首納之后，而孝章宋后嘗母儀天下，升祔之禮久而未講，謂宜因慈聖光獻崇配之日，升四后神主祔於祖宗祏室，斷天下之大疑，正宗廟之大法。」由是四后始得升祔。

元祐中，爲禮部員外郎，出知潤州，除兩浙提點刑獄。卒，年七十。傑自號無爲子，有文集十五卷〔三九〕行於世。

郭祥正字功父，當塗人也。其母夢李太白而生祥正。少有詩名，梅堯臣曰：「天才如此，真太白後身也。」王安石亦嘆美其詩。熙寧中，知武岡縣，僉書保信軍節度判官。時王安石用事，祥正奏乞天下大計專聽王安石處畫，有異議者，雖大臣亦當屏黜。神宗問安石曰：「卿識郭祥正乎？其才似可用。」出其章以示安石，安石耻爲小臣所薦，乃言祥正無行不可用。祥正遂致②仕，居於姑孰，不復干進，所居有醉吟庵。久之，起爲通判汀州，後知端州，復棄去。遂家於當塗之青山以卒〔四〇〕。

①行於世：繆校作「爲天下法」。
②致：原作「屏」，據覆宋本、四庫本及《宋史》卷四四四《郭祥正傳》改。

楊蟠字公濟，章安人也〔四二〕。舉進士，爲密、和二州推官。歐陽修稱其詩。蘇軾知杭州，蟠通判州事，與軾倡酬。平生爲詩數千篇，最後知壽州而卒。

【箋證】

〔一〕遷左補闕知制誥以卒：《宋史》卷四三九《趙鄰幾傳》作「（太平興國）四年，……遷左補闕、知制誥，數月卒，年五十九」。

〔二〕文集三十卷：《宋史》本傳作「文集三十四卷」，《新雕皇朝類苑》卷四〇亦作「文集三十四卷」。

〔三〕三遷户部員外郎：「户部」，《宋史》卷四四〇《韓溥傳》作「庫部」。

〔四〕嵬囉嵬悉：《宋史》卷二七七《鄭文寶傳》作「嵬囉嵬悉俄」，而卷四八五《夏國傳上》及《太平治迹統類》卷二並作「嵬囉嵬悉」。

〔五〕貶藍田令：《宋史》本傳作「貶藍山令」，《玉壺清話》卷八作「貶藍山、枝江、長壽三縣令」。疑《事略》「藍田」爲「藍山」之誤。

〔六〕卒年六十一：《宋史》本傳作「（大中祥符）六年卒，年六十一」。

〔七〕談苑十卷：《宋史》本傳作「《談苑》二十卷」。

〔八〕吴俶字正儀：「俶」，《宋史》卷四四一《吴淑傳》作「淑」，《長編》卷二四、《嘉定鎮江志》卷一八、《郡齋讀書志》卷五上、《直齋書録解題》卷一四等均作「淑」，是。《事略》蓋從《隆平集》卷一四《吴遵路傳》作「俶」，《事類備要》續集卷八《翰苑新書》前集卷二七、《輿地紀勝》卷七並同，蓋相沿致誤。《名賢氏族言行類稿》卷七傳從《事略》，而改作「吴俶」，是。

〔九〕潤州人：《宋史》本傳作「潤州丹陽人」，《嘉定鎮江志》卷一八作「丹陽人」，是。

〔一〇〕召對充史館編修太平御覽文苑英華太平廣記：《宋史》本傳作「試學士院，授大理評事，預修《太平御覽》《文苑英華》《太平廣記》」，《事略》「《太平御覽》」前似當補「預修」二字。

〔一一〕卒年五十六：《宋史》本傳作「咸平五年卒，年五十六」。

〔一二〕有文集二十卷：《宋史》本傳作「有集十卷」。

〔一三〕出知崇州：《宋史》卷四二六《吴遵路傳》作「出知常州」。《長編》卷一一三明道二年十月辛亥載遵路「忤太后意，出知崇州」，又云「崇州即通州，遵路，淑子也」。《太平寰宇記》卷一三〇載「通州，皇朝天聖元年改爲崇州，明道二年復故」，則《宋史》本傳「常州」當作「崇州」。

〔一四〕加直史館爲淮南轉運使：《宋史》本傳作「加直史館，爲淮南轉運副使」，《長編》卷一一五景祐元年七月辛丑亦載「淮南轉運副使吴遵路言」，又卷一一九景祐三年八月戊午載「本路轉運使蔣堂坐失察舉降知越州，副使吴遵路知洪州」，則《事略》「淮南轉運使」當作「淮南轉運副使」。

〔一五〕卒年五十六：《長編》卷一四二慶曆三年八月辛酉：「知永興軍、龍圖閣直學士、兵部郎中吴遵路被疾，猶決事不輟，手自作奏，請判西京留司御史臺，優詔不許。及卒，上甚悼之，遣官護喪還京師。」

〔一六〕知許黄二州：《宋史》卷三〇六《樂黄目傳》附《樂史傳》作「知舒州」「知黄州」，又卷六三《五行志》載淳化二年「六月，舒州竹連理，知州樂史以聞」，疑《事略》「許」爲「舒」之誤。

〔一七〕卒年七十八：《歷代名人生卒録》卷四：「樂史，景德四年卒，年七十八。」

〔一八〕雜編六十卷：《宋史》卷三〇六《樂黄目傳》作「又撰《學海搜奇録》四十卷、《聖朝郡國志》二十卷」。

〔一九〕夏侯嘉正：《太宗皇帝實録》卷四五、《長編》卷二九作「夏侯嘉貞」，當係避宋仁宗諱而改作「嘉正」。然《會要》《宋史》等均作「嘉正」，今不復回改。

〔二〇〕羅處約：《宋史》卷四四〇《羅處約傳》作「羅處約字思純」，《事略》漏書其字。

〔二一〕蜀人：《宋史》本傳作「益州華陽人」，是。

〔二二〕未幾而卒：王禹偁《東觀集序》（《小畜集》卷一九）：「不幸以淳化元年十一月臥疾終於家，年三十三。」

〔二三〕王祐延譽於石熙載：《宋史》卷四四一《李建中傳》作「爲王祐所延譽，館於石熙載之第」。王祐，本書及《宋史》多誤刻作「王祐」，參舒仁輝《〈東都事略〉與〈宋史〉比較研究》第二六五頁考證。

〔二四〕卒年六十九：《宋史》本傳：「大中祥符五年冬，命使泗州，……明年卒，年六十九。」

〔二五〕卒年五十八：《宋史》卷四四一《路振傳》：「（大中祥符七年）冬卒，年五十八。」

〔二六〕又嘗采五代九國君臣事作世家列傳行於世：《宋史》本傳作「又嘗采五代末九國君臣行事作世家、列傳，書未成而卒」。按振所撰即《九國志》，《宋史》卷二〇四《藝文志三》著録「路振《九國志》五十一卷」，《直齋書録解題》卷五著録：「《九國志》五十一卷，右正言、知制誥祁陽路振子發撰。九國者，謂吴、唐、二蜀、東南二漢、閩、楚、吴越，各爲世家、列傳，凡四十九卷。末二卷爲北楚，書高季興事，張唐英所補撰也。」可見《事略》《宋史》所載雖無誤，而不及《九國志》之名，其書今存十二卷鈔本。

〔二七〕後徙淄州：《宋史》卷四四一《崔遵度傳》作「後徙淄州之淄川」，是。

〔二八〕卒年六十七：《宋史》本傳作「天禧四年八月卒，年六十七」。

〔二九〕卒於京師：歐陽修《石曼卿墓表》（《歐陽文忠公集》卷二四）：「年四十八，康定二年二月四日，以太子中允、秘閣校理卒於京師。」汪琬《東都事略跋》卷下：「《曼卿墓表》，歐陽公撰，蘇子美書，邵餗篆額。按《湘山野録》，歐陽公屬僧秘演曰：『此文鐫石訖，且未得打。』忽一日於定力院見此刻，問寺僧曰：『何從得之？』僧曰：『五百文買得。』歐怒回，詬演曰：『吾之文反與庸人半千鬻之，何無識之甚！』演滑稽徐語公曰：『學士豈不記作省元時邪？庸人競摹新賦，叫於通衢，云「兩文錢來買歐陽修省元賦」。今一碑五百，價已多矣。』歐解頤。因又語曰：『吾友曼卿，不幸蚤世，固欲得君之文，張其名，與日星相磨。而又窮民售之，頗濟其乏，豈非利乎？』此一事殊可笑，附録於此。蓋曼卿與秘演最善，公作《秘演詩集序》，亦引曼卿云云。」

〔三〇〕稍遷大理寺丞：《宋史》卷四四二《蘇舜欽傳》、歐陽修《湖州長史蘇君墓誌銘》（《歐陽文忠公集》卷三一）並作「遷大理評事」。據蘇舜欽《先公墓誌銘》（《蘇學士文集》卷一四），爲大理寺丞者乃其兄舜元，而舜欽、舜賓均爲光禄主簿，《宋史》及《墓誌銘》並云由光禄寺主簿遷大理評事，則《事略》「寺丞」當爲「評事」之誤。

〔三一〕用故紙祠神會賓客：汪琬《東都事略跋》卷下：「奏邸之獄，蓋欲以傾杜祁公。永叔《誌》所謂『意不在子美』也。按《揮麈録》，李定字仲求，洪州人，晏元獻之甥，文亦奇。欲與此會，而子美以其任子拒之，致興大獄。梅聖俞詩『一客不得食，覆鼎傷衆賓』指此。然則士大夫以飲食言語細故賈禍，其酷如此。又《珊瑚鉤詩話》，子美謂人曰：『食中無饅羅畢夾，坐上安得有國舍。』虞比斯言，蓋即爲李發，絶人已甚，殆亦好名之累也。」

〔三二〕後二年得湖州長史以卒年四十：《湖州長史蘇君墓誌銘》云：「居數年，復得湖州長史。慶曆八年十二月某日，以疾卒於蘇州，享年四十有一。」《事略》同《隆平集》卷六作「後二年，得湖州長史。卒，年四十」，與《墓誌銘》異，蓋誤。《宋史》本傳作「二年，得湖州長史」，不確。

〔三三〕未奏而卒：歐陽修《梅聖俞墓誌銘》（《歐陽文忠公集》卷三三）：「嘉祐五年，京師大疫，四月乙亥，聖俞得疾，……居八日癸未，聖俞卒。」

〔三四〕注孫子十三卷：《宋史》卷四四三《梅堯臣傳》及《梅聖俞墓誌銘》均作「注《孫子》十三篇」。

〔三五〕調藍田尉：《宋史》卷四四三《江休復傳》作「爲桂陽監藍山尉」，歐陽修《江鄰幾墓誌銘》（《歐陽文忠公集》卷三三）作「調藍山尉」。據《宋史》卷八七《地理志三》，藍田屬京兆府，而藍山屬桂陽軍（《宋史》卷八八《地理志四》），《事略》「藍田」當爲「藍山」之誤。

〔三六〕卒年五十六：《江鄰幾墓誌銘》：「君以嘉祐五年四月乙亥，以疾終於京師，……享年五十有六。」

〔三七〕二十八而卒：王安石《王逢原墓誌銘》（《臨川先生文集》卷九七）：「卒之九十三日，嘉祐四年九月丙申，葬於常州武進縣南鄉薛村之原。」

〔三八〕元豐三年京師傳同一夕沐浴冠帶正坐而逝：《宋史》卷四四三《文同傳》：「元豐初，知湖州。明年，至陳州宛丘驛，忽留不行，沐浴衣冠，正坐而卒。」范百禄《新知湖州文公墓誌銘》（《丹淵集》卷首）：「元豐二年正月二十一日，尚書司封員外郎、充秘閣校理、新知湖州文公以疾卒於陳州之賓館，享年六十有二。」《事略》「三年」當爲「二年」之誤。

〔三九〕有文集十五卷：《宋史》卷四四三《楊傑傳》：「有文集二十餘卷，《樂記》五卷。」《直齋書録解題》卷一七著録其「《無爲集》十五卷、《别集》十卷」。

〔四〇〕遂家於當塗之青山以卒：嘉靖《重修太平府志》卷六：「元祐初，仕於朝，覃恩轉承議，階至朝請大夫。復請老而歸，不營一金，惟善蓄美石。家於青山之下，卒年七十有九。」郭祥正《癸酉除夜呈鄰舍劉秀才》（《青山集》卷二〇）詩有「六十明朝是，今年此夜除」之句，由元祐八年癸酉（一〇九三）上推五十九年，祥正當生於景祐二年乙亥（一〇三五），享年七十九，則當卒於政和三年癸巳（一一一三）。

〔四一〕章安人：《咸淳臨安志》卷六〇：「楊蟠《東都事略》傳稱『章安人』，《大宋登科記》貢稱『杭』，然蟠集號『章安』，則傳之稱從其集也。紹興間，錢唐傅牧敍《西湖事實》，稱『鄉人楊蟠作《百詠》詩』，則《登科記》所載，從其鄉也。」《蘇詩補註》卷三三《次韻楊公濟梅花十首》注云：「楊公濟名蟠，時通判杭州，詳見施氏原注。考《東都事略》及《宋史·楊蟠傳》，皆以爲章安人，王氏舊注以爲建州人，惟《登科記》則以爲杭人。」

東都事略卷第一百十六

文藝傳九十九

黄庭堅字魯直，洪州分寧人也。幼警悟，從舅李常見之〔一〕，以爲一日千里。舉進士，爲葉縣尉，又爲大名府國子監教授。

初，蘇軾見庭堅詩於孫覺之坐上，異之。後過李常於濟南，見其詩文，以爲超逸絶塵、獨立萬物之表者，由是名聲始震。知太和縣，又監德安鎮，召爲校書郎，爲神宗實録檢討官、集賢校理。逾年，爲著作郎〔二〕。母喪，服除，除秘書丞，提點明道宫。

紹聖初，議者以實録多誣失實，責涪州别駕、黔州安置。以親嫌移戎州，監鄂州税，僉判寧國軍，知舒州。召爲吏部員外郎，丐郡，得知太平州，提點玉隆觀。初，庭堅嘗作《荆南承天院記》，部使者觀望宰相趙挺之意，以庭堅有幸災之言，坐除名編管宜州①。卒，年六十一〔三〕。

始，庭堅與秦觀、張耒、晁補之皆遊蘇軾之門〔四〕，號「四學士」，而庭堅於文章特長於詩，獨江西君子以庭堅配蘇軾，謂之「蘇黄」云〔五〕。

①宜州：原本及覆宋本、四庫本並作「宣州」。錢校：「舊作『宜州』，此刻本誤。」「元益案：此條及下一條，皆係勞氏補校。」據錢校及《宋史》卷四四四《黄庭堅傳》改。

秦觀字少游，揚州高郵人也。舉進士不中。元祐初，蘇軾以賢良方正薦於朝，除太學博士，校正秘書省書籍。遷正字，兼國史院編修官。紹聖初，坐黨籍，通判杭州。以御史劉拯論其增損實録，責監處州酒税，又編置郴州，移橫、雷二州。後放還，至藤州①而卒，年五十三[六]。有文集四十卷。觀長於議論，文麗而思深。蘇軾嘗以其詩薦之於王安石，安石答軾書云：「公奇秦君，口之而不置；我得其詩，手之而不釋。餘卷正旺眩，未暇細讀，嘗鼎一臠，旨可知也。」及觀死，軾聞之，嘆曰：「少游不幸死於道路，哀哉，哀哉！世豈復有斯人乎？」弟覿，字少章，亦能文。

又有李廌者，字方叔，陽翟人也[七]。博學，溢於詞章，受知於蘇軾。軾知貢舉，有程文瑰異，軾曰：「此必廌也。」既而乃非是，悵然久之。廌竟無成而卒[八]，然文益奇。

張耒字文潛，楚州淮陰人也。幼穎異，能爲文，從蘇轍學，轍見其文，愛之。舉進士，爲臨淮簿、壽安尉、咸平丞。蘇軾亦深知之，稱其文爲汪洋澹泊，有一倡三嘆之聲云。召爲太學録。元祐初，爲正字，遷著作佐郎，改著作郎，兼史院檢討。在館八年，顧義自守，泊如也。擢起居舍人，請郡，以直龍圖閣知潤州，徙宣州，責監黄州酒税，徙復州。起爲通判黄州，移知兗州，召爲太常少卿。甫數月，復以直龍圖閣知潁州，又徙汝州。復坐元祐黨落職，主管明道宮。

①藤州：原作「滕州」，據繆校及《宋史》卷四四四《秦觀傳》改。

初，末在潁聞蘇軾之訃，以師弟子禮舉喪，言者以爲言，遂貶房州别駕、黄州安置。五年，得自便，居陳州，尋主管崇福宫。卒，年六十〔九〕。

時又有李昭玘者，字成季，濟北人也。有文名，亦爲蘇軾所知。元祐中，爲起居舍人。後陷黨籍，廢黜終身云。

晁補之字无咎，宗慤之曾孫也。七歲能屬文，王安國一見而奇之。蘇軾通判杭州，延譽如不及。舉進士，爲澶州司户參軍。召試，爲秘閣校理，通判揚州。召還，爲著作佐郎，遷著作郎，出知齊州。紹聖初，責監蘄、信二州酒税。復爲著作郎，遷吏部郎中兼國史院編修官。出知河中府，嘗知湖、密、果三州，最後知泗州。卒，年五十八〔一〇〕。有《雞肋集》一百卷。

詠之字之道，補之從弟也。少有異材，以蔭入官，爲揚州司法參軍，未上。時蘇軾知揚州，補之倅州事，以詠之詩文獻軾，軾曰：「有才如此，獨不令一識面耶？」久之，詠之具參軍禮入謁。軾下堂挽而上之，顧謂坐客曰：「此奇才也。」

復舉進士，又舉宏詞，一時傳誦其文。爲河中府教授。元符末，應詔上書，罷官，自是詠之蹇於仕矣。久之，爲京兆府司録事，秩滿，除提舉崇福宫。卒，年五十二。有文集五十卷，其堂兄説之爲之序。

陳師道字無己〔一一〕，徐州彭城人也。少刻苦問學，以文謁曾鞏，鞏奇之。元祐中，蘇軾、傅堯俞、孫覺薦於朝，爲徐州教授，除太學博士。

初，師道在官，嘗私至南京謁蘇軾〔一二〕，至是言者彈其冒法越境，出爲潁州教授。紹聖初，言者復論師道進非科第，罷歸。久之，爲棣州教授，除秘書省正字以卒〔一三〕。

師道家素貧，自罷歸彭城，或累日不炊，妻子慍見不恤也。諸經皆有訓傳，於《詩》《禮》尤邃。爲文師曾鞏，爲詩宗黄庭堅〔一四〕，然平淡雅奥，自成一家云。

廖正一字明略，安州人也〔一五〕。元祐中，蘇軾在翰苑，試館職之士，得正一對策，奇之。除秘書省正字。軾門人黄、秦、張、晁，世謂之「四學士」，每過軾，軾必取密雲龍瀹以飲之。正一詣軾謝，軾亦取密雲龍以待正一，由是正一之名亞於四人者。紹聖初，入黨籍，貶監玉山税以卒。有文集十卷。

李之儀字端叔，姑孰①人也〔一六〕。少力學，舉進士。元祐中，爲樞密院編修官。能詩，善屬文，工於尺牘。蘇軾嘗謂得發遺三昧。軾帥定武，辟置幕下。及范純仁卒，之儀爲作《遺表》〔一七〕，爲世傳誦。遂坐黨籍，廢黜終身云。

李格非字文叔，濟南人也。舉進士，以文章受知於蘇軾。嘗爲太學官，著《洛陽名園記》，因以論洛陽之盛衰。其文曰：

①姑孰：覆宋本、四庫本作「姑熟」。

洛陽處天地之中，挾殽黽之阻，當秦、隴之襟喉，而①趙、魏之走集，蓋四方必争之地。天下常無事則已，有事則洛陽先受兵。余故曰：洛陽之盛衰者，天下治亂之候也。

方唐貞觀、開元之間，公卿貴戚開館列第於東都者，號千有餘所。及其亂離，繼以五季之酷，其池塘竹樹，兵車蹂踐，廢而爲丘墟；高亭大樹，煙火焚燎，化而爲灰燼。與唐共滅而俱亡者，無餘家矣。余故曰：園囿之興廢者，洛陽盛衰之候也。

且天下之治亂，候於洛陽之盛衰而知；洛陽之盛衰，候於園囿之興廢而得。則《名園記》之作，余豈徒然哉？烏虖！公卿大夫高②進於朝，放乎以③一己之私自爲，而忘天下之治忽，欲退享此，得乎？唐之末路是也。

其後洛陽陷於虜，人以爲知言。格非後爲京東提點刑獄以卒〔一八〕。

李公麟字伯時，舒城人也〔一九〕。舉進士，用陸佃薦爲删定官，又用御史薦爲檢法官。公麟博學好古，多識奇字。紹聖五年，朝廷得玉璽，下禮官諸儒議，言人人殊。公麟以謂：「秦璽用藍田玉，今玉色正青，其書以龍蛇鳥魚爲文，著帝王受命之符，真秦李斯所爲也。」議由是定。公麟能行草書，善畫，尤工人物，人以比顧、陸云〔二〇〕。元符三年，病痺，遂致仕。既歸老，肆意於泉石間，作《龍眠山莊圖》，爲世所寶藏。其爲文清婉，工於詩，而一時多所稱譽焉。

①而：朱校本同，覆宋本、四庫本作「面」。
②高：《洛陽名園記》、《邵氏聞見後録》卷二五、《皇朝文鑑》卷一三一均作「方」。
③以：繆校作「逞」。

米芾字元章，吴人也。幼穎悟，稍長，通書。爲文務爲奇險，不蹈襲前人軌轍。善書畫，好古鍾鼎、器皿、法書。

初，宣仁聖烈皇后在藩時，芾母出入邸中，後以舊恩補校書郎。嘗爲太常博士，出知無爲軍。逾年，復召爲書畫博士，擢禮部員外郎。大觀二年，以言者罷知淮陽軍。疽發卒，年四十九〔二〕。子友仁。

賀鑄字方回，開封人也〔二二〕。孝惠皇后之族孫。授右班殿直。元祐中，用武易文，爲通判泗州，又倅太平州以卒〔二三〕。

鑄好學，藏書萬卷。工文詞，尤長於樂府。有《慶湖遺老集》二十卷。

劉涇字巨濟，簡州陽安人也。舉進士，王安石薦其才，召見，除經義所檢討。久之，爲太學博士，罷知咸陽縣、常州教授，通判莫州、成都府，除國子監丞，知處、號①、真、坊四州。元符末，上書，召對，除職方郎中。卒，年五十八。

涇爲文務爲奇怪語，好進取，多爲人排斥，屢躓不伸云。

同時有鄭少微者，與涇俱以文知名，而仕不偶。少微，字明舉，成都人也。

①號：原作「號」，據覆宋本、四庫本及《宋史》卷四四三《劉涇傳》改。

蔡肇字天啓，丹陽人也。始師事王安石，長於歌詩。中進士，爲明州户掾，除太學正，通判常州。召爲衛尉寺丞，提舉永興路常平。徽宗即位，入爲吏部員外郎兼編修國史。言事者論其學術反覆，出爲兩浙路刑獄。久之，召爲禮部員外郎，遷起居郎，拜中書舍人。書命不稱上意，以顯謨閣待制知明州，尋落職，復待制致仕，卒。有文集三十卷。

周邦彦字美成，錢塘人也。性落魄不羈，涉獵書史。元豐中，獻《汴都賦》，神宗異之，自諸生命爲太學正。紹聖中，除秘書省正字。徽宗即位，爲校書郎，遷考功員外郎、衛尉宗正少卿，又遷衛尉卿，出知隆德府，徙明州。召爲秘書監，擢徽猷閣待制，提舉大晟府。未幾，知真定，改順昌府，提舉洞霄宫。卒，年六十六〔二四〕。邦彦能文章，世特傳其詞調云〔二五〕。

唐庚字子西，眉州丹稜人也。善屬文，舉進士，稍用爲宗子博士。張商英薦其才，除提舉京畿常平。商英罷相，庚亦坐貶，安置惠州。會赦，復官提舉上清太平宫。歸蜀，道病卒，年五十一〔二六〕。庚爲文精密〔二七〕，通於世務，作《名治》《察言》《閔俗》《存舊》等篇，學者稱之。有文集二十卷。子文若。

鮑由字欽止〔二八〕，處州龍泉人也。舉進士。少從王安石學，又嘗親炙蘇軾，故其文汪洋閎肆，而詩尤高妙。徽宗召對，除工部員外郎。居無何，不合去，責監泗州轉般倉，歷河東、福建路常平，廣西、淮南轉運判官。復召爲郎，以言者罷，提點元封觀。起知明州，又知海州，復奉祠而卒，年五十六。嘗注杜詩，有文集五十卷。

倪濤字巨濟，廣德軍人也。博學能文，有操履。舉進士，擢太常博士，遷校書郎、著作佐郎。賜對，除司勳員外郎，遷左司員外郎。朝廷議有事燕雲，大臣爭先決策，爲固位計，濤獨曰：「景德以來，虜守約不敢犯邊，盟誓固在，不可渝也。天下久平，士不習戰，軍儲又屈，毋輕議以貽後患。」宰相怒曰：「左司敢沮軍事耶？」罷監朝城縣酒税，再謫茶陵造舡場。卒，年三十九〔二九〕。有詩文，號《雲陵集》〔三〇〕。

蘇元老字在廷〔三一〕，軾從孫也。幼孤力學，善屬文。軾謫居海上，數以書往來，軾喜①其爲學有功。其季叔祖轍頗愛奬之。黄庭堅亦見而奇之，曰：「此蘇氏之秀也。」舉進士，調廣都簿，徙漢州教授，除西京國子博士，通判彭州。

政和間，宰相喜開邊西南，帥臣多招誘近界諸夷納土，分置郡縣以爲功，致茂州蠻叛。帥司遽下令招降，元老嘆曰：「威不足以服，則恩不足以懷。」乃移書成都帥周燾言：「令②夔、陝兵大集，先以夔兵誘其前，陝兵從其後，不十日，賊必破。彼降而我受焉，則威懷之道得。今不討賊，既招而還，必復叛，不免重用兵乃定。」燾不從，以此得罪。朝廷再命帥，決策討賊，勢蹙乃降，邊事以寧，如元老策。

除國子博士，歷秘書省正字、將作少監、比部考功員外郎、軍器監、司農、衛尉、太常少卿。言者謂元老蘇軾從孫，且曰：「元祐邪説，不宜位朝廷。」罷爲提點明道宮。元老嘆曰：「昔顔子附驥尾而名顯，元老以家世學術坐累，豈不榮哉〔三二〕！」未幾而卒〔三三〕，年四十七。

①喜：覆宋本、四庫本改原作「善」。
②令：覆宋本、四庫本作「今」。

元老外和柔，中實勁厲。中官梁師成欲見之，先使人求其文，元老弗與，士君子稱之。有詩文行於世〔三四〕。

【箋證】

〔一〕從舅李常見之：《宋史》卷四四四《黄庭堅傳》作「舅李常過其家」。考《山谷集》每稱「公擇舅」「公擇舅氏」，又云「庭堅年十七，從舅氏李公擇學於淮南」（《山谷外集》卷八《黄氏二室墓誌銘》），可知李常公擇爲庭堅母舅，庭堅少從其學。《事略》稱「從舅」，「從」字當爲衍文。

〔二〕逾年爲著作郎：《宋史》本傳作「逾年，遷著作佐郎，加集賢校理」。據《山谷年譜》卷一九（《宋人年譜叢刊》第五册）載，庭堅元祐元年十月丙戌「除神宗實録院檢討官、集賢校理」，二年正月「除著作佐郎」，三年五月「詔新除著作郎黄庭堅依舊著作佐郎」。可見庭堅「逾年」（元祐二年）所除實爲著作佐郎，《事略》「著作郎」當作「著作佐郎」。

〔三〕庭堅與秦觀張耒晁補之皆遊蘇軾之門：汪琬《東都事略跋》卷中：「東坡《答舒焕書》：『歐陽公，天人也，恐未易過。天之生斯人，意其甚難，非且使之休息千百年，恐未能復生斯人也。』又秦少游《答傅彬老柬》：『蘇氏之道，最深於性命自得之際，其次則器足以在重，識足以致遠，議論文章乃其與世周旋至麤者。』黄山谷亦云：『士之不遊蘇氏之門，與嘗升其堂而畔之者，非愚則傲也。』蓋當時推重兩公如此。近世文士，僅解握管，便謂能學歐、蘇，且有從而指摘之者，亦多見其不知量矣。」

〔四〕卒年六十一：《山谷年譜》卷三〇：「（崇寧四年乙酉）九月三十日，先生卒。」又卷一：「慶曆五年乙酉，先生是歲癸未月丙寅日壬辰時生於分寧縣修水故居。」《宋史》本傳云「三年，徙永州，未聞命而卒」，言其卒年不確。

〔五〕至藤州而卒年五十三：《宋史》卷四四四《秦觀傳》亦作「年五十三」。《淮海先生年譜》（《宋人年譜叢刊》第五册）：「元符三年庚辰，先生年五十二。……先生遂以七月啓行而歸，逾月至藤州，尚無恙。因醉臥光化亭，忽索水飲，家人以一盂注水進，先生笑視之而卒。實八月十二日也。」《事略》《宋史》並謂卒年五十三，與《淮海先生年譜》異，俟考。

〔六〕謂之蘇黄：汪琬《東都事略跋》卷下：「黄不及蘇遠甚，《傳》末言『獨江西君子以配蘇，謂之蘇黄』，蓋微辭也。按《聞見録》，魯直晚年縣東坡像於室中，蚤作衣冠，薦香肅揖甚敬。或以聲名相上下爲問，則離席驚避曰：『庭堅望東坡，門弟子耳。』其推重東坡如此。然又考魯直除起居舍人，子由不悦。會後省封還辭頭，命遂格不行。或言魯直後自欲名家，以此相失。周竹坡曰：『紫薇舍人立《江西宗派圖》，而雲門、臨濟分矣。』」又：「劉後邨云：『李翺、張籍、皇甫湜皆韓門弟子，翺妻又會女，故退之皆名呼之。然翺《祭退之文》，乃稱爲兄。師弟子姑未論，兄妻之諸父，可乎？籍祭文云：「而後之學者，或號爲韓張。」有抗衡之意。湜作墓碑云：公疾，諭湜曰：「死能令我躬不隨世磨滅者，惟子以爲屬。」退之乃賴湜而傳邪？近世推黄配蘇，亦類此。』劉説與愚意最合。」

〔七〕陽翟人：《宋史》卷四四四《李廌傳》作「其先自鄆徙華」，《直齋書録解題》卷一七：「《濟南集》二十卷，鄉貢進士華山李廌方叔撰。」周紫芝《書月巖集後》（《太倉稊米集》卷六六）云：「《月巖集》，太華逸民之所作，而太華逸民則李廌方叔之自號也。」檢《濟南集》，或題「陽翟李廌」，或題「贊皇李廌」，蓋華州乃其籍貫，贊皇乃李氏郡望，陽翟則爲寄居地。《墨莊漫録》卷四載：「崔鶠德符、陳恬叔陽皆戊戌生，田晝承君、李豸方叔皆己亥生，並居潁昌陽翟，時號戊己四先生，以爲許黨之魁也。」故葉夢得《石林詩話》及任淵《山谷内集詩注》卷九《次韻子瞻送李廌》注皆稱其爲「陽翟人」。

〔八〕廌竟無成而卒：《宋史》本傳載其「卒年五十一」，《墨莊漫録》卷四謂其「己亥生」，則李廌當生於嘉祐四年己亥（一〇五九），卒於大觀三年己丑（一一〇九）。

〔九〕卒年六十：《宋史》卷四四四《張耒傳》作「卒年六十一」。據《張文潛先生年譜》（《宋人年譜叢刊》第五册），張耒生於至和元年甲午（一〇五四），卒於政和四年甲午，從《宋史》作「六十一歲」。

〔一〇〕卒年五十八：張耒《晁无咎墓誌銘》（《柯山集》卷一二）：「大觀四年，由近制詣部，授知達州，未行，擢知泗州。到官無幾何，以疾卒，年五十八。」

〔一一〕字無己：《宋史》卷四四四《陳師道傳》作「字履常，一字無己」。

〔一二〕嘗私至南京謁蘇軾：汪琬《東都事略跋》卷下：「《石林燕語》：蘇子瞻稱師道詩，有云：『凡詩須做到衆人不愛可惡處方工。』噫，不愛可爾，何至以爲可惡？此子瞻有激之言也。後來陸務觀最喜此語，嘗作七律，有云：『客從謝事歸時散，詩到無人受處工。』又云：『身遊與世相忘地，詩到令人不愛時。』豈有意用之邪，抑偶合也？」

〔一三〕除秘書省正字以卒：《宋史》本傳：「卒，年四十九。」魏衍《後山集記》（《全宋文》卷二八七四）：「歿於建中靖國元年十二月之二十九日，年四十九。」

〔一四〕爲文師曾鞏爲詩宗黄庭堅：汪琬《東都事略跋》卷下：「後山學文於南豐，學詩於山谷。有詩云：『向來一瓣香，敬爲曾南豐。』顧獨不以師道事魯直，何也？及考《後山詩話》言：『黄詩韓文，有意故有工，老杜則無工矣。』又言：『詩欲其好，則不能好。介甫以工，子瞻以新，魯直以奇，而子美之詩，奇常工，易新陳，無不好也。』又言：『魯直過於出奇，不如杜之遇物而奇也。三江五湖，平漫千里，因風石而奇耳。』似此凡數段，得毋猶未滿魯直詩邪？」

〔一五〕安州人：《山谷内集詩注》卷一八《次韻廖明略同吴明府白雲亭宴集》注作「安陸人」，陳師道《潁師字序》（《後山居士文集》卷一六）稱「安陸廖正一字之」。

〔一六〕姑孰人：按之儀兄之純《宋史》卷三四四有傳，作「滄州無棣人」，又附《之儀傳》稱「坐爲范純仁《遺表》，作《行狀》，編管太平，遂居姑熟。久之，徙唐州」，則其本貫爲滄州無棣，而姑熟爲徙居地，非原籍也。

〔一七〕之儀爲作遺表：汪琬《東都事略跋》卷下：「《聞見録》：范忠宣口占遺表，凡八事，命之儀次第之。蔡京用事，小人附會，言公之子正平撰造。中使至永州傳宣聖語，以爲《遺表》非公意也。正平與之儀皆下御史獄，捶楚甚苦。二人欲誣服，獨傳宣中使不服，曰：『舊制，凡傳宣聖語，受本於御前，請實印出，注籍於内東門，遣使受聖語籍。』已而驗之，皆如所言。又下潁昌府取正平所繳納《遺表》，八事皆實，獄遂解。正平猶羈管象州，之儀羈管太平州。此《傳》言『坐黨籍廢黜』，非也。又，之儀，趙郡人，《揮麈後録》言『赦後復官，因卜居當塗，與郭功父相輕』云云。《傳》言『姑熟人』者，亦非。」

〔一八〕格非後爲京東提點刑獄以卒：《宋史》卷三四四《李格非傳》：「提點京東刑獄，以黨籍罷。卒，年六十一。」

〔一九〕舒城人：《宋史》卷四四四《李公麟傳》作「舒州人」。翟耆年《籀史》及《宣和畫譜》卷七並作「舒城人」，周必大《題鞠城銘》（《文忠集》卷四九）稱其與堂弟李棨爲「南唐李先主昇四世孫，並登科，隱舒城龍眠山」，與里人李冲元並號「龍眠三友」。公麟自號龍眠居士，作「舒城人」是。

〔二〇〕善畫尤工人物人以比顧陸云：汪琬《東都事略跋》卷下：「公麟僅以畫知名，似不應入《文藝傳》。按《聞見後録》，晁以道言東坡盛時，公麟至，爲畫家廟像。後東坡南遷，公麟在京師，遇蘇氏兩院子弟於途，以扇障面不一揖，故以道鄙之，盡棄平日所有公麟畫於人。然則公麟乃小了纖人，不足取也。」又：「《避暑録話》：宣和間，伯時畫幾與吴生等，有持其一二紙取美官者。而伯時無恙時，但諸名士鑒賞，得好詩數十篇耳。又《畫譜》：伯時嘗嘆曰：『吾爲畫，如騷人賦詩，吟咏情性而已。奈何世人不察，徒欲供玩好邪？』蓋古人用意如此。近世藝術者流，不過以書畫乞食，其距古人甚遠，而往往高自標置，可謂廉耻道喪矣。」

〔二一〕疽發卒年四十九：蔡肇《故南宫舍人米公墓誌》（《全宋文》卷二五三〇）：「以某年月日卒於都廨，享年五十有七。」米芾《跋謝安石帖》（《寶晉英光集》卷七）云「余年辛卯」「於辛卯月辛丑日余生」，清翁方綱編《米海嶽年譜》載其大觀元年「卒於淮陽軍廨」，自皇祐三年辛卯（一〇五一）至大觀元年丁亥（一一〇七）得年五十七，《事略》《宋史》本傳作「年四十九」，蓋誤。

〔二二〕開封人：《宋史》卷四四三《賀鑄傳》作「衛州人」，《咸淳毗陵志》卷一八作「開封人」。程俱《宋故朝奉郎賀公墓誌銘》（《慶湖遺老詩集》附録）：「其先吴公子慶忌避公子光亂，奔衛。妻子散走越，越人與之湖澤之田，表其族曰慶氏。漢避安帝諱，改氏賀。至唐，有爲陽穀令名知止者，於方回爲十五代祖。其後北徙，終止開封。」蓋衛爲郡望，而開封爲祖籍。《中吴紀聞》卷三又謂其「本山陰人，徙姑蘇之醋坊橋」。

〔二三〕又倅太平州以卒：《宋故朝奉郎賀公墓誌銘》：「年七十四，以宣和七年二月甲寅卒於常州之僧舍。」

〔二四〕卒年六十六：陳思《清真居士年譜》（《宋人年譜叢刊》第五册）載其卒於「宣和五年癸卯，六十六歲」。

〔二五〕世特傳其詞調：汪琬《東都事略跋》卷下：「宣和間，美成輩制樂章，有曰《側犯》《尾犯》《花犯》《玲瓏四犯》，張端義以爲犯者侵犯之象，此二帝北狩讖也。又云『李師師家有二邦彦，一即美成，一李士美，皆爲道君狎客，士美因而爲宰相』云云。又《幼老春秋》：士美每以鄙俚之句，綴成小辭，喧傳里巷。嘗自言：『賞盡天下華，踢盡天下毬，做盡天下官。』而都人亦呼爲浪子宰相。嗟乎！國事方急，而欲仗此等人物以求康濟，亦無以異於兒戲矣。閭娵子奢，莫之媒也；嫫母刁父，是之喜也。以盲爲明，以聾爲聰，以危爲安，以吉爲兇，其黴、欽之謂也？」

〔二六〕道病卒年五十一：馬德富《唐庚年譜》（《宋人年譜叢刊》第五册）考其生於熙寧四年，卒於宣和二年，卒年五十。然據唐庚《亡兄墓銘》（《唐先生文集》卷六）云：「吾少兄十有五年，年二十五即去爲吏四方。」其兄瞻生於至和二年（一〇五五），庚「少兄十有五年」，則當生於熙寧三年（一〇七〇），卒於宣和二年（一一二〇），實享年五十一，《事略》《宋史》本傳不誤。

〔二七〕庚爲文精密：汪琬《東都事略跋》卷下：「子西父病篤，母史氏祈以身代，已而母死父生，見周益公《平園集》。此事甚奇，宜附入此《傳》。按：子西屬文，本宗蘇氏，不幸受知於張天覺，竟爲所累。劉後邨有詩云：『無盡頗從横，晚方攻蔡京。猶稱賢宰相，應爲客先生。』蓋解嘲之言也。」

〔二八〕鮑由字欽止：《宋史》卷四四三《鮑由傳》校勘記云「由實名慎由」。汪藻《鮑吏部集序》（《浮溪集》卷一七）云「欽止諱慎由，欽止其字也」，蓋南宋人避孝宗諱而省稱「鮑由」。

〔二九〕卒年三十九：《宋史》卷四四四《倪濤傳》：「卒，年三十九。死之明年，金人犯闕，朝廷憶其言，官其一子。」

〔三〇〕號雲陵集：《宋史》本傳：「有《雲陽集》傳於世。」嘉靖《廣德州志》卷八載「所著有《雲陵集》二十餘卷」。

〔三一〕字在廷：《宋史》卷三三九《蘇轍傳》附《元老傳》作「字子廷」。宋人文集、筆記多稱「蘇在廷元老」，《永樂大典》卷二四〇一引《宋史》列傳亦作「字在廷」，《宋史》本傳蓋誤作「子廷」。參舒仁輝《〈東都事略〉與〈宋史〉比較研究》第二六七頁考證。

〔三二〕豈不榮哉：汪琬《東都事略跋》卷下：「《傳》中元老罷爲宫祠，嘆曰：『吾以家世學術坐累，豈不榮哉？』語雖怨望，似猶有忻幸意。及考《揮麈録》，謝表有云：『念昔黨人，偶同高祖。』以此士大夫少之，與《傳》異。」

〔三三〕未幾而卒：《宋會要輯稿》職官六九之一四載：「（宣和六年二月）二十八日，太常少卿蘇元老、秘書少監洪炎並罷，與外任宫祠。以言者論元老乃軾之從孫，炎乃黄庭堅之甥也。」

〔三四〕有詩文行於世：《宋史》卷二〇八《藝文志七》著録「《蘇元老文集》三十二卷」。《宋會要輯稿》崇儒四之二九載「眉州進士蘇藻獻《蘇元老文集》二十五册」，《直齋書録解題》卷一七著録「《九峰集》四十卷，太常少卿眉山蘇元老在廷撰」。

東都事略卷第一百十七

卓行傳一百

士之所貴於天下者，以有君子之行焉。陳烈以學業教其鄉，朱壽昌以孝感致其母，劉庭式以雍睦宜其妻，鄭俠以敢言事其君，巢谷以誠信行其義，徐積以篤實蓄其德，卓絶之行，足以表儀一世。烏虖！斯可謂之士矣。

陳烈字季慈，福州候官①人也。性介特，篤於孝友。年十四，繼失怙恃，水漿不入口者五日。自壯迨老，享奉如事生禮，寢興晦朔未嘗輟。甫冠，力學不羣，平居端嚴，終日不言，雖御僮僕，如對大賓。里有冠昏喪祭，請而後行。從學者數百人。父兄有善訓其子弟者，必舉烈言行以規之。嘗與鄉薦，黜於禮部，不復踐場屋。或勉之仕，則曰：「伊尹守道，成湯三聘以幣；吕望持誠，文王載之俱歸。今天子仁聖好賢，有湯、文之心，豈無有先覺如伊、吕者乎？」仁宗屢詔不起，或問其故，則曰：「吾學未成。」自公卿大臣至鄉老里民，交章論薦，志不少易。

嘉祐中，以近臣薦授州學教授，烈方辭避，而福建提點刑獄王陶奏：「烈以妻林氏疾病瘦醜，遣歸其家，十年

①候官：覆宋本、四庫本作「侯官」。

不視。烈，貪詐人也。已行之命，願賜削奪。」諫官司馬光言：「臣素不識烈，不知其人果如何。惟見國家常患士人不修名檢，故舉烈以獎厲風俗。若烈平生操守出於誠實，雖有迂闊之行，不合於中道，猶爲守節之士，亦當保而全之。願委公正官吏，通儒術，識大體者覆實。若止於夫婦不相安諧，則使之離絶①，而湔洗其過，庶復伸眉於後。若實敗亂名教，則嚴賜刑誅，並治舉者之罪，以明至公。」雖不行，然世頗以矯僞譏之〔一〕。

明年，歐陽修復薦其行，除國子監直講。久之，致仕。復起爲郡教授。烈不受廪禄，弊②衣糲食，裕如也。卒，年七十六。

朱壽昌字康叔，揚州天長人也。父巽，真宗時爲工部侍郎。壽昌以蔭爲將作監簿，嘗知招信縣，通判劍、陝二州，又倅荆南，知閬州、廣德軍，通判河中府。

壽昌生七歲，父守長安，出其母劉氏嫁民間〔二〕，母子不相知者五十年。壽昌既仕，而念母之不見也，行四方求之不已。飲食罕御酒肉，與人言輒流涕，以浮屠法灼臂燒頂，刺血寫佛書，冀遂其志。熙寧初，棄官入秦，與家人訣誓，不見母不復還。行次同州，得焉，劉氏時年七十餘矣。由是天下皆知其孝。

壽昌始以母故通判河中府，迎其同母弟妹以歸。居數歲，母卒，泣涕幾喪明，有白烏集其墓上。拊其弟妹益篤，爲買田居之。其於宗族，尤盡恩意，嫁兄弟之孤女二人，葬其不能葬者十餘喪。蓋其天性如此。後知鄂州，代還，以銓籍年七十，得提舉崇福觀，卒於家。

①離絶：繆校作「歡好如初」。
②弊：覆宋本、四庫本作「敝」。

劉庭式字得之，齊州人也。舉進士。蘇軾守密州，庭式爲通判。始，庭式未第時，議娶其鄉人之女，既約而未納幣也。庭式及第，其女以病喪明，女家躬耕貧甚，不敢復言。或勸納其幼女，庭式笑曰：「吾心已許之矣，豈可負吾初心哉？」卒娶之。女死於密州，庭式喪之逾年，而哀不衰，不肯復娶。軾問之曰：「哀生於愛，愛生於色。今君愛何從生？哀何從出乎？」庭式曰：「吾知喪吾妻而已。吾若緣色而生愛，緣愛而生哀，色衰愛弛，吾哀亦忘，則凡揚袂倚市，目挑而心招者，皆可以爲妻也耶？」軾深感其言。

庭式後監太平觀，老於廬山，絶粒不食，而面目奕奕有紫光，步上下峻坂，往復六十里如飛，以壽終。

鄭俠字介夫，福州福塘①人也[三]。嘗從王安石學，舉進士，調光州司法參軍。秩滿，至京師，會安石秉政，俠見安石，具言青苗、免役、用兵之害，安石不答。又數以書論之。久之，得監安上門②。安石將以俠爲經義局檢討[四]，俠辭，安石謂之曰：「凡仕宦須改得京秩，然後可進用，何介僻如此？」俠曰：「俠罷官而來，本執經丞相門下耳，官爵非俠所望也。」

會大旱，自十一月不雨至於三月[五]，俠上疏曰：

> 去年大蝗，秋冬亢旱，今春不雨，麥苗乾枯，黍粟麻豆，皆不及種。五穀踴貴，民情憂惶，什九懼死，逃移南北，困苦道路。方春斬伐，竭澤而漁，大營官錢，小營升米，草木魚鼈，亦莫生遂；夷狄輕肆，敢侮中國。

---

①福塘：繆校作「福唐」。

②「門」下，繆校有「候缺者幾一載後」七字。

皆由大臣輔佐陛下不以道，以至於此。臣願陛下開倉廩以振①貧乏，諸有司所行不道之政，一切罷去。庶幾早召和氣，上應天心，以延蒼生垂死之命。

陛下自即位以來，一有便民利物之事，靡不毅然主張行之，亦欲人人富壽。夫豈區區充滿府庫，盈溢倉廩，終以富盛强大勝天下哉？而大臣略不推明陛下此心，乃恣其叨憤，劓割生民，侵肌及骨，使之困苦而不聊生。夫陛下所存如此，大臣所爲如此，豈不負陛下哉？陛下以爲時然耶，以爲有以使之然耶？以爲時然，則堯、舜在上，便有皋、夔；湯、文在上，便有伊、吕。君作於内，臣應於外，主倡於上，臣和於下，以成康濟之業。陛下仁聖當御，撫養爲心，甚於前古，而大臣所爲如此，其非時然，抑陛下所以駕馭之未審爾？陛下以爵禄駕馭天下忠賢，而使之如此，甚非宗廟社稷之福也。

臣又見南征北伐，皆以其勝捷之勢，山川之形，爲圖來上者多矣。今天下憂苦，質妻鬻女，父子不保，遷徙逃竄，困頓藍縷，拆屋伐桑，争貨於市，輸官糴米，皇皇不給之狀，繪爲一圖，此臣安上門日所見，百不及一，已可咨嗟涕泣，而况於千萬里之外哉？陛下觀臣之圖，行臣之言，自今已往，至於十日不雨，即乞斬臣，以正欺罔之罪。

神宗出圖以示宰執，且責之。王安石遂力求去，出知江寧，薦吕惠卿以代己。命下之日，京師大風雨，士翳席逾寸。

俠又上書，極陳時政得失，民間疾苦，幾五千言。且曰：「安石爲惠卿所誤至此，今復相扳援，以遂前非，不復爲宗社計。昔唐天寶之亂，國忠已誅，貴妃未戮，人以爲賊本尚在。今日之事，何以異此？」又上疏諫用兵，語

①振：覆宋本、四庫本及《景定建康志》卷四八作「賑」。

甚切。於是惠卿益惡之，俠遂勒停，汀州編管。惠卿白神宗曰：「鄭俠所言事，皆馮京令王安國導之使言耳。」惠卿與京異議，故並中之。已而神宗問京曰：「卿識鄭俠乎？」對曰：「臣素不之識。」神宗疑之。御史知雜張琥遂以俠事劾京，詔付御史獄。俠赴詔獄對，實不識京，但每遣門人吳無至詣檢院投匭。時集賢校理丁諷判檢院，輒爲無至道京稱嘆之語。及罷局時，遇安國於途，安國馬上舉鞭揖之，曰：「君可謂獨立不懼者。」俠曰：「不意丞相一旦爲小人所誤，以至於此。」安國曰：「是何爲小人所誤？吾兄自以爲人臣不當避四海九州之怨，盡歸於己，方是臣子盡忠國家。」俠曰：「未聞堯、舜在上，夔、契在下，而有四海九州之怨者。」御史臺知班楊忠信因謂俠曰：「御史不言，而君敢言，臺中可謂無人也。」獄成，俠改送英州編管，忠信、無至皆編管湖外，京罷政，諷落職，安國放歸田里。

及哲宗即位，得放還。用蘇軾薦，除泉州教授。章惇用事，再貶英州。徽宗即位，復放還，仍爲泉州教授。蔡京爲相，又勒停。宣和初，俠卒〔六〕。

俠性清儉，布衣糲食終其身。平居進止，必以禮法，閨門怡然，不肅而治。喜賓客，樂教訓，嗇用廣施，鄉里敬之。暇日，聞子姪誦《詩·考槃》之義曰：「弗諼者，弗忘君之惡；弗過者，弗過君之朝；弗告者，弗告君以善。碩人之於君，有卷卷之不忍也，故永矢以絶之。」俠嘆曰：「是何言與？古之人在畎畝不忘其君，況於賢者一不用而忿戾若是哉！蓋弗諼者，弗忘君也；弗過者，弗以君爲過也；弗告者，弗以告他人也。」其存心如此。俠雖流落頓挫之餘，一話一言，未嘗忘君云。

巢谷字元脩，眉州眉山人也。嘗舉進士京師，見舉武藝者，心好之。谷素多力，遂棄其舊學，蓄弓箭，習騎射，久之業成而不中第。去遊秦鳳、涇原間，所至友其秀桀①，與韓存寶頗相善也。

熙寧中，存寶爲河州將，有功，號熙河名將。會瀘州蠻乞弟擾邊，命存寶出兵討之。存寶不習蠻事，邀谷至軍中問焉。及存寶得罪，將就逮，自料必死，謂谷曰：「我涇原武夫，死非所惜。顧妻子不免寒餓，橐中有銀數百兩，非君莫使遺之者。」谷許諾，即變姓名，懷銀步行，往授其子，人無知者。存寶死，谷逃避江、淮間。

蘇軾責黄州，與谷同鄉，幼而識之，因與之遊。及軾與其弟轍在朝，谷浮沉里中，未嘗一見。紹聖初，軾、轍謫嶺海，平生親舊無復相聞者，谷獨慨然自眉山誦言欲徒步訪兩蘇，聞者皆笑其狂。谷至梅州，遺轍書曰：「我萬里步行見公，不自意全，今至梅②矣，不旬日必見，死無恨矣。」轍驚喜曰：「此非今世人，古之人也。」既見，握手相泣，已而道平生，逾月不厭。時谷年七十三矣，將復見軾於海南。轍愍其老且病，止之曰：「君意則善，然自循至儋數千里，當復度海，非老人事也。」谷曰：「我自視未即死也，公無止我。」留之不可，則資之以行。至新會，有蠻隸竊其橐裝以逃，獲於新州，谷從之至新，遂病死〔七〕。

徐積字仲車，楚州山陽人也。少孤，事母盡孝。年四十，不昏不仕。不昏者，恐異姓不能盡心於母也；不仕者，恐一日去其親也。

鄉人勉之就舉，遂偕母之京師。既登第，未調官而母亡，遂不復仕。其後監司上其行，以爲郡教授③。一時陳瓘、鄒浩皆禮之。久之，致仕歸山陽。於是始娶，而操履彌篤矣。

①桀：覆宋本、四庫本作「傑」。
②梅：覆宋本、四庫本作「循」，誤。
③「郡」下原空四字。教授：覆宋本、四庫本補作「最授楚州」，繆校作衍文。錢校：「舊鈔本『最授楚州』。」「瑄案：『楚州』下語氣亦未畢。」

積爲文怪而放，耳聵甚，畫地爲字，乃始通語。終日面壁坐，不與人接，而四方事無不周知其詳，雖新且密，無不先知也。積嘗語蘇軾曰：「自古皆有功，獨稱大禹之功；自古皆有才，獨稱周公之才，以其有德以將之故爾。」軾然其言。

始，三歲時喪父，哭之甚哀。及居母喪，尤盡禮，廬墓側十餘年，晨昏奉几筵如事生。每歲甘露降於墳域必逾月，木爲連理。郡守迎入學，甘露又降其舍，鄉閭化之。州具以聞，賜絹三十匹、米三十石，後以壽終〔八〕。政和三年〔九〕，部使者言積藴德丘園，聲名顯著，謚曰節孝處士。官其一子。

【箋證】

〔一〕世頗以矯僞譏之：汪琬《東都事略跋》卷下：「李泰伯《退居類稾》有詩，所謂『一聲檀版便驚飛』，即指烈言也。温公《傳家集·論陳烈劄子》備言福建路提刑王陶奏『烈貪污險詐，行無纖完，乞追奪前後所受恩命』云云，因欲再行體量。蓋温公之意，止是爲國家愛惜大體，非姑息烈與薦舉者也。烈詐僞沽名，本不足取，《傳》中已有微辭，其得謂之卓行乎？似與常夷甫入《隱逸》，俱應删去。」

〔二〕壽昌生七歲父守長安出其母劉氏嫁民間：《宋史》卷四五六《朱壽昌傳》作「壽昌母劉氏，巽妾也。巽守京兆，劉氏方娠而出。壽昌生數歲，始歸父家」，與《事略》異。

〔三〕福州福塘人：《宋史》卷四五九《鄭俠傳》作「福州福清人」，是。宋代福州有福清縣，在唐天寶初曾名福唐縣（《太平寰宇記》卷一〇〇），故繆校改「塘」作「唐」。夏之文《西塘先生墓誌》（《西塘集》附録）謂「四世祖佸，隨王氏入閩，居福州之永福。曾祖御，徙福清令，遂爲福清人」，《事略》蓋沿唐舊名而誤「福唐」作「福塘」，實爲不審，當以「福清」爲是。

〔四〕經義局：《宋史》本傳及《西塘先生墓誌》並作「修經局」。

〔五〕自十一月不雨至於三月：《宋史》本傳及《西塘先生墓誌》並作「自熙寧六年七月不雨，至七年三月」，考奏疏有「秋冬亢旱，今春不雨」之語，則當以《宋史》及《墓誌》爲是。

〔六〕宣和初俠卒：《宋史》本傳：「宣和元年卒，年七十九。」《西塘先生墓誌》：「以宣和改元己亥八月二十日卒於家之正寢，享年七十九。」

〔七〕遂病死：宋孫汝聽《蘇潁濱年表》（《宋人年譜叢刊》第五册）：「（元符）二年己卯，有巢谷者，自眉山徒步訪轍於循州。又將見軾於海南，行至新州而卒，年七十三，轍爲之傳。」

〔八〕後以壽終：《宋史》卷四五九《徐積傳》：「卒年七十六。」王資深《節孝先生行狀》（《全宋文》卷二五九四）：「崇寧二年春，朝廷特除提舉西京嵩山中嶽廟，逾月終於舍，實五月一日也，享年七十有六。」

〔九〕政和三年：《宋史》本傳及《節孝先生行狀》均作「政和六年」，《宋史全文》卷一四載「詔賜宣教郎徐積謚曰節孝處士」於政和六年六月癸亥朔，《事略》蓋誤「六」爲「三」。

東都事略卷第一百十八

隱逸傳一百一

所貴乎天下之賢者，出與處而已。朝廷之士，以進爲榮；山林之士，以退爲高。《易》曰：「遯世無悶。」又曰：「不事王侯。」此山林之士所以爲高者與？若乃應蒲車之招，被旌帛之賁，則孔子所謂「舉逸民，天下之民歸心焉」者，亦其次也。今裒取以隱逸著者，列於傳云。

蘇澄隱字棲真，真定人也。爲道士，五代之際屢聘之，稱疾不出。太祖征太原，駐蹕鎮陽，召見於行宫。時年八十，太祖問以養生，澄隱對曰：「臣之養生，不過精思錬氣爾。帝王養生，則異於是。老子曰：『我無爲而民自化，我無欲而民自正。』無爲無欲，凝神太和，昔黄帝、唐堯享國永年，得此道也。」太祖説其言，賜以襲衣器幣。澄隱年百歲而卒①。

陳摶字圖南，亳州真源人也。始四五歲，戲渦水岸側，有青衣媪召置懷中乳之，自是聰悟日益。少時常舉進士不第，遂不樂仕。有大志，隱武當山，移居華山雲臺觀，又止少華石室。每寢處，多百餘日不起。

①百歲而卒：繆校作「一百無疾而終」。

周世宗聞其名，召見，因問黃白術，對曰：「陛下爲四海之主，當以致治爲念，奈何留意黃白之事乎？」世宗命爲諫議大夫，辭不受。嘗乘白驢欲入汴，中塗聞太祖登極，大笑墜驢，曰：「天下於是定矣。」

太宗召〔一〕，以羽服見於延英殿，甚禮重之。宰相宋琪問曰：「先生修養之道，可以教人乎？」曰：「摶不知吐納修養之理，假令白日冲天，何益於治？今天子博達古今，深究治亂，真有道仁明之主。正是君臣同德致理之時，勤心修鍊，無出於此。」琪等稱嘆。太宗以其善相人也，遣詣南牙見真宗。及門亟還，問其故，曰：「王門厮役，皆將相也，王可知矣。」賜號希夷先生。

端拱初，謂其弟子賈德昇曰：「汝可於張超谷鑿石爲室，吾將憩焉。」二年秋七月，石室成，摶手書表數百①言，其略曰：「臣摶大數有終，聖朝難戀，已於今月二十二日化形於蓮花峯下張超谷中。」如期而卒，經七日支體猶温。有五色雲蔽塞洞口，彌月不散。

摶好讀書，常自號扶摇子。真宗幸華陰，謁其祠，加禮焉。

种放字明逸，河南洛陽人也。少時往來嵩、華間，慨然有山林之志。父死，與其母隱居終南山豹林谷，自號雲溪醉叟〔二〕，又號退士。聞陳摶之風，往見之，放作樵夫拜庭下。摶輓之而上，曰：「君豈樵者耶？二十年後當爲顯官，名聞天下。」放曰：「放爲道義來，官禄非放所願也。」摶笑曰：「人之貴賤，莫不有命，貴者不可爲賤，亦猶賤者之不可爲貴也。君骨相當爾，雖晦迹山林，恐竟不能安。異日自知之。」

太宗時，召之不起。母死，水漿不入口者三日，廬於墓側。張齊賢言：「放隱居求志，孝友之行，可厲風

①百：四庫本作「十」。

俗。」召爲左司諫。真宗攜其手登龍圖閣，論天下事，蓋眷遇如此。及辭歸山，遷右諫議大夫。真宗東封泰山，改給事中。西祀汾陰，轉工部侍郎。

真宗回蹕，次河中，時長安父老請臨幸，且稱：「漢、唐舊都，關河雄固，神祇人民無不望天光之下臨也。」真宗意未決，召放謀之。放曰：「陛下幸長安，有不可者三：陛下方以孝治天下，翻事秦、漢，侈心封禪羣嶽，而更臨遊別都，久棄宗廟，於孝爲闕①，其不可者一也；百司供擬頓仗②事煩，晚春蠶麥已登，深費農務，其不可者二也；精兵重臣扈從車蹕，京國一空，民心無依，況七廟乎？陛下宜深念之，其不可者三也。近臣但願扈清蹕，行曠典，文頌聲以邀己名而已，陛下當自決於清衷也。」真宗乃止。

王嗣宗守京兆，放嘗乘醉慢罵嗣宗，於是嗣宗條上放不法事，放遂徙居嵩山，然猶往來終南。放數至闕下，俄復還山。嘗曲③宴，真宗令羣臣賦詩，杜鎬以素不屬辭，誦《北山移文》以譏之。真宗因出放所上《時議》十三篇，語近臣曰：「放爲朕言事甚衆，但人無知者耳。」

放一日晨興[三]，忽取前後章疏藁焚之，服道士服，召諸生飲，與訣。酒數行而卒，年六十。贈工部尚書。始，陳摶謂放曰：「君不娶，可得中壽。」放從之。放既不娶，遂無子。姪世衡，號名將，自有傳[四]。

郭震字希聲，成都人也。博學能詩，才識過人。淳化中，嘗出東郊，忽賦詩曰：「今日出東郊，東郊好春色。青青原上草，莫放征馬食。」遂走京師，上書言蜀將亂，不報。已而李順起於邛、棘間。自是括囊不言，隱身漁釣。

①闕：原作「閑」，據覆宋本、四庫本改。
②頓仗：覆宋本、四庫本作「頓伏」，誤。繆校作「儀仗」。
③曲：原作「西」，據《宋史》卷四五七《种放傳》改。

病將死，其友往問之，側臥欹枕而言。其友曰：「子且正身。」震笑曰：「此行豈可復替名耶？」識者謂其臨死生而不亂云。有《漁舟前後集》行於世〔五〕。

李瀆，洛陽人。魏野，蜀人也〔六〕。瀆字長源①，嘗往來中條山中，不復仕進，好聚書畫，名聞於時；野字仲先，居陝之東郊，嘯咏終日，爲詩精絶，有唐人風格。皆有道之士也。真宗祀汾陰，以禮聘之，悉不起。瀆耆②酒，人或勉之，曰：「吾以樂吾餘年爾。」嘗語諸子曰：「山水足以娱情，苟遇醉而卒，吾之願也。」一日，忽有人至其牀下誦詩云：「行到水窮處，未知天盡時。」言訖不見。瀆曰：「吾當逝矣。」亟命家人置酒，頃之而卒，年六十三。野聞其死，哭之慟，後六日亦卒〔七〕，年六十。人皆異之。天禧四年，詔瀆、野俱贈著作郎。野之子閑，字雲夫，喜爲詩，不樂仕進，有父之志。仁宗嘉其節，賜號清逸處士。年八十四，終於家。

邢惇字君雅，雍丘人也〔八〕。常舉進士不中，慨然有隱遁之意。性介特，不妄交遊。躭翫經史，里人號爲邢夫子。真宗幸亳州，以布衣召對，問以治道，惇不對。真宗問其故，對曰：「陛下東封西祀皆已畢矣，臣復何言？」真宗大悦，除試許州助教，惇不受。卒，年七十四。

林逋字君復，杭州錢塘人也。少孤，刻志爲學，結廬西湖之孤山。喜爲詩，孤峭澄淡，居西湖二十年，足未嘗

①瀆字長源：繆校作「瀆字河神，後改長源」。
②耆：四庫本作「嗜」。

履城市。李及、薛映爲其州，每造其居，清談終日而去。逋臨終，有詩云：「湖上青山對結廬，墳前修竹亦蕭疏。茂陵他日求遺草，猶喜曾無封禪書。」卒，年六十一〔九〕。

初，逋客臨江，李諮始舉進士，而未有知者。逋謂人曰：「此公輔之器也。」逋卒，諮適知杭州，爲制緦服，與其門人哭而葬之。刻臨終之詩，納之壙中，賜謚曰和靖先生。

徐復字復之，建州人也〔一〇〕。嘗遊京師，舉進士不中。退而學《易》，通流衍卦氣之法。自知無禄，故不復進取。遊淮、浙間數年，凡天文、地理、遁甲、占射諸家之説，讀之必得其宜。因聽其鄉人林鴻範説詩之所以用於樂者，忽若有得，遂舉器求樂之本，而曉然知律吕微妙動作之制。時胡瑗作鍾磬，大變古法，復笑曰：「聖人寓器以聲，今不先求其聲，而更其器，是可用耶？」卒如其言。

慶曆初，范仲淹過潤州，問復：「以衍卦占之，今夷狄無動乎？」復爲占西邊用兵，月日無少差。其後，與郭京同召對，問以天時人事，復舉京房《易》卦推：「今年所配年月日時，當《小過》『剛失位而不中』，宜在强君德。」仁宗又問：「明年主何卦？」復對曰：「《乾卦》用事。」説至九五而止。又問：「前年京師黑風，其咎安在？」對曰：「其兆在内，應豫王之喪乎？」明日，特除復大理評事，固辭，乃賜號冲晦處士，授其子發校書郎。復履尚高潔，徙居杭州十餘年。卒，年八十〔一一〕。

京好言兵，范仲淹數薦之，故與復同召焉。

高懌字文悦，高祖季興，唐末徙荆南之地，子孫因家焉。懌少孤，養於外氏，年十三能屬文，通經史。聞种放隱終南山，懌亦築室豹林谷，放見而奇之，與張蕘、許勃號「南山三友」〔一二〕。寇準薦之，不起。

景祐中，朝廷録國初侯王後，懌推其弟忻，得一官。范雍守京兆，建學，召懌授諸生經，從之者數百人。康定中，杜衍請賜以處士號，特除大理評事，懌固辭。仁宗嘉其守，改賜安素處士。文彦博又薦其經行，先嘗賜良田五頃矣，至是復賜第一區。既又除光禄寺丞，辭不受。卒，年七十一。有《少微渚宫集》《續東臯子》《兵源挂冠録》《煙霞志》凡數十卷。

懌喜讀書，爲文有法，而詩清淡有古風。論唐以來至宋衣冠氏族人物，皆見其本末，考之載籍不謬。嘗夢白衣持書，目①爲白鹿洞主，因作詩識之。後二十年晝寢，復夢之。其卒，葬白鹿鄉。

張俞字少愚〔一三〕，益之郫人也。少耆書，好爲詩。嘗舉進士不中，又舉茂才異等不中。屬西戎犯邊，乃上書陳攻取十策，謂：「當無事之日，人自矜賢；及有事之秋，主隨其辱。」宰相吕夷簡曰：「魏元忠所上書不及也。」詔以爲校書郎，而請授其父。仍召俞赴闕，俞不起，乃上夷簡書曰：

今之機務之大，宜有内外。先治乎内，後治乎外，則天下可安矣。所謂内者，百官也；外者，夷狄也。今天下一家，天子幸於安逸，無所制作，建官授職，務於因循，而不知百官朋邪，毒民亂政，爲國家之患也。夫王者命官，本以安上也，行政也，牧民也，和夷狄也，平暴亂也，興禮樂也，欲傳道而固後嗣也。今小人叢處列位，内外滋蔓，壞先王之法，蔽天子之德，使澤不下流。身任卿大夫之位，而爲蝨爲賊，俾民怨憤。由是胡孽反噬，陰結凶醜，傲然有争天下之志。蓋治失於内，則禍生於外，自然之勢也。噫！寇敵之患固大矣，然未若守宰之患爲大也。今則正百官守宰之事，使民悦天子之澤，則疆外之患何難去哉？

①目：原作「自」，據《隆平集》卷一五、《名賢氏族言行類稿》卷二〇改。

夫四夷之爲暴，自古而然矣。歷觀自古夷狄之强，但有暴而無僭。今北虜僭位號，威伏羣夷，且百年矣。國家惟久長之計，休兵務農，以尊社稷，未遑誅伐，含垢忍耻爲鄰好，權時之策也。若元昊者，豈其比哉？父子據河南、朔方之地五十年，先帝用羈縻之義，授以節鉞，位冠侯王，義同宗室，以至於今，恩德至遠也。而獸心怙亂，假號欺天，此寧可忍？國家四聖傳授八十餘年，兵革不用三十餘載，財富①於古，兵倍於初，武夫謀臣充庭溢列。不能以此時議除天下之患，而論者止欲休兵息民，以柔服遠，徒虚語爾。是羣臣不能雪先帝之憤，紓今日之憂，除國家之讎，明萬世之統，將何以示四方，傳後嗣乎？謂宜運謀決策，以安萬邦。然而决策定亂在於大者，則小者可拱而取。今能詭制北虜，散其陰謀，使與叛醜疑貳，有結國家之心，間誘西涼羣夷勿與賊結，則虜首可得而天下定矣。范仲淹以諫諍而遭擯斥，若外徇物望，内惟邦本，宜委重柄而授之。王德用雄毅寬政，世濟其武，大軍樂爲之用，宜起之放黜，授以斧鉞，用督三秦，亦人望也。苟能行此，是謂失之東隅，收之桑榆也。

夷簡甚重其言。又下詔敦遣，復不起。其後大臣屢薦，凡六詔起之，卒不起，遂隱居青城山之白雲溪。文彦博守蜀，高其行。田况繼彦博，尤重之，每見必倒屣。嘗謂僚佐曰：「斯人用之，便可作正言、司諫；不用，則巖谷一病叟耳。」俞爲人不妄憂喜，性高情淡，有超然遠俗之志。卒時年六十五〔一四〕。有文集三十卷。

邵雍字堯夫，衛州人也〔一五〕。刻厲爲學，夜不枕席者數年。有王豫者，以師②自居，聞雍學《易》，召而欲教

①富：原作「審」，據覆宋本、四庫本改。
②師：原作「帥」，據覆宋本、四庫本改。

之。雍往見，豫與語三日，蹶然起拜。

雍嘗適吴、楚，過秦、魯，客梁、晉而歸，徙居於洛。士人道洛者，必過其廬。與人言，必依於孝悌忠信，樂道人之善，不及其惡，故賢不肖無不親之。其學自天地運化、陰陽消長，皆以數推之，逆知其變。世無能曉之者，而雍内以自樂，浩如也。

初，舉遺逸，試將作監主簿。熙寧初，以爲潁州團練推官，與常秩同召，而雍卒不起。居洛三十年而卒〔一六〕，年六十七。贈著作郎，謚曰康節。有書十二卷曰《皇極經世》，詩二十篇曰《擊壤集》〔一七〕。子伯温。

常秩字夷甫，潁州汝陰人也。常舉進士不中，退而爲自得之學，尤長於《春秋》。居於陋巷，二十餘年，澹如也。歐陽修、王安石聞而稱之，士論亦翕然歸重。嘉祐中，修薦於朝，以爲潁州教授，又除國子監直講，又以爲大理評事、知長葛縣，皆不赴。於是聲名愈高。

神宗聞其名，詔有司以禮敦遣。秩入對，神宗問曰：「先朝召卿，何以不起？」秩曰：「先帝容臣不起，陛下不容臣不起。」因問：「當今何以免民凍餒？」秩言：「法制不立，當今之大患也。」因求歸。神宗以爲右正言、直集賢院，俄兼舍人院，遷天章閣侍講，同修起居注。秩辭直舍人院、修起居注。未幾，又求去，神宗驚曰：「方賴卿德義，何遽求去也？」

熙寧七年，遷寶文閣待制兼侍讀。明年，又求去。已而病不能朝，乃以爲西京留司御史臺，歸潁而卒〔一八〕。

初，秩隱居求志，不肯出仕，世以爲必退者也。及王安石更定法令，士大夫沸騰，以爲不便。秩在閭閻，見所下詔，獨以爲是。被召，遂起〔一九〕。然在朝亦無所發明，聞望日損。既卒，贈右諫議大夫。

臣稱曰：常秩以隱逸應聘，而不能盡性知命，乃務求苟合，是豈知《易》所謂君子之道者哉？故雖名列《隱逸》，殆亦赧然矣。

【箋證】

〔一〕太宗召：《邵氏聞見録》卷七：「藝祖召，不至。太宗召，以羽服見於延英殿。」《宋史》卷四五七《陳摶傳》：「太平興國中來朝。」《續通志》卷五六九《陳摶傳》校記：「按《宋史》本傳作『來朝』，不言被召。考朱子《名臣言行録》云：『太宗召赴闕，賜詩云：「曾向前朝出白雲，後來消息杳無聞。如今若肯隨徵召，總把三峯乞與君。」』則摶之赴闕，實應召也。《東都事略》亦稱召至闕，今據改。又按『太平興國初』，本傳作『太平興國中』，今據《名臣言行録》改。」

〔二〕自號雲溪醉叟：《宋史》卷四五七《种放傳》作「因號雲溪醉侯」。《隆平集》卷一三、《郡齋讀書志》卷五下、《燕翼貽謀録》均作「雲溪醉叟」。

〔三〕放一日晨興：《宋史》本傳作「(大中祥符)八年十一月乙丑，晨興」。

〔四〕自有傳：《种世衡傳》，見本書卷六一。

〔五〕有漁舟前後集行於世：《直齋書録解題》卷二〇著録：「《漁舟集》五卷，處士成都郭震希聲撰。自稱汾陽山人，李畋爲作集序。」

〔六〕魏野蜀人也：《宋史》卷四五七《魏野傳》作「魏野字仲先，陝州陝縣人」。《夢溪筆談》卷一六：「蜀人魏野，隱居不仕宦。善爲詩，以詩著名。卜居陝州東門之外。……野死，有子閑，亦有清名，今尚居陝中。」蓋野自蜀徙陝，而在陝聞名，其好友薛田爲作《鉅鹿東觀集序》（《全宋文》卷一七三），即稱「鉅鹿魏野字仲先，甘棠東郭人也」。

〔七〕後六日亦卒：《長編》卷九四天禧三年十二月載：「是月，河中府處士李瀆、陝州處士魏野皆卒，詔各贈秘書省著作郎，賜其家帛

二十四、米三斛。」

〔八〕邢惇字君雅雍丘人：《宋史》卷四五七《邢敦傳》作「邢敦字君雅，不知何許人，家於雍丘」。《涑水記聞》卷五、《新雕皇朝類苑》卷四二稱「邢惇，雍丘人」，《長編》卷八二大中祥符七年二月庚申條作「雍丘邢惇」。《宋史》作「邢敦」，又云「不知何許人」，與諸書異。

〔九〕卒年六十一：《長編》卷一〇六天聖六年十二月丁卯「賜故杭州處士林逋謚曰和靖先生」。《西湖百咏》卷上《和靖先生墓》題注：「天聖六年卒，謚和靖先生。」清翁方綱《跋林和靖集》（《復初齋文集》卷一七）云：「和靖生於乾德五年丁卯，而《青箱雜記》云『景祐初尚無恙』，則舊傳和靖卒於天聖六年戊辰者，未之詳考也。」

〔一〇〕徐復字復之建州人也：曾鞏《徐復傳》（《元豐類稿》卷四八）：「徐復字希顔，興化軍莆田人。」與《事略》《宋史》異。

〔一一〕卒年八十：曾鞏《徐復傳》：「復卒時，年七十餘。」

〔一二〕與張蕘許勃號南山三友：「張蕘」，《隆平集》卷一五、《宋史》卷四五七《高懌傳》作「張蕘」。《長編》卷一二六、《名賢氏族言行類稿》卷二〇、《小學紺珠》卷六等作「張蕘」，疑是。

〔一三〕張俞：「俞」，《宋史》卷四五八《張愈傳》作「愈」，宋人文集、筆記中「張俞」「張愈」並存，而《長編》《宋會要》《成都文類》及宋刻《豫章先生文集》等均作「張俞」，當以「俞」爲正。

〔一四〕卒時年六十五：張俞《上蜀帥任密諫書》（《成都文類》卷二〇）云「西陲用兵，詔書切諭郡府薦謀士，圖滅敵之策，……俞自惟生治平僅四十年，……故不量蒙鄙進退，遂爲書略陳天下之務」，即本傳所謂「乃上書陳攻取十策」，是書進於康定元年（一〇四〇）（參《雲齋廣録》卷二、《長編》卷一二七），時年四十，可據以推知張俞生於咸平四年（一〇〇一），卒於治平二年（一〇六五）。參拙著《張俞生卒年及殘佚詩文考録》（《宋代文化研究》第二十一輯）。

〔一五〕衛州人：《宋史》卷四二七《邵雍傳》：「其先范陽人，父古徙衡漳，又徙共城。雍年三十，遊河南，葬其親伊水上，遂爲河南人。」范祖禹《康節先生傳》（《范太史集》卷三六）作「衛州人，……徙居於洛」。共城爲衛州屬縣，則當爲衛州共城人，徙居洛陽。

〔一六〕居洛三十年而卒：《宋史》本傳：「熙寧十年卒，年六十七。」《資治通鑑後編》卷八三載「潁州團練推官邵雍卒」於熙寧十年七月癸丑。

〔一七〕詩二十篇曰擊壤集：「二十」，范祖禹《康節先生傳》作「二千」，是。

〔一八〕歸潁而卒：《宋史》卷三二九《常秩傳》：「（熙寧）十年卒，年五十九。」《長編》卷二八〇載「右正言、寶文閣待制、權判西京留司御史臺常秩卒」於熙寧十年二月。

〔一九〕被召遂起：汪琬《東都事略跋》卷下：「《石林詩話》：秩居汝陰，嘉祐、治平間，屢召不至。雖歐陽公亦推重之，所謂『笑殺潁川常處士，十年騎馬聽朝雞』是也。荆公當國，力致之，登朝，聲譽大減。一日大雪，趨朝，時秩已衰，寒甚不可忍，乃舉歐公詩自戲曰：『凍殺潁川常處士，也來騎馬聽朝雞。』按：秩嗜進無耻，不應入《隱逸傳》。荆公嘗表其墓云：『學不期言也，正其行而已；行不期聞也，信其義而已。所言乎上者無傳，然皆知其忠而不阿；所施乎下者無助，然皆見其正而不苟。』荆公阿私所好，一至是邪？」

東都事略卷第一百十九

外戚傳一百二

司馬遷謂：「受命帝王，蓋亦有外戚之助。然任之以政，假之以權，則未有不爲患者也。」祖宗鑒前世之禍，徒尊以高爵，寵以厚禄，使之貴而無位，高而無民，此禍亂之所以不作也。於乎！規摹遠矣。

杜審琦，定州安喜人也。昭憲皇后之兄，父曰爽。昭憲兄弟五人，審琦其長也，次審玉，次審瓊，次審肇，次審進。世居常山，以積善聞鄉里。初，宣祖自北南來，天大寒，因避雪於爽之莊院。爽見其狀貌，甚愛之，家人曰：「當以爲四娘子舍居壻。」四娘子即昭憲也。審琦仕後唐，終義軍指揮使。審玉早卒〔一〕。

審瓊，建隆初，以元舅拜左領軍將軍〔二〕，改左龍武軍大將軍。乾德初，領富州刺史，權判右金吾街仗兼領步軍司事。卒，年七十〔三〕。贈太保、寧國軍節度使，謚曰恭僖。

審瓊性淳質，宿衛忠謹，人皆稱之。景德三年，贈太師。

審肇，起家爲左武衛上將軍〔四〕，賜第於京師。開寶中，爲右驍衛上將軍，出知澶州。河大決，東匯於鄆、濮，民罹水害。太祖乃免審肇官，歸第①。俄復故官，令致仕。卒，年七十二〔五〕。贈太保、昭信軍節度使，謚曰温肅。後又贈太傅。

審進，起家爲左神武大將軍〔六〕，改右羽林將軍〔七〕。乾德中，領賀州刺史、知陝州，遷保義軍留後，拜節度使。太祖郊祀於西京，審進來朝，於是寵賚甚厚，遣還任。

太平興國二年，許昌裔者爲虢州刺史，審進捃其闕失事〔八〕，太宗以右拾遺李幹鞫之〔九〕。幹因請支郡不復隸藩鎮，皆欲②專達。支郡不隸藩鎮，自此始也。

太宗征太原，審進老矣，願率所部擊賊，不許。太宗幸大名勞軍，留審進巡徼京師。復歸陝，拜右衛上將軍，領静江軍節度使。太宗耕籍田，加開府儀同三司。卒，年七十九〔一〇〕。贈中書令，謚曰恭惠。

審進鎮陝二十餘年，勸農敦本，民庶使之。然居富貴，略無驕矜之色，人服其醇厚。又贈尚書令，追封京兆郡王。諸子彦圭、彦鈞、彦彬，皆爲顯官。

王繼勳，孝明皇后之同母弟也。國初，以后故爲内殿供奉官，累遷龍捷右廂都指揮使、領彭州③防禦使。太祖將伐蜀，命繼勳戒期，將大閲。繼勳素與馬仁瑀不相善，太祖爲出仁瑀密州。繼勳尋遷保寧軍留後，權領侍衛步軍司事。

---

①第：原作「弟」，據覆宋本、四庫本及《宋史》卷四六三《杜審肇傳》改。

②欲：覆宋本、四庫本及《宋史》卷四六三《杜審進傳》作「得」。

③彭州：覆宋本、四庫本作「彰州」。

繼勳所爲不法，會新募兵千餘人隸雄武，多無妻子，繼勳縱令都下掠人子女。太祖聞之，大怒，捕得百餘人，斬於市。時后已崩，太祖念之，故繼勳得免也。其後復爲部下所訟，太祖罷其兵柄，以爲彰國軍留後。繼勳自以失職，常怏怏，專以臠割奴①婢爲樂。太祖怒，削其官爵，流於登州，未至，以爲右監門衛率府副率。開寶中，分司西京。繼勳殘忍愈甚，强市民家子女以備給使，小不如意，即殺而食之。太宗即位，人有訴其事者，詔鞫之，遂棄市〔一一〕。

僧惠廣者〔一二〕，嘗與繼勳同食人肉，太宗先令折其脛，而後斬之。

賀令圖，父懷浦，孝惠皇后兄也，仕軍中爲散員指揮使，出爲岳州刺史，領兵屯三交。從楊業北征，死之〔一三〕。令圖少謹愿，太宗在藩邸，得隸左右。及即位，以爲供奉官，改綾錦副使、知莫州，遷崇儀使、知雄州。領平州刺史，爲幽州行營壕砦使，以所部克涿州。會父死，起爲六宅使、本州團練使，護瀛州屯兵。

初，令圖握兵在邊十餘年，恃舊恩，每入奏事，輒言幽、薊可取。太宗信之，遂有岐溝②之敗。令圖貪功而寡謀，虜將耶律寧號于越者〔一四〕，使人紿令圖曰：「我獲罪本國，願歸南朝，無路可拔，君侯幸留意焉。」令圖信之。既而于越率衆入寇，王師敗於君子館。于越傳言軍中：「願得見雄州賀使君③。」令圖謂其來降，即引戲下數十騎逆之。將至其帳，于越據胡牀罵曰：「汝常好經度邊事，乃④來送死耶？」麾左右縛令圖以去。令圖時年三

①奴：覆宋本、四庫本作「伮」，繆校作「女」。
②岐溝：原作「歧溝」，據四庫本及《宋史》卷四六三《賀令圖傳》改。
③使君：原作「史君」，據覆宋本、四庫本改。
④「乃」上，繆校有「今」字。

十九。

劉美字世濟，益州華陽人也〔一五〕，本姓龔。章獻明肅皇后之父曰通，少隸軍籍。建隆初，征嶺南有功，爲虎捷都指揮使，領嘉州刺史。從征太原，道卒。美以鍛金爲業，真宗爲襄王時，后自蜀來，因張耆以進，耆得之美所。真宗即位，以后爲美人，乃更美姓以爲后兄，補三班奉職，遷右侍郎。石保吉之在陳州也，大治廨舍，修城壁，不以聞。會有言其擾民者，遣美察其事。美曰：「保吉受國恩，列藩閫，營繕過度誠有之，自餘保無他患。」真宗意乃解。還朝，爲閤門祗候，護兵屯於漢州，徙嘉州。召還，提點在京倉場。

后正位中宮，遷南作坊使。天禧初，遷洛苑使，領勤州刺史，授龍神衛四廂都指揮使，改侍衛馬軍都虞候，遷武勝軍留後以卒，年六十〔一六〕。贈太尉、昭德軍節度使。其後，章獻臨朝，父通累贈太師，封魏王。

李用和字審禮，章懿皇后母弟也。少窮困，劉美得之於民間，奏以三班奉職。章懿薨，除禮賓副使，累擢慶州觀察使〔一七〕，遷永清軍留後，爲真定府、定州路副都總管。舊制，公使錢正任以上許私用，而用和悉以爲軍費，不留於家。

慶曆二年，拜建武軍節度使、殿前副都指揮使。以老拜宣徽北院使，改鎮彰信，加同平章事，進南院使兼侍中〔一八〕。卒，年六十二〔一九〕。贈太師、中書令，追封隴西郡王，謚曰恭僖。

用和起民間，以帝舅位將相，而小心避權勢，闔門謝客，此其所長也。諸子璋、瑋有聞。

璋字公明，初補三班借職，歷閤門祇候，遷閤門使、龍神衛四廂都指揮使、象州防禦使，拜天平軍留後，知澶州，改曹州。河決澶淵，坐降邢州觀察使，復爲留後，拜武勝軍節度使，爲殿前副都指揮使〔二〇〕。

仁宗宴近臣於羣玉殿，酒酣，命酌二大琖，飲韓琦及璋，如有所屬者。仁宗崩，執政欲京城增甲士，璋曰：「素隊例也，不可易。」時禁衛相告，故事内給食物中有金，既而果賜食，衆視之無有也，紛紛以爲言。璋呼什長，謂曰：「爾曹衣食縣官，而敢諠乎？諠者斬。」衆乃定。

徙鎮建雄，爲殿前都指揮使，出知鄆州〔二一〕、應天、鳳翔府、許、鄧、郢三州，歷鎮武成、鎮安、振武。卒，年五十三〔二二〕。贈太尉，謚曰良惠。

瑋尚仁宗女兖國公主，拜駙馬都尉，爲西京左藏庫副使，累遷濮州團練使、安州觀察使。

瑋貌寢，與主不協，而瑋所生母又忤主意。主夜叩禁門入訴，於是諫官司馬光上疏曰：「臣聞太宗時，姚坦爲吴王宫翊善，每諫王過失，左右教王詐疾不朝。太宗召王乳母問起居狀，乳母曰：『王以姚坦檢束嚴，故成疾耳。』太宗怒，杖之數十。太宗非不知愛其子也，誠以愛之則莫若納之於善。若縱其所欲，不忍譴呵，適所以害之也。齊國獻穆大長公主，太宗之女，真宗之妹，陛下之姑，於天下可謂貴矣。然獻穆公主仁孝謙恭，備盡婦道，愛重其夫①，無妬忌之行，至今天下稱婦德者，以獻穆公主爲首。臣謂陛下教子以義，宜以太宗爲法；公主事夫以禮，宜以獻穆爲法。今陛下曲徇公主之意，使之無所畏憚，陷入於惡，將何以形四方之風，垂來世之則乎？」

已而公主不安於李氏，詔瑋出知衛州，公主入居禁中。而瑋母楊歸其兄璋，散遣其家人。光言：「陛下追念

①夫：原作「大」，據覆宋本、四庫本及司馬光《正家劄子》（《温國文正司馬公文集》卷二二）改。

章懿皇后，故使瑋尚主。今乃母子離析，家事流落，陛下獨無雨露之感、悽惻之心乎？瑋既責降，公主亦不得無罪。」仁宗感悟，詔公主降封沂國，待李氏恩禮不衰。

未幾，主徙封岐國，瑋復拜駙馬都尉。主薨，瑋坐奉主無狀，貶郴州團練副使〔二三〕、陳州安置。遇赦，還京師，累拜節度使，歷鎮建武、平海〔二四〕。元祐八年卒①〔二五〕。

張堯佐字希元，河南人也〔二六〕。温成皇后之從父。舉進士，歷憲州、筠州推官。嘗知管城縣，稍遷三司户部判官，又爲副使，擢天章閣待制、知開封府，加龍圖閣直學士，除端明殿學士，拜三司使。是時諫官、御史言堯佐主大計，諸路困於誅求，内帑疲於借助。仁宗方祀明堂，問以經費，堯佐曰：「固已辦矣。」

皇祐二年，除淮康軍節度使、羣牧制置使、宣徽南院使、景靈宫使。於是知諫院包拯上疏曰：「陛下即位僅三十年，奉承祖宗謨訓，未有失道敗德之事。乃五六年來，超擢張堯佐，羣口竊議於下，然而迹其過不在陛下，在女謁近習及執政大臣也。蓋女謁近習動静伺陛下之所爲，而執政大臣不思規陛下以大義，乃從諛順旨，高官要職，唯恐堯佐不滿其意，以陷陛下私昵後宫之過，此豈有愛君之心哉？以本朝故事言之，昭憲皇后誕生祖宗，有基命之烈。其弟審進，窮老纔得一節度使。雷有終以工部侍郎討平西川，止得宣徽使。錢若水任樞密副使，爲三司使。夏竦自三司使、户部尚書止得舊，自工部尚書、參知政事裁用爲武勝軍節度使。錢若水任樞密副使，爲三司使。夏竦自三司使、户部尚書止得散節度使，後二年方加宣徽使。鄭戩亦曾任樞密副使，爲資政殿大學士，二年得宣徽使，又一年乃除節度使。今堯佐，謂之親則孰若杜審進？謂之賢而功，孰若雷有終、李至、錢若水之流？而宣徽、節度使並以與之，可乎？」

①「卒」下，繆校有「贈太師、中書令」六字，蓋據《宋史》卷四六三《李用和傳》附《李瑋傳》補之。

既而御史中丞王舉正、諫官吴奎等彈奏堯佐恩寵太過，至留百官班廷議，遂罷宣徽、景靈二使。三年，復以宣徽南院使徙鎮天平。卒，年七十二〔二七〕。贈太師。堯佐憑戚里以進，而家法不修，爲世所鄙云。

曹佾字伯容〔二八〕，慈聖光獻皇后兄也〔二九〕。初爲右班殿直，慈聖位中宫，遷左侍禁、閤門祇候，累拜鄆州觀察使，遷安化軍留後，除建武軍節度使、宣徽北院使。嘗知澶、青、許、鄆州，改鎮保静，又改保平，加同平章事、景靈宫使兼侍中，拜護國軍節度使，守司徒兼中書令、中太一宫使，封濟陽郡王〔三〇〕。國朝以來，異姓未有兼中書令者，贈官則有之。生除中書令，惟佾而已。

神宗一日敕中使召之，見於便殿，與同至慶壽宫。慈聖愕然，遽止之曰：「外戚自來未有輒入禁掖者，安可以我開其端？」神宗曰：「聊以慰骨肉之情，他人固不可也。」時左右已預辦宴具，神宗親奉觴，慈聖自酌酒，以授佾，佾跪飲之。次則鈞天盛奏，丙夜酩酊而罷，以御前紅燭送歸〔三一〕。佾愛姬慧夫人者，迎門謂曰：「王何所之，而遲留至此耶？」佾曰：「吾到天上來耳。」

慈聖崩，既免喪，佾請郡。神宗曰：「時見舅如面慶壽宫，奈何欲遠朕，得非待遇有不至乎？」神宗嘗謂大臣曰：「曹王雖以近親貴，然端謹寡過，善自保，實純臣也。」哲宗即位，加守太保。薨，年七十二〔三二〕。贈太師，追封沂王。

佾爲人樂易，儀觀頎秀。通音律，善弈射。當英宗、神宗、哲宗之際，以元舅之重，其所以尊寵者，爲當時之冠云。子評，爲平海軍節度使；誘，安德軍節度使。誘子戩，戩子湜，湜尚徽宗女崇德帝姬。

高士林字才卿，宣仁聖烈皇后弟也。母即慈聖光獻皇后之姊。士林以慈聖恩補右班殿直，累遷西頭供奉官，進内殿崇班。士林，將家子，獨喜儒學，閲經史，能通其旨。英宗嘗以「謹守法律」四字誨之，曰：「能此，則爲良吏矣。」士林官至德州刺史。治平中卒〔三三〕。神宗即位，贈昭德軍節度使。子公繪、公紀，由戚里至節度使，皆有賢稱。

向宗回字子發，欽聖憲肅皇后弟也。自右①侍禁，用后恩擢温州刺史。哲宗時，遷至相州觀察使。徽宗即位，除彰德軍留後。欽聖垂簾，拜安國軍節度使，徙鎮保信、鎮南。建中靖國初，封永陽郡王，改鎮寧海。大觀初，詔曰：「朕以欽聖憲肅皇后受哲廟之顧托，黜相臣之異心，援翊沖人，付畀神器，親屬未加褒顯，其議所以崇報之。」遂除宗回開府儀同三司，進封安康郡王，移鎮保平，徙王漢東。

二年，有告宗回帷薄不修者，令開封府鞫治。御史中丞吴執中臨問，召所使季吹笙引宗回女並張響鐵等驗問，具得其實，遂以太子少保致仕。執中言：「陛下以宗回元舅之故，不忍致之法，奈天下何？」詔曰：「宗回於欽聖憲肅皇后爲親弟，朕以噬膚之恩，不忍行法。其削奪在身官爵，郴州安置。」行一二日，追還。逾年，盡復故職。宗回性驕，然以才稱。卒，年六十三〔三四〕。謚曰榮縱。

宗良字景弼，以后恩授右侍禁，累擢秀州刺史。哲宗時，遷至利州觀察使。徽宗即位，遷昭信軍留後。欽聖垂簾，拜奉國節度使，與兄宗回同宣制。徙鎮清海，封永嘉郡王。

始，蔡京交結宗良兄弟及内侍裴彦臣，外議訩訩。及欽聖還政，宗良尚與政〔三五〕，諫官陳瓘上疏曰：

①右：朱校本同，覆宋本、四庫本作「幼」。錢校：「舊鈔本作『自右』。按左右侍禁，官名，本書屢見。剜改非。」

宋有天下一百四十一年矣，太平之久，堯、舜三代乃至漢、唐，皆不及也。祖宗以聖繼聖，古無有也。母后繼有聖德，亦古無有也。宋德方隆，内外無患，然而以臣所聞，宜與戒者，有一事焉。恐陛下未之知也，皇太后未之知也。

向宗良兄弟，交通賓客，漏洩機密，陛下與皇太后知之乎？陛下受天眷命，皇太后有定大策之功，陛下永思所以圖報而已。假借外家，豈足以爲報乎？宗良等依倚國恩，憑藉慈蔭，夸目前之榮盛，不念倚伏之可畏。所與遊者，連及侍從，希寵之士，願出其門，遂使物議籍籍。或者以謂萬機之事，黜陟差除，皇太后至今尚與政也。

自古戚里侵權，便爲衰世之象；外家干政，即是亡國之本。臣區區之言，有益於朝廷，有補於外家，此國家治亂之機也。

徙鎮鎮東、武寧。大觀二年，移寧海，加開府儀同三司。請老，不許。

宗良既貴，母董氏年九十尚無恙，封燕國太夫人。宣和元年，董氏卒。明年，有詔起復，制曰：「念先后之同氣，惟仲舅之獨存。」宗良固辭，喪未除而死①，年六十六〔三六〕。贈少保。

【箋證】

〔一〕審玉早卒：《宋史》卷四六三《杜審琦傳》：「天成二年卒，年三十五。審玉前一年卒，年二十二。」

〔二〕以元舅拜左領軍將軍：《宋史》本傳卷四六三《杜審瓊傳》作「（建隆）二年，拜左領軍衛將軍」，《長編》卷三亦作「左領軍衛將

---

①死：覆宋本、四庫本作「薨」。

軍」，《事略》「領軍」下當脱「衛」字。

〔三〕卒年七十：《宋史》本傳作「（乾德四年）秋卒，年七十」。《長編》卷七乾德四年九月丙辰：「左衛大將軍、權點檢侍衛步軍司事、贈太保、寧國節度使謚恭僖杜審瓊卒。」

〔四〕審肇起家爲左武衛上將軍：《宋史》卷四六三《杜審肇傳》同《事略》，而《長編》卷三載「審肇爲左神武大將軍」，「爲左武衛上將軍」者則爲審進，疑《事略》《宋史》所據史傳有誤。

〔五〕卒年七十二：《宋史》本傳作「（開寶）七年卒，年七十二」。

〔六〕起家爲左神武大將軍：《宋史》卷四六三《杜審進傳》作「建隆三年，起家授右神武大將軍」。《長編》卷三建隆三年九月丙辰朔載：「以審瓊爲左龍武大將軍，審肇爲左神武大將軍，審進爲左武衛大將軍，並致仕，賜第京師。」《長編》所載審肇、審進授官與《事略》《宋史》所載互異，蓋《長編》所據爲《實録》等原始數據，可信度高，而《事略》《宋史》所據或經編輯致誤，《宋史》本傳更誤「左」爲「右」。

〔七〕改右羽林將軍：《宋史》本傳作「改右羽林大將軍」，《長編》卷五作「左羽林大將軍杜審進權知陝州」，《事略》「羽林」下當脱「大」字。

〔八〕審進捃其闕失事：《宋會要輯稿》職官三八之二、《長編》卷一八作「於是虢州刺史許昌裔訴保平軍節度使杜審進闕失事」，《宋史》本傳作「會許昌裔刺虢州，捃拾使州闕失事上訴」，則上訴者爲許昌裔，《事略》更作審進，顛倒其事，誤，當改作「捃拾審進闕失事」。

〔九〕太宗以右拾遺李幹鞫之：「李幹」，《宋會要輯稿》職官三八之二、《長編》卷一八作「李瀚」，下「幹」字亦作「瀚」，疑是。

〔一〇〕卒年七十九：《宋史》本傳：「（端拱元年）卒，年七十九。」《宋會要輯稿》禮四一之一五：「端拱元年六月二日，幸静江軍節度使杜審進第臨奠。」

〔一一〕遂棄市：《長編》卷一八太平興國二年二月乙卯：「斬繼勳於洛陽市。」

〔一二〕僧惠廣者：《宋史》卷四六三《王繼勳傳》作「長壽寺僧廣惠」，《長編》卷一八、《宋史全文》卷三並作「長壽寺僧惠廣」，疑《宋史》「廣惠」二字誤倒。

〔一三〕從楊業北征死之：《宋史》卷四六三《賀令圖傳》：「雍熙三年，從楊業北征，死於陣。」《長編》卷二七雍熙三年十二月：「初，令圖與父懷浦首謀北伐，一歲中父子皆敗，天下笑之。」

〔一四〕耶律寧：《宋史》本傳及《長編》卷二七、《契丹國志》卷六作「耶律遜寧」。

〔一五〕益州華陽人：《宋史》卷四六三《劉美傳》作「并州人」。據《宋史》卷二四二《章獻明肅劉皇后傳》，并州（太原）爲劉皇后祖籍，「後徙益州，爲華陽人」，而龔美爲蜀人，舒仁輝《〈東都事略〉與〈宋史〉比較研究》第二七〇頁認爲「《宋史》以劉皇后祖籍爲劉美祖籍，不妥」，是。

〔一六〕遷武勝軍留後以卒年六十：《宋史》本傳：「（天禧）五年，加武勝軍節度觀察留後。卒，年六十。」《長編》卷九七繫「馬軍都虞候、武勝軍留後劉美卒」於天禧五年八月辛酉。

〔一七〕累擢慶州觀察使：《宋史》卷四六三《李用和傳》作「歷遷澤州團練、慶州防禦、鄜州觀察使」。

〔一八〕進南院使兼侍中：《宋會要輯稿》儀制一二之四、《宋史》本傳均載李用和爲「景靈宮使」，不載其爲宣徽南院使事。

〔一九〕卒年六十二：《長編》卷一六八皇祐二年七月丙申：「幸彰信節度使兼侍中李用和第問疾。……及卒，又臨奠，哭之慟。」《宋會要輯稿》禮四一之一八載「（皇祐）二年七月十九日，幸彰信軍節度使、兼侍中李用和第臨奠」。

〔二〇〕拜武勝軍節度使爲殿前副都指揮使：《宋史》卷四六三《李用和傳》附《李璋傳》作「累遷武勝軍節度使、殿前都指揮使」，《長編》卷一九八載「殿前副都指揮使李璋」「武勝軍節度使李璋」注云：「案：此即前殿帥李璋，蓋兼武勝軍節度使也。」檢《華陽集》卷三六載《李璋依前殿前副都指揮使武康軍節度使加食邑實封功臣制》《除李璋殿前都指揮使武康軍節度使制》二制，似李璋爲武康軍節度使時已陞殿前都指揮使。然考前制載於《宋大詔令集》卷一〇一，後制則載於卷一〇〇，題作《李璋授殿前副都指揮使武康軍節度使制》，文中有「自擢領於戎昭，已積遷於留寄」之句，與《事略》前文「坐降邢州觀察使，復爲留後」相應，且後文言「從鎮建雄，爲殿前都指揮使」，可證李璋除殿前副都指揮使兼武康軍節度使，《華陽集》及《宋史》「殿前」下當脱「副」字。

〔二一〕出知鄆州：《宋史》本傳作「以武成軍節度使知鄆州」，而《事略》敍「歷鎮武成」在知諸府州之後，當因簡述官職而罔顧履歷矣。

〔二二〕卒年五十三：《長編》卷二四八熙寧六年十一月辛酉：「振武軍節度使李璋自鄆州還朝，卒於襄州。」

〔二三〕貶郴州團練副使：《宋史》卷四六三《李用和傳》附《李瑋傳》作「貶郴州團練副使」。《長編》卷三〇二元豐三年二月丙午：「三司言：昨責授郴州團練使、陳州安置，誤給見任團練使俸禄，當追納。詔蠲之。」《宋會要輯稿》職官六五之三一亦載其責授郴州團練使，疑《事略》誤。

〔二四〕歷鎮建武平海：《會要》《長編》及《宋史》本傳並載李瑋終建武軍節度使，不載建節平海事，疑《事略》「平海」二字衍。

〔二五〕元祐八年卒：《長編》卷四八四元祐八年六月戊申：「建武軍節度使、駙馬都尉李瑋卒。上奠哭之，贈開府儀同三司。」

〔二六〕河南人：《宋史》卷四六三《張堯佐傳》作「河南永安人」，是。本書卷一三《世家・温成皇后張氏》亦作「河南永安人」。

〔二七〕卒年七十二：《長編》卷一八八嘉祐三年九月辛巳：「天平節度使、宣徽南院使張堯佐卒。」

〔二八〕字伯容：《宋史》卷四六四《曹佾傳》作「字公伯」。

〔二九〕慈聖光獻皇后兄：《宋史》本傳作「慈聖光獻皇后弟」。

〔三〇〕封濟陽郡王：《宋史》本傳「封濟陽郡王」在「景靈宮使兼侍中」（《長編》卷二五九繫熙寧八年正月）後，與《事略》置於「守司徒兼中書令」（《長編》卷三〇三繫元豐三年三月）後不同。考《長編》卷三〇八元豐三年九月丙戌載「佾濟陽郡王」，又卷三〇九載御史范鏜言：「曹佾以外戚封郡王，祖宗以來，未有佾比。陛下所以富貴寵禄之厚矣，所以致孝愛於慈聖之情至矣。佾雖不王，乃所以保安曹氏，命行而改，抑以爲子孫萬世之成憲也。」不從。又卷三一〇載：「曹佾以封濟陽郡王恩，乞男四方館使評、引進副使誘改官。」則《宋史》載「封濟陽郡王」在元豐前，蓋誤。

〔三一〕神宗召入宮宴樂事，《宋史》本傳所載不同：「元豐中以疾告，既愈入謝，帝曰：『舅久不覲太皇太后，宜少憩内東門，朕當自啓。」已而召入，歷上下儒釋道五閣、大椿蟠桃亭，再升殿乃退。」《續通志》卷五〇三《曹佾傳》校記：「按《東都事略》神宗召佾至便殿，……《宋史·慈聖光獻皇后傳》：『帝偕佾詣后閣，少焉帝先起，若令佾得伸親親之意。后遽曰：「此非汝所當得留。」趣遣出。』皆載此事，而各有不同。」

〔三二〕薨年七十二：《長編》卷四二五載「護國軍節度使、守太保、開府儀同三司、中太一宮使、濟陽郡王曹佾卒」於元祐四年四月丁未。

〔三三〕治平中卒：《長編》卷二〇八治平三年四月己丑：「贈皇后弟内殿崇班高士林德州刺史。……每欲進擢，后屢辭。既卒，始追贈焉。」

〔三四〕卒年六十三：《宋史》卷四六四《向傳範傳》附《向宗回傳》作「卒年六十二」。《宋會要輯稿》禮四一之四載「檢校太保、開府儀同三司、保平軍節度使、漢東郡王向宗回」發哀於「政和四年十二月初十日」。

〔三五〕蔡京交結向宗良兄弟事，《宋史》卷四六四《向傳範傳》附《向宗良傳》云：「欽聖臨朝，陳瓘論其與蔡京相結。及預政事，亦能恪共自守。」《續通志》卷五〇三《向宗良傳》校記：「按《東都事略》，蔡京與宗良交結，欽聖還政，宗良尚預政事，故爲陳瓘疏論。與此異。」

〔三六〕喪未除而死年六十六：《宋史》卷四六四《向傳範傳》附《向宗良傳》作「宣和中卒，年六十六」。

東都事略卷第一百二十

宦者傳一百三

宦者之禍，見於前載者，尚矣。太祖開基，所用宦者不過五十人，但掌宮掖之事，未嘗令采他事也。嘗有中黄門，因禱祠山川，於洞穴中得怪石形類羊者，取以爲獻。太祖曰：「此墓中物爾，何以獻爲？」命碎其石，杖其人，其不受佞也如此。厥後，宰相欲以王繼恩爲宣徽使，而太宗不可；真宗欲以劉承規爲節度使，而宰相不可。聖君賢相所以防微杜漸者，一至是哉。

自李憲節制諸將於西邊，而童貫因之以握兵柄，徽宗既寵用貫，而梁師成坐籌帷幄，文武二柄歸此兩人，宰相特奉行文書而已。内而百司，悉以宦者兼領；外而諸路，則有廉訪承受之官。宦者之勢盛矣。小人之者利無耻者，争趨其門，反以所得爲榮者，可勝數哉！蕭牆之憂，識者以爲將遂如漢、唐之季矣。夫何變起夷狄，都人憤怒至抉其種類而殺之，而童、梁亦以誤國誅。宦者之禍，於是泯矣。雖然，不可以不戒也。

王繼恩，陜州人也[一]。初養於張氏，名德鈞。開寶中，復姓王氏。太祖時，爲内侍行首。太祖崩，繼恩執役永昌陵，遷宮苑使。端拱中，以昭宣使領皇城司。

李順亂於蜀，以繼恩爲兩川招安使，率兵討之。繼恩由小劍門路入研石砦，大敗之，遂平劍州。又平閬、綿二州，乘勝至成都，破賊十萬，斬首三萬，遂平蜀。於是宰相請用繼恩爲宣徽使，太宗曰：「宣徽使，執政之漸也，不可。」宰相言繼恩有平蜀之功，非此無以酬之。太宗怒，切責宰相，乃議別立宣慶使以寵之〔二〕。召還，領桂州觀察使。

始，繼恩善結黨邀名譽，乘間敢言，士大夫好進者多趨之。有潘閬者，賣藥成都，工於詩，繼恩薦之，召見，賜進士第。未幾，太宗察其狂妄，追還詔書。繼恩又與參知政事李昌齡、知制誥胡旦相結。太宗崩，繼恩與昌齡且有異議，皆抵罪。繼恩黜爲右監門衛將軍，均州安置，仍籍其家。卒於貶所〔三〕。

劉承規字大方，楚州山陽人也。建隆中，補高班。太宗時，拜北作坊使〔四〕，遷洛苑使。至道中，與周瑩同僉書樞密、宣徽諸房公事，領勝州刺史，僉書宣徽院。真宗議封泰山，以承規領發運使，累遷應州觀察使，以疾除左驍衛上將軍、安遠軍留後致仕。

承規性忠謹，得幸於真宗。病革，求爲節度使，真宗以問王旦。旦曰：「他日將有求爲樞密使者，奈何？」乃止。卒〔五〕，贈左衛上將軍，謚曰忠肅。承規本名承珪，真宗爲改今名云。

秦翰字仲文，真定獲鹿①人也。年十三，給事黄門，遷高品，爲入内押班。嘗使李繼遷，還言繼遷未賓之狀，且曰：「臣一内臣，不足惜，願再往手刺之，雖死不恨也。」太宗嘉其忠。

①獲鹿：原作「鉅鹿」，按《宋史》卷八六《地理志二》鉅鹿屬信德府，而真定有獲鹿縣，據《宋史》卷四六六《秦翰傳》並參舒仁輝《〈東都事略〉與〈宋史〉比較研究》第二七〇頁考辨改。

趙保忠以夏臺叛，李繼隆率師問罪，以翰監其軍。保忠就擒，以功拜崇儀使〔六〕。王均反，爲川峽招安巡檢使，五戰五捷，遂克益州。還朝，遷皇城使、入内都知。

翰爲人倜儻，有武功，以方略自任。性温謹，諸帥有剛很不和者，翰皆得其驩心。又輕財好施，與士卒同休戚，以故衆心樂爲之用。改昭宣使，遷平州團練使。卒，年六十四〔七〕。贈貝州①觀察使。

張崇貴，真定人也。太祖時，爲内中高品。太宗時，累加右班副都知，改洛苑使。真宗授李繼遷節度使，以崇貴使於繼遷。使還，領奬州②刺史。繼遷死，其子德明襲爵，又以崇貴使於德明。德明既納款，凡邊防事宜，經制大小，皆崇貴主之。以功遷皇城使、誠州團練使、内侍省左班都知〔八〕，加昭宣使，領鄜延路鈐轄〔九〕。崇貴③久在西鄙，善識蕃夷情狀，西人頗畏服之。卒，年五十七〔一〇〕。贈豐州觀察使。

周懷政，本并州人也。父紹忠，爲内侍，從太宗征河東，得於亂屍之間，養以爲子。給事禁闥，頗專勤，數年間，擢爲押班、都知〔一一〕，累遷昭宣使、英州團練使、入内副都知〔一二〕。常侍内廷，權任頗重。

真宗建皇太子，以懷政給事東宫，又領皇城司。於是附會者衆，有位居己上者，必排抑之。中外帑藏皆專取，而多入其家。性庸鄙，酷好妖妄。有朱能者，本永興軍民家厮養〔一三〕，遂賂其親信，得見，因與親事卒姚斌等妄談神仙事。懷政甚惑之，援引能爲永興軍監押，於乾祐縣僞造天書上之。能因是累至御藥使，領階州刺史。

①貝州：原作「具州」，據覆宋本、四庫本及《長編》卷八五、《宋史》卷四六六《秦翰傳》改。
②奬州：覆宋本、四庫本作「蔣州」，繆校作「奬州」。錢校：「元益案：此條亦係勞氏補校。」
③崇貴：原作「寧貴」，據覆宋本、四庫本及《宋史》卷四六六《張崇貴傳》改。

令於終南山修道觀，假托鬼神，言國家休咎，或臧否大臣、朝士，真宗漸疏之。懷政憂懼，而未有以發也。

會真宗不豫，自疑不起，常臥枕懷政股，與之謀，欲命太子監國〔一四〕。懷政自以爲東宫官也，遂議立太子，廢皇后，黜丁謂，用寇準，潛召楊崇勳等與之謀。崇勳等反以情告丁謂，謂夜往曹利用第計之。翌日，利用入奏其事，懷政坐誅〔一五〕。仍捕朱能並其黨，悉誅之〔一六〕。

雷允恭，開封人也。初爲黄門，頗惠①黠，稍遷入内殿頭，給事東宫。周懷政僞爲天書，允恭與發其事。及懷政死，擢内殿崇班，遷承制。再遷西京作坊使、普州刺史、入内内侍省押班。

章獻明肅皇后初臨政，丁謂潛結允恭，凡機密事令傳達禁中，由是允恭勢横中外。山陵事起，允恭請效力陵上，章獻曰：「吾慮汝有妄動，恐爲汝累也。」乃以爲山陵都監。允恭馳至陵下，司天邢中和爲允恭言：「今山陵上百步，法宜子孫，類汝州秦王墳。」允恭曰：「何不就？」中和曰：「恐下有石與水耳。」允恭曰：「上無他子，若如秦王墳，何不可？」中和曰：「山陵事重，踏行覆按，動經月日，恐不及七月之期耳。」允恭曰：「第移就上穴，我走馬入見太后言之。」允恭素貴横，人不敢違，即改穿上穴。及允恭入白其事，章獻曰：「此大事，何輕易如此？」允恭曰：「使先帝宜子孫，何惜不可？」章獻意不然之，曰：「出與山陵使議可否。」允恭見山陵使丁謂，具道所以，謂唯唯而已。允恭入奏曰：「山陵使亦無異議矣。」既而上穴果有石，石盡水出。已而事發，並坐盜金寶賜死〔一七〕，而籍其家。中和流沙門島，丁謂尋竄海上。

①惠：朱校本：「疑『慧』。」

閻文應，開封人也。給事掖庭，積遷至入內副都知。仁宗初親政，與宰相吕夷簡謀，以夏竦、錢惟演皆章獻皇后之黨，欲罷之〔一八〕。退以語郭后，后曰：「夷簡獨不附太后邪？但多機巧耳。」由是並夷簡罷。

夷簡素與文應①相結，久之，乃知事由郭后，夷簡由是怨后。及夷簡再相，因后與楊、尚二美人争寵，后以此廢，而楊、尚二美人寵益甚，仁宗未能去也。文應早暮入侍，言之不已，仁宗强應之曰：「諾。」文應即命氈車載二美人出。二美人涕泣，詞説云云，不肯行。文應罵曰：「官婢尚何言？」驅使登車。翌日，以尚氏爲女道士，居洞真宫，楊氏别宅安置。

郭后已廢，仁宗悔，有復后之意，文應大懼。會后有小疾，文應挾太醫診視，數日乃言后暴薨。文應累至昭宣使、恩州團練使。時諫官劾其罪，請並其子士良出之。以文應領嘉州防禦使，爲秦州鈐轄，改鄆州。士良罷御藥院，爲内殿崇班。

始，楊、尚二美人之出宫也，左右引陳氏女入宫，父號陳子城。楊太后嘗許以爲后，宋綬不可，王曾、吕夷簡、蔡齊相繼論諫。陳氏女至掖庭，將進御，士良聞之，遽見仁宗。仁宗披百葉擇日，士良曰：「陛下閲此，豈非欲納陳氏女爲后邪？」仁宗曰：「然。」士良曰：「子城使，大臣家奴僕官名也，陛下納其女爲后，無乃不可乎？」仁宗遽命出之。文應徙相州鈐轄以卒〔一九〕。贈邠州觀察使。

任守忠字稷臣，始以蔭爲入内黄門，累轉西頭供奉官，領御藥院，坐事廢。久之，復故官，稍遷上御藥供奉。

①「文應」上，覆宋本、四庫本有「閻」，朱校本無。

初，章獻明肅皇后聽政，守忠與都知江德明等交通請謁，權寵過盛。仁宗親政，出爲黄州都監，又謫監英州①酒税，稍遷潭州都監，徙合流鎮。西鄙用兵，又爲秦鳳、涇原路駐泊都監，以功再遷東染院使、内侍押班。出爲定州鈐轄，加内侍副都知。累遷宣政使、洋州觀察使，爲入内都知。

英宗即位，拜宣慶使、安静軍留後。初，英宗不豫，守忠交亂兩宫，語言誕妄。於是知諫院司馬光論守忠離間之罪，以爲國之大賊、民之巨蠹，乞斬於都市。遂貶保信軍節度副使、蘄州安置。守忠久被寵幸，用事於中，人不敢言其過。及貶，中外快之。久之，起爲左武衛將軍致仕。卒，年七十九〔二〇〕。

李憲字子範，開封祥符人也。始爲入内黄門，稍遷供奉官，爲太原路走馬承受，數論邊事。從王韶取河州，以功加遥郡團練使。

熙寧七年，木征合董氈、鬼章之兵攻破踏白城〔二一〕，河州危，詔趣憲赴之。憲馳至軍，晨起帳中張「敕」字黄旗，告吏士曰：「此旗，天子所賜也。視此以戰，帝實臨之。」士卒呼奮用命。會王韶領兵至，進釋河州圍，憲大破之。回軍古河州，木征降，以功加宣政使〔二二〕、嘉州防禦使，爲入内内侍省押班。

交州叛，以趙卨爲安南招討使，憲副之。未行，卨上言：「朝廷置招討副使，軍事須共議。至節制號令，即宜歸一。」憲銜之。由是屢紛卞②上前，遂罷憲，以郭逵爲招討，而卨副之。九年，以憲計議秦鳳、熙河路經略司邊事。於是御史中丞鄧潤甫、御史周尹、蔡承禧、彭汝礪言：「自《詩》《書》以降，迄於秦、漢、魏、晉、周、隋，不聞有

①英州：覆宋本、四庫本作「莫州」。
②卞：覆宋本、四庫本作「辨」。

以中人爲將帥者。唐明皇時，覃行章亂黔中，始以楊思勉爲招討使。唐之禍，萌於此。代宗時，魚朝恩幾危社稷，憲宗用吐突承璀，卒以輕謀弊賊，得罪後世。陛下其忍襲唐故迹，而忘天下之患乎？」又言：「鬼章之患小，用憲之患大。憲功不成其禍小，有成功其禍大。」章再上，弗聽。冷雞朴誘山後生羌擾邊，木征請自效，憲聽之。木征盛裝以出，諸羌聳視，皆無鬭志。我師乘之，獲級生降以萬計，斬冷雞朴。董氈懼，即遣侍胡奉贄效順〔二三〕。加宣州觀察使、入内副承旨，又遷宣慶使。

神宗問罪西夏，命五路出師。憲領熙河兼秦鳳，建大將旗鼓，節制諸軍。遇賊，破之。進駐女遮谷，收復蘭州。詔憲領兵直趨興、靈，平蕩夏賊，而憲不前。獨高遵裕以環慶、涇原師至城下，狼狽而還。除涇原路經略使，加景福殿使、武信軍留後。永樂城告急，憲赴援，至延州而城已陷，復還熙河，仍兼秦鳳軍馬。賊入蘭州，攻破西關，降宣慶使。已而憲敗賊於定西城。明年，夏人大入，圍蘭州，十日不克，糧盡引去。憲遣精騎度河，與賊遇，破之。坐妄奏獲賊功狀，罷内省職事。

哲宗即位，以爲提舉崇福宫。御史中丞劉摯劾其貪功欺罔之罪，降右千牛衛將軍，分司南京，居於陳州。未幾，復觀察使，提舉明道宫。卒，年五十一〔二四〕。紹聖元年，贈武泰軍節度使，謚曰敏恪，又改曰忠敏。

憲以中人爲將，雖能拓地降虜，而貪功罔上，傷財害民，貽患中國云。

王中正字希烈，開封人也。因父任補入内黄門。熙寧初，爲禮賓使，遷六宅副使、帶御器械。從王韶入熙州，以功遷作坊使、嘉州團練使，擢内侍省押班。吐蕃圍茂州，中正率陝西兵將援之，圍解。進昭宣使、内侍省副都知，遷防禦使。

王師問罪西夏，以中正僉書涇原路經略司公事。詔五路之師皆會靈州，中正失期，糧道不繼，士卒多死。有旨權分屯鄜延並邊城砦，以俟後舉。中正請罷省職，因遷金州觀察使、提舉西太一宫，坐前敗降秩二等。元祐初，言者再論中正違詔不赴興、靈會師之罪，復降秩二等。久之，提舉崇福宫。紹聖初，復嘉州團練使。卒，年七十一〔二五〕。

宋用臣①字正卿，開封人也。爲人有精思强力，以父蔭隸職内省。神宗修補廢弊，用臣經畫區處，多稱上意，創東、西府，築京城，建尚書都省，起太學，立原廟，導洛通汴，凡大工役，皆用臣董其事。性敏給，善傅會，神宗多訪以外事，朝士往往諂附之，權勢震赫一時。積勞至登州防禦使，加宣政使。

元祐初，言者論其罪，降爲皇城使，添監太平州酒税。紹聖初，復宣政使、慶州團練使、内侍省押班，進瀛州刺史、宣慶使。遷蔡州觀察使、入内内侍省副都知，以疾卒〔二六〕。贈安化軍節度使，謚曰僖敏。

謚議謂用臣爲廣平宋公，有「天子念公之勞，久徙於外」之語。豐稷論奏以爲：「凡稱公者，皆須耆宿大臣與鄉黨有德之士，其曰『念公之勞，久徙於外』，斯乃古周公之事，於用臣非所宜言也。望賜詳酌，止令賜謚。」論者是之。

【箋證】

〔一〕陜州人：《宋史》卷四六六《王繼恩傳》作「陜州陜人」，是。

〔二〕乃議别立宣慶使以寵之：「宣慶使」，《宋史》本傳及《長編》卷三六並作「宣政使」，「序位在昭宣使上」，當是。

①宋用臣：覆宋本、四庫本作「朱用臣」，誤。

〔三〕卒於貶所：《宋史》本傳作「咸平二年，座於貶所」。

〔四〕拜北作坊使：《宋史》卷四六六《劉承規傳》作「拜北作坊副使」。

〔五〕卒：《宋史》本傳於大中祥符五年後云「七月卒，年六十四」，校點本考證當卒於大中祥符六年，是。《宋會要輯稿》禮四一之五四載「安遠軍節度觀察留後、左驍衛上將軍劉承規」卒於大中祥符六年七月。

〔六〕以功拜崇儀使：《宋史》卷四六六《秦翰傳》作「以功加崇儀副使」。

〔七〕卒年六十四：《宋史》本傳：「（大中祥符八年）閏六月，暴卒於内庭之廨，年六十四。」《長編》卷八五大中祥符八年閏六月戊戌：「昭宣使、平州團練使、入内都知秦翰卒。」

〔八〕内侍省左班都知：《宋史》卷四六六《張崇貴傳》作「内侍左右班都知」。《長編》卷六四景德三年十月辛未載：「以六宅使、獎州刺史、内侍省右班都知張崇貴爲皇城使、誠州團練使、内侍省左右班都知，賞其功也。」據此，則《事略》「左」下脱「右」字。

〔九〕加昭宣使領鄜延路鈐轄：《宋史》本傳作「大中祥符元年，加昭宣使。……復命爲都鈐轄」，《長編》卷七二大中祥符二年十二月丙申載：「昭宣使、誠州團練使、内侍左右班都知張崇貴爲鄜延路都鈐轄。初，崇貴自鄜延召還，願留京師。上以崇貴練悉邊要，故復遣之。」《事略》於此前闕載張崇貴任鄜延路鈐轄，於此復命爲都鈐轄，又脱「都」字，失考。

〔一〇〕卒年五十七：《宋史》本傳：「（大中祥符）四年八月卒，年五十七。」

〔一一〕擢爲押班都知：據《長編》卷八二、《宋史》卷四六六《周懷政傳》，周懷政曾以入内押班爲刻玉都監及副都知等，未爲都知，疑《事略》誤。

〔一二〕累遷昭宣使英州團練使入内副都知：據《宋史》本傳，周懷政爲入内副都知在天禧二年，「領英州團練使，加昭宣使」在三年，《事略》「入内副都知」當置於「昭宣使」前。

〔一三〕本永興軍民家廝養：《宋史》本傳作「本單州團練使田敏廝養」，與《事略》異。

〔一四〕欲命太子監國：《續通志》卷五七六《周懷政傳》校記：「按《東都事略》載真宗以疾，因與周懷政謀，欲令太子監國，此懷政潛謀竊發，傳位太子之由來也。《宋史》本傳不載，今據增輯。伏讀《通鑑輯覽》御批謂：『真宗以國家大事謀及宦官，幾至釀成禍亂，爲始事不臧。』誠千古之正論，恭録識之。」

〔一五〕懷政坐誅：《長編》卷九六天禧四年七月甲戌：「昭宣使、英州團練使、入内副都知周懷政伏誅。」

〔一六〕仍捕朱能并其黨悉誅之：《宋史》本傳詳載周懷政伏誅及處罰其親黨事，並言朱能率衆反叛，「入桑林自縊死。永興、乾耀都巡檢供奉官李興、本軍十將張順斷能及其子首以獻，補興閤門祗候，順牢城都頭。以劉益等十一人黨能害中使，磔於市，王先、李貴、唐信、張用和八人皆處斬。能母妻子弟皆決杖配隸」。《事略》概言「朱能并其黨悉誅之」，不確。

〔一七〕並坐盗金寶賜死：《長編》卷九八乾興元年六月庚申：「西京作坊使、普州刺史、入内押班雷允恭伏誅。」

〔一八〕欲罷之：《宋史》卷四六八《閻文應傳》作「悉罷之」。據《宋宰輔編年録》卷四，明道二年仁宗親政，吕夷簡、張耆、夏竦、范雍、趙稹、陳堯佐、晏殊等同日罷，而錢惟演早在乾興元年十一月已罷，因此《長編》卷一一二及《宋史》本傳言「悉罷之」，是。《事略》改「悉」爲「欲」，不妥。

〔一九〕文應徙相州鈐轄以卒：《宋會要輯稿》儀制一三之五：「昭宣使、嘉州防禦使閻文應，寶元二年九月贈邠州〔觀察使〕。」

〔二〇〕卒年七十九：《宋會要輯稿》儀制一三之五：「左武衛將軍致仕任守忠，熙寧元年十月贈左千牛衛。」

〔二一〕木征合董氊鬼章之兵攻破踏白城：《宋史》卷四六七《李憲傳》同。《續通志》卷五七七《李憲傳》改作「會棟戩首領果莊攻破踏白城」，校記：「按《宋史·夏國傳》及《王韶》《景思立》等傳，並載景思立之死於踏白城，係爲棟戩别將果莊所敗，棟戩始終效順，並未與謀。穆整雖屢犯邊，而此戰實未合兵。本傳原文誤作『穆整合棟戩、果莊之兵攻踏白城』，今改。」

〔二二〕以功加宣政使：「宣政使」，《宋會要輯稿》職官四一之一九、《長編》卷二五三、《宋史》本傳作「昭宣使」，是，乃熙寧七年賞降木征之功。而《宋史》記李憲加宣政使在「斬冷雞朴」後，與《長編》卷二八二所相符，乃熙寧十年與「宣州觀察使」一並加之，《事略》誤置於「降木征」後。

〔二三〕即遣侍胡奉贇效順：「侍胡」，《宋史》本傳作「使」。

〔二四〕卒年五十一：《長編》卷四七四元祐七年六月戊寅：「宣州觀察使、提舉明道宫李憲卒。」

〔二五〕卒年七十一：《長編》卷五〇七元符二年三月己巳：「昭宣使、嘉州團練使、提舉太清宫王中正卒。」

〔二六〕以疾卒：《宋會要輯稿》禮二九之六九載「内侍省押班宋用臣爲修奉山陵都護」，卒於元符三年四月十五日。

東都事略卷第一百二十一

宦者傳一百四

童貫〔一〕，開封人也。始出李憲之門。性巧媚，自給事宫掖，善測人主意。元符末，徽宗置局於錢塘〔二〕，且訪①求古法書圖畫之屬，貫以内供奉主之。蔡京方謫居，與之遊。京有能書名，自書屏障扇帶階貫以進。逾年，入爲尚書左丞。京德其輔己，既相，始開邊，議收復青唐，起王厚爲經略使，合諸道兵十萬，用李憲故事，命貫爲監軍。師行及敵，會禁中火，徽宗以手書驛止貫。貫視之，遽納靴中。厚訪其故，貫曰：「上促成功耳。」竟出師。遂復湟中及鄯、廓等州，由内客省使除景福殿使、澧州觀察使〔三〕。内臣寄資轉行至兩使，自此始也。

俄爲熙河、蘭湟、秦鳳等路經略安撫制置使，累遷武康軍節度使、中太一宫使。出討溪哥臧征僕哥，復積石軍、洮州，以功徙鎮奉寧，時大觀二年也。貫恃功，稍自專軍政，選置將吏官屬，皆取中旨，不復干朝廷，寖忤京意。徽宗欲除貫開府儀同三司，京曰：「貫以宦者建節鉞，過矣。使相豈所當得邪？」乃止。自是兩人始交惡。

政和初，奉使契丹，移鎮武信。時京已罷相，使人言於徽宗曰：「遣使以宦者爲之，是中國爲無人矣。無乃爲虜所窺乎？」徽宗報曰：「虜酋以貫破青唐，名聞四夷，欲見之耳。彼要我，因覘之，不亦可乎？」虜方肆縱，

①訪：原作「放」，據四庫本及《宋宰輔編年録》卷一二改。

故貫所齎皆殊異珍腆，雖二浙髹藤①之具，悉遺之，務以瓌侈相誇。使還，益用事廟謨，兵柄皆屬焉。

初，夏國恃横山諸族强勁善戰，與中國抗。自种諤靈州戰不利，李憲始圖進築，不克行。貫欲成憲謀，遂領六路邊事，以太尉爲陝西、河東、河北宣撫使，遷開府儀同三司，權僉書樞密院河西、河北兩房事。於是徽宗曰：「元豐官制，樞密院官置知院、同知院事，其僉書院事未嘗除授。趙瞻、王巖叟、劉奉世並係元祐差除，今童貫宣撫陝西等路，帶行僉書，與官制有礙。貫見係儀同，即宰相之任也，可改爲權領樞密院事。」改鎮威武、寧江，拜太保、河中節度使，遷太傅，歷山南東道、劍南東川二鎮，封益國公。

貫將諸道兵六七年，窮討深入，立軍壘，建堡砦，平陽瞎令、古仁多泉、臧底河，及築靖夏、制戎、伏羌等城，以至蕭關、故骨龍砦[四]，斥地②置烽燧，扼據要害，謂可制西賊死命。逼大將劉法，使北取朔方。法不可，貫曰：「君在京師時，親受命於上前，自言必成功。今乃以難告，何也？」法不得已，引軍出塞，夏人伏兵擊殺之。貫隱其敗而以捷聞，使百官入賀。議者切齒而莫敢言，關右爲之擾然。夏人亦大困，乃因遼人納款請和，且以誓表進，許之，前所未有也。

已而夏使來賀生辰，授以誓詔，辭不取，貫莫能屈，但嚴迫館伴，使强之而去。還及境，遂棄之以歸。延安帥賈炎得而表上之，貫始大沮。祖宗法，屬羌不授漢官，有功則於蕃官轉遷，至是則引拔之，或至節度使；弓箭手有分地，得以保其鄉里墳墓，至是則皆使居新邊；禁軍逃亡者，罪至死不貸，至是則許改刺別軍。邊備軍政，自貫壞矣。

①藤：覆宋本、四庫本作「籐」。
②地：覆宋本、四庫本作「池」。

貫之使遼也，燕人有馬植者，得罪於其國，間道邀貫，爲言取燕之策，貫信之，約其來歸。至則藏之家，奏賜姓名爲趙良嗣，即條上平燕之策，大抵謂：「雲中，根本也；燕、薊，枝葉也。當分兵撓燕、薊，而後以重兵取雲中。」選使由登州聘金國於海上，議夾攻遼，取燕雲十四州地。使者往返，項背相望。貫因選西師宿將會京師，又令環慶、鄜延軍與河北禁軍更戍①，儲兵糧，修②戰具，植旗伐鼓，剋日以發。

會方臘叛，命貫南討以爲江浙、淮南等路宣撫使，傾所聚兵以往。徽宗以賊熾爲慮，親握貫手送之，曰：「東南事盡以付汝，不得已者，徑以御筆行之。」貫至浙部，知華石綱爲民害，命其屬董耘草詔罷去之，民大悅，臘亦就擒。以功進太師，封楚國公，復宣撫陝西、河東、河北路。

貫方被命討賊，滯留東南，而金虜使至。徽宗頗悔結約。貫黨待之，須其歸，請益牢③，徽宗意遂決。宣和四年，女真報遼主延禧敗走，邀我師夾攻。於是貫統諸將兵十五萬，屯近邊，至雄州，遣張寶、趙忠諭耶律淳舉國內附。淳執二人斬之。又令人諭易州土豪史成獻其地，成執以送燕，亦斬之。復募馬擴齎軍書入燕。遼將大石林牙者謂王介儒曰：「過河語童貫，欲和即還作善鄰，不欲和請以軍相見，毋令諸軍徒苦也。」遂遣种師道及高陽帥和詵全兵駐白溝，楊可世輕兵趨蘭溝甸。淳益兵二萬度溝挑我軍，詵堅壁自守。貫迫令退師，師道力陳：「兵可進不可退，虜壁相銜，退必遭襲。」貫再三趣之，不得已軍却，大風雪及之。虜以敗盟責我，追我軍至古城南而還。以遼人尚强，未易圖，乃以探報不實歸罪於詵，奏黜之。遣劉韐即驛與介儒議再修好。徽宗聞之，亦詔班師，命諸將分屯。

①戍：覆宋本作「戌」。錢校：「『戌』乃『戍』之誤。」
②修：朱校本同，覆宋本、四庫本作「備」。
③牢：覆宋本、四庫本作「卒」，繆校作「牢」。

貫自瓦橋關還，時蔡攸以副使至河間，聞淳死，郭藥師以涿州降，軍勢稍振，貫復趨雄州。宰相王黼力主再興師之議，悉諸路兵二十萬會三關，詔貫、攸毋歸，異議者斬。遼后蕭氏遣使奉表稱蕃，乞損歲幣以復舊好。貫怒其不納土，麾而去之。督劉延慶入新城，劉光世入易州，郭藥師精騎由間道襲燕。已而敗績，諸將殺楊可世以降，延慶氣奪，不能軍，退師。虜益張，追奔至涿州，舒左右翼包之，我師復大敗。自熙寧以來，累世所積軍實，埽地盡矣。

貫再舉取燕，不能下，懼無功狀以歸，又密遣趙良嗣等使金人圖之。金人已取燕，志益驕，使四五往返，邀索不已。卒以遼人舊歲幣爲數四十萬，又益以六州代稅緡錢百萬，奉誓書以往，方命交地。五年，貫與攸以兵入之，先曰交割，後曰撫定，僅令諸將修隍塹，列蹊隧，定疆畛，問疾收胔，止舍少休。燕之金帛、子女、職官、民户，悉爲金人席卷而去。蓋殫國力以數百萬計，所得者空城而已。貫上表告功，落節鉞，爲真太師，加封徐、豫國公。遂乞上尊號，徽宗不許。越兩月，命貫致仕。

金人再取蔚州，入飛狐、靈丘兩邑，且絶交山後之議。明年，復起貫領樞密院事，河北、燕山府路宣撫使，如太原。又明年，封廣陽郡王。未幾，邊①遽至，黏罕將南侵。貫遣馬擴、辛興宗往聘，窺之。虜以納張覺責我，且馳使太原，告相國已興兵。貫厚禮之，且曰：「如此大事，何不素告我？」使者令貫速割河東北，以河爲界。貫聞之氣褫，摶手無他策，亟謀還。太原帥張孝純譙之曰：「金虜渝盟，大王當會天下兵極力楮梧。今大王去，人心摇矣，是舉河東與賊也。河東爲賊有，河北亦豈能保邪？」貫恐②，叱之曰：「貫受命宣撫，非守土臣。欲留

①「邊」下當脱一字，繆校補作「寇」。
②恐：覆宋本、四庫本及《宋史》卷四六八《童貫傳》作「怒」。

貫，置帥臣何爲？」孝純撫掌嘆曰：「平時童①太師作幾許威望，及臨事乃畏懾如此，身爲大臣，不能以死排難，止欲奉頭鼠竄，何面目見天下之人乎？」

貫甫至京師，而胡騎已長驅向闕。欽宗即位，徽宗居於龍德宮。貫贊徽宗南巡，倉皇扈從，載其帑，銜舳擁兵自衛，沿汴而下。徽宗方過浮橋，隨駕衛士攀望號慟，貫擁徽宗以行，惟恐不速。令親兵引弓射之，衛士中矢而踣者百餘人，聞者莫不扼腕而②流涕。於是諫官、御史至於國人，交章論其罪，請誅之。先貶爲左衛上將軍、池州居住，連謫昭化軍節度副使、吉陽軍安置。行未至，下詔數其十罪，命監察御史張澂迹其所至誅焉。追至雄州，洫斬之〔五〕，家屬皆徙吉陽。

貫握兵三十年〔六〕，權傾四方，奔走期會過於詔敕，道路目語，莫敢誰何。以鐵錢夾錫錢行之關陝，恐物價不平，錢有輕重，乃下脅制削其直，民告病。知永興軍徐處仁以爲言，至有「餓殺長安一城」之嘆。監司迎貫指，聞之朝，處仁反以罪去。其後論者疏貫六事，選方劭以察訪廉之。貫密伺劭動靜，先得以白於徽宗。及劭入奏，每一事，徽宗隨折之，曰：「卿不知是事乃朕處分也？」劭③因盡暴貫惡，貫益銜之，以它事中劭，劭竟得罪，終身不復起。

貫狀魁梧偉瞻，視頷下有十數莖須，皮骨悉如鐵，略不類閹臣。然頗疏財，後庭自妃嬪而下及内侍無大小，致餉無虛月。凡上左右，交口稱譽一詞，寵煽赫然。乃至陰謀搖東宮，聲焰震天下，服食逼乘輿，金寶充私室。又招伉健少年萬人，號勝捷軍，以爲親兵，環列第舍，持兵呵衛，僭擬宮省。一時蹈利樂禍之人，趨附成市。侯王

①童：朱校本、繆校同，覆宋本、四庫本作「重」，誤。
②而：原作「腕」，據覆宋本、四庫本改。
③劭：原作「邵」，據四庫本改。下二「劭」同改。

柄臣，多出其門。厮臺賤役，自承宣使而下凡數百人。庖夫廄兵，亦官至防、團、刺史。惡稔釁盈，卒以起戎貽禍，毒流四海。

初，貫自太原還京師也，勝捷軍統制官張師正在河北，與金人相遇，潰而南至大名，帥李彌大斬以徇。勝捷軍懷不自安，又聞貫已誅死，有大校李福者，率以爲亂。遂犯濮州，趨長清，肆掠淄、青間，脅從影附者至四萬人，所過無噍類。至章丘縣，臨城問曰：「童大王有何罪，而朝廷殺之？」章丘吏民乘城言曰：「此自朝廷處分，非小邑罪也。」遺以牛酒，乃捨去。自濟南而東，彌大遣裨將韓世忠以所部五百襲擊之。至臨淄河，世忠令其衆曰：「前則有功，退則有死。有怯敵而退者，後騎得殺之以爲功。」士皆殊死戰，遂斬福首，餘棄甲而遁。世忠追之，羣賊猶萬餘，世忠逐北，殺其爲首者六人。單騎入其軍，倡言曰：「我輩皆西人，平生唯殺番賊，幾曾作賊邪？官家使我招汝，若能降，悉赦汝罪。」皆拜服請命曰：「願赦我。」遂掃營來降。

臣稱曰：宦者之職，本以服役掃灑，主通內外之禁，而時君世主必狎而親之，故雖寵任之篤，則亦無有命以旄鉞者。自一童貫領節制，而踵之者數人，位三師而爲公孤者，亦相繼焉，蓋自古未有也。矧貫隳藝祖之軍制，敗章聖之盟誓，其爲罪也，雖百世不磨矣。於虖！貫以腐夫庸人而任以大臣之事，疏以王爵之封，志得意驕，自貽顛覆，尚何逃鈇鉞之誅哉？

梁師成〔七〕，開封人也。以小璫進，慧黠，習文法，稍知書，得隸書藝局，爲睿思殿文字外庫，專主出外傳上旨。政和間，遂得君貴幸，至竄名進士籍中，積遷晉州觀察使、興德軍留後，直宣和殿。明堂建，以爲都監。俄拜節度使，加中太一宮使，歷鎮護國、河東，以太尉提舉明堂。宣和四年，進開府儀同三司、淮南節度使，又進少保。

時中外大寧，徽宗留意禮樂符瑞事，師成特以穎悟善逢迎恩寵①。徽宗凡有御筆號令，皆命主焉。於是入處殿中，多擇善吏習仿奎畫，雜詔旨以出，外廷莫能辨。陰竊用人之柄，權勢熏灼一時，耆進之徒爭趨之。宰相王黼事之如父，執政侍從出其門者不可勝紀。王安中爲翰林，每草師成制，必爲好辭褒頌功德，時人謂之王内相。上師成啓事云：「始童貫自謂韓琦遺腹，而師成亦以爲蘇軾出子。」至訴於徽宗曰：「先臣何罪？」先是，天下禁誦軾文章，其尺牘在人間者皆藏去，至是始復出。

黼建伐燕山議，廷臣多以爲不可，唯師成力爲之助，能決上意。晚年益通賓客，招賕賂，士人納錢數千緡，即令赴廷試，以獻頌上書爲名而官者，至百餘人。及倡第之日，侍於上前，奏請升降，皆出其口。其小史曹組、儲宏者，亦登第，而宏執廝養之役如初。李彦括民田於河北、京東西，所至倨坐黄堂，監司、郡守皆列侍。有言之於徽宗者，師成適在側，抗聲曰：「王人雖微，序於諸侯之上，此《春秋》法也，豈足爲過哉？」言者懼而止。

師成貌若不能言，然陰賊險佷，伺間即發。後徽宗幸黼第，見其側有複門通師成家，因就詣之，盡悟其交結狀，遂罷黼相，師成由此益絀。初，欽宗在東宫，鄆王楷頗有奪嫡意，或言師成獨保護太子〔八〕。欽宗受内禪，靖康初，徽宗東巡，舊人多從行，獨師成以舊恩留京師。言者論其惡，欽宗迫於公議，黜爲彰化軍節度副使。行一日，追殺之〔九〕。後籍其家。

臣稱曰：設科以待士，有國者之盛典也。昔之人，蓋有致位宰相而不由進士，以爲終身之憾者矣。亦有自科第奮而爲宰相，猶稱前進士者矣。以是觀之，擢進士者，豈不貴且重哉！一梁師成竄名進士

①恩寵：繆校作「故恩寵日隆」。

籍中，是朝廷之上，恬然以宦寺而齒士大夫也。而儲宏輩又因師成以得第，是又以皂隸而加諸士大夫之列也。於此之時，士之無耻者與之敍同年，而不以爲耻，何哉？豈非名器之濫而至於是與？抑廉耻道消而以爲當然者與？何昔以爲重，而今輕之若此與！不然，何爲而舉世不以爲非也。烏虖！斯人進，則士之被褐懷玉，皆嫉世而遠去矣。可勝嘆哉！

【箋證】

〔一〕童貫：《三朝北盟會編》卷五二引《中興姓氏奸邪録》曰：「童貫字道夫。」汪琬《東都事略跋》卷下：「當道君之世，姦佞竊國，士大夫苟强項孤立者，必不復登其朝，在朝亦必以不合見黜。其一時相率旅進者，類皆簡賢附執無廉耻之徒也。然如楊時則蔡京客，李綱則蔡攸客，梅執禮則王黼客，劉韐則又童貫之客，蓋其始進俱不以正，所賴文章氣節稍自表見，且有殺身以成仁者，故一時物論亦遂從而原之。不然，與其佗僉小何以異哉？」又：「吕吉甫之文本經術，蔡元長之書善大字，童貫之畫工窠石，率爲當時所稱，然不轉瞚而棄之，與涕唾無異。如蘇、黄之流，皆罹黨禁，而寸縑尺幅，流傳後世，收藏者不啻寶玉大弓。洵乎一材一藝，必挾名節道義以爲重耳。」

〔二〕徽宗置局於錢塘：《宋史》卷四六八《童貫傳》作「徽宗立，置明金局於杭」，《三朝北盟會編》卷五二稱「童貫始爲殿頭，元符末，主杭州之明金局」，《事略》「置」下當補「明金」二字。

〔三〕澧州觀察使：《宋史》本傳作「襄州觀察使」。《通鑑長編紀事本末》卷一四〇、《宋十朝綱要》卷一六均作「襄州觀察使」，疑《事略》誤。

〔四〕以至蕭關故骨龍砦：《宋史》本傳作「薄於蕭關、古骨龍」，《宋會要輯稿》方域八之二五：「湟州震武城，政和六年以古骨龍城改。」《宋史》卷八七《地理志三》亦作「古骨龍」，《事略》「故」當作「古」。

〔五〕追至雄州沲斬之：《三朝北盟會編》卷五二：「（靖康元年八月）二十三日丙辰，誅童貫於南雄州。」《宋宰輔編年録》卷一三則載

「斬童貫於南雄州，函首赴闕」於靖康元年九月己卯。

〔六〕貫握兵三十年：「三十」，《宋史》本傳作「二十」，覆宋本、四庫本據以改作「二十」。按貫自崇寧二年初掌兵權至靖康元年被貶處死凡二十三年，故宋人多稱貫握兵「二十年」「二十餘年」，亦有稱「幾三十年」者（《三朝北盟會編》卷五〇、《靖康要録》卷九）。考《宋宰輔編年録》卷一三載其《責授左衛上將軍致仕池州居住制》稱「付以兵柄，時惟信臣，護諸將垂二十年，論戰伐無尺寸效」，則以「二十」爲是。

〔七〕梁師成：《宋史》卷四六八《梁師成傳》作「梁師成字守道」，《事略》不載其字。

〔八〕或言師成獨保護太子：汪琬《東都事略跋》卷下：「《蔡攸傳》道君親書『傳位東宮』四字授攸，攸以屬吴敏、李綱共成之。又此《傳》鄆王謀奪適，師成嘗保護太子。蓋傾東宮者，王黼、童貫也。然陳少陽《三上欽宗書》乃言『攸沮遏尤力』，又言：『比年都城婦女衣服首飾，往往飾韻字，甚至幣帛亦織成此字，皆師成倡之，爲鄆王之讖，以撼國本。』而獨謂吴敏有贊勸之力，恐其説未盡然。按《貴耳録》，内禪之前，上諭曰：『處置許多事，蔡攸盡道不是，只傳位一事，靠要做佗功勞。』又《李熙靖傳》道君告熙靖曰：『内禪出我至誠，使我無此意，人言之且滅族，其誰敢哉？』又《奉迎録》道君問李綱拆夾城事，且曰：『内禪之事久已定，但人不知。偶緣金人犯闕，事成倉卒爾。』然則外論紛紛，類皆出於揣摩，非道君意也，而敏與綱遂借此驟用矣。或謂兩人以奇策取執政，然邪否邪？」

〔九〕行一日追殺之：《宋史》本傳作「行次八角鎮，縊殺之，以暴死聞」。《宋十朝綱要》卷一九靖康元年正月乙未：「責授少保、淮南節度使梁師成散官，行至八角鎮，賜死。」

東都事略卷第一百二十二

僭僞傳一百五

張邦昌字子能，永静軍東光人也。舉進士，爲瀛州教授，召爲秘書省①正字，累擢太常少卿，改起居舍人，拜中書舍人、給事中，遷大司成。會生徒犯法，邦昌坐訓導無素，罷提舉崇福宫，知光、汝二州。久之，以右文殿修撰知洪州，入爲禮部侍郎、翰林學士。宣和元年，除尚書右丞，改左丞，遷中書侍郎。當王黼用事，與童貫共起邊釁，以致金人分道入寇，斡离不以兵嚮京師。邦昌特②不可否於其間，時論罪之。徽宗既禪位於欽宗，靖康元年，拜少宰兼中書侍郎。

金人犯京師，遣李棁、鄭望之使斡离不。金人欲割三鎮之地，又欲親王、宰相爲質。時肅王及康王居京師，欽宗退朝，康王入，毅然請行。即以爲軍前計議使，以邦昌副之，遂詣虜營。會姚平仲議夜叩虜砦，欲生擒斡离不，奉康王以歸。而其謀泄，未發，金人知之，先事設備。及平仲率步騎萬人夜劫砦，以敗還。斡离不以責邦昌，邦昌曰：「非朝廷意，恐四方勤王之師各奮忠義，自結集爲此舉耳。」斡离不曰：「謂爲賊邪，焉得如許之衆？相公但可諉謂朝廷不知耳。」良久，罷遣歸。金人不欲留康王，更請肅王同邦昌以去。尋以邦昌爲太宰兼門下侍

---

①秘書省：原作「校書省」，按宋不設校書省，而秘書省有正字四人，據《宋史》卷一六四《職官志四》改。

②特：覆宋本、四庫本作「持」，繆校作「絶」。

郎。未幾，除觀文殿大學士、光禄大夫、中太一宫使。

是歲，金人再犯京師。二年，欽宗出郊，而吴幵、莫儔自虜營持文書至，令依金主詔，推薦異姓堪爲人主者，從軍前備禮策命。孫傅、張叔夜讀詔號慟，即以懇請乞立趙氏。金人以非其主意，却之。幵、儔督脅道君皇帝、皇后、皇太子出郊，且督舉異姓，於是召百官會議。

時都城先闕傳，虜中已定立張邦昌，抑令城中百官、父老、僧道僉狀推舉，不即屠城。左司員外郎宋齊愈適自外至，或問以虜意所主，齊愈寫「張邦昌」三字示之。既與所傳符合，議遂定。議狀云：

自古受命之主，必上膺圖籙，下有勳德在民，或權强近臣，或英豪特起，有大材略，因而伯有天下，方爲人所樂推。今來大國臣僚如孫傅等，召自外方，被用日淺，率皆駑下，詿誤趙氏，以至亡國。人皆懷怨，方且俯伏，謹俟大誅。若付之土地，俾備藩屏，必爲百姓忿疾，立至變亂，上負選用之意。今在内官僚，委無其人，乞選用張邦昌以治國事。如别有道德隆茂，爲天命之所歸者，乞賜選擇。

金人取孫傅、張叔夜赴軍前，獨御史中丞秦檜以狀論列云：

檜身爲禁從，職當臺諫，荷國重恩，甚愧無報。今大金擁重兵，臨已拔之城，操生殺之柄，必欲易姓。檜盡死以報，非特忠其主也，且得言兩國之利害耳。

趙氏自祖宗以至嗣君，百七十餘載。頃緣姦臣敗盟結怨，鄰國謀臣失計，誤主喪師。遂致生靈被禍，京都失守，皇帝至出郊求和於軍前。兩元帥既允其議，已布聞於中外矣。且空竭帑藏、居民之所積，追取鑾輿服御之所用，割兩河之地，以通和好。今乃變易前議，人臣安忍畏死而不論哉？且宋之於中國，號令一統，綿地數萬里，德澤加於百姓，前古未有也。興亡之命，雖在天有數，豈以一城而决廢立哉？竊觀今日計議之士，多前日大遼亡國之臣，畫策定計，所以必滅宋者，非忠於大金也，特假威以報怨耳。

頃道君誤聽姦人，因李良嗣父兄之怨，滅契丹盟好之國，乃有今日之難。然則因人之怨以滅人之國，其禍可勝言哉？議者必又曰：「滅宋之策，在絶兩河懷舊之思，除鄰國復仇之志而已。」又曰：「大金兵威無敵天下，中國之民可旨麾而定。」大金果能滅宋，兩河懷舊之思亦不能忘。如其不能忘，徒使宗屬賢德之士倡議天下，竭國力以北向，則兩河之民將去金國而歸宋矣。且天生南北之國，方域至異也。晉爲契丹所滅，周世宗復定三關，是爲晉報恨。然則今日豈必趙氏然後復仇哉？中國英雄亦將復中國之恨矣。

大金自去歲用師中國，入境征戰已逾歲矣。然所攻必克者，無他，以大金久習兵革，中國承平百年，士卒罕經戰陳，將帥①未得其人也。使異日士卒精練，將帥得人，大金能必其勝負哉？且世之興亡，必以有德而代無德，以有道而易無道，然後皇天祐之，四海歸之。

若張邦昌者，在道君時，附會權幸之臣，共爲蠹國之政。今日社稷傾危，生民塗炭，雖非一夫所致，亦邦昌爲之②之力也。天下之人，方疾若仇讎。若付以土地，使主人民，四方英豪必共起而誅之，終不足以爲大金屏翰矣。如必立邦昌，則京師之民可服，而天下之民不可服；京師之宗子可滅，而天下之宗子不可滅也。檜不顧斧鉞之誅、戮族之患，爲元帥③言兩朝之利害。望稽考古今，深鑑忠言，復嗣君之位，以安四方之民。非特大宋④蒙福，亦大金萬世之利也。

金人怒，取檜以去。吴幵、莫儔至，報邦昌將入城，於是治尚書令聽事及西府以待之。虜使來趨班，邦昌欲

①帥：原作「師」，據覆宋本、四庫本及《三朝北盟會編》卷八〇改。
②爲之：繆校作「附贊」。
③帥：原作「師」，據覆宋本、四庫本改。
④大宋：原作「太宗」，據覆宋本、四庫本改。

自裁。或曰：「相公城外不死，今欲以死塗炭一城耶？」衆又泣勸，再三乃止。金人奉册寶，以三月丁酉立邦昌。邦昌北望拜舞跪受，册曰：「咨爾張邦昌，宜即皇帝位，國號大楚，都金陵。」邦昌受册訖，遣閤門傳令勿拜。王時雍帥百官遽拜，邦昌立回身面東，拱手而立。以吏部尚書王時雍權知樞密院事兼領尚書省，翰林學士承旨①吴开權同知樞密院事，兵部尚書吕好問權領門下省，開封府②徐秉哲權領中書省，延康殿學士李回權尚書右丞，尚書左丞馮澥③仍舊職。

初，邦昌之入也，吕好問謂邦昌曰：「公知今日人情所向乎？今日人情向公者，畏金人爾。金人既去，復保人情如今日乎？」邦昌變色曰：「然。」好問曰：「今日康王在外，普天之下，同心共戴，爲公計者，曷以大物歸之乎？好問所以首建此議者，以三世輔相，當以扶趙氏爲己任也。」邦昌唯唯，好問因移書康王曰：「今二聖已去，願大王自立，爲宗廟社稷計，以雪二聖之耻。大王若不自立，恐有不應立而立者。」及邦昌僭號，以好問攝門下省，好問但書銜，仍莅舊職。王時雍等誚之，好問曰：「受命於上，不可改也。」

邦昌下令曰：「比緣朝廷多事，百官有司皆失其職守。自今出入局，各遵常度，御史臺覺察以聞。」又曰：「向迫大國之威，俾救斯民於兵火，而諸公横見推逼，不容自裁，忍死以理國事，豈其④心哉？出令之初，有司乃至以聖旨行下，載循昧陋，殊震危衷。夫聖孔子不居，則予豈敢？自今⑤與三省、密院官議定處分，及内外官司

①承旨：原作「丞旨」，據四庫本改。
②府：覆宋本、四庫本作「尹」。
③馮澥：原作「馮獬」，據下文及覆宋本、四庫本改。
④豈其：原作「其豈」，據覆宋本、四庫本乙。
⑤今：原作「令」，據覆宋本、四庫本及《靖康要録》卷一六改。

面陳得旨，內降及批出文字稱中旨，遣官傳諭所司稱宣旨。」王時雍每言事邦昌前，則曰「臣啓陛下」，邦昌屢斥之。時雍等勸邦昌坐紫宸、垂拱殿，吕好問曰：「不可。」邦昌矍然而止。

金人索金銀日以峻急，邦昌知民情不安，移書虜酋以免。遂往青城見虜酋致謝，因面議乞祥①趙氏陵廟及免取金帛，俟江寧府修繕畢，三年內遷都，並借金銀犒賞。虜許之。又請歸馮澥、曹輔、路允迪等，亦許之。丁未，邦昌下令赦天下。丁卯，邦昌率百官詣南薰門，望軍前遥辭二帝。邦昌慟哭，百官軍民皆哭。邦昌復致書虜酋云：「孫傅、張叔夜、秦檜請存趙氏，留寘軍中，既知徇義於前朝，必能盡忠於今日。宜蒙寬宥，使獲旋歸。」不報。邦昌如虜營，所過起居並如常儀，從行者王時雍、徐秉哲、吴幵、莫儔。二酋見邦昌所致書乞還孫傅等，大怒，謂：「聖人仁者，豈欲請講前日事邪？」且云：「今若縱兵，非無名，然亦駐兵不遠，當觀釁而動。」邦昌懼不能答。

四月，二帝北狩，虜騎亦退。辛酉，邦昌手書赦天下。吕好問又謂邦昌曰：「赦書日行五百里，今四城之外便是蕃人，欲赦他誰？況公權攝，當俟復辟。」又謂邦昌曰：「今日所宜先者，當迎元祐皇后，使人知天下已還趙氏。且速遣使請大元帥早正大位，以絶狂虜之謀。」邦昌從之。好問因請孟忠厚勸后，以從羣臣之請，則天下定矣。癸亥，册元祐皇后，則曰「宋太后」〔一〕。好問曰：「吾言不可矣。」即不出。孟忠厚出邦昌所上書，有「推戴大元帥」之語，於是復出。邦昌遣蔣師愈齎咨目至大元帥府，其詞曰：

邦昌伏自拜違北去，所遭禍難，不可備詳。昨自臘月二十日還闕，正月十五日到城外，方知國家禍變之酷，主上蒙塵於郊。二月七日，又聞金酋之令，遷二帝、太子、后妃、帝姬、宗室近屬，劫質虜營。既而又欲焚

①面：朱校本同，覆宋本、四庫本作「而」；祥：覆宋本、舊鈔本、四庫本作「存」。

燒宗社，蕩滅生靈，俾推戴異姓，方免屠毒。尋奉御筆付孫傅等，令依元帥指麾，方爲長計。無拘舊分，以速咎累。

於時公卿大夫慟號軍前，以救君父。邦昌哀號擗踴，以身投地，絶而復蘇。虜執酋命，終莫肯回，度非口舌可争，則以首①觸柱，求死不能。又緣甲士防虞，晝夜監守，雖欲引繩揮刃，赴井蹈河，皆不可得。豈謂城中之人相與逃死，乃嫁大禍，臨於一身。變出不圖，死安足惜？忽劉彦宗等齎城中文字，與吴开、莫儔俱至，邦昌呵責彦宗，又駡：「城中百官爲自免計，逼人以首惡之名。使邦昌有兵，定與大金相抗，不共戴天。」彦宗等語塞，邦昌因不復食六七日，垂死，而百官陳述禍福②，謂：「事已至此，雖臣民俱死，莫能回二帝之還，惟有從權，庶幾全保宗社，可爲後圖。若堅持一節以就死地，恐上累二帝，豈得爲忠臣乎？」

邦昌身爲宰輔，世荷大恩，主辱而不能死，復何面目以見士民。然念興復之計，權以濟事，故忍死於此。幸兹虜騎已還，道路可通，故遣齎此〔三〕，以明本心。今則社稷不隳，廟主如故，祖宗神御，皆幸存全。伏惟殿下盛德在躬，四海系望，願寬悲痛，以幸臣民。續次别差謝克家等，間道齎玉寶一紐詣行府，當别貢陳。

康王遣使報邦昌書，曰：

太宰相公閣下：天降大禍，不使某前期殞滅，而使聞君親之流離，見宗族之蕩覆，肝心摧裂，涕淚不禁，窮天下之楚痛，不足爲喻。便欲引繩伏刃，而二聖之鑾輿未復，四方之兵馬方集，將士忠憤，責以大義，故飲泣忍死，力圖奉迎。今河北、河東忠義之兵數百萬，諭使邀迎，率皆響應，蚤夜以覬，聞人音而矍然。然念與

①首：原作「手」，據覆宋本、四庫本及《三朝北盟會編》卷九一改。
②福：原作「禍」，據覆宋本、四庫本及《三朝北盟會編》卷九一改。

相公去歲同處賊營，從容浹月，自謂知心，故比來之事，聞流言而不信，士大夫將相亦皆云爾。

今奉來教，備陳始終，有伊尹之志，達周公之權，然後知所期之不繆。天或悔禍，可覬二聖之復也。所喻遣謝克家之意，讀之愕然失措，其何敢承。願皆緘藏内府，責在守者，俟鑾輿歸而上之。九廟之不毁，生靈之獲全，相公之功，已不愧於伊尹、周公矣。

某方身率士卒，圖援父兄，願相公協忠盡力，奉迎二聖，復還中都，克終伊、周之志。某身膏賊手①，受賜而死矣。方寸潰亂，修謝不能多及。

邦昌又遣其甥吴何及王舅韋淵，同齎咨目②稱臣。其大略言：「封府庫以待大王。顔子③曰：『子在，回何敢死？』臣邦昌所以不死者，以君王在外也。」王召何，飲以酒，謝克家以邦昌之命，齎玉璽至大元帥府，其篆文曰「大宋受命之寶」。王謙拒，慟哭不受，命汪伯彦司之。

始，吕好問謂邦昌曰：「盍奉欽聖故事乎？」邦昌曰：「虜去未遠，請俟翌日。」好問曰：「何可緩也。」至是，邦昌請元祐皇后垂簾聽政〔三〕，以太宰退處資善堂。自僭位號至是，凡三十三日。邦昌言：「謝克家回，恭聞車駕徑至南京，臣承乏宰司，欲起離前去，庶伸翊戴之誠，以請權宜之罪。」又遣王時雍、徐秉哲奉乘輿服御至南京。邦昌繼至，伏地慟哭請死，王慰撫之。

五月朔旦，康王即皇帝位於南京，以邦昌爲太保、奉國軍節度使，封同安郡王。五日一赴都堂，參決大事。遷太傅。既而貶昭化軍節度副使、潭州安置，尋賜自盡〔四〕。王時雍、莫儔、吴幵、徐秉哲亦皆誅竄而死。

①身膏賊手：繆校作「縱身膏賊斧」。
②目：覆宋本、四庫本作「自」，誤。
③顔子：原作「孔子」，據覆宋本、四庫本及《論語·先進》改。

臣稱曰：邦昌之僭，良由脅迫。及金騎已退，乃納政孟后，歸璽康王，其心亦可見矣。然聖人之大寶曰位，邦昌乃起而代之，可乎？《春秋》之法，於君君臣臣、父父子子之道，特嚴焉。苟干①大位而不問，而曰彼脅迫也，是豈《春秋》之志哉？然則邦昌之死，其亦合於《春秋》之法也，何矜宥之有云？

【箋證】

〔一〕則曰宋太后：汪琬《東都事略跋》卷下：「《靖康遺録》：邦昌初遣人迎孟后入宮，其策云：『尚念宋氏之始，首崇西宮之禮。』蓋用太祖即位迎周太后入西宮故事，此邦昌逆迹明徵也。又趙子崧劄子：『邦昌既僭僞號，胡思獻赦文云「無湯、武之征誅，有堯、舜之揖讓」，讓字直用濮安懿王諱。邦昌以爲不可，思曰：「如今更理會甚濮安懿王。」』顏博文則曰：「雖欲避堯之子，其如畏天之威。」』此僞楚臣僚指斥明徵也。又《北盟會編》：先是三月二十三日，奉面旨，文武權差事人，令尚書省出劄子，請給恩數依正官法。時諸公皆欲作真兩府繡鞍重蓋，喝門下、中書省、樞密者盈道。及初八、九間，事體一變，乞免正官帶舊職兼權，於是徹繖去鞍，呼從稍滅，人皆笑之。然則一時小人，無不揚揚意得者。一旦反正，幸而免於歐刀，乃敢爲怨望之辭，以相塗飾，欺人欺天，何益之有？」

〔二〕故遣齎此：《三朝北盟會編》卷九一作「故差刑議曹之婿蔣師愈、本府内知蔡琳、承務郎程僎齎此」。

〔三〕邦昌請元祐皇后垂簾聽政：汪琬《東都事略跋》卷下：「孫覿《鴻慶集·莫儔墓誌銘》極言邦昌日詣延和殿後駕玉軒會議，俟歸師渡河，請昭慈太后御簾，訪大元帥勸進，外庭無知者。又述儔之論曰：『虜人始議置署，路允迪不從，粘罕詬怒，拘留軍中。會父老以邦昌爲請，允迪得縱去。邦昌既誅死，而允迪宜見褒顯，以王黼客不録。邦昌用吕好問爲門下侍郎，同時共政者皆坐僞命斥

①干：覆宋本、四庫本作「于」，誤。繆校作「干」。

嶺外，而好問以蔡攸客、本中之父，更進右丞。百官合二狀詣軍前，乞復立趙氏。御史臺秦檜爲首，尚書省梅執禮爲首。後檜論功頌言於朝，位宰相；執禮雖死，宜蒙褒贈，亦以黼客置不問。以爲功，功同有不賞者；以爲罪，罪同有不罰者。』其筆墨怨望如此，蓋覿亦污僞楚官，故爲邦昌與儔解釋也。予謂如儔與吴幵、王時雍、徐秉哲、范瓊輩，皆應詳列始末，附《僭僞傳》之後。《金佗粹編》：『吕惠卿之誤國，莫儔之附虜，其人皆不待言。而覿序惠卿，則謂魁名碩實，爲世大儒，而自願托名其文。誌儔則惜其投閒置散，老死不用，而廟堂爲非是。』噫，此文人所以不足信也！」

〔四〕尋賜自盡：《建炎以來繫年要録》卷九建炎元年九月壬子：「詔責授昭化軍節度副使張邦昌賜死。」

東都事略卷第一百二十三

附録一

甚矣，中國之有夷狄也。蠻夷猾夏，見於堯、舜之時；昆夷玁狁，見於文王之世。夫堯、舜、文王，帝王之盛也，夷狄猶未盡率服，則後世可知矣。在漢則有匈奴之强，而唐亦有突厥、回紇、吐蕃之暴。漢、唐尚然，則非漢、唐又可知矣。

太祖受命，夷狄畏威，不敢犯塞。太宗既下太原，乃移兵幽、薊，自是有契丹之師矣。李繼捧以靈、夏之地歸吾職方，而繼遷因以叛亂。至真宗之世，契丹直抵澶、魏，真宗決策親征，一戰而勝，與之講好。於時繼遷亦死，德明請命，於是兩邊晏然。自三代、漢、唐以來，蓋未有也。寶元、慶曆之間，元昊謀僭，契丹生釁，北邊既已再和，而西師旋亦解嚴。且叛則討之，服則綏之，此仁宗甚德①而度也。神宗雄材大略，有開拓四夷之志，雖復地於熙河，尋敗師於靈武。逮至元祐，力主和戎之議。紹聖復建用兵之策，蔡京既收湟、鄯，王黼謀取燕、雲，馴致金兵擾我甸服，斲喪帝室，屠害生靈，而二駕②俱北狩矣。可不痛哉！此其服叛去來，爲中國利害者也。

①「德」上，繆校有「大」字。
②駕：覆宋本、四庫本作「聖」。

其它四夷，在祖宗時率皆慕義向化，且不爲中國利害者，則皆闕而不書。

遼國，即契丹也。蓋東胡之種〔一〕，在潢水之南，本鮮卑之舊地也。自後魏以來，名見中國。

初，契丹之先，有一男子乘白馬，一女子駕灰牛，相遇於遼水之上，遂爲夫婦。生八男子，一男子即大賀氏也。八子爲八部，一曰但利皆，二曰乙室活，三曰實活，四曰納尾，五曰瀕没，六曰内會雞，七曰集解，八曰奚嗢。部之長號大人，常推一人爲王，得建旗鼓。唐光啓中，其王欽德侵略韃靼、奚、室韋，而役屬之。欽德衰，諸部以耶律斡里少子阿保機代爲王〔二〕。阿保機强并八部爲一部，乃僭稱皇帝，自號天皇王〔三〕，稱年曰神册、龍德、天贊云。

唐天成元年，阿保機死，德光立。二年，改元天顯〔四〕。陷營、平二州。晉高祖立，求援於德光，割幽、薊十六州與之。乃以德光所居爲上京臨潢府，幽州爲燕京幽都府，渤海國爲東京遼陽府〔五〕。天福三年，改元曰會同，國號大遼〔六〕。開運四年，德光南牧度河，還至欒城，死〔七〕。

突欲之子兀欲立，名璟〔八〕，改元曰天禄，自稱天授皇帝。立五年，以弑死〔九〕。

周廣順元年，德光子齊王述律立，名明，改元曰應曆，自稱天順皇帝。顯德六年，世宗復三關。述律喜睡，國人目曰睡王。七年，與河東連兵寇鎮定，恭帝命我太祖北征。俄聞太祖即位，驚曰：「中國有英主矣。」於是遁去。開寶二①年，庖人因述律醉而殺之〔一〇〕。

兀欲之子明記立，更名賢〔一一〕，改元曰保寧，自稱天贊皇帝。立時，年九歲。七年，其涿州刺史耶律琮以書

①二：覆宋本、四庫本作「三」，誤。

遺雄州孫全興，乞修好。其書有云：「臣無交於境外，言則非宜；事有利於國家，專之亦可。」全興以聞，太祖命以書答之，遂遣其臣克妙骨謹思來聘。太平興國二年，復遣使來賀。太宗即位四年，改元曰乾亨。太宗征河東，遣使起居，隨寇石嶺關以援太原，爲郭進所敗。王師既平河東，遂北征，勒兵幽州而還。明年，寇雄州。太宗復北征，師次大名，遂遁去。明記立十五年而死〔一二〕，謚明孝成皇帝。有子三人：隆緒、隆裕、隆慶。

梁王隆緒立，年十二，自稱天輔皇帝，尊母燕燕爲承天皇太后〔一三〕，改大遼爲大契丹國。燕燕專國政，以三萬騎來寇，潘美擊敗之，日利、月利等十一族七萬餘帳内附，降者又三千帳，獲羊馬萬計。八年，改元曰統和。諸將言：「契丹主幼，國事皆決於母，大將韓德讓寵幸用事，國人嫉之，請乘釁以取燕、薊。」太宗以爲然。雍熙三年，以天平節度使曹彬將幽州道行營前軍出涿州，河陽節度使崔彦進副之；馬軍都指揮使米信將幽州西北道行營之師出雲中，代州觀察使杜彦圭副之；步軍都指揮使田重進將定州路行營之師出飛狐口，蘄州刺史譚延美副之；忠武軍節度使潘美將雲、應、寰、朔州行營之師出雁門，雲中觀察使楊業副之。曹彬克固安城，又下新城。重進戰飛狐南，斬首五百級。美攻寰州，降其刺史。趙彦文克涿州，美進圍朔州，其節度副使趙希贊以城降。虜萬騎來援飛狐口，重進大破之，擒其大將大鵬翼、康州刺史馬頵〔一四〕、馬軍都指揮使何萬通。又戰涿州南，斬首千餘級，殺宰相賀斯〔一五〕。美遂圍應州，其節度副使艾正以城降。重進攻飛狐，下之，又下靈丘。美克雲州，吐渾節度副使党承德來降。重進圍蔚州，押牙李存璋等以城來降。潘美已下寰、朔、雲、應，重進得山後要害之地，曹彬之將聞美等屢勝，自以領重兵而功少，遂欲徼功。彬不得已，裹五十日糧，再趨涿州，且行且戰，歷二十日始至城下。屬盛暑，士卒疲乏，不能進。還至岐溝①，契丹蹑戰，王師遂敗。彬宵涉拒馬河，營於易水之南。

①岐溝：原作「歧溝」，據覆宋本、四庫本及《宋史》卷五《太宗紀二》改。

彦進回軍，亦爲契丹所敗，因詔美部遷雲、應、寰、朔四州之民五萬户，及其吐渾、突厥三部落，安慶等族八百餘帳，分處河南。

既而燕燕與其大臣耶律漢寧、南北皮室及五押惕隱衆十餘萬，陷寰州。楊業與戰於陳家谷，死之。是歲寇易州，又寇代州。四年〔一六〕，復寇三關，瀛州帥劉廷讓①戰於君子館，敗績，先鋒賀令圖、高陽將楊重進死之。遂陷易州，又寇定遠軍。端拱元年，寇滿城，大將郭守文、李繼隆等與戰於唐河，敗之，斬首萬五千級，獲馬萬匹。繼隆部送糧草入威虜軍，爲虜將于越邀戰，巡檢使尹繼倫襲破於唐、徐二州之間〔一七〕，殺其大將皮室，于越遂遁去。虜將韓德威率數萬騎，誘党項、勒浪、嵬族十六大首領馬尾等自振武入寇〔一八〕，府州折御卿大敗其衆於子河汊。勒浪等族反攻其後，虜衆大潰，死者什六七，於是勒浪等族悉款塞内附。至道元年〔一九〕，寇雄州，何承矩敗之，梟鐵林大將一人。

咸平二年，大寇鎮定。真宗親征，次大名。知府事折御昌等引兵入五合川〔二〇〕，破拔黄太尉砦。三年，寇瀛州，高陽帥康保裔戰於裴村，死之〔二一〕。大將范廷召追擊於莫州東，斬首萬餘級，奪其所掠老幼數萬。真宗還京師，復寇威虜軍。何承矩自雄州界河率師攻平州，以牽其勢。鎮定行營帥王顯等亦以大軍至，遂破虜二萬餘衆，斬統軍鐵林等十五人。六年，復寇，定州、鎮定、高陽關三路帥王超敗之於望都南。既而虜衆數萬至，副帥王繼忠戰於康林〔二二〕，陷焉。

景德元年，舉國大入，分寇威虜、順安軍，又寇北平，總管田敏等破之。又寇定州，駐陽城淀，假王繼忠爲書抵莫州請和。真宗謂宰相畢士安等曰：「和戎之利，自古有之。然夷狄變詐，未可信也。」士安等曰：「比來降

①劉廷讓：原作「劉延讓」，據本書卷二〇《劉廷讓傳》及《長編》卷二七改。

虜皆言，國中恐陛下復有幽燕之舉，又鋭氣屢挫，而退歸無名，其請和固不爲疑。」於是遣右班殿直曹利用持書答之。然虜益進攻，圍瀛州。利用至大名，而知府事王欽若留不遣。真宗北征，繼忠又奏：「契丹兵不敢劫掠，以待王人，而王人不至。」乃詔欽若遣利用。虜復進兵，陷德清軍，攻澶州。伏弩發，射殺其貴將順國王撻覽，遂大潰。利用乃與其飛龍使韓杞見行在，議盟。又遣右監門衛大將軍姚東之獻御衣、飲食。真宗御行宫南，燕從官，召東之與，因遣使交馳誓書。真宗謂輔臣曰：「初欲令石普①、楊延朗邀其歸路，而以精兵踵其後，腹背擊之，可無噍類矣。然兵連禍結，何時已哉？故徇其請，以休息天下之民。若彼自渝盟，以順伐②逆，覆亡之，殆未晚也。」明年，令雄、霸州、安肅軍置榷場，以通其貿易。自是交遣使賀生日及正旦，歲以爲常，仍遺以銀絹三十萬。

又明年，其國人上燕燕號曰睿德神略應運啓化法道洪仁聖武開統承天皇太后〔一三〕，上隆緒曰洪文宣武至德廣道孝皇帝〔一四〕。置中京於七金山下，其地本奚王牙帳也。大中祥符元年，號阿保機廟曰太祖，德光曰太宗，璟曰世宗，明曰穆宗，賢曰景宗。明年，燕燕歸政於隆緒，未逾月而卒。

燕燕姓蕭氏，宰相思温之女。有機謀，善馭左右大臣，多得其死力。先是，蕃氏毆漢人死者，償以牛馬，漢人則斬之，仍以其親屬爲奴婢。燕燕一以漢法論。每戎馬南入，親被甲督戰。及通和，亦出其謀。然天性殘忍，多殺戮。與耶律隆運通，遣人縊殺其妻。又幸豎工迪里姑，有私議其醜者，輒殺之。隆緒畏莫敢言。既卒，謚曰宣獻〔一五〕，年五十七。

隆運，即韓德讓也。事明記爲樞密使兼行營都統。明記疾亟，諸子幼，大臣握兵在朝，隆運不俟召，率其親

①石普：覆宋本、四庫本作「石晉」，繆校作「石普」。
②伐：原作「代」，據四庫本及《密齋筆記》卷一改。

屬赴行帳，白燕燕，分其兵權。明記卒，乃立隆緒，奉燕燕爲皇太后。隆運既幸於燕燕，又以策立功爲司徒、政事令，封楚王，賜姓耶律氏，改今名。又拜大丞相、蕃漢樞密使、南北面行營都統，徙封齊王。隆緒親書鐵券以賜之。遷尚書令，徙晉王，賜不拜，乘車上殿，置護位百人。護位，惟其國主得置之。隆緒以父事隆運，日遣其弟隆慶、隆裕一問起居。隆運既卒，與燕燕同柩而葬。無子，以隆裕子周王宗業爲後。

初，燕燕死，隆緒闇弱，而隆慶桀黠，國人多附之。又繕甲兵，遣親信以私書交結貴臣。隆緒常召之，辭以避暑不至。其親信録其書抵雄州，且言隆緒不能敦睦親族，國人皆思歸漢。真宗敕邊吏勿報。

五年，改元曰開泰。隆緒自遼陽伐高麗，爲其所敗，將士没者過半。天禧五年，改元曰太平。真宗崩，仁宗遣使告哀，隆緒即集蕃漢臣舉哀號慟，謂其宰相吕德懋曰：「與南朝約爲兄弟垂二十年，今忽報登遐，吾雖少兩歲，顧餘生幾何？」因復大慟。又曰：「聞嗣皇帝尚少，恐未知通好始末，苟爲臣下所間，奈何？」又謂其妻曰：「汝可致書大宋皇太后，使汝名傳中國。」遂令燕京憫忠寺置真宗靈御，建道場百日。又令國中有犯真宗諱，悉令易之。隆緒病，召東平王蕭孝穆、上京留守蕭孝先，使輔立其子朮不孤①，而無失朝廷信誓。死於大斧河，年六十一，立五十年〔二六〕，廟號聖宗。其妻曰齊天皇后，妃曰順聖元妃。

齊天，平州節度使蕭猥思之女，耶律隆運之甥，有容色，隆緒寵愛之。事其姑燕燕甚謹，燕燕亦以隆運故深愛之。燕燕既死，乃與國事，權勢日盛。置宫闈司，補官屬，出教命，號仁慈翊聖齊天彰德皇后。齊天善彈琵琶，與樂工燕文顯、李有福通。元妃以白隆緒，隆緒不納。又爲蕃書投隆緒寢中，隆緒得之，曰：「此必元妃爲之

①朮不孤：原作「木不孤」，四庫本作「珠巴克」，庫本《長編》卷一一〇作「珠卜衮」，《契丹國志》卷八校記據《遼史·興宗紀》「小字只骨」改「木」作「朮」，是。據改「木」作「朮」，下同改。

也。」命焚之。隆緒死，朮不孤立。

朮不孤，隆緒第八子〔二七〕，名宗真，母即元妃也。以遺令立齊天爲皇太后，元妃爲皇太妃，元妃匿之，自爲皇太后。令人誣告齊天謀反①，坐死者百餘人。以小車載后，囚於上京，未幾縊殺之。太后總軍國事，改元曰景福。明年，又改曰重熙，加號法天皇太后。多殺其功臣，專用其兄弟分監南北蕃漢事。至其家奴，授團練、觀察、節度使四十餘人，幽人無賴者，往往願爲蕭氏奴。

初，宗真嘗以酒一器賜琵琶樂工②，蕭氏怒，乃加朴箠。宗真疑内品所告，陰遣人殺之。乃下吏雜治，宗真語人曰：「我貴爲天子，與囚同。」答狀内不平。景祐元年，率兵逐其母，以黄布車送至慶州，使守隆緒冢。殺永興軍都統高常哥及内侍數十族。命内軍都提點王繼恩、内侍都知趙安仁監南北面蕃漢臣寮。

明年，加號文武仁聖昭孝皇帝。後遊獵過祖州北山，見齊天冢，泣下。初，隆緒將死，謂宗真曰：「皇后③事我四十年，以其無子，故命汝爲嗣。我死，汝母子毋殺之也。」宗真追感其言，命改葬於阿保機墓之旁。其國人有勸迎其母，以覲朝廷歲聘之物。又一日，内道場命僧講《報恩經》，感悟，遣使迎至中京門外館，擇日相見，遂爲母子如初，加號法天應運仁德章聖皇太后。然出入舍止，相距常十里，以陰備之。

慶曆二年，聞趙元昊反，遣蕭英、劉六符來請石晉所割瓦橋關南十縣，以富弼、張茂實往報，許歲增銀絹二十萬，語在《弼傳》〔二八〕。明年，加號聰文聖武英略睿哲仁孝皇帝〔二九〕，上母儀天體道至仁廣德慈順章聖皇太后。皇祐元年，來告西征。明年，來告捷。又遣使齎其畫像來〔三〇〕，且言兩國交歡而未嘗識面，因請御容，許之，未及往

①反：原作「及」，據覆宋本、四庫本改。
②工：原作「于」，據覆宋本、四庫本改。
③后：原作「帝」，據覆宋本、四庫本及《長編》卷一一〇改。

而死。宗真立凡二十五年，年四十三〔三一〕，謚曰文成皇帝，廟號興宗。

宗真常與教坊使王税輕十數人結爲兄弟，出入其家，或拜其父母。常夜宴，與劉四端兄弟及王綱等數十人入樂隊，命后妃易衣爲女冠。后父蕭磨只言：「漢官皆在此，后妃入戲，非所宜也。」宗真擊碎后父首，曰：「我尚爲之，若女何人也？」間嘗變服入酒肆、寺觀，尤重浮圖法，僧有拜三公、三師兼政事令者二十人，左右所親信多擢爲將相。

宗真死，洪基立。嘉祐二年，遣使求御容，以爲後世子孫之誇。議者慮有厭勝之術，仁宗曰：「朕待之厚，豈有此理哉？」遣御史中丞張昪送之，洪基具儀服迎謁。及見御容，驚肅再拜。退而謂左右曰：「中國之主，天日之表，神異如此，真聖人也。我若生在中國，不過與之執鞭捧蓋，爲一都虞候而已。」其畏服如此。治平二年，洪基改元曰咸雍①。二年，改國號大遼〔三二〕。

至熙寧七年，遣蕭禧來言：「代北對境有侵地，請遣使同分畫。」神宗許之，遣太常少卿劉忱爲使，秘書丞呂大忠爲副。已而大忠丁家難，有詔起復。忱對便殿，奏曰：「臣受命以來，在樞府考核文據，未見本朝有尺寸侵虜地。臣既辱使指，當以死拒之。」忱出疆，神宗手敕曰：「虜理屈則忿，卿姑如所欲與之。」忱不奉詔。洪基又遣蕭禧來，神宗遣中使賜韓琦、富弼、文彥博、曾公亮詔曰：「朝廷通好北虜幾八十年，近歲以來，生事彌甚。代北之地，素無定封，故造釁端，妄來理辨。比敕官吏，同加案行，雖圖籍甚明，而詭辭不服。今横使復至，意在必得，虜情無厭，勢恐未已。萬一不測，何以待之？古之大政，必咨故老，卿其具奏。」琦言：「虜人見形生疑，引先發制人之説。又不可謂虜形勢已衰，幽、薊可復。宜遣使報聘，厚其禮幣。如河北置三十七將，此深有見疑之形

①咸雍：原作「咸寧」，據《契丹國志》卷九、《遼史》卷二二《道宗紀二》改。

者也。謂宜罷之，以釋虜疑。」弼言：「朝廷諸邊用兵，虜所以先期求釁，不若委邊臣詰而嚴備之，來則禦，去則備。親征之謀，未可輕舉，且選人報聘。虜藉吾歲賜，方能立國，豈無欲安靜之理？」彦博言：「蕭禧之來，欲以北亭爲界。緣慶曆西事未平之時，來求黃嵬之地，容易與之。中國禦戎，守信爲上，必以誓書爲證。若萌犯順之心，當豫備邊，使戰勝守固而已。若襲幽、燕，恐將噬臍。」公亮言：「夷狄畏强侮弱，故要控制得術。嘉祐間，夏國妄認同家堡爲界，延州牒問，遂圍大順，寇邊不已。絶其歲賜，方始懇求怗服。今待虜人，極包容矣，不使知懼，恐未易馴服。控制之術，毋使倒持。夷狄知中國之不可窺，則姦謀自息矣。」

時劉忱、吕大忠執不可與，執政知不可奪，乃罷忱，許大忠終制。於是王安石曰：「將欲取之，必固與之。」以筆畫其地圖，以天章閣待制韓縝奉使，盡舉與之，蓋東西棄地五百餘里。紹聖二年，改元曰壽昌[三三]。洪基號聖文神武全功大略聰仁孝惠天祐皇帝[三四]，在位四十七年，而死建中靖國元年也。洪基廟號道宗，其孫延禧立。

【箋證】

〔一〕蓋東胡之種：《舊五代史》卷一三七《外國列傳一》作「古匈奴之種也」。

〔二〕諸部以耶律斡里少子阿保機代爲王：《遼史》卷一《太祖紀上》稱阿保機爲「德祖皇帝長子」。《契丹國志》卷一稱「番名阿保機，乃斡里小子也」。《宋九朝編年備要》卷二九亦作「斡里少子」，與《遼史》異。

〔三〕自號天皇王：《遼史・太祖紀》作「北宰相蕭轄剌、南宰相耶律歐里思率羣臣上尊號曰天皇帝」。《新五代史》卷七二《四夷附録第一》作「乃僭稱皇帝，自號天皇王」，《契丹國志》卷一作「國人謂之天皇王」。

〔四〕二年改元天顯：《遼史》卷二《太祖紀下》載天顯元年二月壬辰「大赦，改元天顯」。卷三《太宗紀上》載天顯二年冬十一壬戌「即皇帝位」。壬申，「羣臣上尊號曰嗣聖皇帝。大赦。有司請改元，不許」。據《契丹國志》卷二載，耶律德光於天贊六年（後唐明宗天成元年）即皇帝位，又稱「明年，改元天顯」，與《遼史》異，《事略》或據以謂天成二年改元天顯。《舊五代史》卷一三七《外國列傳一》則謂「三年，德光僞改爲天顯元年」，《新五代史》卷七二《四夷附録第一》亦稱「德光立三年，改元曰天顯」，並與《遼史》《契丹國志》異。

〔五〕幽州爲燕京幽都府渤海國爲東京遼陽府：《遼史》卷四《太宗紀下》：「於是詔以皇都爲上京，府曰臨潢；升幽州爲南京，南京爲東京。」《契丹國志》卷二：「遼以幽州爲南京，大都爲上京，渤海夫餘城爲東京。」《遼史》卷三《太宗紀上》載天顯三年「升東平郡爲南京」，東平郡即遼陽府。據此，《事略》「燕京」宜作「南京」。

〔六〕國號大遼：《遼史》卷四《太宗紀下》大同元年「二月丁巳朔，建國號大遼，大赦，改元大同」。《舊五代史》卷一三七同《遼史》。而《新五代史》卷七二則謂「改天顯十一年爲會同元年，更其國號大遼」，《契丹國志》卷二亦作「改元會同，國號大遼」，當爲《事略》所本。舒仁輝《〈東都事略〉與〈宋史〉比較研究》第二八二頁認爲「應以《遼史》爲據」，是。

〔七〕還至欒城死：《遼史》卷四大同元年四月「丁丑，崩於欒城，年四十六」。

〔八〕名璟：《遼史》卷五《世宗紀》作「諱阮，小字兀欲」，《契丹國志》卷四作「世宗諱阮，番名兀欲」，《事略》「璟」當爲「阮」之誤。

〔九〕立五年以弑死：《遼史》卷五《世宗紀》天禄五年九月癸亥：「帝遇弑，年三十四。」

〔一〇〕庖人因述律醉而殺之：《遼史》卷七《穆宗紀下》應曆十九年二月己巳：「帝遇弑，年三十九。」

〔一一〕兀欲之子明記立更名賢：《遼史》卷八《景宗紀上》：「景宗孝成康靖皇帝，諱賢，字賢寧，小字明扆，世宗皇帝第二子。」《契丹國志》卷六同《事略》。

〔一二〕明記立十五年而死：《遼史》卷九《景宗紀下》乾亨四年九月壬子：「次焦山，崩於行在。年三十五，在位十三年。」景宗自應曆十九年（九六九）二月至乾亨四年（九八二）九月在位，凡十三年有餘，《事略》「十五」當爲「十三」之誤。

〔一三〕尊母燕燕爲承天皇太后：《契丹國志》卷七作「尊母蕭氏爲承天太后」。《遼史》卷七一《后妃傳》：「景宗睿智皇后蕭氏，諱綽，小字燕燕，北府宰相思温女。」

〔一四〕康州刺史馬頵：「馬頵」，《遼史》卷一一《聖宗紀二》作「馬贇」，《契丹國志》卷七作「馬碩」，校點本從《長編》卷二七改作「馬頵」。《宋史》卷五《太宗紀二》作「馬頵」。

〔一五〕殺宰相駕斯：《長編》卷二七作「殺奚宰相和斯」，《宋朝事實》卷二〇作「殺奚宰相駕斯」。《事略》「宰相」前當補「奚」字。

〔一六〕四年：劉廷讓君子館之敗，《宋史》卷五繫於雍熙四年十二月，《遼史》卷一一繫於統和四年十二月。《事略》承「雍熙三年」而言「四年」，不確，「四年」二字當衍。

〔一七〕巡檢使尹繼倫襲破於唐徐二州之間：「唐、徐二州」，《長編》卷三〇作「唐河、徐河之間」，《契丹國志》卷七、《九朝編年備要》卷四作「唐、徐河間」，《事略》「二州」當爲「二河」之誤。

〔一八〕十六大首領：《長編》卷三七、《太平治迹統類》卷三、《文獻通考》卷三四六等均作「十六府大首領」，《事略》當脱「府」字。覆宋本、四庫本「十」誤作「不」，繆校作衍文。

〔一九〕至道元年：據《長編》卷三七、《契丹國志》卷七載，折御卿、何承矩敗遼軍均爲至道元年事，《事略》「至道元年」四字應移至「虜將韓德威」之前。

〔二〇〕知府事折御昌等引兵入五合川：《契丹國志》卷七：「次大名府，爲知府州折惟昌敗於五合川。」《長編》卷四五咸平二年十二月丁卯：「左侍禁、閤門祇候衛居實自府州馳騎入奏：駐泊宋思恭與知州折惟昌、鈐轄劉文質等引兵入契丹五合川，破巴罕太尉寨。」據此，「知府事折御昌」當作「知府州折惟昌」。

〔二一〕高陽帥康保裔戰於裴村死之：《契丹國志》卷七亦載「保裔凡戰數十合，兵盡矢窮而死」，而《遼史》卷一四《聖宗紀五》載：「次瀛州，與宋戰，擒其將康昭裔、宋順。」四庫本《宋史》卷四四六考證云：「《康保裔傳》：『兵盡矢絶，援不至，遂没焉。』按：康保裔，《遼史》作『康昭裔』，聖宗統和十七年，『次瀛州，與宋軍戰，擒其將康昭裔』，十九年，『以所俘宋將康昭裔爲昭順軍節度使』，豈保裔之外又有一昭裔耶？然宋將未有名康昭裔者，而瀛州即河間，其爲康保裔無疑。二史不同若是。」《續通志》卷四四《遼紀・聖宗》校記：「按：康昭裔，《宋史》《通鑑》俱作『康保裔』，實戰死，優詔贈恤，録其子孫。《遼史》謂被擒，嗣且以爲昭順節度使，恐非一人。《宋史》《契丹國志》俱載於明年，則更誤矣。」按康保裔戰死事，《長編》亦載於咸平三年（遼統和十八年），《遼史》繫年誤。

〔二二〕副帥王繼忠戰於康林：「康林」，《長編》卷五四、《太平治迹統類》卷四作「康村」，疑《事略》誤。

〔二三〕其國人上燕燕號曰睿德神略應運啓化法道洪仁聖武開統承天皇太后：《遼史》卷一四《聖宗紀五》統和二十四年「冬十月庚午朔，帝率羣臣上皇太后尊號曰睿德神略應運啓化承天皇太后」，此尊號與卷一二《聖宗紀三》統和五年四月丁酉所上相同，必有一誤，校點本疑五年所上「係重出」。然《契丹國志》卷一三《景宗蕭皇后傳》及《長編》卷六四所載統和二十四年所上尊號與《事略》相同，應是《遼史》漏書「法道洪仁聖武開統」八字。

〔二四〕上隆緒曰洪文宣武至德廣道孝皇帝：《遼史》卷一四作「至德廣孝昭聖天輔皇帝」，亦與卷一二相同。朱彝尊《遼雲居寺二碑跋》（《曝書亭集》卷五一）：「《遼史》聖宗初即位，羣臣上尊號曰『昭聖皇帝』；統和元年六月，上尊號曰『天輔皇帝』；五年四月，上尊號曰『至德廣孝昭聖天輔皇帝』；二十四年十月，上尊號曰『至德廣孝昭聖天輔皇帝』。今碑建於二十三年，尊號無『天輔』字，是則二十四年十月以前，聖宗尊號但云『至德廣孝昭聖皇帝』，如碑所記。至二十四年，乃合元年尊號『天輔』字以稱之。否則，二十四年所上之號與五年無異，何用羣臣復上乎？竊疑史有誤也。」《遼史》必有誤，然所記尊號與《事略》大異，當由史源文獻不同所致。《長編》卷六四作「洪文宣武至德廣道昭孝皇帝」，當與《事略》同源，顯爲宋人所記，疑《事略》「廣道」下脱「昭」字。

〔二五〕既卒謚曰宣獻：《遼史》卷七一《景宗睿智皇后蕭氏》：「（統和）二十七年崩，謚曰聖神宣獻皇后。重熙二十一年，更今謚。」

〔二六〕立五十年：《遼史》卷一七《聖宗紀八》：「六月丁丑朔，駐蹕大福河之北。己卯，帝崩於行宫，年六十一，在位四十九年。」《契丹國志》卷七：「六月三日，崩於上京東北三百里大斧河之行帳，年六十一，在位通太后臨朝凡四十九年。」《事略》載遼聖宗「年十二」立（九八二），「年六十一」卒，在位僅四十九年，此言「立五十年」蓋指虚歲。「大斧河」與「大福河」，蓋地名音譯不同。

〔二七〕隆緒第八子：《遼史》卷一八《興宗紀一》作「聖宗長子，母曰欽哀皇后蕭氏」。《長編》卷一一〇謂「元妃生子，長即木（朮）不孤」，「蓋隆緒第八子」，《契丹國志》卷八亦作「聖宗第八子」，並與《遼史》不同。

〔二八〕語在弼傳：《富弼傳》，見本書卷六八。

〔二九〕明年加號聰文聖武英略睿哲仁孝皇帝：《遼史》卷一九《興宗紀二》重熙十一年「十一月丁亥，羣臣加上尊號曰聰文聖武英略睿哲仁孝皇帝」，重熙十一年即宋慶曆二年，而《事略》言「明年」（慶曆三年），與《遼史》異。

〔三〇〕又遣使齎其畫像來：《宋史》卷一二《仁宗紀四》至和二年夏四月己亥：「契丹遣使賀乾元節，以其主之命，持本國三世畫像來求御容。」《事略》記此於皇祐元年之「明年」後，不妥，「又遣」前當補「至和二年」四字。

〔三一〕宗真立凡二十五年年四十三：《遼史》卷二〇《興宗紀三》重熙二十四年八月己丑：「帝崩於行宮，年四十。」《長編》卷一八〇、《契丹國志》卷八並作「立二十五年，年四十一」，與《事略》並誤，當以《遼史》爲是。

〔三二〕二年改國號大遼：《契丹國志》卷九咸雍二年載：「是歲，契丹復改號大遼。」咸雍二年當宋治平三年，照《事略》書例，此「二年」當爲「三年」之誤。《遼史》不載統和元年改號「契丹國」及咸雍二年復號「大遼」事。

〔三三〕紹聖二年改元曰壽昌：「二年」原作「三年」，「壽昌」原作「昌壽」，並據《契丹國志》卷九及《契丹國九主年譜》（《永樂大典》卷五二五一）改。《遼史》卷二五《道宗紀五》載「詔改明年元」於大安十年十二月乙酉，大安十年當宋紹聖元年，明年改元壽隆，而《契丹國九主年譜》載「乙亥，改元壽昌」，乙亥亦當紹興二年，並可證《事略》「三年」爲「二年」之誤。《十駕齋養新録》附餘録卷八辨「壽隆年號誤」云：「按洪遵《泉志》引李季興《東北諸蕃樞要》云『契丹主天祐年號壽昌』，又引《北遼通書》云『天祚即位壽昌七年，改元乾統』，晁公邁《歷代紀年》：遼道宗改元清寧、咸雍、太康、大安、壽昌。《東都事略・附録》『紹聖三年，改元壽昌』。今刊本作「昌壽」，誤。《文獻通考》：洪基在位四十七年，其紀元自咸熙改太康，又改大安，皆盡十年，然後爲壽昌，至七年終。予家所藏遼石刻，作『壽昌』者多矣，文字完好，灼然可信。且遼人謹於避諱，道宗爲聖宗之孫，斷無取聖宗諱紀元之理。此《遼史》之誤，不可不改正。」

〔三四〕洪基號聖文神武全功大略聰仁孝惠天祐皇帝：《遼史》卷二一《道宗紀一》云：「咸雍元年春正月辛酉朔，文武百僚加上尊號曰聖文神武全功大略廣智總仁睿孝天祐皇帝。」《宋大詔令集》卷二三〇《英宗皇帝與大遼皇帝遺書》及范祖禹《皇帝賀大遼皇帝正旦書》(《范太史集》卷三一)等均作「聖文神武全功大略聰仁睿孝天祐皇帝」,較《遼史》少「廣智」二字。《遼史》「總仁」當爲「聰仁」之誤,《事略》改「睿孝」作「孝惠」。

東都事略卷第一百二十四

附録二

延禧號天祚皇帝，改元曰乾統。女真有俊禽曰海東青，次曰玉爪駿〔一〕，俊異絶倫，一飛千里，非鷹鷂雕鶚之比。延禧縱弛失道，荒於畋獵，喜此二禽，善捕天鵝，命女真國人過海，詣深山窮谷，蒐取以獻。國人厭苦，遂叛。

政和元年，延禧改元曰天慶。遣内侍童貫爲國信使，遼之君臣相聚指笑曰：「大宋乏人材如此，遣一腐夫爲奉使官，何邪？」貫回至盧溝河，有燕人馬植者，北朝大族也，行污而内亂，燕人不齒，乃夜見童貫侍者，自陳有滅燕之策。貫召見，大奇之，因擁以歸。易姓名曰李良嗣，薦之於朝，浸加顯擢，又賜姓趙氏。是時，遼人與女真交兵已四五年，良嗣獻策曰：「女真恨遼人切齒，又其主天祚淫荒失道，本朝若遣使自登、萊州涉海，結好於女真，不一月可到。與之相約，夾攻遼國，則其國可圖也。」議者以謂：「自祖宗以來，雖有此海道，然以其地邊接諸蕃，禁商旅舟船，不許通行幾二百年矣，恐夷人窺伺中國也。」貫不聽。乃遣登州都巡檢馬政與良嗣往使女真，約夾攻遼國。馬政本熙河人，其子擴應武舉，有口辨，令隨父使女真。相約滅遼國之後，中分其地。會大臣有力争者，遂已。宣和三年，延禧改元曰保大。四年，延禧悉國中兵與女真大戰而大敗，遂陷上京、東京。延禧徙燕京，女真又以精兵攻之。延禧哀殘衆與之接戰，復大敗，與其子趙王、梁王遂奔於北界不毛之地，由漢陽嶺入夾山。

初，延禧留宰相張琳、李處温與秦晉國王淳守燕。延禧入夾山，國人無主，處温與其國人謀立淳。淳，延禧叔也，宗真之孫，洪基之姪。初，洪基囚其子濬，欲立淳爲儲貳，不果，已而立延禧。淳守燕十二年，人號燕王，又謂之覃湘大王。處温等帥燕京①數萬人入燕王府勸進，唯張琳有難色，曰：「居攝可矣，何必爲真？」處温曰：「天意人心如此，尚可易邪？」淳出，遽以赭衣被之，遂即位。以處温守太尉，左企弓守司徒，曹義勇知樞密院，虞仲文參知政事。張琳守太師，十日一朝，平章軍國大事，雖外以元老尊之，實處温不欲其在上也。淳號天錫皇帝，改保大二②年爲建福元年，廢延禧爲湘陰王，遼國自此分矣。

童貫知延禧失國，乃請兵北伐。徽宗以貫爲河北、河東宣撫使，引兵北向。徽宗以三策付貫：如燕人悦而從之，因以復舊疆，上也；如耶律淳納土稱蕃，中也；如燕民未即悦服，按兵③巡邊，全師而還，下也。貫用劉韐、宇文黄中爲參謀，程唐、王序爲轉運使，而掌行文書者，李宗振也。宗振本曹州刀筆吏，姦滑而善舞文。自陝西開邊，貫倚爲腹心。貫雖有文士爲幕屬，而裁决機務一委宗振。貫又起兵於陝西，引种師道爲都統制。師道，宿將也，以此舉爲非，而貫不聽。貫聚兵於雄州，以五月中旬，命种師道與知雄州和詵兵五萬屯於白溝。淳遣蕭幹引精兵二萬及常勝軍迎敵。幹本奚人，蕃名夔離不，常統遼國、渤海、奚人、漢人四色軍馬，號四軍大王。幹引軍擣師道右軍，右軍潰。又犯左軍，左軍驚擾。師道遣楊可世率驍鋭五千人過橋，北擊遼之中軍，遼軍乃回，而楊可世身被重創。師道軍已沮，遂引軍夜遁。遲明，蕭幹以騎兵五千尾擊之，師道與詵度河而走。徽宗以燕、薊未可下，乃詔班師。淳以書責貫：「輒敗祖宗信誓，於盛夏之日，舉無名之師，已爲吾擊退，今欲如何？」貫不能對。

會淳已病，延禧自夾山傳檄天德、雲内等州，會諸番五萬騎，約以八月入燕。李處温、蕭幹等議曰：「莫若迎

①燕京：覆宋本、四庫本作「薊京」。
②二：覆宋本、四庫本作「四」，誤。
③兵：覆宋本、四庫本作「民」，誤。

秦拒湘。」湘者，延禧；　而秦者，延禧次子也。今百官「從吾議者東立」，獨南面行營都統耶律寧趨西。處温問其故，對曰：「若天祚果能興復，力足舉燕，是天數，何以拒之？如其不然，秦、湘父子也，今迎子而拒父，豈理也哉？」處温奏曰：「寧摇衆，請誅之。」淳撫几嘆曰：「此忠臣也，豈可殺之？天祚果能來，吾有死而已，將何辭以相見？」延禧兵出漁陽嶺，僅復豐、應等州，又爲女真所敗，其元妃、諸王皆被虜，再奔夾山。

淳疾亟，乃授李處温蕃漢馬步軍都元帥，欲以後事托之。蕭幹、大石林牙等言：「處温恃翊戴之功，輕侮僚屬，若令授此職，吾輩得以安乎？」乃矯詔召宰相左企弓、曹勇義、虞仲文、康公弼等，以侍病爲名，共議此事。獨處温不至，而處温陰聚武勇二千人，從間道乞王師爲援。是夕淳卒〔三〕，秘不發喪。蕭幹會百官於毬場議，宣言曰：「今上無嗣，欲立皇后蕭氏權主軍國事，奉迎天祚次子秦王爲帝。從吾議者，書之。」羣臣無敢異者，蕭后遂即位，改建福元年爲德興元年。蕭后者，淳妻秦晉國妃也。以幹有援立功，封爲越王。乃召處温，欲斬之。處温來，后以時方多艱，不欲誅大臣，但毁其元帥宣劄而已。

延禧聞淳死，下詔奪其官，封妻蕭氏降爲庶人。貫聞淳死，耻兵敗，思立功以報天子，謂遼國既無主，有間可乘，復自莫州回雄州，奏乞益兵。王黼爲太宰，力主再興師之議，爲貫大發陝西將兵及鄜延路副總管劉延慶赴貫戲下，期九月會於三關。貫與蔡攸謀再舉，會女真已破雲中府，扣居庸關，勢已盛，改號大金國，乃移文於貫，詰問：「元約夾攻遼國，何爲背約不進兵？」貫恐懼，遂定議大舉。常勝軍首領郭藥師叛，以涿州來降。易州聞涿州降，亦降。

蕭幹聞王師再壓境，自燕來涿州。藥師疑幹圖己，使人諭之，幹怒曰：「吾嘗薦爾於朝，豈可背邪？」藥師乃不敢加害。幹亦慮禍及身，遽起啓鑰而去。幹見蕭后，俯伏待罪。蕭后曰：「卿與諸將早爲措置，收復涿、易，多方招誘，善之善也。」蕭后既失涿、易州，又聞貫、攸益兵，欲與金人夾攻燕、薊，知不能立國，乃遣使韓昉齎表詣貫以降，願稱臣稱貢。貫、攸不納，昉謂貫、攸曰：「女真人面獸心，貪狠如豺狼，豈可與之爲隣？他日必悔。大朝不要錯。」貫、攸叱回，遂以十月進兵，命劉延慶爲都統制，統兵十萬，自白溝入界，令郭藥師爲選鋒。延慶行至良鄉，蕭幹率萬人迎擊。延慶與戰不利，遣大將高世宣與藥師入燕山。蕭幹留精兵三千人在城中，與藥師巷戰，藥師敗走，世宣死之。藥師徑走涿州，延慶聞敗，亦棄大將旗鼓而走。

是歲，金國主阿骨打以鋭兵入居庸關，晡時至燕京。蕭后聞居庸關失守①，夜率蕭幹等並老幼出城，聲言迎敵，實出奔也。蕭后欲歸我以求全，未果，而金國遊騎已至城下。統軍蕭乞信開啓夏門納金人[三]，於是左企弓、虞仲文、曹勇義、劉彦宗並蕭乞信等皆降。蕭后奔松亭關，與大臣共議所向。大石林牙，遼人也，欲歸天祚。蕭幹，奚人也，欲歸奚王府立國。有蕭勃迭者，淳之婿也，曰：「今日固合歸天祚，然胡顔見之？」大石林牙怒曰：「爾敢異議邪？」即斬之，令軍中曰：「此不欲歸天祚者。」於是遼人與奚人列陳而分。遼軍從蕭后與大石林牙，趨夾山歸延禧，延禧斬蕭后而赦大石林牙。奚人與渤海軍從蕭幹留奚王府，遂僭號大奚國，稱神聖皇帝，改元曰天嗣[四]。

阿骨打死，童貫、蔡攸帥師入燕撫定。奚人飢，幹領衆出盧龍嶺，攻陷薊州，寇掠燕城。王安中爲燕山宣撫使，命郭藥師領兵破之，大戰於峯山，獲耶律德光尊號寶檢、契丹塗金印。幹既大敗，奚、渤海軍皆失其家，歸怨於幹。其部白得哥殺之，傳首京師，時宣和六年也。

延禧得大石林牙七千餘騎，又陰結韃靼毛褐室韋三萬騎助之。延禧謂中興有日，欲搗山後之虚，復燕、雲地。林牙諫曰：「不可。自車駕奔夾山，不能一戰。今舉國爲金人所有，乃欲嬰其鋒，非計也。不如蓄鋭待時，

①失守：原作「守失」，據覆宋本、四庫本及《契丹國志》卷一二改。

無輕舉。」延禧不聽。林牙稱疾不行，延禧强率諸軍出夾山，越漁陽嶺，取天德軍、東勝、寧邊、雲内等州，南侵武州，遇金人兀室軍。兀室帥山西漢兒鄉兵爲前驅，以女真千餘騎伏山間，乃出〔五〕。韃靼等顧之，大駭而潰。兀室遣婁室孛堇領五百騎擊之，延禧跳身投夏國，未至伏發，兀室下馬，跽於延禧前曰：「奴婢不佞，乃以介胄犯皇帝天威，死有餘罪。」因奉觴而進，遂爲兀室所擒。削封海濵王，送長白山東築城居之。後逾年而卒〔六〕。

遼國自阿保機創業，德光恢廓疆宇，其後并吞諸蕃，割據漢界，南北五千里，東西四千里，子孫相繼二百餘年。嘗與中國抗衡，曾無一日秋毫之警。至延禧失道，金人稱兵，首尾攻戰十有六年，卒以亡國云。

臣稱曰：昔尹洙之《敍燕》曰：

戰國世，燕最弱。二漢叛臣，恃燕挾虜，蔑能自固。以伯圭之强，卒制於袁氏。獨慕容乘石虎亂，乃并趙。雖勝敗異術，大槩論其强弱，燕不能加趙、魏。趙、魏一，則燕固不敵。唐三盜連衡百餘年，虜未嘗越燕侵趙、魏，是燕獨能支①虜也。自燕覆於虜，虜日熾大。顯德世雖復三關，尚未盡燕南地。國初，虜與并合，勢益張，然止命偏師備禦。王師伐蜀伐吴②，泰然不以兩河爲顧，是趙、魏足以制虜明矣。并寇既平，悉天下鋭，專力於虜，不能擾尺寸地。嘗以百萬衆駐趙、魏，訖敵退莫敢抗。世多咎其不戰，然我衆負城，有内顧心，戰不必勝，則事亟矣，故不戰未嘗咎也。

原其弊，在兵不分。設兵分爲三，壁於争地，掎角以疑其勢，設覆以待其進。邊壘素固，驅民

①支：原作「友」，據覆宋本、四庫本及尹洙《敍燕》（《河南先生文集》卷二）改。
②吴：覆宋本、四庫本作「夏」。

以守之，俾其兵頓堅城之下，乘間夾擊，無不勝矣。蓋兵不分有六弊：使敵蓄勇以待戰，無他楮梧，一也；我衆則士怠，二也；前世有善將兵者，必問才智能將幾何，今以中材盡主之，三也；大衆儻北，彼遂長驅，無復顧忌，四也；重兵一屬，根本虛弱，纖人易以干説，五也；委大柄，不無疑惑，復命貴臣監督，進退皆由中御，失於應變，六也。兵分則盡易其弊，是其六利也。且勝敗兵家常勢，悉内以擊外，失則舉所有以棄之，苻堅①肥水、哥舒潼關是也。則制在謀②，不在衆矣。以趙、魏、燕南益以山西，民足以守，兵足以戰，分而帥之，將得專制，就使偏師挫衄，他衆尚奮，詎能繫國家安危哉？師覆於外，而根本不摇者，善敗也。昔者六國有地千里，師敗於秦，散而復振，幾百戰猶未及其鄙，守國之固也。陳勝、項梁舉關東之衆，朝敗而夕滅，新造之勢也。以天下之廣謀其國，不若千里之固而襲新造之勢，徼幸於一戰，庸非惑哉？今兵久弛，士大夫誦聖言，謂百世不復用，非妄者不談③。然兵果廢則已，設後世復用之，鑒此少以悟世主，故迹其勝敗焉。

李清臣亦有言：

臣使雲中，道涿、幽、嬀、蔚，愛其形勝，每私自嘆息，恨其爲夷狄有。自石晉以十三州賂契丹，凡漢、唐所以御夷狄者，反爲彼用，非契丹實强，中國亂也。我失其地而累朝不能復，以天下之大

①苻堅：原作「符堅」，據尹洙《敍燕》改。
②則制在謀：尹洙《敍燕》作「是則制敵在謀」，義勝。
③者：原作「也」，據錢校及尹洙《敍説》改；不談，覆宋本作「□□」，四庫本無二字。錢校：「舊鈔本作『不談』二字，校者剜作墨釘。」「《河南先生文集》二作『非甚妄者不談』，此書『也』當作『者』。○元益案：此注似亦勞氏補校。」

而栗焉嘗憂寇盜之至，非特人謀弱，亦地形然也。

烏虖！真宗以禮幣結隆緒，仁宗以信義懷宗真，聖人一視同仁，兼愛南北，蓋如此。至延禧立，乃畋遊無度，虐用其衆，喜海東青以搏天鵝，好樂無厭，遂以覆國。《書》曰：「内作色荒，外作禽荒。」其延禧之謂與？

【箋證】

〔一〕女真有俊禽曰海東青次曰玉爪駿：海東青、玉爪駿，《事略》稱延禧「喜此二禽」而責貢，然元郭君彦《海東青》詩有「海東俊禽異雕鶚，金晴玉爪非凡材」之句（《皇元風雅》卷二六），劉因《白海青》詩注「一名玉爪駿」（《静修集》卷一六），則玉爪駿與海東青實爲一禽。《契丹國志》卷一〇云：「女真東北與五國爲鄰，五國之東鄰大海，出名鷹，自海東來者謂之海東青，小而俊健，能擒鵝鶩，爪白者尤以爲異。遼人酷愛之，歲歲求之女真。」亦不稱「二禽」，《事略》所言，未知所據，俟考。

〔二〕是夕淳卒：《遼史》卷三〇《天祚皇帝紀四》：「淳病死，年六十。」《契丹國志》卷一一保大二年六月「二十四日，淳薨，謚曰宣宗，無嗣」。

〔三〕蕭乙信：《契丹國志》卷一二作「蕭乙信」，《三朝北盟會編》卷一二引《亡遼録》亦作「蕭乙信」，四庫本改作「伊遜」，疑《事略》誤「乙」爲「乞」。下同。

〔四〕改元曰天嗣：「天嗣」，《契丹國志》卷一二作「天興」，《三朝北盟會編》卷一八作「天阜」、卷一九作「天嗣」，《九朝編年備要》卷二九作「天復」。

〔五〕乃出：語意未完。《契丹國志》卷一二云「出室韋毛割石兵後」，是。

〔六〕後逾年而卒：《遼史》卷三〇《天祚皇帝紀四》保大五年八月「丙午，降封海濱王。以疾終，年五十有四，在位二十四年」。

東都事略卷第一百二十五

附録三

金國，女真也。其地即肅慎氏之國，東漢謂之挹婁，元魏謂之勿吉，隋、唐謂之靺鞨。文帝因宴勞之，使者及其徒起舞於前，曲折皆爲戰鬬之狀，文帝謂侍臣曰：「天地間乃有此物，常作用兵意。」

其屬分六部，有黑水部，即今之女真。其水掬之則色微黑，契丹目爲混同江。唐太宗征高麗，靺鞨佐之，戰甚力。駐蹕之敗，高延壽、高惠真以其衆及靺鞨兵十餘萬來降，太宗悉縱之，獨阬靺鞨三千人。開元中，其酋來朝，拜爲勃利州刺史，遂置黑水府，以部長爲都督刺史，賜府都督姓李①氏。唐世朝獻不絶。五代時，始稱女真。後唐明宗時，嘗寇登州、渤海，擊走之。其後避契丹諱，更爲女直②。居混同江之南者，謂之熟③女真，以其服屬契丹也。江之北爲生女真，亦臣於契丹。本朝祖宗時，亦屢遣使來朝。

遼主延禧立，建中靖國元年也，歲使人須索於女真。又求海東青者，名禽也，小而俊健，女真不堪命。其酋阿骨打，貌雄偉，有大志，欲叛未有以發。遼國天慶元年，時政和元年也。其二年，延禧漁於混同江，女真以故事來會。延禧以阿骨打顧視不常，密欲誅之，樞密使蕭奉先不可，遂止。阿骨打亦知之。四年，遂舉兵叛，以其弟

①李：原作「季」，據覆宋本、四庫本及《松漠紀聞》卷上改。
②直：原作「真」，據覆宋本、四庫本及《松漠紀聞》卷上改。
③熟：原作「熱」，據覆宋本、四庫本及《松漠紀聞》卷上改。

吳乞馬、黏罕、胡捨等爲謀主[一]，寧朮割、移烈、婁宿、闍毋等爲將。延禧屢出師東討，至則陷没，或不戰而遁，棄甲遺戈，綿亘百餘里，女真收以爲用，遂有輕遼國心。

明年，遂取黄龍府。延禧舉國親征，女真大懼，阿骨打以刀剺面，仰天大哭，謂其衆曰：「始與女曹苦遼國殘擾，共謀起兵，欲自立國爾。今天祚親至，將盡剪我曹，非人人死戰無生理，勢必不敵。不若殺我以降。」諸酋皆拜曰：「事至此，當誓死一戰。」乃與延禧遇，乘其未陳，三面爭擊之。延禧大敗，僅以身免，一日一夜馳五百里。女真乘勝，遂并渤海、遼陽所管州郡五十四。延禧遣其叔秦晉國王淳率蕃漢十餘萬衆，圖復遼陽，募遼陽飢民以戰，謂之怨軍。會其將作亂遁去，餘軍皆潰，自是女真取其川、成、淳、懿、乾、顯六州，將趨中京，始有并吞遼國之意。遼東人有楊朴者，勸阿骨打稱皇帝，以其國産金，號大金國，建元爲天輔。是歲，政和八年也[二]。

先是，建隆以來，女真由遼東蘇州泛海至登州買馬，故道猶存。有高藥師者，以大舟泛海來，具言女真攻遼國奪其地事。知登州王師中以聞，詔蔡京、童貫遣人伺其實，委師中選將校七人，同高藥師過海，見女真邏者不敢前，復迴青州。知青州崔直躬奏其事，詔復委童貫措置。已而遣武義大夫馬政與平海軍卒長呼慶[三]，仍與高藥師過海，爲邏者執，縛送女真。黏罕、兀室詰問其由，政以實對，遂遣李善慶等同政等回。明年，善慶等至京師，徽宗令蔡京、童貫見之，議事差歸。朝官趙有開及馬政、王師中之子瓌充使，與李善慶等度海聘之。至登州，有開死木征。會河北諜者言遼國與女真修好，於是罷遣使者，止差呼慶同善慶等歸。

宣和二年，呼慶至自女真，持其書來云：「遼國修好不成，請別遣人修好。」朝廷遂欲倚之復燕，以歸朝官右文殿修撰趙良嗣充使，忠訓郎王瓌副之，由登州海道，用故事買馬爲名，因與之約：契丹若亡，取燕、雲舊地。時女真已出師趨上京，良嗣會阿骨打於青牛山，徑攻上京，破之。良嗣遂與約，同入燕京取燕、雲地。阿骨打曰：「燕京本漢地，當與南朝。」遂議歲賜如契丹舊數，遣良嗣等回，約來年同舉。差錫剌曷魯爲使，大迪烏高隨爲副，持其國書來。良嗣等同使人至京師，見於崇政殿。既辭，遣武義大夫馬政隨曷魯報聘，再議雲中地。復遣曷魯同馬政來。

先是，童貫以趙良嗣上京之約，遂欲舉兵應之。會盜起睦州，貫以西兵討賊，未果。曷魯至京師，徽宗諭館伴權邦彥，以遼人已知金人海上之約，難以復如前議。邦彥慮失其歡，言不可，止以國書付曷魯，遣呼慶送之。阿骨打得書，意朝廷絶之，乃悉師度遼而西，陷中屯、白水。延禧奔夾山，女真遂招降雲中、朔、應等州。宰相張琳等立燕王淳，廢延禧爲湘陰王，遣使來。徽宗曰：「天祚在夾山，燕王何以得立？」却其使。

時金兵已到山後，平定州縣，朝廷遂遣童貫爲陝西、河東、河北宣撫使，勒兵十五萬巡邊，時宣和四年也。貫至高陽關，奏言：「昨女真下中京，余覩往雲中，契丹分力榰梧，我乘機會進兵收復，諸事省力。既失此，便以爲後。」時復遣蔡攸爲副使，攸至河北，乃辭。詔曰：「朕以童貫昏繆，將佐守帥皆其門人故舊，相與隱蔽，致邊事差失，故欲監軍耳。」貫又奏：「臣見河朔將兵驕惰，軍須闕乏，糧食腐敗，軍器守禦之物，悉皆無備，慮失事機。」詔河北漕臣、中山真定高陽關路帥臣究心辦集，已差將兵疾速前去，違詔並寘軍法。於是西師畢集，劉延慶節制諸軍，劉韐、宇文黄中爲參謀。貫至雄州，令趙良嗣草書，遣歸朝官張寶、趙忠諭淳禍福。淳得書，執二人斬之。貫知遊説不效，乃募馬擴自雄州賫書入燕招諭。耶律淳遣王介儒、王仲孫同馬擴來問兵端，擴答以「朝廷命將出師之議，非羣下所盡知，但略聞北朝先入燕」。遣馬擴歸獻捷。

良嗣等至金人軍前，阿骨打欲燕京税租，而不議平、灤等州。再遣李靖、王度剌來議其事，且欲交歲幣。朝廷復遣趙良嗣、周武仲同議租賦多寡之數，阿骨打欲得百萬緡，良嗣往復辨論未決，遣良嗣歸。良嗣至雄州，以驛書聞，詔許之，亦許交歲幣。再遣良嗣至軍前，阿骨打大喜。遂議雲中地，阿骨打云：「我增百萬緡，南朝一言不辭，今求西京，何辭拒之？」遂遣寧朮割①、度剌、撒盧母齎誓草來，差盧益、趙良嗣、馬擴報聘。兀室云：「計議已定，近有燕京職官趙温訊、李處能、王碩儒、韓昉等來南，須先以見還，可議交燕月日。」良嗣諭宣撫司以趙温訊等與之，乃得其誓書，以檀、順、涿、易、燕、薊六州來歸。燕之金帛、子女、職官、人民皆席卷而東，朝廷捐金帛數百萬計，所得者空城而已。於時，議者以六州之地無險阻可守，不曾分立界至，歲輸之物，有自二廣、江湖宛轉運至京師，自京師運至河北，自河北運入燕，自燕運至薊州界首韓城鎮交割，僅萬里，必不能以時至，天下之禍自此起矣。

既交燕畢，阿骨打出居庸關，由雲中府德州路西巡，留白水濼度夏。阿骨打中病死〔四〕，黏罕、斡离不等遥尊吴乞馬爲皇帝，改元曰天會。謚阿骨打曰大聖武元皇帝，廟號太祖。

童貫、蔡攸帥師入燕，號撫定，勒碑於延壽寺以紀功，將佐姓名皆列於碑。留十日，乃回。以詹度知燕山府，又以王安中爲宣撫使，駐燕山。閱數月，改蔡靖知燕山府，又留郭藥師麾下常勝軍三萬人在燕。藥師出於降虜，素有輕中國心，乃增置常勝軍萬餘人，多買戰馬，陰爲偏伯之計。貫、攸在雄州，不能裁制，凡常勝軍計口給錢糧，月費米三十萬石、錢一百萬緡，河北之民力不能給，朝廷下諸路起免夫錢六百二十萬億以助之，天下於是民力竭矣。

方是時，燕人張覺仕遼爲遼興②軍節度使，守平州，不肯降金人，仍稱保大五③年。畫延禧象，朝夕朝謁，事無大小，告而後行，遂發兵以拒金人。金人既滅遼國，遣其宰相左企弓等部所起燕山職官、富户，東取榆關平灤

①寧朮割：「朮」原作「述」，據覆宋本及本書卷一一一改。
②遼興：原作「僚興」，據覆宋本、四庫本改。
③五：原作「三」，據覆宋本、四庫本改。

路以歸。燕山憚遠遷，列訴於覺，覺召左企弓等，數其不能輔佐天祚之罪，殺之。縱燕人自便，諭燕人令安堵如故，應田宅爲常勝軍占者，悉還之。燕人既得歸，皆大悦，往往南來至京師。徽宗聞之，詔詹度令選有材智忠信之人，密諭覺，許其世襲，又令率衆内附。覺亦遣其黨張興祐詣度，度以徽宗意語之，覺大喜，遣其屬張鈞詣宣撫司納土。

有燕人李安弼謂王安中曰：「平州形勝之地，張覺綜練之才，足以禦金人，安燕境，幸招致之，毋令西迎天祚，北合蕭幹，爲吾患。」安中入其語，勸朝廷納之，令安弼齎書詣闕。趙良嗣不可，曰：「如此豈不招女真之兵邪？」因乞斬安弼以徇，朝廷不從。遂拜覺泰寧軍節度使，使世襲平州。金人大怒，悉兵以攻覺。時貫、攸還京師，亦盛稱覺之材武可以捍金人，乃以金華紙賜詔書與覺，使之擊金人。金人邏得之，盛怒曰：「南朝敗契丹百餘年信誓，方與我結好，吾又與六州之地。不數月，復與張覺相約攻我，豈可但已？」遂襲破平州，覺挺身走燕山。金人來取覺，朝廷不得已，令王安中函覺首以送。金人久謀敗盟，至是舉師，斡离不寇燕山。郭藥師率麾下兵四萬，又起涿、易等州兵三萬，戰於潞縣。藥師大敗，引數騎走至燕山，伏壯士於後園，擒守臣蔡靖及兵將官，囚之，遂降於金人，燕山諸郡皆陷。吏部員外郎傅察接伴賀正旦使人於玉田縣，斡离不脅之使降，副使蔣噩等羅拜，獨察不屈，死之。

黏罕寇河東。初，宣撫司招燕、雲之民置之内地，號義勝軍，皆山後漢兒也，分屯河東。黏罕兵至朔、武及代州，漢兒皆開門迎降，遂逾石嶺關，分兵圍太原。斡离不引大兵自涿州入安肅、廣信軍界，略真定、中山、慶源府境，至信德府，破之。徽宗得警報，於是遜位於欽宗。

【箋證】

〔一〕以其弟吴乞馬黏罕胡捨等爲謀主：《契丹國志》卷一〇稱「阿骨打有弟姪曰吴乞馬、粘罕、胡舍輩」，《事略》均稱「其弟」，似誤。《建炎以來繫年要録》卷一「遥册烏奇邁爲帝」注考證云：「史愿《金人亡遼録》云『吴乞買名慎』，鍾邦直《行程録》云『金主名慎，小字吾克埋』，與諸書亦不同，今不取。洪皓《記聞》云『黏罕者，吴乞買三從弟，名宗幹，其庶弟名宗憲』，《靖康日曆》《欽宗實録》亦云『阿古達以其弟吴乞買、黏罕爲謀主』，張匯《節要》云『天會四年夏，以皇弟黏罕爲左副元帥』，此諸書皆同。按：阿古達子姪名皆連『宗』字，黏罕兄弟亦然，則決非其弟也。史愿《亡遼録》云『阿古達有弟姪曰吴乞買、黏罕輩』，蓋吴乞買乃其弟，而黏罕乃其姪，此爲得之。然宋王宗幹乃武元之子，海陵之父。紹興二十六年朝旨令國信所避旻、晟、亮、幹四字，則宗幹決非黏罕名。張棣《金志》云『黏罕爲薩哈子』，恐亦不然。今從苗耀《神麓記》。」「吴乞買」爲金太宗本名，音譯亦作「烏奇邁」，《事略》作「吴乞馬」，凡二見。然史源相同之《契丹國志》，卷一〇作「吴乞馬」，卷一二作「吴乞買」，買、馬音近而形異，《事略》「馬」疑爲「買」之誤。

〔二〕是歲政和八年也：《金史》卷二《太祖紀》記「國號大金」於收國元年正月壬申朔，較《事略》早三年。《契丹國志》卷一〇、《建炎以來朝野雜記》乙集卷一九、《宋史全文》卷一四等並載「國號大金，建元天輔」於政和八年戊戌，蓋宋人所紀多類此，爲《事略》所本。《重訂大金國志》卷一：「乙未，收國元年春正月壬申朔，羣臣奉上尊號。是日，即皇帝位，國號大金，改元收國。」注云：「按：原書書太祖即帝位於戊戌歲，不載收國年號。又范成大《攬轡録》云：『金自太祖始有天輔之稱，今四十八年矣。四十八年以前，乃選造以足之。』重熙四年，清寧、咸雍、大康、大安各十年，盛昌六年，乾通十年，大慶四年，收國二年，以接於天輔，似可與此書相證。但敵國之言，務相詆毁，不可爲據。今依《金史》爲正。」

〔三〕平海軍卒長呼慶：「呼慶」，《遼史拾遺》卷一一引《東都事略》及《三朝北盟會編》卷一均作「呼延慶」。

〔四〕阿骨打中病死：《金史》卷二天輔七年八月「戊申，上崩於部堵濼西行宫，年五十六」。《建炎以來繫年要録》卷一注引《金太祖實録》云：「太祖生於戊申，天輔七年八月己未終於布圖濼，在位九年，享年五十有六。」

東都事略卷第一百二十六

附録四

欽宗既即位，金人欲退師，郭藥師曰：「南朝未必有備，不如姑行。」斡离不至信德府，視城陋甚，援枹攻之。未幾，守陴者立幟城上，城中人皆降，逸而出城者斬之，驅守臣楊信功以出。金人至邯鄲，遣藥師爲前驅，付以千騎。藥師求益，復以千騎與之。藥師疾馳三百里，質明遂至濬州。內侍梁方平與大將何灌屯兵控扼黄河北岸，虜騎奄至，倉卒奔潰。時南岸守橋者望見虜中旗幟，燒斷橋纜，陷没凡數千人，虜因得不濟。方平既遁，何灌軍亦望風潰散，我師在河南者無一人，乃絞木栰度河。

靖康元年，金人犯京師，攻雲澤門，次攻通天、安泰門。李綱分兵擊退。朝廷因議請和，遣駕部員外郎鄭望之充軍前計議使，康州防禦使高世則副之。金人亦遣吴孝民與望之相見。孝民曰：「皇子郎君到趙州，得皇帝登極赦書，以手加額。既是皇帝已即位，無可争者，却與他講和休。」皇子郎君，斡离不也。因言欲割大河爲界，副以犒軍金帛。望之與辨論之，孝民不答，遂與望之由開遠門入。至都亭驛，有詔趨問使回所得語意，望之等入奏使事。欽宗御崇政殿，引見金使，吴孝民跪奏曰：「前日南朝與大金結約海上，復違盟誓，皆已往事。今日少帝陛下與大金别立誓書，結萬世驩好可也。皇子斡离不遣使人代朝見之禮，願遣親王、宰相到軍前報禮。大金喜禮意之重，前日割地之議，往往可罷。」少帝之稱，自此始也。

欽宗命同知樞密院事李棁①奉使，望之、世則副之。金人需金五百萬兩、銀五千萬兩、牛馬萬匹、采段②百萬，割太原、中山、河間三路之地，以大河爲界，並欲宰相、親王一人爲質。乃遣少宰張邦昌及康王出質於虜營。金人索金帛犒軍，欽宗下詔勸忠義之家令助金帛，又權借士庶家應干③見在金帛，猶未足，遂權行根括民庶金銀赴官。統制姚平仲引兵出城，與金人戰，敗績。尋遣宇文虚中等奉地圖割三鎮以和。金人退師，質肅王以行。先是，金人不愛康王，而④復令入城，至是遂以肅王行。

斡离不雖已退師，而黏罕之師陷隆德府。初，欽宗與金人講和，許割三鎮二十州及遺金帛，若退師之日，不許劫掠攻取州縣。而金人所過無不剽取，又攻陷我隆德。欽宗怒，罷黜元主和議臣僚，令种師道、姚古、种師中往援三鎮，復取隆德，又取威勝軍。姚古與黏罕戰於南關，我師敗績，退保隆德。欽宗決策北征，种師中兵至壽陽，與金人戰，死於陳。姚古、种師道既敗，欽宗遣王雲使金人〔一〕。金人陷太原，欽宗令中書議三鎮等税租，復遣馮澥往使，趨雲往燕山，見斡离不，再議三鎮二十州事，如此理可折，即與税租，不獲已，則依城下之盟。婁宿陷汾州，黏罕陷威勝軍，又陷隆德府，斡离不陷真定府，平陽居民以城降。黏罕兵至澤州城下，攻取之。斡离不遣王雲回京師，云：「如十四日會於磁、相間，我軍方不度河。」馮澥亦來自河北，具言斡离不索冕輅等，朝廷從之。欽宗以康王使斡离不軍前議和止師，以王雲爲副。黏罕陷懷州，斡离不自大名府由魏縣李固度過大河。再遣馮澥，行至途中遇王雲，雲言斡离不堅要三鎮二十州。澥與雲同歸於朝廷，具言金人之意，大臣議論紛紜不決

①李棁：原作「李鋭」，據本書卷一二、《宋史》卷二三《欽宗紀》、《金史》卷三《太宗紀》改。
②段：四庫本作「緞」。
③應干：覆宋本、四庫本作「應副」。
④而：覆宋本、四庫本作「也」，誤。

也。再遣雲同康王行。

金人既度河，復以兵犯京師，京師戒嚴。康王至磁州，雲遇害。康王參議言耿延禧等請康王回相州。金人攻東津、宣化二門，殿帥王宗濋領牙兵下城與戰，敗績。金人攻通津、善利門甚急，復於護龍河疊橋作道。時大雪不止，欽宗見金人攻諸門愈急，御瑶津亭，命使臣秦仔等八人往河北，以康王爲兵馬大元帥。雪日夜不止，金人乘雪攻城益急。郭京領兵開宣化門出迎敵，金兵分布兩翼而進，衝京前軍，一掃幾盡。守禦官吏相繼奔走，由是金人登城者踵至，揚旗城上，衆皆潰散，四壁數十萬之衆，爲之一空。

徽宗自龍德宫入禁中，金人縱火燒南薰、宣化、通津、善利四門，燒劫民居，火光亘天，連夕不滅。開封府率衆父老百姓請命於二酋，持金帛牛酒以犒三軍，而二酋堅欲道君出郊。既而欽宗曰：「大金和議已定，朕以宗廟生靈之故，躬往致謝。」遂擁素騎出南薰門，何㮚、孫傅、陳過庭等從行，曹輔、張叔夜留守彈壓。越三日，欽宗還宫。金人移文開封府，索馬一萬疋，於是都城之馬空矣。金人索軍器，又索金帛犒軍，取河東、河北守臣監司親屬質於軍中，以待分割地界了日歸還。又取蔡京、童貫、王黼等二十餘家親屬。是時，朝廷先拘收戚里、權貴、豪富之家金帛以犒金人，士庶納金帛者紛然。金人須絹一千萬疋，朝廷盡撥内藏、元豐左藏庫所有，如數與之。河北積歲貢賦，悉令般運。及浙絹、南絹，亦以充數。又索監書，如蘇軾、黄庭堅文集，《資治通鑑》之類，皆指名取索。斡离不遣使持書入城，督金帛犒軍，合用金一千萬鋌、銀二千萬鋌、縑帛如銀之數，不限官私，早晚依數應副。詔以書揭示士庶，云：「除内藏、元豐左藏及龍德、寧德兩宫，御前皇后閤、皇太子宫並臣僚之家已根括外，今曉諭權貴之家，凡有金銀衣段疋兩以上，並行輸納。」二年，遣何㮚使軍中懇告，而根括愈急。既而有詔曰：

「朕出郊見兩元帥①，議加徽號。」遂出南薰門。金人遣兵百人，衛司馬光墳。

初，欽宗幸虜營，約五日必還。至是，民以爲金銀未足，各竭其家所有獻之。太學生徐揆以書達二酋，請車駕還闕，其書曰：

昔春秋時，楚子伐陳，欲以爲縣，申叔時諫曰：「諸侯之從者，曰討有罪也。今縣陳，貪其富也。以討召諸侯，而以貪歸之，無乃不可乎？」王曰：「善哉，吾未之聞也。」乃復封陳。後之君子，莫不多叔時之善諫。

今元帥興師見伐，大兵俯臨，都城失守，社稷幾亡而復存，生靈幾死而幸免，此元帥仁德也。雖楚子入陳，未能遠過。我皇帝兩造轅門，議犒軍之資，加徽號之請，越在草莽，信宿逾邁，國中喁喁，跂望屬車之塵者屢矣。

夫生民無主，境内騷然，忠義之士，食不下咽。又聞道路之言，以金銀未足，天子未還，揆竊惑之。蓋金銀之産，不在中國，而在於深山窮谷之間。四方職貢，歲有常數。重以去歲之役，增請和之幣，獻犒軍之資，官吏征求，及於編户，都城之内，雖有妾婦之飾，一器用之微，無不輸之於上，以酬退師之恩。又兵興已來，邦國未寧，道路不通，富商大賈絶迹而不造境，京師豪民蓄積素厚者，悉散而之四方矣。間有從官王畿，仰給奉禄者，饘粥之外，儲②無長貲，豈復有金銀之多乎？今雖天子蒙塵，臣庶效力，根括私藏，遍及貧户，恐不足以償抛降之目。雖以天子爲質，猶無益於事也。夫有存社稷、活生靈之仁德，而乃以金帛之故質君父，是猶愛人之子弟而辱其父祖，與不愛奚擇？元帥必不爲也。

①帥：原作「師」，據覆宋本、四庫本改。
②儲：朱校本作「褚」，「褚」同「儲」，覆宋本、四庫本作「睹」。

昔楚子圍鄭，三月克之，鄭伯肉袒①，牽羊以逆②，左右曰不可許，王曰：「其君能下人，必能信用其民矣。」退三十里而許之平。《春秋》書之，後世以爲美譚。願元帥推惻隱之心，存終始之惠，反其君父，班師振旅，緩以時月，使求之四方，然後遣使入獻，則國中之人德元帥之仁，豈敢弭忘？《傳》曰：「主憂臣辱，主辱臣死。」揆雖卑賤，敢昧死以紓君父之難，惟元帥矜之。

二酉取揆赴軍中詰難，揆厲聲抗論，爲所殺。時陰雪不止，金人索郊天儀仗、法駕、鹵簿、冠冕、乘輿等物，及臺省寺監官吏、通事舍人各有差，又索犀象、寶玉之屬，人擔車載，徑往供納者，急如星火。於時欽宗幸虜營十五日矣。金人遽廢趙氏，議立異姓，及要道君、親王等。於是，道君皇帝、寧德皇后、諸王悉入虜營。

同知樞密院事孫傅等累狀言：「本朝祖宗德澤，在民未泯，及國主新立，爲大臣所誤，以致違盟失信。伏望察傅事狀，許其自新，降號稱藩，復主社稷，許於國主子弟中擇一賢者立之。或不欲立道君之子，乞於神宗皇帝二子選擇建立。非惟不滅趙氏一族，亦使一國生民蒙被恩澤。」又狀言：「本國前日將相，是宣和用事誤國之人；自嗣君即位以來所任宰相，亦繼以罪罷。將相率皆敗亡之餘，其他臣僚，碌碌無聞。若③舉於草澤之間，亦非聞望素著，人心不歸，誰肯推戴？」又狀請車駕還闕，不然，即乞立監國太子，且言：「若立異姓，天下之人必不服從，四方英雄必致雲擾，生靈塗炭，卒未得安。傅自知此言罪在不赦，然念有宋自祖宗以來，德澤在人，於今九世，天下之人，雖匹夫匹婦未忍忘之。況傅等世食君禄，方主辱臣死之時，上爲宗廟，下爲生靈，苟有可言，不敢避死。」金人怒，取傅與張叔夜赴軍前。二帝遂北狩，皇后、太子、親王、帝姬、宗室、宮嬪及駙馬等，節次出

①袒：原作「祖」，據覆宋本、四庫本及《三朝北盟會編》卷七六改。
②逆：覆宋本、四庫本作「迎」。
③若：覆宋本、四庫本作「者」。

京師。

金人又遣莫儔、吴幵移文城中，令百官、僧道、耆老、軍民共議立張邦昌治國事，並不得引惹趙氏。百官會議於秘書省，獨秦檜論列，謂邦昌不足以代趙氏，語在《邦昌傳》〔二〕。金人怒，亦取赴軍前。金人再索金銀，復行根括，極爲峻切。殺四壁提舉官梅執禮、程振、陳知質①、安扶。四人者，皆侍從也。

張邦昌入城，僭皇帝位，國號大楚。金人責金銀愈峻，而民間取之盡矣，邦昌致書懇免。金人退師，邦昌遣使請康王早正大位，於是康王即位於南京。

臣稱曰：女真以戎虜遺緒，崛起海陬，乘天祚暴昏，謀殞厥祀。是時中國承平日久，大臣喜開邊事，首納良嗣之叛，以圖燕壤之復，又聽張覺之歸，以啓狂虜之釁，自是中國弱而夷狄强矣。然蔑棄信義，犯我畿甸，邀索金幣，濟其貪毒。於斯時也，國何以支，而民何以堪乎？以此言之，中國武備，蓋不可一日而忘也。

【箋證】

〔一〕欽宗遣王雲使金人：《宋史》卷二三《欽宗紀》作「王雲使金軍」，《三朝北盟會編》卷四七作「乃遣王雲入使金國」，《九朝編年備要》卷三〇作「王雲使金國」。《事略》「人」字欠妥，或爲衍文。

〔二〕語在邦昌傳：《張邦昌傳》，見本書卷一二一。

①程振陳知質：原作「陳振程知質」，據本書卷一二《欽宗紀》及卷一〇九《程振傳》改。錢校：「應作『程振、陳知質』，此宋本之誤。觀本書《程振本傳》自見。」「元益案：此條亦係勞氏補校。」

東都事略卷第一百二十七

附録五

李彝興，夏州人也。本姓拓拔，唐末有思恭者，鎮夏州，討黄巢有功，賜姓李氏，世有夏、銀、綏、宥、静五州之地。思恭卒，其弟思諫爲節度使。思諫卒，軍中立其子彝昌。彝昌爲其將高宗益所殺，而仁福立，不知於思諫爲親疏也〔一〕。仁福封朔方王，卒，子彝超立。彝超卒，弟彝興立。

彝興當五代之際，爲中書令，封西平王。周世宗時，加太保，恭帝加太傅。宋興，加太尉。太原劉承鈞誘代北諸部來寇麟州，彝興遣將禦之，承鈞去。彝興貢戰馬，太祖命玉工琢帶賜之。問其使腰圍大小，使言彝興腰圍洪大，如合抱之木，太祖曰：「汝帥真福人也。」卒，追封夏王。子克睿立，即以爲定難軍節度使。卒，贈侍中。子繼筠立。太宗征太原，繼筠遣將度河掠寇境，以張軍勢。逾年而卒，弟繼捧立。

繼捧初爲牙内指揮使，嗣繼筠爲留後。太平興國七年來朝，以夏、銀、綏、宥、静五州之地來歸，太宗嘉之。繼捧願留京師，太宗遣使詣夏州，護繼捧親屬赴闕，以繼捧爲彰德軍節度使，徙鎮崇信，又徙感德。

初，繼捧之來朝也，其弟繼遷留居銀州，時年十七。乃率衆爲寇，奔入蕃族地斤澤以叛。都巡檢曹光實選精騎夜發，掩襲地斤，繼遷遁去，獲其母妻。繼遷因詐降，誘殺光實。時朝廷屢發兵討繼遷，繼遷益侵擾邊境。太宗用宰相趙普之策，欲委繼捧以邊事，令圖之。召赴京師，賜姓趙氏，名保忠，以爲定難軍節度使，賜予甚厚。保忠至鎮，即言繼遷悔過歸款，太宗以繼遷爲銀州刺史。然繼遷實無降心，復爲寇。保忠來乞師，太宗遣翟守素討之。繼遷皇懼，奉表歸順，以爲銀州觀察使，賜姓名趙保吉。又以其弟繼忠爲綏州團練使，賜姓名曰趙保寧。

是歲，保忠遣使來獻海東青。太宗曰：「朕不事畋遊也。」還之。保忠爲保吉所誘，陰與之合，來寇靈州。太宗命李繼隆討之。保忠上言：「已與保吉解仇，貢馬五十匹，乞罷兵。」太宗怒，督繼隆進軍。及王師壓境，保忠反爲保吉所圖，欲并其衆，縛牙校趙光祚，襲其將〔二〕。保忠方寢，聞難作，單衣被髮，騎駿馬遁，僅以身免，資財器用悉爲保吉所奪。保忠夜還城中，爲大校趙光嗣幽於別所。明旦，開門迎王師，繼隆擒保忠以獻。太宗赦其罪，以爲右千牛衛上將軍，封宥罪侯。後數年而卒〔三〕。

太宗下詔隳夏州，居民並邊於綏、銀等州，削保吉所賜姓名，復爲李繼遷。繼遷遣牙校以良馬來貢，且謝過，又上表待罪。因言違叛事出保忠，願赦勿誅。太宗遣内侍齎詔諭之，賜以器幣。繼遷遣親校張浦以良馬、橐駝來貢，太宗遣使齎詔諭旨，欲授以鄜州節度使，繼遷不奉詔。太宗以張浦繼遷謀主也，留之京師，以爲鄭州團練使。

初，朝廷欲城古原州，而陝西轉運使鄭文寶固請築清遠。清遠在旱海中，不毛之土，素無井泉，陝右之民甚苦其役。文寶建議禁烏白池青鹽，以困繼遷，而戎人益以叛，俄弛其禁。繼遷寇清遠軍，命白守榮、馬紹忠護送芻粟四十萬於靈州，爲繼遷所邀，敗於浦洛①河。繼遷遂窺靈州。太宗怒，復命李繼隆出環州，凡五路出兵抵平夏。繼隆出師，行數日不見賊〔四〕，引軍還。而諸將與賊烏白池大小數十戰，繼遷遁去。太宗崩，繼遷乃遣使修貢，求領藩任，真宗許之。復賜以姓名，拜定難軍節度使，敕諸將勿加兵，以其子德明②爲行軍司馬。未幾，復寇

①浦洛：原作「洛浦」，據《長編》卷一二三、《宋史》卷四八五《夏國傳上》，並參舒仁輝《〈東都事略〉與〈宋史〉比較研究》第二七二頁改。

②德明：原作「得明」，據覆宋本、四庫本及《宋史》卷四八五改。

邊，屢爲六谷都首領潘羅支所擊。又寇清遠軍，七日而陷。又陷靈州。繼遷率衆入西涼府，潘羅支僞降繼遷，繼遷受之不疑。景德元年，羅支遽集六谷蕃部及者龍族合擊之，繼遷中流矢，至靈州三十里而死〔五〕。

德明遣使來貢，明年上表歸款，且言保吉臨終祝之曰：「爾當傾心内屬，如未許，則連表祈請。」真宗嘉之，以德明爲定難軍節度使，封西平王。終其身三十餘年，不敢窺邊。德明累遷至太傅，封夏王。其子元昊性兇鷙，多猜忌，曉浮圖學，通漢文字。既長，數勸德明反。德明曰：「國中三十年不被皮毛，而衣錦綺之衣，汝無負天子也。吾嘗從事於兵，勞苦萬狀，第自困爾。」德明嘗攻陷甘州，拔西涼府。德明死〔六〕，元昊襲定難軍節度使，封西平王。

元昊避其父名，乃以明道爲顯道，稱於國中。景祐元年，寇環慶路，殺掠居民，下詔約束之。是歲，僞改年爲開運，更曰廣運。母米氏族人山喜謀殺元昊，事覺，元昊殺其母，而山喜之族皆沉於河，遣使來告哀。元昊攻唃厮囉，陷瓜、沙、肅三州，盡得河西之地。將謀叛，恐唃厮囉制其後，復舉兵攻蘭州。又改元曰大慶。

寶元元年，元昊反，以十月十一日築壇受册，僭號始文英武興法建禮仁孝皇帝〔七〕，國稱大夏，改元曰天授禮法延祚。明年，遣使來告即位。詔削奪元昊在身官爵，除屬籍，有能執元昊來獻者，授定難軍節度使。元昊又遣人齎嫚書，納旌節。康定元年，寇金明砦，執李士彬。攻安遠砦，遂攻延州。劉平、石元孫來援，戰於三川口，陷賊中。未幾，寇鎮戎軍。慶曆元年，寇渭州，任福戰敗於好水川。轉寇河東，陷豐州。二年〔八〕，遣前所執塞門砦主高延德求通和，范仲淹爲書以禍福諭之曰：

國家景德初，河西休兵之後，中外上言，靈、夏數州本爲内地，請移河朔之兵，益關中之力，以圖收復。真宗皇帝以文武之德柔遠，先大王歸向朝廷，心同金石，故待先大王以骨肉之親，命爲同姓，全付大夏。真宗皇帝於是時也，有天地之造焉。

今大王青春襲爵，不知真宗皇帝有天地之造，違先君之誓書，不避本朝，並建大位。累遣使人，告於朝廷。中外之人，莫不驚憤，咸欲收行人戮於都市。皇帝詔曰：「非不能以四海之力支其一方，念先帝歲寒之本意，故夏王忠順之功，豈以一朝之失而驟絶之？」皆不戮而還。假有諸蕃之長抗禮於大王，而能含容之若此乎？省初念終，天子何負於大王哉！

天子遣仲淹經度西事，面諭之曰：「有征無戰，不殺非辜，王者之兵也。」仲淹敢不夙夜於懷。至邊之日，見諸將帥多務小功，不爲大略，甚未副天子之意。仲淹與大王同事朝廷，於天子則父母也，於大王則兄弟也，豈有孝於父母、不愛於兄弟哉？可不爲大王一一而陳之。

名不正則言不順，言不順則事不成。大王世居西土，衣冠、言語當從本國風俗，何得與天子侔擬？名豈正而言豈順哉？徒使瘡痍百姓，傷天地之仁。仲淹每念「有征無戰，不殺非辜」之訓，夙夜於懷，方欲與大王議而决之，重人命也。今大王遣人遠來，惠然留意，何樂如之。但議論未順，文字未正，不敢聞於朝廷。大王果能以愛民爲意，言當時之事由於衆請，莫過於此，謝於朝廷，朝廷必當復其王爵，承先大王保國庇民之志，天下孰不稱大王賢哉？

如衆多之情，終不獲辭，則漢、唐故事，如單于、可汗之稱，尚有可稽，又於本國言語爲便，亦不失其貴矣。貢奉上國，存中外之體，不召天下之怨，不困天下之民，使邊蕃之人復見大康。又大王之國，財用或闕，朝廷每歲必有物帛之厚賜，爲大王助也。大王幸聽之，則上下同其美利，邊民之患息矣。其若不聽，他日雖有請於朝廷，必有噬臍之悔。仲淹今日之言，不獨利於大王，蓋以奉君親之訓，救生民之患，合天地之仁而已。唯大王擇焉。

元昊使其親信野利旺榮復書，而嫚辭如故。龐籍言：「諸路皆傳元昊爲西蕃所敗，又野利族内叛，黄鼠食稼，天大旱。其國内既多憂虞，必爲納款之計。」遂令保安軍檄野利旺榮，且言：「旺榮方總靈夏之兵，儻陰圖内附，即當以西平茅土分策之。」种世衡亦遣王嵩以棗及畫龜遺之，諭以早歸之意。旺榮遣其教練使李文貴至青澗①，籍疑其詐，留之。後數月，果大舉，而葛懷敏死於定川。籍召文貴，責以大義而釋遣之。文貴去，逾月復來。旺榮與弟旺令、嵬名瓌②、臥譽諍三人，列名爲書，欲議罷兵。然未肯削去僭號，且云：「如日之方中，止可順天西，安可逆天東？」籍以其言未可屈服，乃報之：「此非邊臣所議，宜遣人自請朝廷。」明年，遣其臣賀從勗與文貴俱來，稱「男邦兒③定國兀卒上書父大宋皇帝」，更名曩霄。籍以父子亦無不稱臣之禮，今名體未正，未可許，遣邵良佐等更往議之。

四年，曩霄遣使來稱臣，稟正朔，遂册爲夏國主④，改所賜敕書爲詔而不名，聽自置官屬。使至京師，許就驛貿易，燕坐朶殿。朝廷遣使至其國，相見賓客禮。置榷場於保安軍及高平砦，博易用牛、羊、馬、駞氈褐，禁青鹽。生屬⑤户蕃部更不得相侵犯，歲賜絹、銀、茶、綵共二十五萬五千，如欲於界上承所賜，亦聽。自後復修貢職爲常。

初，元昊之叛也，朝廷命夏竦、范雍經度邊事，後以范仲淹、韓琦經略，而元昊臣。其年，契丹夾山部落保家族八百户投之[九]，契丹宗真使人追索，曩霄留不遣。宗真遂親將至境上，各據一山，嚴兵相待。曩霄奉巵酒爲

①青澗：原作「青潤」，據《長編》卷一三四、《宋史》卷四八五改。
②瓌：覆宋本、四庫本作「壞」，《宋史》卷四八五作「瓌」。
③兒：《稽古録》卷二〇、《皇宋十朝綱要》卷五、《九朝編年備要》卷一二、《宋史》卷四八五等均作「泥」，是。本書著者改作「兒」（音泥）。
④主：覆宋本、四庫本作「王」。
⑤屬：當作「熟」，見《長編》卷一四九稱「生熟蕃户」、卷一八〇稱「生熟蕃部」及卷三五議「生熟户」。

壽，大合樂，仍折箭爲誓。及罷，契丹劫曩霄。曩霄覺，以兵拒之，大敗契丹。宗真領數騎東走，縱其去。曩霄用兵多詭計，其左右任事之臣，有疑輒誅殺。又①盡更先世所爲居室、衣冠、文字，而國中數有叛者。曩霄有兵十五萬八千五百人，得中國無藝者，使耕於河。

曩霄凡七娶〔一〇〕，一曰母米氏〔一一〕，二曰索氏，三曰都羅氏，四曰咩迷氏，五曰野利氏。野利遇乞妹也〔一二〕，生三子，次曰甯寧哥〔一三〕，貌類曩霄，以爲太子。曩霄復納没哆氏女，野利之族有怨語，曩霄遂殺野利、遇乞等三家。既而野利氏訴言：「我兄弟無罪見殺。」曩霄憐之，下令國中爲訪其族人，得遇乞妻没藏氏，與之私通。野利氏覺之，乃出遇乞妻爲尼，號没藏大師。生諒祚。六曰耶律氏。七曰没哆氏，初欲納爲甯寧哥妻，曩霄見其孅而自取之，號新皇后。甯寧哥憤而殺曩霄〔一四〕，不死，劓其鼻而去。匿黄盧，爲訛厖所殺。訛厖，没藏氏之兄也。曩霄遂因劓創死，年四十六。

方没藏氏出爲尼也，既娠而曩霄死，遺言立其從弟委哥甯令。訛厖以夏有國以來，父死子繼，委哥甯令非子，而没藏尼有娠，幸而有子，足以爲嗣。後二月而生諒祚〔一五〕，遂立之。以没藏氏爲太后，於是政在没藏矣。

【箋證】

〔一〕不知於思諫爲親疏也：《宋史》卷四八五《外國傳一・夏國上》作「彝昌遇害，將士立其族子蕃部指揮使仁福」。《新五代史》卷四〇《李仁福傳》明言「不知其世家」，又言「不知其於思諫爲親疏也」，蓋爲《事略》所本。

〔二〕襲其將：《宋史》卷四八五作「襲其營帳」，《長編》卷三五作「夜襲保忠帳」。

①又：覆宋本、四庫本作「之」，屬上。

〔三〕後數年而卒：《宋史》卷七《真宗紀二》載「趙保忠卒」於景德元年六月庚午。

〔四〕行數日不見賊：《宋史》卷四八五作「兵行數日，與丁罕合，又行十餘日無所見」，《長編》卷一二三作「與丁罕兵合，行十數日不見賊」，《事略》「行」下當脱「十」字。

〔五〕至靈州三十里而死：《長編》卷五六景德元年正月壬子記「囉支遽集六谷蕃部及者龍族合擊之，繼遷大敗，中流矢，創甚，奔還，至靈州界三十井死」。「三十里」，《武經總要》前集卷一八、《太平治迹統類》卷五等亦作「三十井」，《事略》誤。然《宋史》卷四八五記爲潘羅支合擊中流矢事於咸平六年六月，又謂「景德元年正月二日卒，年四十二」，與《長編》《事略》不同。

〔六〕德明死：《宋史》卷四八五：「（天聖）九年十月，德明卒，時年五十一。」

〔七〕始文英武興法建禮仁孝皇帝：「英武」，《涑水記聞》卷九、《新雕皇朝類苑》卷七五、《宋史》卷四八五作「本武」，《長編》卷一二二、《宋史全文》卷七下作「英武」。

〔八〕「慶曆元年」至「二年」：此段敍事錯亂，據《長編》卷一三〇載，元昊遣高延德求和，范仲淹與元昊通書，在慶曆元年正月，是年十一月始改元慶曆，則《事略》所稱「二年」當指康定二年。《事略》「慶曆元年」至「陷豐州」二十二字，應移至「而嫚辭如故」之後。《宋史》卷四八五雖繫范仲淹與元昊通書於慶曆元年，然仍置於「寇渭州，任福戰敗於好水川」（慶曆元年二月）、「陷豐州」（慶曆元年八月）之後，仍不妥。

〔九〕契丹夾山部落保家族八百户投之：「保家族」，《宋史》卷四八五作「呆兒族」，《長編》卷一五三作「岱家族」，《宋史全文》卷八下作「呆家族」。《事略》「保」當爲「呆」之誤。

〔一〇〕曩霄凡七娶：《宋史》卷四八五作「凡五娶」，《長編》卷一六二作「曩霄凡七娶」。

〔一一〕一曰母米氏：《長編》卷一六二作「一曰米母氏，舅女也」，又卷一一一云「夏王趙德明凡娶三姓，米母氏生元昊」，則《事略》「母米氏」當作「米母氏」。

〔一二〕野利遇乞妹也：《長編》卷一六二作「遇乞從女也」。遇乞爲旺榮弟，《涑水記聞》卷九云「元昊妻即旺榮妹」，則《事略》爲是。

〔一三〕次曰甯寧哥：《隆平集》卷二〇：「曩霄七娶，其五曰野利氏，……生三子，獨甯令哥存，僭稱太子。」《宋九朝編年備要》卷一三、《長編》卷一六二同作「甯令哥」。《宋史》卷四八五云：「諒祚，景宗長子也，小字寧令哥，國語謂『歡嘉』爲『寧令』。」「甯寧」「甯令」乃音譯之異，而《事略》與《宋史》所稱「寧令哥」必非同一人。

〔一四〕甯寧哥憤而殺曩霄：《宋史》卷四八五云「元昊以慶曆八年正月殂，年四十六」，不載其爲子襲殺致死事，與《長編》《事略》記載不同。每爲史家聚訟，見明祁承熯《宋西事案》卷一《元昊之亡》、清計大受《史林測義》卷二九《李元昊》、李有棠《遼史紀事本末》卷二五等。而宋人記此也頗有異説，歐陽修《歸田録》卷二云：「趙元昊二子，長曰佞令受，次曰諒祚。諒祚之母，尼也，有色而寵，佞令受母子怨望。而諒祚母之兄曰没藏訛哤者，亦黠虜也，因教佞令受以弑逆之謀。元昊已見殺，訛哤遂以弑逆之罪誅佞令受子母，而諒祚乃得立，而年甚幼，訛哤遂專夏國之政。」沈括《夢溪筆談》卷二五：「元昊後房生一子，曰寧令受。寧令者，華言大王也。其後又納没臧訛哤之妹，生諒祚而愛之。寧令受之母恚忌，欲除没臧氏，授戈於寧令受，使圖之。寧令受間入元昊之室，卒與元昊遇，遂刺之，不殊而走。諸大佐没臧訛哤輩仆寧令，梟之。明日，元昊死，立諒祚而舅訛哤相之。」二家之説，誤「寧令哥」爲「寧令受」，且多臆測，未足采信。范純仁《朝議大夫王公墓銘》（《范忠宣公文集》卷一四）云：「慶曆八年，夏賊元昊爲子甯令哥所弑，國人誅之，立其幼子諒祚，而來告哀。」大抵近實。

〔一五〕後二月而生諒祚：《長編》卷一六二：「曩霄既死三月，諒祚生。」注：「按《宋史》：諒祚小字寧令哥，以慶曆七年二月六日生，至八年正月方期歲即位。據此編，則寧令哥又是一人，而諒祚乃遺腹也。未詳孰是。」

東都事略卷第一百二十八

附録六

諒祚既立而幼弱，國中大亂，有欲勸仁宗舉兵以收復靈夏者，仁宗曰：「朕爲天①下主，豈可利人之喪，舉兵快意乎？」遂册諒祚爲夏國主。

其後，訛厖自以女妻諒祚。有李守貴者，嘗與遇乞掌出納，寶保細吃多已者〔一〕，嘗侍曩霄及没藏尼於佛舍，故出入無所間。没藏尼既通守貴，又通吃多已。李守貴殺吃多已及没藏尼，訛厖乃族守貴，獨護養諒祚。訛厖子婦梁氏，諒祚私焉，訛厖患之〔二〕。梁氏密告訛厖將叛，諒祚乃舉兵誅訛厖，滅其族，並殺其妻没藏氏，而以梁氏爲妻，命其弟乞埋爲家相。諒祚凶忍，好爲亂，時過酋豪大家，輒私其婦女，故下多怨。

及變蕃禮，從漢制，嘉祐六年，諒祚上書，自言慕中國衣冠，明年當以迎漢使者，仁宗許之。治平三年，舉兵犯慶州，又寇大順城。諒祚乘駱馬，張黄屋，自出督戰，爲官兵與熟户蕃官趙明合擊之。諒祚中流矢，兵折而去。朝廷遣使詰責之，諒祚上表謝罪。明年，种諤取綏州，城之。諒祚僞乞會盟，誘殺知保安軍楊定，而朝廷命韓琦知永興軍，經略西方，而諒祚乃送殺定者李崇貴、韓道喜。以獻納塞門、安遠砦乞綏州，洎遣使分畫，乃曰：「地

①天：原作「大」，據覆宋本、四庫本改。

界非約①，而所納者砦也。」朝廷知其詐，遂城綏州，爲綏德城。崇貴等未至，而諒祚死〔三〕，子秉常立。神宗册爲夏國主。

熙寧三年，來犯慶州，又犯大順，王師不利。命韓絳宣撫陝西。絳城囉兀，築撫寧堡。夏人乃陷撫寧，急攻囉兀。絳等命諸路牽制，慶兵再出而亂，乃棄囉兀、撫寧。元豐四年，种諤言：「秉常被殺，乞興師問罪。」又諜言：「母梁氏屢勸秉常不行漢禮，秉常不從。有李將軍者，爲秉常誘漢倡婦樂人，梁氏置酒，執李將軍殺之，囚秉常，國人乖亂。」事聞，詔興師問罪，遣种諤出鄜延，劉昌祚出涇原，高遵裕出環慶，李憲出熙河，王中正出河東，五路會於興、靈。夏人悉其精鋭度河，保興、靈。昌祚之師先至靈州城下，多所斬獲，遂攻靈州城，垂克而遵裕之師至。先是，詔先得靈州者除節度使，而涇原之師入界，聽遵裕節制。遵裕忌昌祚，將斬之，命涇原帥②毋得擅攻，而夏人得以爲計，城不可下，遂班師。中正入宥州，憲追襲過天都山，至囉逋山，乃還取蘭州，城之。皆不至興、靈。种諤以鄜延之師城細腰、吴堡、義合、塞門、米脂五砦，河東城葭蘆、吴堡二砦。种諤復建言盡城横山，遣徐禧計議，禧請城永樂。夏人來攻，城陷，徐禧、李稷、李舜舉死之。乃築汝遮堡，展定西城，以衛蘭州。

六年，來請和，許之。七年，舉國圍蘭州，詔邊吏用淺攻擾耕。秉常遣使入貢，乞還土疆，不許。神宗崩，哲宗即位，遣使謝罪，來賀登寶位，又以地界遣泛使至京師。秉常卒〔四〕，子乾順立。

元祐二年，遣劉奉世、崔象先册乾順。夏人復以地界爲詞，不復入謝，且犯涇原鎮戎軍，又侵德靖砦，又犯塞門砦。四年，乃復遣使謝封册，且議地界。朝廷許還葭蘆、米脂、浮圖、安疆四砦，仍先以歲賜予之。是歲，以永

①約：覆宋本、四庫本作「納」。

②帥：覆宋本、四庫本作「師」。

樂陷没人口來歸，却欲同日交領四砦。詔鄜延帥趙卨與夏人分畫地界。熙河帥范育請先畫疆界，後歸四砦，議未定而四砦棄。卨又乞地界依綏州故例，於城之外取二十里，仍半以爲生地。夏人不從，遂犯涇原。會卨卒，夏人由河東入寇，攻圍麟、府州。朝廷乃議絶歲賜，禁和市，使沿邊諸路爲淺攻計。命熙河進築定遠城，夏人不能争。未幾，復寇環慶，使熙河進築汝遮城。

八年，乾順遣使謝罪，獻蘭州，乞賜塞門砦。詔答以夏人自元祐通貢受賜，後來累次犯邊，仍候諸路地界了日，可依例別進誓表，然後常貢歲賜並依舊。宣仁后崩，乾順進奉山陵馬一百匹。紹聖二年，詔熙河、蘭岷、鄜延、河東路地界，令諸路沿邊當職官司更不商量分畫，只以巡綽卓望處守把，牒報夏國。

先是，元祐初，諫議大夫孫覺議棄蘭州。其後，司馬光謂：「此數砦者，田非肥良，不可以耕墾；地非險要，不可以守禦。欲因天子繼統，悉皆毁撤，歸其侵地。」劉摯謂：「供給戍守，窮竭財力，其最大者，莫如蘭州。不若捐一空城與之。至於鄜延、河東等路近置堡砦，深詔大臣，早有定計。趙卨欲留塞門、安遠二砦，其餘或存或廢，乞密降畫一，付臣遵守。」吕陶謂：「實於邊防無分毫之益。」范純粹謂：「收復故砦廢州，略無所利，乞令以虜陷官吏、丁夫悉歸朝廷，而所削之地，並從給賜。」純仁之論亦然。蘇轍謂：「增置州砦，坐困中國，願决計棄之。」王存謂：「夏國疆地，終久難守。」王巖叟謂：「自有葭蘆、吴堡兩砦，守之無所得，棄之不足惜。」文彦博謂：「邊臣欺罔，爲國生事，第恐不能持久，却須自棄，不若推恩賜予。」遂降詔：「除元係中國及西蕃舊地外，候送到陷没人口，當就委邊臣分畫給賜。」及夏人送還永樂陷没人口，尋給賜米脂、安疆、浮圖、葭蘆四砦，仍約以委官畫定界至。

至是，章惇爲相，欲開邊隙，以謂十年之間含容備至，而夏人犯邊如初，遂罷分畫之議。夏人遂犯義合砦及圍逼塞門砦，又犯德靖、順寧砦。章楶以涇原及熙河、環慶、秦鳳四路之師出瓠蘆河，築二城於石門硤。夏人來乘我師，大敗之。既而環慶、鄜延、河東、熙河皆築城，夏人愕視不敢動。楶又以折可適、郭成之師，大敗之於雞靶嶺。吕惠卿以其將劉安、苗履，大破之於大沙堆。既又乾順與其母自將數萬，圍新築平夏城，凡十四日，晝夜攻城，守益堅。乃造高車以臨城，載數百人，填壕而進。俄大風震折之，一夕遁去。折可適執其統軍嵬名阿埋、監軍妹勒都逋，進築西安城於天都山，建西安州。諸路進築悉已畢工，乾順上表歸順。

崇寧三年，復寇涇原，我師取其銀州。五年，乾順納款。大觀間〔五〕，環慶蕃將李遇昌及其父訛移叛歸其國，漸用事，引夏人入寇。徽宗因遣童貫爲陝西經略制置使。貫出討溪哥臧征僕哥城，復積石軍、洮州。政和中，夏人又深入，過定邊軍，築城佛谷口，名洪夏軍。貫以种師道之師平之。夏人來救，又敗之，遂破臧底河成德軍。七年，夏人圍丁星原，築平陽瞎令、古仁多泉及靖夏、制戎、伏羌等城。重和元年，貫出師收割牛城，王師敗績，大將劉法戰没〔六〕。貫以种師道、劉仲武、劉延慶將兵至蕭關，取永和砦、割踏砦、鳴沙會，大敗夏人而還。

初，夏國恃横山諸族帳强勁善戰，故用以抗中國。种諤謀取横山，故興靈州之師。及王師失利，李憲始獻進築之議，神宗厭兵，不克行。童貫舊常從李憲，得其彷彿，故獻議進築，遂領六路邊事，將諸路兵六七年，進築軍壘，建立堡砦，遂得横山之地。夏人失所恃，遂納款，夏國自是少衰矣。

宣和中，夏人知中國有事北邊，遂與遼國書，約夾攻中國，天祚不聽。金人既滅遼，夏人乃與黏罕約犯塞。黏罕犯忻、代，逾石嶺關，圍太原。夏人犯豐、麟二州。靖康元年，夏人知我戍邊士卒入援，遂乘虚犯河外，寇震威城，朱昭死之。又取西安州，陷懷德軍，劉銓、杜翊世以城死。

臣稱曰：自繼遷死，德明款塞，西鄙息肩矣。元昊强梁兇悍，乃謀僭尊。以天下之力而臨區區之一方，然未嘗少挫其鋒。及其敗於女色，禍發其子，且彼能叛君，而子亦能弑父，此天道也。烏虖！夏小國也，自元昊以來，服叛不常，而每爲中國之患。雖有智者爲之謀，而亦莫能以得志，何哉？大抵國大則有所恃而不戒，故其强易弱；國小則無所恃而常懼，軍民之勢猶一家也，相恤相救，謀慮日深，故其弱爲難犯。此其所以爲中國之患與？

【箋證】

〔一〕寶保細吃多已者：《長編》卷一八四作「補細吃多已者」，《事略》「寶」字疑衍。

〔二〕訛厖子婦梁氏諒祚私焉訛厖患之：《宋史》卷四八五《外國傳一·夏國上》云「諒祚忌訛厖專」，與《事略》所記異趣。

〔三〕諒祚死：《宋史》卷四八五：「（治平）四年十二月，諒祚殂，年二十一。」

〔四〕秉常卒：《宋史》卷四八五：「（元祐元年）秋七月乙丑，秉常殂，時年二十六。」

〔五〕大觀間：《宋史》卷四八六《外國傳二·夏國下》記李訛哆叛歸西夏在政和四年冬，《皇宋十朝綱要》卷一七記「李訛哆叛」在政和六年二月，誘梁哆唆圍定邊軍在六年四月。考《宋史》卷三五六《任諒傳》載：「加直秘閣，徙陝西轉運副使。降人李訛哆知邊廩不繼，陰闕地窖粟而叛，遺西夏統軍書，稱定邊可唾手取。」《宋會要輯稿》選舉三三之三〇載：「（政和六年三月）二十八日，陝西路轉運副使孫竢直龍圖閣、知秦州。……十一月六日，朝散大夫、直秘閣、陝西路轉運副使任諒直龍圖閣。」則任諒繼孫竢任陝西路轉運副使在政和六年，亦可證李訛哆叛在政和六年，《事略》「大觀間」當爲「政和間」之誤，「訛移」當作「訛哆」。《宋史》謂「政和四年冬」，亦誤。

〔六〕大將劉法戰没：《宋史》卷四八六載劉法戰死在宣和元年，《皇宋十朝綱要》卷一八在宣和元年三月庚戌後，《宋史》卷二二在宣和元年三月己未後，《事略》連書於「重和元年」後，誤。

東都事略卷第一百二十九

附録七

西蕃蓋出南凉禿髮利鹿孤之後，在唐爲吐蕃。安史之亂，遂陷河西、隴右之地。大中三年，其國宰相論恐熱以秦、原、安樂及石門等七關來歸。四年，克成、維、扶三州。五年，張義潮以瓜、沙、伊、肅十一州來獻。唐末，瓜、沙之地復爲所隔，然其國亦自衰弱，族種分散，無復統一。方五代之際，有孫超者，嘗遣人入貢。唐明宗以爲河西軍留後。超死，州人推其土人折蒲嘉施繼爲留後。至周太祖，始命申師厚爲河西節度使。顯德中，師厚不能撫有其衆，逃歸凉州，自是不復命帥。

建隆中，首領尚波於傷殺秦州采①造務卒，知秦州高防捕繫其黨四十七人，以狀聞。太祖乃以吴廷祚爲雄武軍節度使，代防安輯之。廷祚至，宣朝廷恩旨，俾各歸本族，尚波於感悦。是年秋，來獻伏羌地。太平興國中，諸羌首領數來朝貢，亦數盗邊。至八年，諸種以馬來獻。太宗謂宰相曰：「吐蕃言語不通，衣服異制，朕常以禽獸蓄之。自唐以來，頗爲邊患。以國家兵力雄盛，聊興偏師②，便可驅之數千里外。但念其種類蕃息，安土重遷，儻因攘除，必致殺戮，朕所以置於度外，存而勿論也。」

---

①采：原作「乘」，據《宋史》卷四九二《外國傳八・吐蕃》及卷一《太祖紀一》改。據《長編》卷三，建隆三年六月以知秦州高防建議置采造務，西戎酋長尚波於帥衆來争，旋罷采造務。宋代無乘造務，《事略》「乘」當爲「采」之形誤。

②師：原作「帥」，據覆宋本、四庫本及《宋史》卷四九二改。

淳化中，西涼州阿喻丹來貢。阿喻丹死，其弟俞龍波代其任，數爲李繼遷所侵掠，俞龍波來請師。咸平四年，西涼府六谷都首領潘羅支願戮力討繼遷，張齊賢請封羅支爲六谷王兼招討使。真宗曰〔一〕：「羅支已爲酋帥，欲授以刺史，則太輕。况未領節制，加以王爵，非順也。又招討使號，不可假外夷。」乃以爲鹽州防禦使兼靈州西面都巡檢使。羅支請師期，又遣使來言：「感朝廷恩信，憤繼遷倔强，已集兵六萬，乞會王師收復靈州。」乃以羅支爲朔方軍節度使。羅支屢請王師助擊賊，議者以西涼去渭州河路遠，不可豫約師期。真宗曰：「繼遷常在地斤三山之東，每來寇邊，及官軍至，則已遁去。使六谷部族近塞禦之，與官軍合勢，亦國家之利也。」許之。

是歲，繼遷攻西蕃，遂入西涼府，羅支僞降〔二〕。未幾，集六谷諸豪及者龍族合擊繼遷，繼遷中流矢死。既而繼遷種落陰圖羅支，遂爲其所殺。六谷諸豪議立其弟斯鐸督爲首領，真宗以繼遷之黨未平，遂以斯鐸督爲朔方軍節度使、西涼府六谷大首領。於時，西羌部族未有服屬，大姓聳昌廝均等迎唃廝囉至河州，欲立文法。於是宗哥立遵與邈川温逋奇佐唃廝囉立文法〔三〕，部族稍歸之。大中祥符七年，因徙居宗哥城，以立遵爲輔，有勝兵六萬〔四〕，以抗德明。曹瑋請厚結之，真宗以瑋知秦州。瑋破魚角蟬、賞樣丹二族，皆立遵鄉道也。由是前拒王師者，伏匿避罪，瑋誘召之，許納罰首過。既而至者數千人，納馬六十匹，瑋給以匹彩。或以少爲訴者，瑋叱之曰：「是贖罪物，汝輩敢希利耶？」戎族聞之，皆畏服。

立遵佐唃廝囉，甚有威名，然性貪忍，下多怨之。屢上表求贊普，真宗曰：「贊普者，戎王之號也。立遵爲唃廝囉佐，其可與乎？」乃與廝鐸督例，授以保順軍節度使。唃廝囉命立遵率衆十八萬襲秦州生、熟户，曹瑋以兵擊之。遂居邈川，更以温逋奇爲輔，遣使於瑋求内屬。詔授唃廝囉邈川首領、寧遠大將軍、愛州團練使，以温逋奇爲歸化將軍。後温逋奇謀亂，唃廝囉殺之，而改莅青唐。景祐中，授兩使留後〔五〕。

唃廝囉與元昊交兵，使人來獻捷，仁宗召見而勞之。大臣議加唃廝囉節度使，韓億以爲不可，語在《億傳》[六]。久之，朝廷以元昊不臣，遣使諭唃廝囉，使攻元昊。會元昊舉兵襲，唃廝囉堅壁不與戰。元昊度水，嘗植幟以誌深淺，唃廝囉潛使移所植。及元昊衆潰趨誌處，溺死過半。自是數以計敗元昊。元昊取西凉府，而唃廝囉并廝鐸督之衆十餘萬，回紇亦以數萬歸焉，其勢遂强於諸羌。朝廷命爲保順、河西節度使，洮、凉兩州刺史。治平二年卒，年六十九。三子皆被恩命，曰瞎氊，居合龍谷；曰磨氊角，居宗哥城；曰董氊，爲唃廝囉嗣。朝廷以董氊爲保順軍節度使、西蕃邈川首領。

初，嘉祐中，瞎氊子瞎欺丁、木征爲瞎藥雞羅所誘，據近塞青唐族立文法，朝廷以爲河州刺史。熙寧中，王韶經營熙河，既城熙州，木征竄伏河外。詔遣僧智緣説木征，啖以厚利，因以兵往。韶又數出兵擾之，所殺獲前後數千級，焚燒帳族以萬數，納降大首領十餘，皆其腹心也。又擒其妻子，而木征降，盡復洮、河地方二千里。自韶用師熙河，歲費四百萬緡。於是木征賜姓名曰趙思忠，授榮州團練使，遷合州防禦使以卒。

董氊遣使來，以爲河州刺史。神宗出師問罪夏國，董氊集六部族兵十二萬，分三路與漢軍會。明年，拜河西軍節度使，封武威郡王。以其養子阿里骨爲肅州團練使。董氊病革，召諸族首領至青唐城，謂曰：「吾一子已死，惟阿里骨母掌牟瞎逋事我，當以種落付阿里骨。」諸酋皆服從。既死，阿里骨遂居青唐領事[七]。元祐元年，以爲河西軍節度、西蕃邈川首領。

阿里骨性殘忍，以殺戮爲事。詔戒飭之曰：「爾繼世之初，人情未一，宜推廣恩信，惠養一方。今聞爾頗峻刑殺，部族不寧。爾宜以繼承爲重，以仁厚爲先，無恃寵榮，務安種落，副朝廷所以封立之意，思前人所以付予之心。」二年，阿里骨迫鬼章率衆竊據洮州，殺虜人畜。羌酋結藥密使所部怯陵來告，阿里骨遣人執怯陵，結①藥恐

①結：覆宋本誤作「緒」。

事覺，以其妻子來歸。又進築安鄉、踏白城，我師問罪，及令撫納生羌，鬼章就擒。鬼章者大酋也，桀黠有①智謀，所部兵鋭，數爲邊患。熙寧中，誘陷河州景思立。神宗屢詔王韶，欲生致之。至是，與夏人解仇爲援，築洮州居之。劉舜卿遣种誼破其城，生擒之，以爲陪戎校尉。後三年而死。

阿里骨請歸款，朝廷許之。復下詔戒飭曰：「惟爾祖先，世篤忠孝，本與夏賊日尋干戈，亦惟恃我朝廷爵秩之隆，用能保爾子孫黎民之衆。肆朕命爾，嗣長乃師。而承襲以來，强酋外擅，爾弗能禁，恣其所爲，遂據洮城，以犯王略，陰連夏賊，約日盜邊。朕愍屬羌之無辜，出偏師而問罪，元惡俘獲，餘黨散亡，山後底平，河南綏服。朕惟率酋豪而捍疆埸，乃爾世功；叛君父而從仇讎，豈其本意？庶能改過，未忍加兵。果因物以貢誠，願洗心而效順。爾既知悔，朕復何求？已指揮熙河路更不出兵，及除已招納到部族外，住罷招納，依舊許般次往來買賣及上京進奉。爾宜約束種類，共保邊陲。期寵禄之有終，知大恩之難再。勿使來款，復爲虚言。」紹聖三年卒，年五十七。以其子瞎征承襲，即以爲河西軍節度使、西蕃邈川首領。

瞎征既立，國人不順，迎董氊姪溪巴温，欲復其國姓。既而國亂，首領多歸溪巴温。邊臣以聞，朝廷命王贍招納，瞎征遂削髮爲僧，出降。而溪巴温之子隴拶乘間入青唐〔八〕，稱王子。邊臣欲因有其地，乃度河據邈川城，以重兵臨之，故隴拶亦出降。朝廷以青唐爲鄯州，邈川爲湟州。徽宗即位，以隴拶爲河西軍節度使，如②府州折氏，世襲鄯州。瞎征授懷遠軍節度使。賜隴拶姓名曰趙懷德。瞎征後一年而死〔九〕。

建中靖國元年，以懷德知湟州。自鄯、湟棄，羌人迎隴拶之弟溪賒羅撒復國，授西平軍節度使、西蕃邈川首

①有：朱校本、四庫本同，覆宋本作「石」，繆校作「多」。錢校：「『石』當是『有』字之誤。」
②如：覆宋本、四庫本作「知」。繆校作「如」。

領。懷德還邈川，溪賒羅撒與其黨謀掩殺之，懷德遂奔河南。朝廷遣王厚、童貫將兵至京玉關，議招降。厚等進攻①湟州，三日拔之。崇寧三年，厚與諸將將兵會於宗哥川，溪賒羅撒置陳倚北山，厚與戰，敗之，溪賒羅撒以一騎馳去。厚至鄯州，其酋領開門以降。詔更鄯州爲西寧州。趙懷德亦遣使約降。四年，懷德至京師，徽宗御端門受降，以懷德爲感德軍節度使、安化郡王。

至靖康初，朝廷議欲求青唐種族，以湟、鄯之地賜之。事下熙河帥臣，而莫敢任其責者，乃已。及金人陷陝西六路，兵入熙河，即②求湟、鄯舊族，以其地與之。

臣稱曰：天下有道，則薄海内外，皆安其所。自詔開熙河，厚取湟、鄯，而道路困於輸送，兵民死於血刃者，蓋莫知其紀極矣。且夷狄，禽獸也。空虚不毛之地，得之何所用乎？烏虖！造釁而興師，貪功而好殺，後之君子，可不以是爲戒哉？

【箋證】

〔一〕真宗曰：《宋史》卷四九二《外國傳八·吐蕃》作「上以問宰相，皆曰」，《長編》卷四九咸平四年九月乙卯作「上命宰臣議其事，咸曰」，蓋《事略》誤以宰臣言爲真宗言。

〔二〕是歲繼遷攻西蕃遂入西凉府羅支僞降：《宋史》卷四九二及《長編》卷五五均載繼遷攻陷西凉、羅支僞降在咸平六年十一月；而繼遷死，《宋史》在六年十一月，而《長編》在景德元年正月，注云：「《繼遷傳》及《吐蕃傳》並載繼遷死在去年十一月，《稽古録》

①攻：覆宋本、四庫本作「至」。

②即：朱校本同，覆宋本、四庫本作「帥」。

亦云。獨《本紀》《實録》仍於今年二月載之，恐傳録因西涼事並書，其實在今年正月也。若果在去年十一月，則不應二月始奏聞也。當考。」至潘羅支死則並繫景德元年六月。《事略》於「是歲」載諸事，前承「咸平四年」，不妥，當於「羅支請師期」前補「六年」二字。

〔三〕宗哥立遵：《隆平集》卷二〇、《宋史》卷四九二作「宗哥僧李立遵」，《宋史》又云「立遵或曰李遵，或曰李立遵，又曰郢成藺逋叱」。

〔四〕有勝兵六萬：《宋史》卷四九二及《長編》卷八三並作「勝兵六七萬」。

〔五〕景祐中授兩使留後：《隆平集》卷二〇同《事略》，《宋史》卷四九二作「景祐中，以厮啰爲保順軍節度觀察留後」。《長編》卷一一七景祐二年十二月壬子載「以西蕃邈川首領、寧遠大將軍、愛州團練使唃厮啰爲保順軍留後」。

〔六〕語在億傳：《韓億傳》，見本書卷五八。

〔七〕阿里骨遂居青唐領事：汪琬《東都事略跋》卷下：「按蘇文忠公《論鬼章劄子》，謂阿里骨挾其妻契丹公主弑董氈二妻心牟氏。董氈死，匿喪不發。逾年，乃詐稱嗣子，僞作鬼章温谿心等奏請云云，與《傳》中絶異。蓋外夷事迹，俱出風聞，故彼此不免參差。大約阿里骨以殘虐失衆心，鬼章乃其謀主，既禽鬼章，則阿里骨不復能寇邊矣。」

〔八〕溪巴温之子隴拶乘間入青唐：《宋史》卷四九二作「立木征之子隴拶爲主」。《長編》卷五一四載「經略司奏『所稱瞎養叱，即溪巴温次子隴拶』」，「瞎征既來降，籛羅結更説心牟欽氊等與契丹、夏國公主以騎二百迎立溪巴温次子隴拶爲國主」，則隴拶非木征子，《宋史》誤。覆宋本「溪巴温」作「巴溪温」，亦誤，朱校本改作「溪巴温」，是。

〔九〕瞎征後一年而死：《宋史》卷一九《徽宗紀一》崇寧元年五月「己巳，瞎征卒」。

東都事略卷第一百三十

附録八

交趾，本南粤之地〔一〕。漢武帝平南粤，分其地爲儋耳、朱厓、南海、蒼梧、鬱林、合浦、交趾、九真、日南，凡九郡，置交趾刺史以領之。後漢置交州，晉、宋、齊因之，又爲交趾郡。梁、陳亦因之。隋平陳，廢郡置州，煬帝廢州爲郡。唐改交州總管，又改安南都護。五代之際，有曲承美者，以土豪專有其地，劉龑遣將伐而執之〔二〕，并其地。後有楊廷藝①，受劉氏爵命。廷藝爲其牙將皎公羡所殺，廷藝故將吴權攻交州，殺公羡，遂居其地。權死，子昌岌立。昌岌死，其弟昌濬立〔三〕。昌濬死，牙將争立，境内大亂。

初，楊廷藝以牙將丁公著攝驩州刺史，部領即其子也。公著死，部領繼之。部領與其子璉率兵平境内，部民推以爲帥，號曰大勝王，以其子璉爲節度使。凡三年，璉襲父任。太祖既下嶺南，璉遣使内附，授静海軍節度使、安南都護。開寶八年，封部領爲交趾郡王。太平興國初，部領及璉皆死，弟璿尚幼，大將黎桓②幽丁氏宗族，代總其衆。太宗怒，以蘭州團練使孫全興、八作使張濬〔四〕、左監門衛將軍崔亮將兵伐之。黎桓爲丁璿表求襲兄位，不報。是時，王師大破交趾兵，斬首萬級〔五〕，又破其兵於白藤江口。轉運使侯仁寶帥前軍先進，爲交趾所

①廷藝：原作「延藝」，據《資治通鑑》卷二七七、《新五代史》卷六五《南漢世家五》及校點本《宋史》卷四八八校記〔二〕改。下同改。

②黎桓：原作「黎宀」，係避宋欽宗諱改「宀」作「完」並缺筆，據《宋史》卷四八八、《安南志略》卷一一回改。下同改。

殺，遂班師。孫全興亦坐誅。丁璿遣使謝罪。八年，黎桓廢，丁璿自稱交州三使留後，遣使請命。太宗因而撫之，諭以「丁氏傳襲三世，朕欲令璿爲統帥，以爾①副之。若璿將材無取，猶有童心，則宜遣其母子及親屬來歸。俟其入朝，却授爾以節旄。凡兹二途，爾②宜審處其一」。是時黎桓已專據其地，不聽命。雍熙中，上表求正領節鎮，太宗因授以静海軍節度使、安南都護，遣其子明提入貢。

景德二年卒〔六〕，子龍鉞立。其弟龍廷③殺之，自立。於是諸子争立，境内大亂。羣臣多請伐之，真宗曰：「未加弔恤而伐其喪，豈王者所爲？」命邊臣撫安之。沿海安撫使邵曄上《邕州至交州水陸圖》，真宗曰：「祖宗開疆如此其大，守之而已，安用勞民以貪無用之土乎？若封略之内有叛者，則不得不除耳。」未幾，龍廷上表請命，又遣其弟明昶來，遂授以静海軍節度使，賜名至忠。

至忠苦虐，其大校李公蘊常陰贊之，故特見親信，因令冒姓黎氏。大中祥符二年，至忠卒〔七〕，弟明提、明昶争立。公蘊發兵，皆擊殺之，自稱留後，請命於朝。真宗曰：「初，黎桓劫丁璿自立，公蘊亦爾。然蠻夷豈足以禮義責也？」遂授公蘊静海軍節度使、安南都護，封交趾郡王。公蘊因捕狄獠，寇如洪砦，詔追所掠生口，因戒飭之。天禧元年，封南平王。天聖中，令其子弟率衆入寇，詔發峒丁討捕。未幾而卒，年四十四。

子德政自稱留後，來告哀，除静海軍節度使、安南都護、交趾郡王。景祐三年，寇邕州之思陵等州及諸峒，略牛馬，焚室廬而去。詔責問，令捕酋領正其罪。寶元元年，進南平王。儂智高反，率兵二萬助王師平智高，詔却其兵而厚賜之。久之，卒〔八〕。

①爾：原作「示」，據覆宋本、四庫本改。
②爾：原作「示」，據覆宋本、四庫本改。《宋史》卷四八八作「卿」。
③龍廷：覆宋本、四庫本作「龍延」，誤。下同。

子日尊遣使來告哀，即除静海軍節度使、安南都護、交趾郡王。嘉祐三年，來貢異獸，曰：「麟也。」樞密使田況曰：「非麟也，止云異獸。」謝答之。英宗即位，加同平章事。神宗即位，進南平王，加開府儀同三司。襲位十八年而卒〔九〕。

子乾德嗣，朝廷命以静海軍節度使、安南都護、交趾郡王。沈起知桂州，妄意朝廷有攻取之議，不能懷輯，乃以溪峒點集土丁，又禁交趾與州縣貿易。於是交趾貳，遂謀入寇。熙寧八年，乾德大舉兵，連陷欽、廉二州，遂圍邕州。知邕州蘇緘日夜勞苦士卒禦敵，前後射殺萬五千餘人，城中人心益固。而救不至，被圍四十二日而城陷，緘死之。三州死者，無慮十餘萬人。神宗以趙卨爲招討使，總九將軍進討。既又以郭逵爲宣撫①使，而卨副之。逵至長沙，督諸道進兵，復邕州，逵遣將拔永安州，於是溪峒悉降。逵次思明州，遣燕達討廣源州，降其觀察使劉應紀②。師次富良江，交趾承船迎戰，達破之〔一〇〕。獲賊將洪真太子。賊勢蹙，乾德乃奉表乞降。

是時，王安石與吴充以交趾事争上前，安石以爲可取，充曰得之無益。至是，乾德歸順，神宗許之。哲宗即位，加同平章事。元祐中，進南平王。乾德歷哲宗、徽宗兩朝，未嘗犯順。宣和元年，加守司空。至靖康初，乾德尚無恙，後二年乃死〔一一〕。子楊換立〔一二〕。

臣稱曰：自公蘊以來，中國所以懷柔者，恩意備至，故得蛙藏井底，蟻聚穴中焉。然黎全劫丁璿，再傳而遽亡；公蘊篡提、昶，數世而未殞，豈非其幸與？

①宣撫：覆宋本、四庫本作「宣州」，誤。

②劉應紀：「應」字原脱，據本書卷八四《燕達傳》、范祖禹《郭將軍逵墓誌銘》（《名臣碑傳琬琰集》中卷一三）、《安南志略》卷四補。《長編》卷二七九等並作「劉紀」，蓋爲《事略》所本。

【箋證】

〔一〕交趾本南粵之地：《宋史》卷四八八《外國傳四・交阯》作「交阯，本漢初南越之地」。

〔二〕劉龔遣將伐而執之：「劉龔」，《宋史》卷四八八作「劉隱」，校點本改作「劉陟」，本書卷二三《劉鋹傳》亦載劉陟并曲承美地。劉陟爲劉隱弟，後更名龑，《事略》「劉龔」當爲「劉龑」之誤。

〔三〕其弟昌濬立：《宋史》卷四八八作「其弟昌文襲」。《新五代史》卷六五《南漢世家五》同《事略》，《資治通鑑》卷二九一、《宋會要輯稿》蕃夷四之二〇同《宋史》。《廿二史考異・五代史》卷六：「『昌岌卒，弟昌濬立』。案：下文無昌濬事，惟於劉鋹大寶八年書『交州吴昌文卒』。《通鑑》後周顯德元年『昌岌卒，弟昌文立』，《宋史・交阯傳》亦云『昌岌死，其弟昌文襲位』，則昌濬與昌文似是一人。今據黎崱《安南志略》云：吴權本楊廷藝牙將，矯公羡殺廷藝而代之，權起愛州兵，殺公羡。權卒，子昌岌立。昌岌卒，弟昌濬立。昌濬卒，弟昌文立。凡四世而爲丁部領所代，則昌文實昌濬之弟，相繼嗣立，授受分明。崱生長安南，距宋初未遠，所言必得其實，較之正史爲可信也。」

〔四〕八作使張濬：「張濬」，《宋會要輯稿》蕃夷四之二一、《宋史》卷四八八、《安南志略》卷四作「張璿」，《宋大詔令集》卷二一八載太平興國五年七月丁未《討交州詔》作「張浚」。《廿二史考異・宋史》卷一：「張濬，《交阯傳》作『張璿』，《長編》作『張守璿』。」舒仁輝《〈東都事略〉與〈宋史〉比較研究》第二七七頁有考證。

〔五〕斬首萬級：《宋會要輯稿》蕃夷四之二二、《宋史》卷四八八均作「破賊萬餘衆，斬首二千餘級」，《長編》卷二一太平興國五年十二月辛卯載「交州行營言：破賊萬餘衆，斬首二千三百四十五級」，《事略》誤。

〔六〕景德二年卒：「景德」原作「景得」，顯誤，據覆宋本、四庫本改。《宋史》卷四八八、《安南志略》卷九均載黎桓卒於景德三年，《長編》卷六〇繫「交州黎桓死」於景德二年五月戊午前，注云：「《國史・交趾傳》載黎桓死，乃以爲明年事，誤也。邵曄除緣海安撫使時，桓既死矣，《國史》便文，因失事實，今改之。《會要》於明年二月始書桓死，亦誤也。」據《宋史》卷四二六《邵曄傳》載「景德中，假光禄卿，充交阯安撫國信使。會黎桓死，其子龍鉞嗣立」，而《長編》卷五九載「邵曄爲交州安撫國信使」在景德二年二月乙酉，《宋會要輯稿》職官四一之八三載：「（景德）二年五月，就命交州國信使邵曄爲廣南西路沿海安撫使。時嶺表傳言黎桓死，諸子争立，謹邊備也。」《九朝編年備要》卷七於景德二年載「是歲，黎桓卒」，則《長編》載「黎桓死」於景德二年五月，當屬可信。《宋史》失考，而《宋史紀事本末》卷二載「景德三年五月，交州黎桓死」，更誤。

〔七〕大中祥符二年至忠卒：《長編》卷七二大中祥符二年載：「是冬，黎至忠卒，交趾亂。」《九朝編年備要》卷七同《長編》。《隆平集》卷二〇載「大中祥符三年，至忠卒」，《宋史》卷七《真宗紀二》亦載大中祥符三年二月「癸巳，交州黎至忠卒，大校李公藴自稱留後」，卷四八八云：「至忠纔年二十六，苛虐不法，國人不附。大校李公藴尤爲至忠親任，嘗令以黎爲姓。其年，遂圖至忠，逐之，殺明提、明昶等，自稱留後。」「其年」亦指大中祥符三年。而《長編》卷七三大中祥符三年二月癸巳載：「廣西轉運使何亮言：『交州黎至忠，苛虐不法，衆心離叛。其卒也，一子纔十歲，弟明提、明昶用兵争立，大校李公藴率土人逐而殺之。公藴年始二十六，至忠最所親任……』先是，至忠遣使貢奉，猶在京師，上令以其狀諭之，如欲行服亦聽，使人聞之，掩泣而已。」注云：「黎至忠卒，李公藴殺其二弟，遂據交州。至忠未嘗被殺也。《國史》云『公藴遂圖至忠』，又云『至忠年纔二十六』，皆誤。今但從《實録》《會要》及《稽古録》。」據此，則《宋史·真宗紀》所書「癸巳，交州黎至忠卒」亦據何亮奏狀，而誤以朝奏日爲黎至忠卒日，《隆平集》及《交阯傳》亦因之致誤。

〔八〕久之卒：《宋史》卷四八八：「至和二年卒。」《長編》卷一八一至和二年十一月「己巳，安南王李德政之子日遵遣使告德政卒」。「日遵」，《事略》《宋史》並作「日尊」，是。

〔九〕襲位十八年而卒：《宋史》卷四八八：「（熙寧）五年三月，日尊卒。」《長編》卷二三一熙寧五年三月甲午：「廣安西路經略司言：南平王李日尊卒。」日尊自至和二年（一〇五五）十一月嗣立至熙寧五年（一〇七二）三月卒，在位不足十七年，此言「十八年」乃虚數。

〔一〇〕達破之：「達」，覆宋本、四庫本作「逵」，蓋以本書卷六二《郭逵傳》載富良江破敵擒洪真太子事也。《長編》卷二七九熙寧九年十二月癸卯條詳載富良江戰事：「是日，郭逵等次富良江。初，逵遣燕達先破廣源，復還永平，與大兵會。……遂抵富良江。未至交州三十里，賊艤戰艦四百餘艘於江南岸，我師不能濟，欲戰弗得。逵請示弱以誘賊，賊果輕我師，數萬衆鼓譟逆戰，前軍不利，逵率親兵當之。逵等繼進，賊少却，叱騎將張世矩、王愍合鬭，諸伏盡發，賊大敗，蹙入江水者不可勝數，水爲之三日不流。殺其大將洪真太子，禽左郎將阮根。」據此，則郭逵、燕達並預此戰，故許翰《上徽宗論西師賞功之濫》（《諸臣奏議》卷九七）稱「當是時，燕達最有功，不過進秩二等」。蓋逵爲帥，達爲將，故《事略》於《郭逵傳》書其首功，而於此書「達破之」，實爲兼顧。

〔一一〕後二年乃死：《宋史》卷四八八：「紹興二年，乾德卒。」而《皇宋中興兩朝聖政》卷一〇、《續宋編年資治通鑑》卷三、《宋史全文》卷一八上及《建炎以來繫年要録》卷五〇均載「李乾德薨」於紹興元年。《要録》又稱「乾德在位四十五年」，考乾德熙寧五年（一〇七二）嗣位，至紹興元年（一一三一）當在位五十九年，《要録》蓋誤。《安南志略》卷一二云：「靖康初，乾德尚無恙。高宗紹興元年，乾德薨。居位五十九年，謚仁王。」信爲可據，則《事略》《宋史》載李乾德卒年並誤。

〔一二〕子楊換立：覆宋本、四庫本脱「子」字。「楊換」，《宋史》卷四八八及《建炎以來繫年要録》卷五〇、《皇宋十朝綱要》卷一二、《皇宋中興兩朝聖政》卷一〇、《續宋編年資治通鑑》卷三、《安南志略》卷一二均作「陽焕」，舒仁輝《〈東都事略〉與〈宋史〉比較研究》第二七九頁認爲「《事略》作『楊換』，蓋音同致誤」，是。

參考文獻

續資治通鑑長編　(宋)李燾　上海古籍出版社一九八六年影印本
靖康要録箋注　(宋)汪藻　王智勇箋注　四川大學出版社二〇〇八年
皇宋十朝綱要　(宋)李㙜　中華書局二〇一四年燕永成校正本
宋會要輯稿　(清)徐松輯　上海古籍出版社二〇一四年校點本
建炎以來繫年要録　(宋)李心傳　文淵閣四庫全書本
建炎以來朝野雜記　(宋)李心傳　中華書局校點本
吴中舊事　(元)陸友仁　清墨海金壺本
九國志　(宋)路振　清守山閣叢書本
太平治迹統類　(宋)彭百川　文淵閣四庫全書本
宋朝事實　(宋)李攸　文淵閣四庫全書本
九朝編年備要　(宋)陳均　宋紹定刻本
契丹國志　(宋)葉隆禮　賈敬顔、林榮貴點校　上海古籍出版社一九八五年
大金國志　(宋)宇文懋昭　文淵閣四庫全書本
皇宋中興兩朝聖政　(宋)留正　清嘉慶宛委別藏本
續宋編年資治通鑑　(宋)劉時舉　文淵閣四庫全書本
古今紀要　(宋)黄震　文淵閣四庫全書本

宋史　(元)脱脱等　中華書局一九七七年校點本
金史　(元)脱脱等　中華書局一九七五年校點本
遼史　(元)脱脱等　中華書局一九七四年校點本
安南志略　(元)黎崱　文淵閣四庫全書本
通鑑續編　(元)陳桱　文淵閣四庫全書本
宋史新編　(明)柯維騏　明嘉靖四十三年杜晴江刻本
大事記續編　(明)王褘　文淵閣四庫全書本
續資治通鑑綱目　(明)商輅等　(清)乾隆御批　文淵閣四庫全書本
續資治通鑑　(清)畢沅　清嘉慶六年遞刻本
續通志　(清)嵇璜、劉墉等奉敕撰　紀昀等校訂　文淵閣四庫全書本
資治通鑑後編　(清)徐乾學　文淵閣四庫全書本
宋元學案　(清)黄宗羲　清道光刻本

宋宰輔編年録　(宋)徐自明　王瑞來校補　中華書局二〇一五年
三朝名臣言行録　(宋)朱熹　四部叢刊景宋本
名賢氏族言行類稿　(宋)章定　文淵閣四庫全書本
京口耆舊傳　(宋)佚名　文淵閣四庫全書本
豐清敏公遺事　(宋)李朴　續修四庫全書影明刻本
金石萃編　(清)王昶　清嘉慶十年刻同治錢寶傳等補修本
晉書斠注　(清)吴士鑒　劉承幹　民國嘉業堂刻本

讀史方輿紀要　（清）顧祖禹　清稿本
玉壺清話　（宋）釋文瑩　唐宋史料筆記叢刊
涑水記聞　（宋）司馬光　唐宋史料筆記叢刊
稽古録　（宋）司馬光　四部叢刊景明翻宋本
清波雜志　（宋）周煇　中華書局一九九四年劉永翔校注本
夢溪筆談　（宋）沈括　四部叢刊續編景明本
邵氏聞見録　（宋）邵伯温　唐宋史料筆記叢刊
邵氏聞見後録　（宋）邵博　唐宋史料筆記叢刊
武經總要　（宋）曾公亮等　文淵閣四庫全書本
鐵圍山叢談　（宋）蔡絛　文淵閣四庫全書本
圖畫見聞誌　（宋）郭若虚　文淵閣四庫全書本
松漠記聞　（宋）洪皓　明顧氏文房小説本
墨客揮犀　（宋）彭乘　唐宋史料筆記叢刊
揮麈録　（宋）王明清　四部叢刊景宋鈔本
墨莊漫録　（宋）張邦基　四部叢刊三編景明鈔本
澗泉日記　（宋）韓淲　清武英殿聚珍版叢書本
自警編　（宋）趙善璙　文淵閣四庫全書本
鷄肋編　（宋）莊綽　唐宋史料筆記叢刊
舊聞證誤　（宋）李心傳　崔文印點校　中華書局一九九七年
雲谷雜記　（宋）張淏　清武英殿聚珍版叢書本

麟臺故事　（宋）程俱　清十萬卷樓叢書本
容齋隨筆　（宋）洪邁　上海古籍出版社一九九五年
雲齋廣録　（宋）李獻民　民國上海中央書店排印本
伊洛淵源録　（宋）朱熹　文淵閣四庫全書本
困學紀聞　（宋）王應麟　四部叢刊三編景元本
漢藝文志考證　（宋）王應麟　文淵閣四庫全書本
孔氏祖庭廣記　（金）孔元措　清光緒琳琅秘室叢書本
弘簡録　（明）邵經邦　清康熙刻本
汴京遺蹟志　（明）李濂　文淵閣四庫全書本
古今説海　（明）陸楫　文淵閣四庫全書本
莆陽文獻列傳　（明）鄭嶽　明萬曆刻本
闕里志　（明）陳鎬　明嘉靖刻本
廿二史考異　（清）錢大昕　清乾隆四十五年刻本
十駕齋養新録　（清）錢大昕　清嘉慶刻本
宋東京考　（清）周城　清乾隆刻本
闕里文獻考　（清）孔繼汾　清乾隆刻本
經史雜記　（清）王玉樹　清道光十年芳梫堂刻本
皕宋樓藏書志　（清）陸心源　清光緒萬卷樓藏本
輿地紀勝　（宋）王象之　清影宋鈔本
新安志　（宋）羅願　清嘉慶十七年刻本

四明志　（宋）胡榘修　方萬里纂　宋刻本
嚴州圖經　（宋）陳公亮　清漸西村舍匯刊本
蘇州府志　（明）盧熊纂修　明洪武十二年刊本
徽州府志　（明）彭澤修　汪舜民纂　明弘治刻本
太平府志　（明）祝鑾纂修　明嘉靖刻本
興化府志　（明）陳效修　黄仲昭纂　清同治十年重刻本
廣德州志　（明）朱麟修　黄紹文續纂　明嘉靖十五年刊本
明一統志　（明）李賢等修　文淵閣四庫全書本
荆州府志　（清）郭茂泰修　胡在恪纂　清康熙二十四年刻本
永州府志　（清）隆慶修　宗績辰纂　清道光八年刊本
歷代名人生卒録　（清）錢保塘　民國海寧錢氏清風室刊本
宋人年譜叢刊　吴洪澤　尹波等　四川大學出版社二〇〇三年

册府元龜　（宋）王欽若　明刻初印本
古今合璧事類備要　（宋）謝維新　文淵閣四庫全書本
新雕皇朝類苑　（宋）江少虞　日本元和七年活字印本
温國文正司馬公文集　（宋）司馬光　四部叢刊初編影印宋紹興刻本
徂徠石先生全集　（宋）石介　清康熙五十六年刻本
潞公集　（宋）文彦博　明嘉靖五年刻本

莆陽居士蔡公文集　（宋）蔡襄　宋刻本

周元公集　（宋）周敦頤　宋刻本

豫章黄先生文集　（宋）黄庭堅　四部叢刊景宋乾道刊本

山谷内集詩注　（宋）黄庭堅　任淵注　文淵閣四庫全書本

鷄肋集　（宋）晁補之　四部叢刊景明本

嵩山文集　（宋）晁説之　四部叢刊續編景舊鈔本

後山居士文集　（宋）陳師道　宋刻本

道鄉先生文集　（宋）鄒浩　清道光十三年鄒氏留餘堂刊本

四明尊堯集　（宋）陳瓘　清光緒章景祥翠竹室刻本

胡少師總集　（宋）胡舜陟　清道光十九年刻本

西塘集　（宋）鄭俠　明萬曆刻本

王忠文集　（明）王禕　文淵閣四庫全書本

牧齋初學集　（清）錢謙益　四部叢刊景明崇禎十六年刻本

曝書亭集　（清）朱彝尊　文淵閣四庫全書本

南州草堂集　（清）徐釚　清康熙三十四年刻本

帶經堂集　（清）王士禛　清康熙五十年刻本

鈍翁前後類稿　（清）汪琬　清康熙刻本

復初齋文集　（清）翁方綱　清李彦章校刻本

南江詩文鈔　（清）邵晉涵　清道光十二年刻本

宋大詔令集　（宋）佚名編　清鈔本
名臣碑傳琬琰集　（宋）杜大珪　宋刻元明遞修本
寶真齋法書贊　（宋）岳珂　清武英殿聚珍版叢書本
歷代名臣奏議　（明）黄淮　楊士奇　上海古籍出版社二〇一二年影印明永樂刻本
國朝文匯　（清）沈粹芬　黄人輯　清宣統元年上海國學扶輪社石印本

圖書在版編目(CIP)數據

東都事略箋證 /(宋)王稱撰; 吴洪澤箋證. —上海: 上海古籍出版社,2023.11
ISBN 978-7-5732-0750-0

Ⅰ.①東… Ⅱ.①王… ②吴… Ⅲ.①《東都事略》-研究 Ⅳ.①K244.07

中國國家版本館CIP數據核字(2023)第132386號

東都事略箋證
(全三册)
[宋]王稱 撰
吴洪澤 箋證
上海古籍出版社出版發行
(上海市閔行區號景路159弄1-5號A座5F 郵政編碼201101)
(1)網址: www. guji. com. cn
(2)E-mail: guji1 @ guji. com. cn
(3)易文網網址: www. ewen. co
上海惠敦印務科技有限公司印刷
開本700×1000 1/16 印張91 插頁8 字數1,189,000
2023年11月第1版 2023年11月第1次印刷
ISBN 978-7-5732-0750-0
K · 3399 定價: 380.00元
如有質量問題, 請與承印公司聯繫